Using French Vocabulary

This textbook provides a comprehensive and structured vocabulary for all levels of undergraduate French courses. It offers a broad coverage of the concrete and abstract vocabulary relating to the physical, cultural, social, commercial and political environment, as well as exposure to commonly encountered technical terminology.

Within each section, words and phrases have been grouped into manageable, assimilable units and broadly 'graded' into three levels according to likely usefulness and difficulty. The accompanying exercises for private study and classroom use are designed to reinforce the work done on lists, to develop good dictionary use, to encourage independent and collaborative learning, to promote precision and awareness of nuance and register, and to offer the opportunity for the development of cognate transferable skills, such as communicative competence, teamwork and problem-solving.

The division of the book into twenty thematic units allows it to be easily integrated into a modular course structure.

Jean Duffy is Professor of French at the University of Sheffield. Her book publications include *Colette: Le Blé en herbe* (1989), *Michel Butor: La Modification* (1990), *Structuralism: Theory and Practice* (1992) and *Reading between the Lines: Claude Simon and the Visual Arts* (1998). She is the author of numerous journal articles.

Using French Vocabulary

Companion titles to *Using French Vocabulary*

Using French
A guide to contemporary usage
R. E. Batchelor and M. H. Offord
(ISBN 0 521 44361 X hardback)
(ISBN 0 521 44821 2 paperback)

Using French Synonyms
R. E. Batchelor and M. H. Offord
(ISBN 0 521 37277 1 hardback)
(ISBN 0 521 37878 8 paperback)

French for Marketing
Using French in media and communications
R. E. Batchelor and M. Chebi-Saadi
(ISBN 0 521 58500 7 hardback)
(ISBN 0 521 58535 X paperback)

Using French
Vocabulary

JEAN H. DUFFY

CAMBRIDGE
UNIVERSITY PRESS

PUBLISHED BY THE PRESS SYNDICATE OF THE UNIVERSITY OF CAMBRIDGE
The Pitt Building, Trumpington Street, Cambridge CB2 1RP, United Kingdom

CAMBRIDGE UNIVERSITY PRESS
The Edinburgh Building, Cambridge, CB2 2RU, UK   http://www.cup.cam.ac.uk
40 West 20th Street, New York, NY 10011-4211, USA   http://www.cup.org
10 Stamford Road, Oakleigh, Melbourne 3166, Australia

First published 1999

Printed in the United Kingdom at the University Press, Cambridge

Typeset in 10.5/12pt Monotype Ehrhardt using 3B2   [CE]

A catalogue record for this book is available from the British Library

ISBN 0 521 57040 9 hardback
ISBN 0 521 57851 5 paperback

Contents

Acknowledgements

I am grateful to all copyright holders for permission to reproduce the extracts used in this book. Every possible effort has been made to trace and acknowledge ownership of copyright; I apologise for any omissions and would welcome these being brought to my attention.

I should like to express my warm thanks to Frédérique David for her invaluable comments on the first draft of the manuscript, Kate Brett for her constructive editorial advice and support and Sara Barnes for her conscientious copy-editing. I should also like to thank past and present students for their helpful feedback on sample materials. Finally, I am deeply indebted to Paul Marshall and Mary Duffy for their support, understanding and encouragement.

Introduction

Aims

Using French Vocabulary is designed to provide students of French with a comprehensive and structured vocabulary book which can be used at all levels of undergraduate French programmes. To the dual or single honours student, it offers broad coverage of the concrete and abstract vocabulary relating to the physical, cultural, social, commercial and political environment, as well as exposure to commonly encountered technical terminology. While the principal target audience is the university or college student, many of the units could also be readily adapted to and integrated into 'Language for Special Purposes' courses.

Vocabulary acquisition is often a fraught issue for both teachers and learners of languages. No language teacher would dispute the importance of setting realistic and measurable learning objectives. However, while the many excellent language textbooks which have been published in recent years provide a wealth of authentic target language materials and co-ordinated exercises, the student's lexical exposure often remains limited to the vocabulary which 'crops up' in the texts and recordings studied in class. Many students devote considerable time and effort to the compilation of vocabulary notebooks in order to supplement classwork and to fill gaps in their knowledge, but, by its nature, such supplementary work is very time-consuming and somewhat erratic in its outcomes. Furthermore, students are often disheartened not only by the sheer labour involved in vocabulary notation, but also by their uncertainty regarding what they are expected to know and what they can expect of themselves at a given stage in their university or college course. Much anxiety is generated by speculation regarding what is 'likely to come up' in examinations and tests, and both teachers and students recognise that a single lexical gap can sabotage the comprehension and translation of an entire phrase or sentence. In recent years many attempts have been made to alleviate these problems by the writers and publishers of French textbooks. In the course of the last decade a substantial number of high quality general vocabulary books and specialised glossaries have been published.[1] However, very few of these books provide reinforcement exercises and none of them attempts to define learning goals for particular levels of competence or to grade lexical items according to usefulness, difficulty and likely frequency of occurrence. Most standard vocabulary textbooks offer a single learning strategy: memorisation.

[1] See bibliography

Although few would dispute the argument that rote-learning has a place in any subject requiring the acquisition of rules and the mastery of meanings and definitions, much of the effort expended will be wasted if the memorised items are not put into practice. While recognising that there is no substitute for total linguistic and cultural immersion in a francophone country, this book is distinguished from standard vocabulary books by its more methodical, graduated approach to vocabulary acquisition, by its provision of a varied menu of reinforcement and exploitation exercises and by its emphasis on proactive, self-instructional approaches to vocabulary expansion.

The broad aims of the book can be summarised as follows:

- to provide a textbook which can be used throughout the undergraduate degree course and which meets the needs of a modular programme
- to provide a practical topic-based vocabulary which will constitute a sound basis for communication in a wide range of circumstances
- to promote the self-instructional learning process
- to facilitate the acquisition of vocabulary by the grading of word-lists according to the needs and levels of students
- to provide exercises for private study and classroom use which will reinforce the work done on lists, develop good dictionary use, encourage independent and collaborative learning, promote precision and awareness of nuance and register and offer the opportunity for the development of cognate transferable skills such as communicative competence, teamwork and problem-solving.

Structure and organisation

The organisation and ordering of word-lists have been determined by the principal objectives of the book. The division of the book into twenty units allows it to be easily integrated into a modular course structure, either as a set text or as a supplementary self-instructional learning aid. Words and phrases have been grouped according to topic in order to assist students in the acquisition of a corpus of vocabulary relating to the situations and issues which they are most likely to encounter inside and outside the classroom. Within units, words have been arranged in such a way as to facilitate assimilation: generically related items will normally be listed together; synonyms and antonyms are normally included in the same sub-section; items which are usually found in a particular place or context, which are used for similar purposes (e.g. household appliances, tools, etc.), which refer to the members of a particular social group or species or which are associated with related activities will be grouped together. Finally, the book tries to establish a balance between breadth and depth by graduating the acquisition of topic-related vocabulary sets. Thus, within each section, words and phrases have been grouped into manageable, assimilable units and broadly 'graded' according to likely usefulness and difficulty. Such a structure not only encourages students to see vocabulary acquisition as a 'building-blocks' process, but also provides a working definition of goals and expectations for a given level and a structure in which specialisation and refinement of knowledge can be measured.

Criteria of selection

The selection and grading of lexical items for a textbook inevitably involve somewhat arbitrary decisions. The concern to establish units of a regular and manageable length was a major factor in the determination of 'cut-off' points. The textbook is, above all, a learning tool and its usefulness and effectiveness will depend to a large extent on its ease of handling for both students and teachers and on the setting of reasonable and realistic assimilation targets. Within units, the distribution of individual lexical items according to level has been based not on statistical analysis, but upon my own experience of teaching French at all levels within the undergraduate degree programme. My prime criterion has been likely frequency of need and encounter in a variety of linguistic contexts.

I have selected items which students are unlikely to know already or which they may have encountered and which they understand, but which they may have difficulty in retrieving in an active context. Many students express frustration concerning their defective retention of concrete vocabulary and maintain that they seem to forget everyday functional words more readily than abstract/discursive vocabulary. Thus, most of the units include substantial glossaries relating to the objects, tools and commodities associated with particular activities and practical situations. Also included are terms from a wide range of spheres which one would expect the well-informed, advanced language learner to know. Thus, the units on the arts, media, education, medicine, science, religion, history, geography, law, finance, and politics expose students to the vocabulary which they are likely to encounter in the press, on television and in standard textbooks in other disciplines. I have omitted exclusively specialist terms, but have tried to take into account the ways in which certain technical words filter into everyday language (e.g. medical, legal, computing and industrial terminology). Finally, I have included items (e.g. unexpected genders and spellings, *faux amis*) which pose particular assimilation difficulties.

Exercises

The exercises which accompany the word-lists are designed to reinforce the learning process and to encourage recognition, accurate use and creative exploitation of the acquired lexical items in a variety of contexts. A substantial proportion of the exercises are self-instructional in nature, encouraging students to expand vocabulary through personal lexical research using both bilingual and monolingual sources. The provision of keys and 'fair copies' for certain exercises allows students to gauge their own progress and assess their own work. Other exercises are designed for various types of class-work, including oral presentation and translation, group work and paired activities. While the range of the accompanying exercises reflects a general concern to maintain interest and concentration through variety, individual exercises have been designed to develop quite specific skills. These skills relate not only to linguistic competence, but also to more broadly 'transferable' skills such as analysis, synthesis, deduction, lateral thinking, problem-solving strategy and the development of effective collaborative methods and teamwork. The following outline identifies the specific aims of each type of exercise.

Exercises	*Aims*
Differentiation	to promote precise and lucid exposition in French to draw attention to crucial differences between semantically or formally related words
Definition	to promote precision of expression and lucid exposition to promote efficient use of monolingual dictionaries to encourage lateral thinking in French (as opposed to word-for-word translation)
Matching word and definition	to reinforce work done on vocabulary lists, to remind students of the meanings of the more technical items in the lists to encourage good dictionary practice and the differentiation of related terms
Translation of idioms (to and from French)	to familiarise students with commonly used idioms and to encourage the checking and notation of the 'locutions' associated with a given word
Identification of standard register equivalents of familiar words and expressions	to promote an awareness of register and contextual appropriateness
Translation of brief expressions involving a single French or English word	to highlight idiomatic differences between the two languages to encourage students to see the individual lexical item as a springboard for further lexical research.
Composition of sentences	to promote the production of convincing French sentences in which idiom and register are compatible with context
Composition of lists of words with a common root	to develop an awareness of the principles of word formation in French (e.g. the verbal prefix and the formation of nouns; differences between French and English suffixation, etc.)
Identification of alternative or multiple meanings of common words	to promote an awareness of polyvalence to promote good dictionary practice and to eliminate common errors made by students in translation

Gap completion	**to** develop and test awareness of the suitability of a word in a given context **to** refine understanding of the application of terms which belong to particular lexical sets
Translation into French	**to** encourage active use of the vocabulary given in a particular unit **to** permit students (and their teachers) to measure success in acquiring the vocabulary of a particular unit
Translation from French	**to** encourage students to resolve problems encountered in translating authentic French language materials **to** make them aware of the differences between 'knowing' a word and translating it effectively in context.
Group oral translation from French	**to** develop standard translation skills **to** promote awareness of the role of interpretation in translation **to** highlight the usefulness of consultation and collaboration in translation work **to** promote negotiating skills
Group projects	**to** promote constructive interaction among learners **to** develop competence in the generation of convincing French discourse appropriate to a range of given contexts
Etudes de texte	**to** encourage students to read authentic language materials in an analytical way (i.e. to encourage them to go beyond broad understanding and to use texts as lexical and idiomatic resources)
Composition	**to** give students the opportunity to exploit the vocabulary which they have acquired in a relatively free manner (the exercises will be 'structured' to varying degrees).
Word games	**to** reinforce work on vocabulary lists **to** refine competence in comprehension, definition and differentiation
Multiple choice	**to** refine competence in differentiation and comprehension
Role-play	**to** promote interaction among learners and to develop effective communication and linguistic responsiveness in a practical situation
Résumé	**to** develop competence in synthesis and paraphrasing **to** refine competence in comprehension **to** promote active reading approaches to authentic French language materials

Guide to symbols

- Register is indicated as follows: ③ elevated, formal language
-                                    ① colloquialism, slang
- 'Difficult' genders are indicated in bold: **le, la, (m), (f)**
- Exercises for which answers are provided are indicated by ✓

Tips on dictionary use

📖 Familiarise yourself with the conventions, symbols and abbreviations of the dictionary. Pay particular attention to the markers relating to register and archaism.

📖 Familiarise yourself with the phonetic conventions used in the dictionary.

📖 Use bilingual *and* monolingual dictionaries in tandem. Where bilingual dictionaries offer a range of translations for a given word, check usage in a good monolingual dictionary.

📖 Remember that you may need to consult several dictionaries to find the best translation of a given word, expression or construction.

📖 Check cross-referenced entries within dictionaries.

📖 Read the full entry for a given lexical item. The word you are researching may have multiple secondary senses or may figure in a number of set expressions with distinctive idiomatic meanings.

📖 When you look up a word check the entries which precede and follow it. These entries may be derived from the same root. It is often easier to learn words in semantically and etymologically related groups than as separate lexical items.

📖 Some dictionaries list synonyms and antonyms. Check these sections when you consult entries and note useful, unfamiliar words.

📖 Make a note of the nouns, verbs, adjectives, and adverbs formed from a basic stem. Pay particular attention to the ways in which nouns are derived from verbs and note differences between nominal endings in French and English.

📖 Note and learn constructions which combine verbs, nouns and adjectives with particular prepositions.

📖 Note and learn 'difficult' or 'surprising' genders. Pay particular attention to nouns which have two genders.

📖 Pay close attention to patterns of prefixation and suffixation. Master the rules relating to suffixation and gender. (You will find a section on the topic in most advanced French grammar books.)

📖 Note and learn constructions which require the use of the subjunctive.

📖 Note and learn 'faux amis' and homonyms.

📖 Use the dictionary as a resource for active learning. In the course of consultation, you will encounter innumerable words and expressions which may not serve your immediate purposes, but which will be useful to you in other contexts. Note useful unfamiliar vocabulary and locutions. Build regular, short time-slots into your programme for dictionary browsing.

📖 Familiarise yourself with the various facilities of electronic dictionaries (e.g. *Le Robert électronique, Oxford Superlex, Larousse Unabridged French Dictionary on CD-ROM*). The electronic dictionary makes browsing much easier and quicker.

Tips on learning vocabulary

✍ Pay close attention not only to the word, but also to register and, in the case of nouns, to gender. Mark irregular verbs, irregular adverbs and learn adjectives which are invariable or which have irregular feminine or plural forms.

✍ Build regular, short slots into your timetable for the learning of the lists in this book plus those which you have compiled yourself. Intensive, brainstorming revision preceding examinations is unlikely to yield good results. Long-term retention depends on regular learning and revision.

✍ Repeat some of the reinforcement exercises in this book at intervals of one week, one month, three months. This will allow you to gauge your success at long-term retention and will highlight areas requiring revision.

✍ When in doubt, verify your understanding of the meaning and use of unfamiliar words and idiomatic phrases with a native French language speaker.

✍ Use the authentic language materials which you encounter on your programme as language learning resources for proactive lexical enquiry. These resources include language textbooks, set texts for your literary, cultural and areas studies courses, television and radio programmes, newspapers, magazines and academic journals.

✍ Form a tutorial partnership with another class-member. Negotiate a list of common words which will form the basis of a lexical search. Agree on the distribution of labour. Share the results of your enquiries. Prepare brief vocabulary tests for each other.

Revision suggestions for the mastery of vocabulary-related grammatical points

Use and omission of articles

Parts of the body
- Hawkins and Towell, *French Grammar and Usage*, pp. 31–2
- Lang and Perez, *Modern French Grammar*, p. 17
- Wakely and Béjoint, *French Usage*, pp. 169–78
- Astington, *French Structures*, pp. 17–19
- Ferrar, *A French Reference Grammar*, pp. 125–6
- Worth-Stylianou, *French: A Handbook of Grammar, Current Usage and Word Power*, p. 12
- Judge and Healey, *A Reference Grammar of Modern French*, pp. 29–30

Employment
- Hawkins and Towell, *French Grammar and Usage*, pp. 189–90
- Lang and Perez, *Modern French Grammar*, p. 22
- Ferrar, *A French Reference Grammar*, p. 134
- Worth-Stylianou, *French: A Handbook of Grammar, Current Usage and Word Power*, p. 8
- Judge and Healey, *A Reference Grammar of Modern French*, p. 32

Religion and festivals
- Wakely and Béjoint, *French Usage*, pp. 182–6
- Lang and Perez, *Modern French Grammar*, pp. 18–19

Abstract Nouns
- Ferrar, *A French Reference Grammar*, pp. 132–3

- Astington, *French Structures*, p. 16
- Worth-Stylianou, *French: A Handbook of Grammar, Current Usage and Word Power*, pp. 10–11

Titles
- Hawkins and Towell, *French Grammar and Usage*, p. 31
- Wakely and Béjoint, *French Usage*, pp. 197–202
- Lang and Perez, *Modern French Grammar*, pp. 20–1
- Ferrar, *A French Reference Grammar*, pp. 126–7
- Grew and Olivier, *1001 Pitfalls in French*, p. 186
- Judge and Healey, *A Reference Grammar of Modern French*, pp. 28–9

Geographical names
- Batchelor and Offord, *Using French*, pp. 259–68
- Hawkins and Towell, *French Grammar and Usage*, pp. 29–30
- Lang and Perez, *Modern French Grammar*, p. 20
- Wakely and Béjoint, *French Usage*, pp. 29–69
- Ferrar, *A French Reference Grammar*, pp. 127–8
- Astington, *French Structures*, pp. 19–21
- Worth-Stylianou, *French: A Handbook of Grammar, Current Usage and Word Power*, p.11

Names of languages
- Hawkins and Towell, *French Grammar and Usage*, p. 30
- Lang and Perez, *Modern French Grammar*, p. 21
- Worth-Stylianou, *French: A Handbook of Grammar, Current Usage and Word Power*, p.11

Seasons
- Hawkins and Towell, *French Grammar and Usage*, p. 30
- Judge and Healey, *A Reference Grammar of Modern French*, p.29
- Lang and Perez, *Modern French Grammar*, p. 18

Quantities, speed and price
- Hawkins and Towell, *French Grammar and Usage*, p. 31
- Lang and Perez, *Modern French Grammar*, p. 88
- Ferrar, *A French Reference Grammar*, p. 124
- Judge and Healey, *A Reference Grammar of Modern French*, p. 29

Games and sports
- Wakely and Béjoint, *French Usage*, pp. 195–7

Set phrases
- Hawkins and Towell, *French Grammar and Usage*, p. 40
- Ferrar, *A French Reference Grammar*, p. 137
- Judge and Healey, *A Reference Grammar of Modern French*, p. 29

Nouns

Gender and number
- Hawkins and Towell, *French Grammar and Usage*, pp. 4–26

- Batchelor and Offord, *Using French*, pp. 149–59
- Lang and Perez, *Modern French Grammar*, pp. 35–9
- Worth-Stylianou, *French: A Handbook of Grammar, Current Usage and Word Power*, pp. 16–34
- Ferrar, *A French Reference Grammar*, pp. 138–54
- Grew and Olivier, *1001 Pitfalls in French*, pp. 18–28
- Judge and Healey, *A Reference Grammar of Modern French*, pp. 4–11
- Bonnard, *Code du français courant*, pp. 141–9

Patterns of prefixation and suffixation
- Judge and Healey, *A Reference Grammar of Modern French*, pp. 16–17
- Bonnard, *Code du français courant*, p. 113

Patterns of nominalisation
- Astington, *French Structures*, pp. 200–5

Compound nouns
- Hawkins and Towell, *French Grammar and Usage*, pp. 17–20, 22–5
- Batchelor and Offord, *Using French*, p. 151
- Lang and Perez, *Modern French Grammar*, pp. 39–42
- Astington, *French Structures*, pp. 10–14
- Wakely and Béjoint, *French Usage*, pp. 143–4, 145–6, 148–9, 152, 154, 156–7, 159–162, 166
- Judge and Healey, *A Reference Grammar of Modern French*, pp. 11–12, 17–23
- Bonnard, *Code du français courant*, p. 120

Collective nouns
- Wakely and Béjoint, *French Usage*, pp. 88–90
- Ferrar, *A French Reference Grammar*, pp. 114–15

Adjectives

Position of adjectives
- Batchelor and Offord, *Using French*, pp. 160–5
- Hawkins and Towell, *French Grammar and Usage*, pp. 87–8
- Lang and Perez, *Modern French Grammar*, pp. 42–4
- Astington, *French Structures*, pp. 25–7
- Ferrar, *A French Reference Grammar*, pp. 155–9
- Grew and Olivier, *1001 Pitfalls in French*, pp. 14–17
- Worth-Stylianou, *French: A Handbook of Grammar, Current Usage and Word Power*, pp. 43–7

Irregular adjectives
- Hawkins and Towell, *French Grammar and Usage*, pp. 90–4
- Lang and Perez, *Modern French Grammar*, pp. 45–7
- Grew and Olivier, *1001 Pitfalls in French*, pp. 11–12
- Worth-Stylianou, *French: A Handbook of Grammar, Current Usage and Word Power*, pp. 35–7
- Judge and Healey, *A Reference Grammar of Modern French*, pp. 264–6
- Ferrar, *A French Reference Grammar*, pp. 146–8

Adjectives of colour
- Hawkins and Towell, *French Grammar and Usage*, pp. 95–6
- Lang and Perez, *Modern French Grammar*, pp. 47–8
- Wakely and Béjoint, *French Usage*, pp. 134–7
- Astington, *French Structures*, pp. 27–8
- Worth-Stylianou, *French: A Handbook of Grammar, Current Usage and Word Power*, p. 42
- Bonnard, *Code du français courant*, p. 156

Compound adjectives
- Hawkins and Towell, *French Grammar and Usage*, pp. 96–7
- Astington, *French Structures*, pp. 27–8
- Judge and Healey, *A Reference Grammar of Modern French*, p. 271
- Bonnard, *Code du français courant*, p. 121

Adjectival phrases
- Hawkins and Towell, *French Grammar and Usage*, p. 38

Adjectives used as nouns
- Hawkins and Towell, *French Grammar and Usage*, pp. 89–90
- Astington, *French Structures*, pp. 28–9
- Judge and Healey, *A Reference Grammar of Modern French*, p. 274

Adjectives used as adverbs
- Hawkins and Towell, *French Grammar and Usage*, p. 90
- Astington, *French Structures*, p. 31
- Grew and Olivier, *1001 Pitfalls in French*, pp. 13–14
- Worth-Stylianou *French: A Handbook of Grammar, Current Usage and Word Power*, pp. 42–3

Formation of adjectives from nouns
- Astington, *French Structures*, pp. 205–6, 207–10

Formation of adjectives from verbs
- Astington, *French Structures*, pp. 206–7

Numbers and measurements

Cardinal and ordinal numbers
- Hawkins and Towell, *French Grammar and Usage*, pp. 130–7
- Batchelor and Offord, *Using French*, p. 148
- Lang and Perez, *Modern French Grammar*, pp. 83–8
- Ferrar, *A French Reference Grammar*, pp. 181–98
- Wakely and Béjoint, *French Usage*, pp. 80–8
- Judge and Healey, *A Reference Grammar of Modern French*, pp. 45–50

Measurements and space
- Hawkins and Towell, *French Grammar and Usage*, pp. 142–4
- Batchelor and Offord, *Using French*, p. 147
- Wakely and Béjoint, *French Usage*, pp. 77–9, 93–102
- Lang and Perez, *Modern French Grammar*, pp. 89–90

Capacity and volume
- Batchelor and Offord, *Using French*, p. 147
- Wakely and Béjoint, *French Usage*, pp. 92–3, 103–4
- Lang and Perez, *Modern French Grammar*, p. 90

Verbs

Pronominal verbs with reflexive or reciprocal meanings
- Hawkins and Towell, *French Grammar and Usage*, pp. 201–3, 205–6

Pronominal verbs without reflexive or reciprocal meanings
- Hawkins and Towell, *French Grammar and Usage*, pp. 203–5
- Astington, *French Structures*, p. 51

Future tense as an indicator of speculation
- Hawkins and Towell, *French Grammar and Usage*, p. 232
- Astington, *French Structures*, p. 70

Conditional tense as an indicator of allegation
- Hawkins and Towell, *French Grammar and Usage*, p. 234
- Astington, *French Structures*, p. 70
- Judge and Healey, *A Reference Grammar of Modern French*, p. 163

Formation of verbs from nouns and adjectives
- Astington, *French Structures*, pp. 210–13

Prepositions

Adjectives followed by a preposition
- Hawkins and Towell, *French Grammar and Usage*, pp. 293–5
- Batchelor and Offord, *Using French*, pp. 184–5

Verbs followed by a preposition
- Hawkins and Towell, *French Grammar and Usage*, pp. 281–92, 298–304
- Batchelor and Offord, *Using French*, pp. 174–83

Nouns followed by a preposition
- Hawkins and Towell, *French Grammar and Usage*, pp. 295–7
- Batchelor and Offord, *Using French*, pp. 184–5

Use of à to indicate purpose/function
- Hawkins and Towell, *French Grammar and Usage*, p. 296
- Wakely and Béjoint, *French Usage*, pp. 213–14
- Ferrar, *A French Reference Grammar*, p. 277

Prepositions and names of materials
- Hawkins and Towell, *French Grammar and Usage*, pp. 318
- Wakely and Béjoint, *French Usage*, pp. 123–33
- Judge and Healey, *A Reference Grammar of Modern French*, p. 334
- Ferrar, *A French Reference Grammar*, pp. 280, 282

Prepositions and clothing
- Hawkins and Towell, *French Grammar and Usage*, p. 314
- Lang and Perez, *Modern French Grammar*, p. 166
- Ferrar, *A French Reference Grammar*, p. 282

Bibliography

General vocabulary books

Christie, Barbara I. and Màiri MacGinn, *5,000 French Words* (Glasgow: HarperCollins, 1979)

Gusdorf, Florent, *Words: Médiascopie du vocabulaire anglais* (Paris: Editions Marketing, 'Ellipses', 1991)

Gusdorf, Florent, *Words: Classes Préparatoires, H.E.C.* (Paris: Editions Marketing, 'Ellipses', 1991)

Gusdorf, Florent, *Words: Terminales* (Paris: Editions Marketing, 'Ellipses', 1991)

Rafroidi, Patrick, Michèle Plaisant and Douglas J. Shott, *Manuel de l'Angliciste, II* (Paris: O.C.D.L., 1966)

Rey, J., C. Bousscaren and A. Mounolou, *Le Mot et l'Idée* (Paris: Ophrys, 1990)

Rowlinson, William, *10,000 French Words* (Oxford and New York: Oxford University Press, 1991)

Thomson, Megan, *10,000 French Words* (Glasgow: HarperCollins, 1993)

Walter, Elizabeth (ed.) *Cambridge Word Routes: Anglais–Français, Lexique thématique de l'anglais courant* (Cambridge University Press, 1994)

Dictionaries

Collins Robert French–English English–French Dictionary (Glasgow: Paris: HarperCollins: Dictionnaires Le Robert, 1996)

Le Nouveau Petit Robert: dictionnaire alphabétique et analogique de la langue française, updated and revised, edited by Josette Rey-Debove and Alain Rey (Paris: Le Robert, 1993)

Le Robert et Collins du Management (Paris: Dictionnaires Le Robert, 1992)

The Oxford-Duden Pictorial French–English Dictionary (Oxford, Clarendon, 1983, revised edition 1996)

The Oxford-Hachette French dictionary: French–English, English–French, edited by Marie-Hélène Corréard, Valerie Grundy (Oxford University Press, 1994)

Dictionaries of synonyms, analogical dictionaries

Batchelor, R. E. and M. H. Offord, *Using French Synonyms* (Cambridge University Press, 1993)

Bertaud du Chazaud, Henri, *Dictionnaire des synonymes* (Paris: Robert, 'Les usuels du Robert', 1989)

Niobey, Georges, (ed.) *Nouveau dictionnaire analogique* (Paris: Larousse, 1991)

Péchoin, Daniel, (ed.) *Thésaurus* (Paris: Larousse, 1992)

'Faux amis'

Kirk-Greene, C. W. E., *NTC's Dictionary of Faux Amis* (Lincolnwood, Illinois: National Textbook Company, 1990, first edition 1981)

Thody, Philip and Howard Evans with Gwilym Rees, *Faux amis & key words* (London: Athlone, 1985)

Slang

Adrienne, *The gimmick 1 : Spoken American and English* (Paris: Flammarion, 1971)

Adrienne, *The gimmick 2 : Spoken American and English* (Paris: Flammarion, 1972)

Adrienne, *The gimmick 3 : Spoken American and English* (Paris: Flammarion, 1978)

Caradec, François, *N'ayons pas peur des mots : dictionnaire du français argotique et populaire* (Paris: Larousse, 1988)

Hérail, René James and Edwin A. Lovatt, *Dictionary of Modern Colloquial French* (London: Routledge, 1984)

Marks, Georgette A. and Charles B. Johnson, *Harrap's slang dictionary : English–French/ French–English*, completely revised and edited by Jane Pratt (London: Harrap, 1984)

General

Astington, Eric, *French Structures* (London and Glasgow: William Collins Sons and Company, 1980)

Batchelor, R. E. and M. H. Offord, *Using French: a guide to contemporary usage*, 2nd edition (Cambridge University Press, 1993, first edition entitled *A Guide to Contemporary French Usage*, 1982)

Bonnard, Henri, *Code du français courant* (Paris: Magnard, 1981)

Danilo, Michel, J.-L. Penfornis and M. Lincoln, *Le Français de la communication professionnelle* (Paris: CLE International, 1993)

Ferrar, H. *A French Reference Grammar* (London: Oxford University Press, 1955, revised edition 1967)

Grew, James H. and Daniel D. Olivier, *1001 Pitfalls in French* (New York: Barron's Educational Series, 1986)

Hawkins, Roger and Richard Towell, *French Grammar and Usage* (London: Arnold, 1996)

Judge, Anne and F. G. Healey, *A Reference Grammar of Modern French* (London: Arnold, 1983)

Lang, Margaret and Isabelle Perez, *Modern French Grammar: A Practical Guide* (London: Routledge, 1996)

Wakely, Richard and Henri Béjoint, *French Usage* (Oxford University Press, 1996)

Worth-Stylianou, Valerie, *French: A Handbook of Grammar, Current Usage and Word Power* (London: Casssell, 1993, first edition 1992)

Correspondence

Bas, Liliane and Catherine Hesnard, *La Correspondance commerciale française* (Paris: Nathan, 1994)

Davies, Susan and Armel Esnol, *Manuel bilingue de correspondance et communication dans les affaires: Français-Anglais: English-French* (London: Prentice-Hall International, 1989)

Gérard, Sylvie and P. Lièvremont avec la collaboration de V. Ladka, *La correspondance: familiale, administrative, commerciale* (Paris: Nathan, Repères pratiques, 1988)

Guide de correspondance: 500 modèles de lettres (Paris: Larousse, 1996)

Oudot, Simone, *Guide to Correspondence in French/ Guide de correspondance en français* (Lincolnwood, Illinois: Passport Books, 1985)

Specialist language textbooks and glossaries

Benjamin, Harold and Martine Piquet, *Lexique économie et commerce* (Paris: Hachette, Lexitec bilingue,1992)

Benjamin, Harold and Martine Piquet, *Lexique l'entreprise et le monde du travail* (Paris: Hachette, Lexitec bilingue, 1992)

Clarke, Stephen, Diana Feri and Manuelle Prunier, *Business French* (London: HarperCollins, 1992)

Dalcq, Anne-Elizabeth, Dan Van Raemdonck and Bernadette Wilmet, *Le français et les sciences: méthode de français scientifique avec lexique, index, exercices et corrigés* (Paris: Duculot, 1989)

Fleurier Legay, Annette, *Lexique industrie et techniques* (Paris: Hachette, Lexitec bilingue, 1992)

Gusdorf, Florent, *Words: Techniques* (Paris: Editions Marketing, 'Ellipses', 1991)

Gusdorf, Florent, *Words: Politics* (Paris: Editions Marketing, 'Ellipses', 1991)

Gusdorf, Florent, *Words: Communications* (Paris: Editions Marketing, 'Ellipses', 1991)

Gusdorf, Florent, *Words: Business* (Paris: Editions Marketing, 'Ellipses', 1991)

French for the Business Traveller (London: Barron's Educational Series, 1994, previous edition, *Talking Business in French*, 1987)

French Glossary for Bilingual Secretaries (London: Impact Books, 1993)

French Glossary of Accountancy and Management Terms (London: Impact Books, 1995)

French Glossary of Banking and Finance (London: Impact Books,1995)

French Glossary of Car and Driving Terms (London: Impact Books, 1995)

French Glossary of Commercial Terms (London: Impact Books, 1995)

French Glosssary of Information Technology (London: Impact Books, 1993)

French Glossary of Marketing Terms (London: Impact Books, 1995)

French Glossary of Media Terms (London: Impact Books, 1995)

French Glossary of Medical Terms (London: Impact Books, 1995)

French Glossary of Tourism (London: Impact Books, 1994)

Guillien, Raymond et Jean Vincent, *Lexique de termes juridiques*, 9e éd., sous la direction de Serge Guinchard [et] Gabriel Montagnier, avec le concours de Jacques Azema [et al.] (Paris: Dalloz, 1993, Previous ed., 1990)

Coveney, James and Sheila J. Moore, *French Business and Management Terms* (Edinburgh: Harrap, 1993)

Hourcade, Bertrand, *Dictionnaire de l'anglais des métiers du tourisme* (Paris: Pocket langues pour tous, 1995)

Malgorn, Guy, *Dictionnaire technique français-anglais : Machines, outils, mines, travaux publics, moteurs à combustion interne, aviation, électricité, T.S.F., constructions navales, métallurgie, commerce* (Paris: Dunod, 1975)

Pou, Gisèle and Michèle Sanchez, *Commerce/ Affaires: Entraînez-vous* (Paris: Clé, 1993)

Pou, Gisèle and Michèle Sanchez, *Economie: Entraînez-vous* (Paris: Nathan Clé, 1994)

Ritchie, Adrian C., *Newspaper French : a vocabulary of administrative and commercial idiom, with English translations* (Cardiff: University of Wales Press,1990)

Rouxeville, Annie, *Parlons affaires: an advanced course in French for business* (Sheffield Academic,1993)

Unit 1

Towns and buildings

Level 1

Towns

l'agglomération (f)	town, conglomeration, built-up area
la capitale	capital
la métropole	metropolis
la ville champignon	boom town
la banlieue	suburbs
les faubourgs (m)	suburbs
le quartier	district
le bourg	market-town
le hameau	hamlet
le centre-commercial	shopping centre
la zone commerciale	shopping precinct
le centre-ville	town centre
la cité-dortoir	dormitory town
le chantier	work-site
l'enceinte (f)	defensive wall
le rempart	rampart
la ceinture verte	green belt
les curiosités (f)	sights, places of interest
le/la citadin(e)	city-dweller
le/la banlieusard(e)	suburbanite

Public buildings and gardens

la mairie	town hall
l'hôtel de ville (m)	city hall
le syndicat d'initiative	tourist information office
le tribunal	court
le palais de justice	law courts
le commissariat de police	police station
la caserne	barracks

la cathédrale	cathedral
l'église (f)	church
la chapelle	chapel
le temple	Protestant church
la mosquée	mosque
le couvent	convent
la bourse	stock exchange
le jardin des plantes	botanical gardens
le jardin zoologique	zoo
le jardin d'acclimatation	zoo
le jardin d'agrément	pleasure garden
le jardin d'hiver	winter garden
le parc d'attractions	amusement park

Shops

le grand magasin	department store
la grande surface	supermarket
l'hypermarché (m)	hypermarket
le magasin à succursales multiples	chain store
le libre-service	self-service
la boutique	shop
le boutiquier/ la boutiquière	shopkeeper
la boutique en plein vent	open-air stall
l'échoppe (f)	stall, booth
l'étalage (m)	display
les tréteaux (m)	trestles
la charcuterie	delicatessen, pork butcher's shop
l'alimentation (f)	food store
la poissonnerie	fish shop

la crémerie	dairy, cheese shop	la nocturne	late opening
la laiterie	dairy	la file d'attente	queue
le magasin de diététique	health food shop		

Domestic buildings

le magasin d'habillement	clothes shop
le magasin de chaussures	shoe shop
le pressing	dry cleaner's
la teinturerie	dry cleaner's
la cordonnerie	cobbler's
la mercerie	haberdasher's
la laverie automatique	launderette
le magasin d'ameublement	furniture shop
le magasin de meubles	furniture shop
la pharmacie	chemist's
le tabac-journaux	tobacconist's
le bureau de tabac	tobacconist's
la papeterie	stationer's
la librairie	bookshop
la librairie d'occasion	second-hand bookshop
le magasin d'antiquités	antique shop
le kiosque à journaux	newspaper stand
le marché aux puces	flea market
le marché couvert	covered market
le marché ouvert	open-air market
le marché aux fleurs	flower-market
le marché aux poissons	fish market
le caddie	trolley
le chariot	trolley

le logement	housing
l'occupant(e)	occupant, householder
le/la propriétaire	householder, house-owner
le/la locataire	tenant
la gouvernante	housekeeper
loger	to house
héberger	to house, put up
recevoir	to house
louer	to rent
le loyer	rent
l'immeuble (m)	block of flats
le pâté de maisons	block of houses
le lotissement	housing estate
la cité	housing estate
les dépendances (f)	outbuildings
le pavillon	detached house
la maison préfabriquée	prefab
la garçonnière	bachelor flat
le terrain à bâtir	building plot
le ménagement	conversion
aménager	to convert
la péniche aménagée	houseboat
aménager une chambre en bureau	to convert a bedroom into an office
la maison jumelée	semi-detached
attenant	adjoining
contigu	adjoining
la terrasse	patio
l'avant-cour (f)	forecourt
l'allée (f)	drive, path

Level 2

Towns

l'abri-bus (m)	bus-shelter	le boulevard périphérique	ring-road
la bouche de métro	metro entrance	la rocade	by-pass
la chaussée	road, roadway	le trottoir	pavement
la chaussée goudronnée	tarmacadamed road	le ruisseau	gutter
le pavé	cobble	le caniveau	gutter
		la piste cyclable	cycle lane

le passage clouté	pedestrian crossing
le passage souterrain	underpass
le square	square
la place	square
la ruelle	alley
la venelle	alley
le monument aux morts	war memorial

Features of buildings

le rebord de fenêtre	window ledge
la fenêtre à guillotine	sash window
la fenêtre à coulisse	sliding window
la fenêtre panoramique	picture window
le soupirail	basement window
la lucarne	dormer
la tabatière	skylight
le linteau	lintel
le carreau	pane
le châssis	frame
le contrevent	shutter
le volet	shutter
le battant	leaf
le store à rouleaux	roller blind
la porte coulissante	sliding door
la porte à glissière	sliding door
la sortie de secours	emergency exit
l'escalier de secours (m)	fire escape
le portier électronique	intercom
l'interphone (**m**)	intercom
la trappe	trap door
la véranda	veranda

le balcon	balcony
la balustrade	rail (balcony, terrace)
la main courante	handrail (on wall)
la rampe	banister, rail (stair)
la cage d'escalier	stairwell
la volée	flight of stairs
la palière	landing
la cloison	partition wall
la plinthe	skirting board
le gond	hinge
le chambranle	jamb
le tuyau d'écoulement	downpipe
l'office (**m**)	pantry
le coin repas	dining area
le débarras	box-room
l'espace de rangement (**m**)	storage space
le grenier	loft
la mansarde	attic
le mitron	chimney pot
la souche	chimney stack
la cheminée à foyer ouvert	open fire
le poêle à bois	wood-burning stove
la tuyauterie	plumbing
l'installation électrique (**f**)	wiring
la climatisation	air-conditioning
le double vitrage	double-glazing
les installations (**f**)	fixtures and fittings
les prestations (**f**)	amenities

Level 3

Features of buildings

la flèche	spire
le clocher	bell-tower
la tourette	turret
l'arc (**m**)	arch
la voûte	vault
le portail	portal
la colonne	column
la colonnade	colonnade
le perron	stone steps

le parvis	square (in front of a church)
la mosaïque	mosaic
le vitrail	stained glass window
la rosace	rose window
la corniche	cornice
crépi	pebble-dashed
chaulé	whitewashed
le mouchetis	roughcast
le revêtement	facing

le ravalement	repairing and cleaning	*Buying, selling and renting property*	
encastrer	to fit, build in	le prospectus	prospectus
encastré	fitted, built in	le dépliant	prospectus
entièrement équipé	fully equipped	le marché à la hausse	seller's market
l'âtre (m)	hearth	le marché à la baisse	buyer's market
le lambris	panelling	la pleine propriété	freehold
le judas	spy-hole	la propriété foncière	freehold property
le garde-fou	balustrade	libre	
la gouttière	gutter	le bail	lease
les pignons (m)	gables	louer à bail	to lease
l'antenne parabolique	satellite dish	loué à bail	leasehold
(f)		l'ingénieur-	structural engineer
le broyeur d'ordures	waste-disposal	constructeur	
remis à neuf	refurbished	le rapport de	structural report
refaire la tuyauterie	to replumb	construction	
refaire l'installation	to rewire	les réparations de	structural repairs
électrique		structure (f)	
à l'installation	rewired	la jouissance	immediate possession
électrique refaite		immédiate	
à neuf		la rédaction d'actes	conveyancing
le robinet d'arrêt	stopcock	translatifs	

Household

Level 1

Furniture		le salon	three-piece suite
le mobilier	furniture	le convertible	bed-settee
le meuble	piece of furniture	le tabouret	stool
les meubles (m)	furniture	le buffet	sideboard
l'ameublement (m)	furniture; furniture trade	le buffet de cuisine	dresser
		la vitrine	glass cabinet
les meubles anciens (m)	antiques	la bibliothèque	bookcase
		l'étagère (f)	set of shelves
les articles d'ameublement (m)	furnishings	le chiffonnier	chest of drawers
		l'armoire à linges (f)	linen cupboard
les meubles à éléments (m)	unit furniture	la coiffeuse	dressing-table
		la penderie	walk-in cupboard
l'élément de cuisine (m)	kitchen unit	le portemanteau	coatstand, coat-rack; peg
la table de chevet	bedside table	le sommier	divan base
la desserte	trolley		
la berceuse	rocking-chair	*Soft furnishings*	
la chaise pliante	folding chair	les rideaux (m)	curtains
les chaises empilables	stacking chairs	les tentures (f)	drapes, hangings
la bergère	easy chair	le coussin	cushion
le fauteuil sac	bean bag	la literie	bedding

la couette	quilt
la housse de couette	quilt cover
l'oreiller (m)	pillow
la taie d'oreiller	pillow-slip
le traversin	bolster
la couverture chauffante	electric blanket

Carpets

le tapis	carpet, rug, mat
la moquette	fitted carpet
la carpette	rug
la descente de lit	bedside rug
le linoléum	linoleum

Domestic appliances

le frigidaire	refrigerator
le frigo ③	fridge
le micro-ondes	microwave
le congélateur	deep freeze
la machine à laver	washing machine
l'essoreuse (f)	spin dryer
le tambour à air chaud	tumble dryer
le lave-vaisselle	dish-washer
la cuisinière	cooker
le fer à vapeur	steam iron
la table à repasser	ironing board
l'aspirateur-traîneau (m)	cylinder vacuum cleaner
le ventilateur	extractor fan
le fourneau de cuisine	kitchen range

Lighting

le lampadaire	standard lamp
le plafonnier	ceiling lamp
la lampe à poser	occasional lamp
l'applique (f)	wall-lamp
la lampe d'architecte	adjustable lamp
le tube fluorescent	fluorescent strip
le tube au néon	fluorescent strip

Kitchenware

les ustensiles de cuisine (**m**)	kitchen utensils
la casserole	pot, pan

le bol	bowl
l'assiette plate (f)	dinner plate
l'assiette creuse (f)	soup plate
la tasse à thé	teacup
la tasse à café	coffee cup
le verre à vin	wine glass
le verre à bière	beer glass
le verre à whisky	whisky glass
la petite cuiller	teaspoon
la cuiller à café	coffee-spoon
la cuiller à soupe	soupspoon
la cuiller à dessert	dessert spoon
la cuiller de bois	wooden spoon
une cuillerée	spoonful
une cuillerée à soupe	soupspoonful
une cuillerée à café	teaspoonful
la fourchette à gâteaux	dessert fork
le couteau de cuisine	kitchen knife
le couteau à découper	chopping knife
le couteau à éplucher	peeling knife
le couteau à légumes	vegetable knife
le couteau à pain	bread knife
le couteau à beurre	butter knife
le couteau à fromage	cheese knife
le couteau à poisson	fish knife
le couteau électrique	electric knife

Plumbing

le bloc douche	shower unit
le bloc-évier	sink unit
l'évier (m)	sink
le lavabo	wash-hand basin
la cuvette	toilet bowl
la baignoire	bath
le bain de pieds	footbath
le robinet	tap
la chasse d'eau	flush

Decor

la décoration intérieure	painting and decorating
refaire les peintures	to decorate
le papier peint	wallpaper
la tapisserie	wallpaper
tapisser	to wallpaper
les peintures (f)	paintwork
'peinture fraîche'	'wet paint'

Level 2

Kitchenware

le casier à légumes	vegetable rack
la boîte à gâteaux	cake tin
la bouilloire	kettle
la poivrière	pepper-pot
la salière	salt-dish
les gobelets (m)	tumblers
le robot de cuisine	food-processor
le mélangeur	blender
la friteuse	fryer
le batteur à oeufs	egg-beater
le fouet	whisk
le bol à mélanger	mixing bowl
le rouleau à pâtisserie	rolling-pin
la balance de cuisine	kitchen scales
l'étagère à épices (f)	spice rack
la batterie de cuisine	set of kitchen utensils
l'égouttoir (m)	dish-rack
la lame	blade

Bathroom

l'armoire de toilette (f)	bathroom cupboard
l'armoire pharmaceutique (f)	medicine chest
le pèse-personne	bathroom scales
le porte-serviettes	towel rail
le porte-savon	soap-dish
le tapis antidérapant	shower-mat

le distributeur de papier	toilet paper holder
le chauffe-eau	water-heater

Carpeting

le passage d'escalier	stair runner
la dalle de moquette	carpet tile
le paillasson	doormat
le tapis-brosse	doormat

Lighting

la lampe à huile	oil-lamp
la lampe à alcool	spirit-lamp
la lampe à éclair	flashlight
la lampe témoin	warning light

Miscellaneous

le voilage	curtain screen
la maille	net
la barre à rideaux	curtain rail
les anneaux (m)	curtain rings
l'encoignure (f)	corner cabinet
la prise de raccordement	adapter
le prolongateur	extension lead
la sonnerie antivol	burglar alarm
meublant	decorative, effective
se meubler	to furnish one's home

Level 3

Accommodation

la buanderie	laundry
le garde-manger	larder
la penderie	walk-in cupboard
le fourre-tout	junk-room
le cagibi	broom cupboard

Furniture

la table à abattants	gate-leg table
la table à rallonges	extending table
la table gigogne	nest of tables
la table d'appoint	occasional table
le bureau à cylindre	roll-top desk

le secrétaire	writing desk
la chaise haute	high chair
la chaise cannée	cane chair
le fauteuil à bascule	rocking chair
le fauteuil club	leather armchair
le fauteuil de jardin	garden chair
le fauteuil en rotin	wicker chair
le fauteuil relax	recliner
le fauteuil tournant	swivel chair
le siège de repos	recliner, reclining chair
le siège d'appoint	extra seat

Kitchenware

la passoire	colander
l'entonnoir (m)	funnel
la râpe	grater
la planche à découper	chopping board
l'épluche-légumes (m)	vegetable peeler
le hache-légumes	vegetable chopper
le presse-purée	potato masher
le presse-agrumes	lemon squeezer
la centrifugeuse	juice-extractor
la yaourtière	yoghurt-maker
la louche	ladle
le pilon	masher
le mortier	mortar
le hachoir	mincer
le tamis	sieve
la Cocotte-Minute®	pressure cooker
le poêlon	casserole
l'étuveuse (f)	steamer
le minuteur	timer
le sablier	egg-timer
la soupière	soup-tureen
le saladier	salad bowl
l'écuelle (f)	bowl
le dessous de plat	table-mat
le dessous de verre	coaster, drip-mat
la ménagère	canteen of cutlery
le beurrier	butter-dish
la saucière	gravy-boat
le pichet	water-jug
le pot à lait	milk jug
le sucrier	sugar-bowl
la pelle à tarte	cake-slice
le moule à tarte	pie dish
le moule à gâteaux	cake tin
le bol à mélanger	mixing bowl
la plaque à gâteaux	baking tray
le décapsuleur	bottle-opener
le casse-noisettes	nutcracker
le moulin à légumes	vegetable shredder
le passe-thé	tea-strainer
le bac à vaisselle	washing-up bowl
l'égouttoir (m)	drainer
le sac poubelle	bin bag
le papier d'aluminium	tinfoil

Cleaning materials

le lave-sol	mop
le balai à franges	mop (cotton)
le balai-éponge	sponge mop
éponger	to mop up
laver quelque chose à grande eau	to wash something down, to mop something down
laver quelque chose au jet	to hose something down
laver ses carreaux	to wash one's windows
le balai mécanique	carpet sweeper
l'encaustique (f)	wax polish
l'eau de Javel (f)	bleach
le savon de Marseille	household soap
les gants de ménage (m)	household gloves
le détachant	stain remover
la lavette	dish-cloth
le cure-casseroles	pot-scourer
la poudre à récurer	scouring powder
la serpillière	floor-cloth
le désodorisant	air freshener

Miscellaneous

le châlit	bedstead
la colonne de lit	bedpost
le rembourrage	upholstery, stuffing
le capitonnage	upholstery, padding
capitonné	upholstered, padded
le tissu d'ameublement	furnishing fabric
le siège des cabinets	toilet seat
la pince à linge	clothes peg
le pare-feu	fireguard
le tisonnier	poker
le balai	brush
la pince	tongs
la pelle	shovel
le marteau de porte	door-knocker
la poignée	door handle
le bouton	door-knob
le cintre	coat-hanger
la patère	hook
le loqueteau	catch
réglable	adjustable
les roulettes (f)	casters
la housse extensible	stretch cover

le tapis de haute laine	long-pile carpet	la détrempe	distemper
le tapis ras	short-pile carpet	la lime	file
le plumeau	feather duster	le tournevis	screw driver
le calorifuge	lagging	la perceuse	drill
le calorifugeage	insulation	le foret	drill
l'insonorisation (f)	sound-proofing	la clé	spanner
le radiateur d'accumulation	night-storage heater	le ciseau	chisel
		le chalumeau	blow-torch
le poêle à mazout	oil stove	la pince	pliers
le poêle à pétrole	paraffin stove	le rabot	plane
le tuyau de poêle	stove pipe	les tenailles (f)	pincers
le butoir de porte	door-stopper	le maillet	mallet
le trop-plein	over-flow	le soudoir	soldering-iron
la pomme de douche	shower-head	le niveau à bulle	spirit-level
le porte-verre	tumbler-holder	le boulon	bolt
le décrottoir	shoe-scraper	boulonner	to bolt down, bolt on
le gratte-pieds	shoe-scraper	déboulonner	to unbolt
le camion de déménagement	furniture van	l'écrou (m)	screw
		la vis	screw
le garde-meubles	furniture storage warehouse	serrer un écrou	to tighten a screw
		visser	to screw
		dévisser	to unscrew
		le filet de vis	screw thread
Tools		le gond	hinge (door)
le pinceau	paint-brush	la charnière	hinge (box)
les soies (f)	bristles	se desserrer	to come loose
le rouleau	roller	le papier de verre	sandpaper
le bac	tray	la fiche	plug
l'émulsion (f)	emulsion paint	la boîte à fusibles	fuse-box
la peinture acrylique	emulsion paint	avec fusible incorporé	fused
la laque	gloss paint	faire sauter un plomb	to blow a fuse
le brillant	gloss finish		
satiné	with a satin finish	faire sauter un fusible	to blow a fuse
la couche de fond	undercoat		
le lait de chaux	whitewash		

Gardens

Level 1

Parts of the garden		la rocaille	rockery
le jardin	garden	la corbeille suspendue	hanging basket
le jardinet	small garden	la jardinière	window box
le potager	kitchen garden	le bac à plante	tub
le jardin de rapport	market garden	la serre	greenhouse
la pelouse	lawn	l'allée (f)	path
la plate-bande	flower bed	la dalle de pierre	stone slab
le parterre	flower bed	daller	to pave

le dallage	paving
le gravier	gravel
les gravillons (m)	gravel
le tuteur	stake
la remise	shed
les meubles de jardin (m)	garden furniture
le siège de jardin	garden seat
la table de jardin	garden table

Tools

la bêche	spade
bêcher	to dig
la fourche à bêcher	fork
le râteau	rake
le balai à feuilles	lawn-rake
le déplantoir	trowel
le taille-haies	hedge-trimmer
le tuyau d'arrosage	hose-pipe
l'arrosoir (m)	watering-can
l'arrosoir rotatif (m)	sprinkler
la tondeuse à gazon	lawn mower
l'échelle coulissante (f)	extending ladder
la tondeuse à main	hand mower
la tondeuse mécanique	motor mower
la tondeuse électrique	electric mower
le sécateur à haie	hedge-clippers, shears

Plants

les plantes jardinières (f)	garden plants
la plante grimpante	climbing plant
les mauvaises herbes (f)	weeds
la pousse	shoot
le bourgeon	bud
le bouton	bud
l'épine (f)	thorn
la tige	stem
le brin d'herbe	blade of grass
faner	fade
se flétrir	wilt

Gardening

tailler	to prune, clip
la taille	pruning, clipping
émonder	to prune
l'émondage (m)	pruning
arroser	to water
l'arrosage (m)	watering
greffer	to graft
la greffe	graft, grafting
sarcler	to weed
le sarclage	weeding
désherber	to weed
tondre	to mow
ratisser	to rake
semer	to sow

Level 2

Plants

le rosier	rose-bush
la pivoine	peony
la giroflée	wall-flower
le lis	lily
le muguet	lily of the valley
le hortensia (m)	hydrangea
la jacinthe	hyacinth
le myosotis	forget-me-not
l'oeillet (m)	carnation
la pensée	pansy
le souci	marigold
la capucine	nasturtium
le bleuet	cornflower
le perce-neige	snowdrop
la primevère	primrose
le pavot	poppy
la pâquerette	daisy
la marguerite	daisy
la jonquille	daffodil
le pois de senteur	sweet pea
le chèvrefeuille	honeysuckle
la violette	violet
la jacinthe des bois	bluebell
le chardon	thistle
la digitale	foxglove
l'ortie (f)	nettle
la renoncule	buttercup

Level 3

Plants

la clématite	clematis
l'églantine (f)	wild rose
la glycine	wisteria
la gueule-de-loup	snap-dragon
le glaïeul	gladiolus
le tournesol	sunflower
le camélia	camellia
le pétunia	petunia
le magnolia	magnolia
le dahlia	dahlia
l'orchidée (f)	orchid
la graine	seed
la semence	seed
le semis	seedling
la jeune plante	seedling
la pousse	shoot; growth

la tige	stem
la bouture	cutting
rempoter	to repot
repiquer	to plant out

Features of the garden

la pépinière	nursery
la roseraie	rose garden
le cadran solaire	sun-dial
le kiosque	summer house
le vivier	fish pond
la binette	hoe
la houe	hoe
le sarcloir	hoe
l'émondoir (m)	pruning hook
le terreau	compost

Exercises

Level 1

1. Expliquez les différences de sens entre les mots suivants

le bâtiment	le building	la cité-dortoir	la banlieue
la cité	la ville	l'église	le temple
la terrasse	l'avant-cour	l'oreiller	le traversin
la nappe	la serviette	la fourche	la fourchette
le plafonnier	l'applique	la pelle	la bêche
le râteau	le balai à feuilles	l'allée	la ruelle

2. Trouvez d'autres sens des mots suivants

le chantier	la bourse	l'aménagement	la bergère	la vitrine
la rocaille	la remise	le bouton	la tige	tondre

3. Expliquez le sens des expressions suivantes

'fin de chantier'	le seuil de la rentabilité
en trois coups de cuiller à pot	des poupées gigognes
la corbeille de mariage	la dalle funéraire
regarder en coulisse	avoir un bon tuyau
un coup de balai	un manche à balai
un manoeuvre balai	se faire faire un balayage
être gros comme une maison	avoir un pied dans la maison
faire tapisserie	des pantoufles en tapisserie

4. Donnez des équivalents non-argotiques des mots suivants

la piaule   le troquet   les vécés   crécher   l'appart   caser

5. Vérifiez le sens des mots et des expressions suivants

la chambre d'amis   la chambre froide   la chambre à air
la chambre noire   le stratège en chambre   le vin chambré
faire chambre à part   la chambre forte   la musique de chambre
le tapis volant   le tapis de billard   le tapis de sol
la table d'orientation   la table des matières   la voiture balai
le couteau d'arrêt   le couteau-scie   le couteau pliant

6. Traduisez en français

housework   housekeeping   housewife
housepainter   house prices   housemartin
house magazine   house warming   house wine

7. Décrivez les établissements suivants

la maison d'arrêt   la maison close   la maison de commerce
la maison communale   la maison de gros   la maison de correction
la maison de la culture   la maison de jeu   la maison mère
la maison normande   la maison de passe   la maison de poupée
la maison de retraite   la maison de santé   la maison de redressement

8. Composez des phrases en vous servant des expressions suivantes

donner un coup de fouet à, le trottoir roulant, triés sur le volet, l'esprit d'escalier, le radiateur d'appoint, s'aplatir comme une carpette devant quelqu'un

9. Complétez   ✓

_____   clôture faite d'une rangée de planches et de pieux
_____   clôture faite de barreaux métalliques
_____   bâtiment qui sert à loger des soldats
_____   muraille qui entoure une forteresse
_____   clôture formée d'arbustes qui sert à limiter un jardin
_____   très grand bâtiment
_____   mur bas

rempart, bâtisse, palissade, haie, murette, caserne, grille

10. Complétez le tableau suivant   ✓

tapis, balai(s), fauteuil, pot(s), bol, lampe, cuiller, assiette, casserole, tasse, table, fourchette, chaise(s), verre

Locution

Locution	Signification	Registre
1. être con comme un _____		
2. être assis entre deux _____		
3. faire _____ rase		
4. avoir une voix de _____ cassée		
5. prendre un bon _____ d'air		
6. payer les _____ cassés		
7. se noyer dans un _____ d'eau		
8. passer à la _____		
9. dérouler le _____ rouge		
10. avoir un grand coup de _____		
11. être sourd comme un _____		
12. mettre une affaire sur le _____		
13. s'en mettre pleine la _____		
14. jouer cartes sur _____		
15. découvrir le _____ aux roses		
16. ne pas être dans son _____		
17. arriver dans un _____		
18. être à ramasser à la petite _____		
19. boire la _____		
20. en avoir ras le _____		

11. Trouvez le sens des expressions suivantes

la table d'autel   la table basse   la table de cuisson
la table à dessin   la table d'écoute   la table de ferme
la table de lancement   la table de mixage   la table de montage

12. Complétez

s'attabler   tabler sur   la tablée   la tablette

_____   _____   _____   _____

le retable   l'entablement   le tablier   le tableur

_____   _____   _____   _____

13. Traduisez en français   ✓

1. You ought to mow, rake and weed your lawn every fortnight.
2. Her garden was composed of three sections: a big lawned area with a herbaceous border, flower-beds and a greenhouse, a small rock garden and a patio with hanging baskets and tubs.
3. He preferred the anonymity of the self-service shop or supermarket to the long queues of the local shops.
4. Because of the redevelopment of the town centre, the area around the town hall and the library looked like a building site.
5. Since I bought my flat I've spent most of my salary on domestic appliances: last month I bought a microwave and I'm now saving up for a deep-freeze.

6. The detached house which my in-laws have just bought has a patio, a large kitchen garden and a greenhouse.
7. I think that a fitted carpet would be more practical, but my husband would prefer a parquet floor and Oriental rugs.
8. If you put the linen cupboard on the landing and the chest of drawers in the bathroom, you will be able to put the glass cabinet in the corner and the bookcase in the bay.
9. The coatstand takes up far too much room in the hall; I think that we should have a walk-in cupboard fitted.
10. I am looking for curtains and cushions which will match the new three-piece suite.

14. Jeu de rôles

LE CLIENT/LA CLIENTE
Vous venez de toucher un héritage qui vous permet d'acheter une petite maison ou un appartement. On vous a proposé plusieurs propriétés, mais vous hésitez à choisir. Cet argent vous donne l'occasion de changer votre vie et de réaliser vos rêves et vous ne voulez pas qu'on vous bouscule.

L'AGENT IMMOBILIER
Vous commencez à vous impatienter. Le client/la cliente est riche et vous comptez sur une bonne commission, mais vous l'avez déjà fait visiter une vingtaine de propriétés et il/elle n'est pas prêt(e) à se décider. Vous essayez un peu de psychologie en lui demandant de parler de lui/d'elle et de formuler plus précisément les critères personnels qui devraient déterminer son choix. Pour l'aider à faire son choix, vous avez demandé au client/à la cliente de classer par ordre de préférence les caractéristiques suivantes:

Quartier
un quartier sûr, un quartier calme, un quartier commerçant, un quartier bien desservi par les transports en commun, un quartier cosmopolite, un quartier bourgeois

Ambiance
ambiance bohème, ambiance familiale, ambiance campagnarde

Services et facilités locaux
nombre de salles de cinéma, nombre de salles de sport, nombre de bibliothèques, nombre de restaurants, nombre de cafés, nombre de librairies, nombre de lycées, nombre de supermarchés, nombre de pharmacies, proximité d'un parc, proximité d'une galerie marchande, proximité d'un marché, proximité d'une brocante

Surface habitable et rangement
nombre de réceptions, nombre de chambres, nombre de salles de bain, garage, balcon, grenier, cave, penderie, vestiaire, débarras, office, bureau, cuisine entièrement équipée, sous-sol aménageable

Matériaux de construction
pierre de taille, pierre meulière, brique, béton, grès

Prestations
jardin, cour, ascenseur, cheminée, parquet, carrelage, poutres apparentes, décoration raffinée, antenne parabolique, portier électronique

Réparations et aménagement
ravalement récent, isolation phonique, chauffage central, installation électrique refaite à neuf, tuyauterie refaite à neuf

15. Traduisez en anglais

Les maisons basses, sans étages, en longues traînées horizontales, avec des toits de bois ou de zinc en diverses pentes, et les blocs qui jaillissaient en pyramides et en terrasses, étalant sur le ciel leurs balcons de fer tordu, et leurs flaques de verre où se perdaient les dernières traces du soleil, se mirent à s'allumer irrégulièrement, et dans l'enfilade de la rue toute teinte encore d'orient vieilli, on entendit les quatre fers d'un cheval qui trébuchait.

Michel Butor, *Passage de Milan*, p. 8 (© Editions de Minuit, 1962)

C'était un mas à longue façade, séparé de la route des collines par un terre-plein que soutenait un mur de pierres bâties, et qu'on appelait 'le jardin' parce qu'une bordure de lavande conduisait de la route à la porte. Les volets, selon la tradition de la famille, étaient repeints en bleu clair chaque année. De plus, la réputation bourgeoise des Soubeyran était solidement établie sur le fait qu'au lieu de déjeuner dans la cuisine, comme tout le monde, ils avaient toujours pris leurs repas dans une pièce spéciale, la 'salle à manger', où l'on pouvait admirer une petite cheminée citadine qui ne tirait pas très bien, mais qui était en marbre véritable.

Marcel Pagnol, *Jean de Florette*, p. 17 (© Bernard de Fallois,
Les Editions de la Treille, 1988)

Level 2

1. Expliquez les différences de sens entre les mots suivants

le prolongateur	la prise de raccordement	le mitron	la souche
la rocade	le boulevard périphérique	le grenier	la mansarde
le pèse-personne	la balance de cuisine	le square	la place

2. Traduisez en anglais

le verre à pied	le verre armé	les verres de contact
les verres fumés	le papier de verre	le verre grossissant

3. Décrivez les objets suivants

un escalier en colimaçon	un tapis d'Orient
un escalier d'honneur	un tapis de haute laine
un escalier dérobé	un tapis à longues mèches
un escalier de service	un tapis de baignoire

4. Dressez une liste de substantifs qui commence par le préfixe 'porte-'

_____   _____   _____   _____   _____

_____   _____   _____   _____

5. Trouvez dans le dictionnaire d'autres sens des mots suivants

la place   la piste   le foyer   le casier   la souche   le deux-pièces

6. Expliquez le sens des expressions suivantes

avoir un coup de pot   c'est le pot de terre contre le pot de fer
ce sera à la fortune du pot   payer plein pot
partir plein pot   ramasser le pot

7. Traduisez en français

shoe box	perfume bottle	cooking pot
presentation box	baby's bottle	flower pot
jewellery box	hot water bottle	earthenware pot
cardboard box	bottleneck	pot of jam
strong box	bottle-bank	jam pot
tool box	to bottle (e.g. fruit)	pot hole
horse box	to bottle up	potboiler
paint box	bottle rack	pot belly
P.O. box	bottled beer	potted plant

8. Complétez les phrases suivantes   ✓

1. Le meuble hi-fi vidéo: dans un minimum d'_____ il réunit votre téléviseur,
   _____ et minichaîne. Tablette _____ et réglable cinq positions. Peu
   _____ et facile à déplacer grâce à ses _____ multidirectionnelles. Finition
   _____ . Livré monté.
2. Le taille-haies électrique. Robuste mais léger. Sécurité absolue: frein de _____,
   _____ protecteur. Fourreau de rangement. Garantie un an.
3. Le canapé fleuri convertible: structure en bois _____ , coussins d'assise en
   _____ de mousse, recouvert d'un tissu fleuri, coussins _____ . Se transforme
   en lit de deux personnes.
4. Ce _____ électronique râpe, hache, fouette et pétrit. Livré avec un _____ un
   litre et un livre de recettes. Vitesse réglable. Couvercle _____ . Quatre
   pieds _____ .

massif, bol, laque, encombrant, ventouses, espace, amovible, écran, étanche, robot, roulettes, flocons,
magnétoscope, déhoussables, lame.

9. Complétez

laver	la laverie	le lavage	le lavement	le laveur
	_____	_____	_____	_____
	le lavoir	la lavasse	la lavette	le lavis
	_____	_____	_____	_____
	le lave-glace	lavé	lavable	délavé
	_____	_____	_____	_____
	le lavure	le lave-auto	le lave-linge	le lave-vaisselle
	_____	_____	_____	_____

10. Traduisez en anglais

Il y a la table vers le fond avec six chaises autour et quatre autres chaises deux entre les deux fenêtres du fond à droite quand on vient de la cuisine, deux autres entre la fenêtre du fond et la porte-fenêtre à gauche qui donne sur la cour, dans les deux angles du fond deux meubles d'angle qui ont des petites joues et des pieds tordus ça fait comme une forme d'arc disons de chaque côté du meuble j'entends un arc comme celui du Cupidon au jardin si vous voyez, à droite toujours venant de la cuisine entre la première et la seconde fenêtre une grande desserte c'est une console en marbre rose toute dorée par en dessous avec des croisillons tarabiscotés et un groupe de chiens sculptés couchés ou assis dessus, en face donc à gauche un gros buffet tout plein d'argenterie il est sculpté aussi dans tous les coins il y a en haut une coquille et des macaronis avec des fleurs et sur les côtés des fleurs et des carrés et en bas un pointu contourné avec au centre je crois une autre coquille, non c'est des fleurs et des guirlandes les gonds des portes du haut et du bas font toute la hauteur ils ont à chaque bout des machins comme des pommes de pins ou des boutons de fleurs, il y a donc le corps du haut du buffet et le corps du bas l'argenterie est en haut en bas le linge de table et les nappes, entre les deux corps il y a une tablette je m'explique mal le corps du haut est en retrait par rapport à celui du bas ce qui forme une tablette oui une tablette avec tout de suite au-dessous trois tiroirs pour les couverts en argenterie, il n'y avait que l'argenterie toujours sur la table.

Robert Pinget, *L'Inquisitoire*, pp. 118–119. (© Editions de Minuit, 1962)

11. Traduisez en français   ✓

1. The area is very run-down. All the bus-shelter windows are broken; the cobble-stones are uneven and dangerous; the underpass is always full of down-and-outs.
2. To reach the square you have to take the first alley on the left after the war memorial.
3. This house lacks storage space. Our flat had a box-room and a large pantry. We should not have moved.
4. We were given the food-processor and fryer when we got married; I'd have preferred a set of kitchen utensils.
5. If you want to learn to bake cakes, you'll have to buy a large mixing-bowl, an egg-beater, and a rolling-pin; I can lend you a cake tin and a set of scales.
6. You will find the antiseptic cream either in the medicine chest or in the bathroom cabinet.
7. I like spring flowers: snowdrops, primroses, crocuses and daffodils. My wife prefers strong-scented flowers such as sweet pea, wall-flower and honeysuckle.
8. When I go home the bluebells will have flowered.
9. If you had bought a shower mat as I told you, you wouldn't have slipped.
10. Central heating is practical, but an open fire or a wood-burning stove is much more welcoming when you come home in the evening.

12. Rédaction/Travail de groupe

Vous travaillez pour une agence immobilière. Vous êtes chargés de la rédaction des brochures publicitaires. Composez six annonces en vous servant des mots et des expressions suivants

- manoir, bastide, mas, appartement, moulin à eau, demeure, ferme, château, studio, garçonnière, maison de vacances, propriété, habitation, domaine, maisonnette, hôtel, duplex, maison jumelée

- panorama, haut lieu historique, vue, rénovation, restauration
- hameau, village perché, parc national, forêt, domaine, transports, parc, immeuble, cité médiévale, étage, colline, site, quartier, mer, position, état, commerces, ruisseau, terrain, environnement, bourg, centre commercial, le jardin des plantes, lotissement, ruelle, square
- réception, salon, séjour, salle à manger, chambre, chambre d'amis, coin repas, salle d'eau, salle de bains, sanitaires, salle de douches, cuisine, bureau, buanderie, maison de gardien, bibliothèque
- dépendances, greniers aménagés, restauration, écurie, granges, herbages, colombages, terrasse, tours, pièces d'eau, façade, box, loggia, jardin, avant-cour, parking, garage, ogives, cheminées, fournil, étang, allée cavalière, donjon, puits, cave, prestations, poutres, parquet, espaces, sous-sol, cabanon, orangeraie, oliveraie, carrelage, terrasse, boiseries, poêle à bois, tuyauterie, installation, broyeur d'ordures, portier électronique, kiosque, vivier
- en bordure de, au coeur de, au milieu de, dominant, au sommet de, bordé par, situé dans, à proximité, à proximité de, à l'orée de
- charmant, ravissant, beau, panoramique, nombreux, aménageable, excellent, bourgeois, chargé d'histoire, récent, restauré, classé, protégé, superbe, mansardé, voûté, ancien, ravalé, spacieux, prestigieux, simple, ensoleillé, coquet, résidentiel, boisé, clos, parfait, grand, vert, calme, habitable, apparent, équipé, arboré, dégagé, fleuri, surplombant, verdoyant, refait à neuf, crépi
- début du siècle, avec goût, à rénover, à aménager, d'architecte, plein sud, de qualité, avec confort, à prévoir, toutes essences, à l'étage, sans vis-à-vis, d'époque, de caractère

Level 3

1. Composez des phrases qui feront ressortir les différences de sens entre les mots suivants

la flèche	le clocher	le minuteur	le sablier
l'arc	la voûte	la ménagère	la batterie de cuisine
le perron	l'escalier	le carrelage	le dallage
la passoire	le tamis	la buanderie	le pressing

2. Composez des phrases qui feront ressortir le sens littéral et le sens figuré des mots suivants

la charnière   le foyer   la clé   le vivier   la clé de voûte

3. Traduisez en anglais

l'esprit de clocher   avoir la tête comme une passoire
le chat de gouttière   avoir pignon sur rue
la clef des champs   aux poutres apparentes

4. Trouvez des équivalents non-argotiques des mots suivants

boulonner   déboulonner   la piaule   le râteau

5. Dressez une liste des différents sens des mots suivants

le bac, le cintre, la pince, le butoir, la fiche, éplucher, boulonner

6. Dressez une liste de substantifs qui commencent par

pare-, casse-, passe-, lave-, garde-, cure-

7. Expliquez la fonction des produits suivants

le déboucheur	le détartrant	le décapant
le dégraissant	le démêlant	le dépilatoire

8. Complétez le tableau suivant ✓

pot, passoire, tamis, graine, pinceaux, louche, casserole, graine, pelle, pince, bulle, pelle, anses

Locution	Signification	Registre
1. raisonner comme une _____		
2. s'embrouiller les _____		
3. coincer la _____		
4. transformer quelqu'un en _____		
5. ramasser l'argent à la _____		
6. monter en _____		
7. faire le _____ à deux _____		
8. passer au _____		
9. serrer la _____ à quelqu'un		
10. ramasser une _____		
11. en prendre de la _____		
12. tricoter des _____		

9. Trouvez le mot qui correspond à la définition ✓

ruisseau, fiche, tuyau, robinet, égouttoir, bonde, gouttière

_____ appareil qui permet de régler le passage d'eau

_____ canal qui permet l'écoulement des eaux de pluie

_____ caniveau qui reçoit les eaux qui coulent le long du trottoir

_____ conduit qui permet le passage d'un liquide ou d'un gaz

_____ ouverture qui permet de vider l'eau d'une baignoire

10. Relevez les noms de 20 fleurs cachés dans cette grille ✓

C	R	O	S	I	E	R	S	O	U	C	I	T	A
H	A	P	S	H	L	I	E	L	D	A	L	H	T
E	G	I	R	O	F	L	E	E	I	P	L	A	O
V	L	C	O	R	I	L	M	U	G	U	E	T	U
R	A	O	S	T	V	L	K	J	I	C	J	P	R
E	I	R	T	E	W	M	J	A	T	I	O	M	N
F	E	C	P	N	R	O	A	C	A	N	N	Y	E
E	U	H	J	S	F	L	C	I	L	E	Q	O	S
U	L	I	P	I	V	O	I	N	E	D	U	S	O
I	B	D	A	A	I	R	N	T	O	A	I	O	L
L	A	E	P	A	V	O	T	P	R	L	L	T	B
L	E	E	I	L	P	S	H	D	A	H	L	I	A
E	M	B	B	L	E	U	E	T	M	A	E	S	R
C	R	O	C	U	S	P	E	T	U	N	I	A	T

11. Complétez

la pince à charbon   la pince à glaçons   la pince à sucre

_____   _____   _____

la pince à cheveux   la pince coupante   la pince à dessin

_____   _____   _____

la pince à épiler   la pince à linge   la pince multiprise

_____   _____   _____

la pince à ongles   la pince à vélo   la pincette

_____   _____   _____

le pincement   la pincée   le pince-oreilles

_____   _____   _____

le pince-nez   le pince-sans-rire   la pince-monseigneur

_____   _____   _____

12. Traduisez en français ✓

1. I found all sorts of things in our junk-room: a nest of tables, a soldering iron, five or six door-stops and some striped stretch covers.
2. You need to know where the stop-cock is in case you have a leak.
3. A gate-leg table would take up less space than an extending table.
4. I cannot move in until the repairs have been done.
5. I don't know her tastes, but a canteen of cutlery and table-mats are useful gifts.

6. I'm quite happy to make dinner, but I shall need a pie-dish, a mincer, a chopping board and a grater.
7. You can't use this brush. The bristles are much too hard. I'll lend you a roller and tray.
8. Don't leave the tea-strainer in the sink. It leaves stains. Last time I had to use a pot-scourer to get them off.

13. Traduction orale

> Véronique Legrand et Catherine Legrand sont dans le jardin. Véronique Legrand tourne autour de Monsieur Ponse. Elle lui dit, monsieur Ponse, monsieur Ponse vous ne m'attraperez pas. Il est devant son établi. Il y a là des tas d'outils, les uns accrochés au mur, les autres posés sur l'établi, il y a des scies à bois, des scies à métaux, des scies circulaires, il y a des égoïnes de taille différente, des limes à bois, à métaux, un compas d'épaisseur, il y a une chignole, il y a des poinçons de toutes les tailles et de toutes les sortes. Il y a aussi des clous, des vis, de la colle à bois et surtout des gros blocs de bois. Véronique Legrand touche à toutes ces choses. Elle soupèse dans sa main les marteaux. Elle serre et desserre l'étau. Elle tripote des clous, elle les prend par poignées et les laisse retomber. Elle se met à clouer une rangée de petits clous sur la surface de l'établi. Elle tape dessus avec le marteau en le tenant par la tête pour avoir plus de force. Monsieur Ponse est en train de tailler une chimère à même le bloc de bois qu'il maintient entre ses genoux. Il découpe minutieusement des écailles en surface pour faire le dos.

> Monique Wittig, *L'Opoponax*, p. 78 (© Editions de Minuit, 1964)

14. Traduction écrite

> Ce perron, aux marches larges et basses, était abrité par une vaste marquise vitrée, bordée d'un lambrequin à franges et à glands d'or. Les deux étages de l'hôtel s'élevaient sur des offices, dont on apercevait, presque au ras du sol, les soupiraux carrés garnis de vitres dépolies. En haut du perron, la porte du vestibule avançait, flanquée de maigres colonnes prises dans le mur, formant ainsi une sorte d'avant-corps percé à chaque étage d'une baie arrondie, et montant jusqu'au toit, où il se terminait par un delta. De chaque côté, les étages avaient cinq fenêtres, régulièrement alignées sur la façade, entourées d'un simple cadre de pierre. Le toit, mansardé, était taillé carrément, à larges pans presque droits.

> Emile Zola, *La Curée*, pp. 24–25 (© Fasquelle)

15. Rédaction: Travail de groupe

Vous faites partie d'une équipe qui rédige un nouveau guide touristique de votre région. Vous êtes chargés d'écrire de courts commentaires (300 mots) sur l'architecture et les monuments de la ville principale.
- *Etudiant(e) A:* la cathédrale (gothique)
- *Etudiant(e) B:* l'hôtel de ville (baroque)
- *Etudiant(e) C:* le musée des arts décoratifs (art nouveau)
- *Etudiant(e) D:* l'école des beaux arts (minimaliste)

Unit 2

The physical world

Level 1

Coasts and rivers

la terre ferme	dry land, the mainland
le littoral	coastline
le golfe	gulf
le promontoire	headland
la falaise	cliff
l'estuaire (m)	estuary
l'étang (m)	pond
la mare	pool
l'eau douce (f)	fresh water
l'eau salée (f)	salt water
l'affluent (m)	tributary
le lit de rivière	river-bed
le bord	edge, bank
la rive	bank (river, lake)
la berge	bank (canal)
le détour	bend, loop
le coude	bend, loop
la courbe	bend, loop
la boucle	bend, loop
la cascade	waterfall
le courant	current
agité	rough
une mer agitée	rough sea
une mer calme	smooth sea
le fond de mer	seabed
la marée haute	high tide
la marée basse	low tide
le reflux et le flux	ebb and flow
l'écume (f)	foam
la vague	wave
la lame ③	wave, breaker
le flot ③	tide, billow
la péninsule	peninsula
le cap	cape

la crique	cove
la baie	bay
le galet	pebble
le caillou	pebble, stone
la coquille	shell
le coquillage	shellfish; shell

Mountains, hills and rocks

la chaîne de montagnes	mountain range
le col	pass
la crête	ridge
la pente	slope
le versant	slope
le précipice	precipice
la caverne	cave
la grotte	cave
le bloc	slab, block
la roche	rock
le rocher	boulder, rock

Woodland

le bosquet	grove
le taillis	copse
la clairière	clearing
le sous-bois	undergrowth
la lande	heath
la mousse	moss
la fougère	fern
le chêne	oak
le hêtre (m)	beech
le frêne	ash
l'orme (m)	elm
le châtaignier	chestnut tree
le pin	pine
le sapin	fir
le bouleau	birch

Level 2

Coasts and rivers

le marécage	fen, bog
le marais	swamp
la tourbe	peat
la tourbière	peat bog
le remous	eddy
le tourbillon	whirlpool
le gué	ford
la houle	swell
la lame de fond	groundswell
les rouleaux (m)	surf
le ressac	backwash
la déferlante	breaker
les brisants (m)	breakers
les moutons (m)	sea-horses
le récif	reef
le récif corallien	coral reef
des galets (m)	shingle

Mountains and hills

l'escarpement (m)	steep slope
l'aiguille (f)	needle, peak
les contreforts (m)	foothills
l'élévation (f)	rise
l'éminence (f)	rise, knoll
le monticule	knoll, hillock
le tertre	knoll, hillock

vallonné	undulating
la butte	small hill
accidenté	craggy
escarpé	steep
l'à-pic (m)	sheer drop
la crevasse	crevasse
la fente	crack, crevice
le ravin	gully
l'abîme (m)	abyss

Woodland

les broussailles (f)	brushwood
le fourré	thicket
le rameau	branch
la brindille	twig
l'écorce (f)	bark
la souche	stump
le déboisement	deforestation
le reboisement	reforestation
le peuplier	poplar
le houx	holly
le lierre	ivy
le gui	mistletoe
l'aubépine (f)	hawthorn
les fleurs d'aubépine	may blossom
le genêt	broom
la noisette	hazelnut

Level 3

Coasts and rivers

la crue	flood, spate
en crue	in spate
la vase	mud
le limon	silt, mud
trouble	muddy
la bourbe	silt, mud
bourbeux	muddy
le bourbier	quagmire
la fondrière	quagmire
les embruns (m)	spray
le raz-de-marée	tidal wave
le varech	wrack, kelp
le lagon	lagoon
la lagune	lagoon

Mountains, hills and rocks

la cime	summit
la faîte	mountain-top
la corniche	ledge, cornice
l'éboulis (m)	scree
la rocaille	loose stones, stony ground
la paroi rocheuse	rock face
le défilé	mountain pass
l'assise (f)	layer, stratum
le belvédère	panoramic viewpoint
la garrigue	scrubland

Woodland

à feuilles caduques	deciduous

à feuilles persistantes	evergreen	l'aune (m)	alder
la pinède	pine forest	le cynorhodon	rosehip
l'églantier (m)	briar	le gratte-cul ①	rosehip
l'ébène (m)	ebony	le genévrier	juniper
le palissandre	rosewood	le mélèze	larch
le saule	willow	l'épicéa (m)	spruce
le saule pleureur	weeping willow	rabougri	stunted
le palmier	palm tree	la sève	sap
le coudrier	hazel	l'aiguille (f)	needle
l'érable (m)	maple	le gland	acorn
le troène	privet	la pomme	cone
l'if (m)	yew	le jeune arbre	sapling
le sureau	elder	le chaton	catkin

The animal world

Level 1

Insects

l'insecte (m)	insect	le gorille	gorilla
la chenille	caterpillar	le babouin	baboon
le papillon de nuit	moth	le chimpanzé	chimpanzee
le scarabée	beetle	l'hippopotame (m)	hippopotamus
le moustique	mosquito	le kangourou	kangaroo
la mouche domestique	house fly	le léopard	leopard
la mouche bleue	bluebottle	la panthère	panther
le moucheron	midge	le puma	puma
la fourmi	ant	le cougar	cougar
l'essaim (m)	swarm	le chat sauvage	wildcat
la toile	web	les grands félins (m)	big cats
la ruche	hive	le dingo	dingo, wild dog
la fourmilière	ant-hill	l'ours (m)	bear
		l'ours blanc (m)	polar bear
		l'ours brun (m)	brown bear

Mammals

le rongeur	rodent	le panda	panda
le hamster	hamster	le grand panda	giant panda
le hérisson	hedgehog	le chameau	camel
la belette	weasel	le dromadaire	camel
le blaireau	badger	le buffle	buffalo
l'écureuil (m)	squirrel	l'antilope (f)	antelope
le renard	fox	la baleine	whale
le renard polaire	arctic fox	le dauphin	dolphin
l'hermine (f)	stoat	le phoque	seal
le lièvre	hare	le morse	walrus
le cerf	stag	le lion de mer	sea lion
les grands fauves (m)	big game		
le grand singe	ape		

Birds

l'oiseau migrateur (m)	migratory bird

l'oiseau de mer (m)	sea-bird	le merlan	whiting
l'oiseau chanteur (m)	song-bird	le requin	shark
le merle	blackbird	le squale	shark
la grive	thrush		
le rouge-gorge	robin	*Reptiles*	
le moineau	sparrow	le serpent	snake
le corbeau	crow	la couleuvre	grass-snake
la corneille	crow	le serpent d'eau	water-snake
le grand corbeau	raven	le serpent à sonnettes	rattle-snake
le freux	rook	le serpent à lunettes	cobra
la pie	magpie	la vipère	viper
l'hirondelle (f)	swallow	le boa	boa
l'alouette (f)	lark	la tortue	tortoise
le perroquet (m)	parrot	le lézard	lizard
le coucou	cuckoo	la salamandre	newt
le hibou	owl	l'alligator (m)	alligator
la mouette	seagull	**le** crocodile	crocodile
le cygne	swan		
le pingouin	penguin	*Molluscs and crustaceans*	
l'aigle (m)	eagle	**le** mollusque	mollusc
		le coquillage	shellfish, shell
Fish		la limace	slug
la morue	cod	**le** crabe	crab
le hareng	herring		
la sole	sole	*Other*	
le thon	tuna	le têtard	tadpole
la truite	trout	le crapaud	toad
le saumon	salmon	la grenouille	frog
l'aiglefin (m)	haddock		

Level 2

Insects		**la** loutre	otter
la punaise	bug	la loutre marine	sea-otter
la puce	flea	le castor	beaver
le criquet	locust	le mulot	fieldmouse
le grillon	cricket	la taupe	mole
la sauterelle	grasshopper	la gerboise	desert rat
la libellule	dragonfly	le campagnol	vole
le taon	horsefly	le sanglier	wild boar
la mite	moth	la chauve-souris	bat
le perce-oreille	earwig	le renne	reindeer
la bête à bon dieu	ladybird	le gnou	wildebeest, gnu
la coccinelle	ladybird	le guépard	cheetah
		le lionceau	lion cub
Mammals		le chacal	jackal
le cobaye	guinea-pig	la hyène	hyena

la moufette	skunk
le marsouin	porpoise
la pince	claw, pincer
les griffes (f)	claws
la crinière	mane
la défense	tusk
la trompe	trunk
la bosse	hump

Birds

l'échassier (m)	wader
les oiseaux migrateurs (m)	migratory birds
l'oiseau de proie (m)	bird of prey
l'oisillon (m)	baby bird
le coq de bruyère	grouse
le roitelet	wren
le rossignol	nightingale
le faucon	hawk
le vautour	vulture
la buse	buzzard
l'épervier (m)	sparrowhawk
le pivert	woodpecker
la tourterelle	turtle-dove
le héron (m)	heron
le martin-pêcheur (m)	kingfisher
l'autruche (f)	ostrich
le serin	canary
la perruche	budgie
la colombe	dove

Fish

le poisson de mer	saltwater fish
le poisson d'eau douce	freshwater fish
l'anguille (f)	eel
la raie	skate, ray
le brochet	pike
le carrelet	plaice
le maquereau	mackerel
le poisson rouge	goldfish
l'écaille (f)	scale
la nageoire	fin, flipper
l'arête (f)	fish-bone

Molluscs and crustaceans

les crustacés (m)	shellfish
le bouquet	prawn
le homard	lobster
la langouste	crayfish
l'huître (f)	oyster
la moule	mussel
la crevette	shrimp

Other

la méduse	jellyfish

Habitat and dens

le repaire	den
le terrier	burrow
la tanière	den
la taupinière	mole-hill

Protection and hunting

une espèce menacée	endangered species
une espèce disparue	extinct species
une réserve d'animaux sauvages	wildlife reservation
la proie	prey
apprivoiser	to tame
le lacet	snare
le piège	trap
la trappe	trap
la chasse à la baleine	whaling

Animal behaviour

bourdonner	buzz
piquer	to sting
ramper	to crawl
siffler	to hiss
pépier	to warble
gazouiller	to warble
roucouler	to coo
rugir	to roar
gronder	to growl
fourmiller	to swarm
s'apprivoiser	to become tame

Level 3

Insects

le cloporte	woodlouse
le puceron	greenfly
l'asticot (m)	maggot
le cafard	cockroach
la mouche à vers	bluebottle
le frelon	hornet
le taon	horsefly
le termite	termite
l'ouvrière (f)	worker
le ver luisant	glow-worm
le ver à soie	silk worm
le ver plat	flatworm
le ver rond	round worm
le ver de sable	sandworm
le ver solitaire	tapeworm
le ver de terre	earthworm
le cocon	cocoon
la chrysalide	chrysalis
le cousin	mosquito
la tipule	daddy-long-legs
le perce-oreille	earwig

Mammals

la marmotte	marmot
l'ouistiti (m)	marmoset
la mangouste	mongoose
le raton laveur	racoon
le saïmiri	squirrel monkey
le grizzli	grizzly bear
le paresseux	sloth
le porc-épic	porcupine
la louve	she-wolf
le louveteau	wolf-cub
le renardeau	fox-cub
le vison	mink
le lapin de garenne	wild rabbit
le lapereau	baby rabbit
le chevreuil	roe deer
le faon	fawn
l'éléphanteau (m)	baby elephant
l'oursin (m)	bear cub
l'once (f)	snow leopard
le bouquetin	ibex
l'élan (m)	elk, moose
le loir	dormouse

la fouine	stone-marten
le putois	polecat
la biche	hind, doe
le furet	ferret
la gerbille	gerbil
le fourmilier	ant eater
le matou	tom cat
le minet/la minette	pussycat
le minou	moggy
le mistigri	moggy
le chaton	kitten
le chat persan	Persian cat
le chat siamois	Siamese cat
le chat birman	Burmese cat
le chat abyssin	Abyssinian cat
la chatte écaille de tortue	tortoiseshell cat
le chat tigré	tabby cat
le chat au poil roux	ginger cat
le chat de gouttière	alley cat
le chat vagabond	stray cat
la moustache	whiskers
les yeux fendus (m)	slit eyes
faire opérer son chat	to have one's cat spayed
le chiot	puppy
le chien de race	pedigree dog
le roquet	mongrel, cur
le corniaud	cur
le lévrier	greyhound
le teckel	dachshund
le berger allemand	German sheepdog
le bouledogue	bulldog
le caniche	poodle
le pékinois	Pekinese
le cocker	cocker spaniel
l'épagneul (m)	spaniel
le colley	collie
le terre-neuve	Newfoundland
le chien d'arrêt	pointer
le chien de berger	sheepdog
le chien de chasse	retriever, gundog
le chien courant	hound
le chien esquimau	husky
le dalmatien	Dalmatian
le chow-chow	chow

le chien de garde	guard dog	le rouge-queue	redstart
le chien de prairie	prairie dog	la rousserolle	reed warbler
le chien de traîneau	sled dog	effarvatte	
le chien-loup	wolfhound	la sterne	tern
le chien d'utilité	working dog	le traquet pâtre	stonechat
le chien policier	police dog	la sittelle	nuthatch
le chien d'aveugle	guide dog	la litorne	fieldfare
le chien savant	performing dog	le duvet	down
le chien de course	racer	la mue	moult
le toutou	bow-wow	muer	to moult
		la couvée	brood

Birds
		la crête	crest
l'oiseau de paradis	bird of paradise	la huppe	tuft
la cigogne	stork	le bec	beak
l'orfraie (f)	osprey	la plume	feather
le choucas	jackdaw	le gésier	gizzard
le cormoran	cormorant		

Fish
le grand cormoran	shag	le triton	newt
le fou de bassan	gannet	le vairon	minnow
le courlis	curlew	du fretin	fry
le martinet	swift	la limande	lemon sole
le faisan	pheasant	le poisson-chat	catfish
le geai	jay	le poisson-scie	sawfish
la perdrix	partridge	l'espadon (m)	swordfish
le pinson	chaffinch	l'hippocampe (m)	sea-horse
la bécasse	woodcock	le calmar	squid
la bécassine	snipe	le rouget	mullet
la poule d'eau	moorhen	la daurade	sea-bream
le paon	peacock	la blanchaille	whitebait
le flamant	flamingo	le carrelet	plaice
le goéland	seagull	les ouïes (f)	gills
le macareux	puffin		

Molluscs and crustaceans
la mésange bleue	blue tit	le poulpe	octopus
le pigeon voyageur	homing pigeon	la pieuvre	octopus
le pigeon ramier	wood pigeon	la coquille	scallop
la palombe	wood pigeon	Saint-Jacques	
le gibier à plumes	game birds	la palourde	clam
le gibier d'eau	waterfowl	les langoustines (f)	scampi
le râle des genêts	corncrake	le buccin	whelk
le pluvier	plover	le bigorneau	winkle
le petit pingouin	razor-bill	la bernacle	barnacle
le grand pingouin	great auk		

Animal behaviour
le mainate	mynah bird	couiner	to squeal
le cacatoès	cockatoo	vagir	to low
l'ara (m)	macaw	hululer	to hoot, screech
le pouillot	warbler		
le pouillot siffleur	wood warbler		
le pouillot véloce	chiffchaff		

chuinter	to hoot, screech; hiss	le maître-chien	dog handler
croasser	to caw	dresser	to train
coasser	to croak	le clapier	rabbit–hutch
glouglouter	to gobble	l'attelage (m)	team
roucouler	to coo	le sabot	hoof
glousser	to cluck	les piquants (m)	spines
faire le gros dos	to arch the back	la carapace	shell, carapace
sortir ses griffes	to put out its claws	la ramure	antlers
faire ses griffes	to sharpen its claws	le pelage	coat
rentrer ses griffes	to draw in its claws	les rayures (f)	stripes
faire patte de velours	to draw in its claws	la poche	pouch
être en chaleur	to be in heat	la mamelle	teat
flairer	to scent	le pis	udder
le flair	sense of smell	la fiente	bird droppings
		le perchoir	perch
Miscellaneous		la meute	pack
la réserve naturelle	wildlife sanctuary	le pied palmé	webbed foot
le refuge pour animaux	animal sanctuary	faire son nid	to nest
		le nichoir	nest box
le militant/la militante pour les droits des animaux	wildlife/animal rights activist	le site de nidification	nesting site
		la couvée d'oeufs	batch of eggs
		le perchoir	bird table
le mouvement pour la libération des animaux	animal liberation movement	les graines pour oiseaux (f)	bird seed
		la cage à oiseaux	birdcage
l'expérience sur les animaux	animal experiment	la vasque pour oiseaux	bird bath
		la réserve ornithologique	bird sanctuary
l'expérimentation animale	animal testing	l'amateur d'oiseaux	bird-fancier
le produit d'origine animale	animal product	le massacre de phoques	seal cull
la chatière	cat–flap	le chasseur de phoques	sealer (hunter)
la litière	litter	le navire chasseur de phoques	sealer (ship)
le chenil	kennel		
la niche	kennel	la pêche à la baleine	whaling
la fourrière	pound	le pêcheur de baleines	whaler (hunter)
la muselière	muzzle		
la truffe	nose (of dog)	le baleinier	whaler (ship)
le collier	collar	l'huile de baleine (f)	whale oil
la laisse	lead	la chasse au gros gibier	big game hunting
le panier pour chien	dog basket		
la nourriture pour chiens	dog food	le chasseur de gros gibier	big game hunter
le biscuit pour chien	dog biscuit		
l'éleveur/–euse de chiens	dog breeder	chasser au furet	to go ferreting

The weather

Level 1

General

les conditions atmosphériques (f)	weather conditions
la carte météorologique	weather chart
les pressions atmosphériques (f)	atmospheric pressure
le bulletin météorologique	weather forecast
l'observatoire météorologique (m)	weather station
le navire météo	weather ship
une ligne de hautes pressions	a ridge of high pressure

Storms

l'orage (m)	thunderstorm
la tempête	storm
l'ouragan (m)	hurricane
le tourbillon	whirlwind
le typhon	typhoon
le tonnerre	thunder
la foudre	lightning
l'éclair (m)	flash of lightning

Fog

le brouillard	fog
la brume	mist
un léger brouillard	mist
un brouillard de chaleur	heat haze
la brume de chaleur	heat haze
une brume légère	slight haze
brumeux	misty, foggy
brumailleux	foggy
planer sur	to hang over

Rain

l'averse (f)	shower
il pleut à verse	it is pouring down
il pleut à torrents	it is pouring down
il pleut à seaux	it is pouring down
il pleut à cordes	it is pouring down
une pluie drue	heavy rain
une pluie battante	pelting rain
une pluie diluvienne	downpour

Wind

un vent modéré	a moderate wind
un vent glacial	an icy wind
souffler en tempête	to blow a gale
faire rage	to rage

Hail, ice and snow

la grêle	hail
le grêlon	hailstone
le grésil	hail
la glace	ice
glacé	frozen
la gelée	frost
le gel	freezing
le dégel	thaw
dégeler	to thaw
la fonte	thaw
fondre	to thaw, melt
la neige fraîche	new snow
la neige poudreuse	powdery snow
le flocon de neige	snowflake
la rosée	dew

Clouds

un ciel couvert	an overcast sky
un ciel menaçant	a threatening sky
le ciel se couvre	the sky clouds over
un ciel sans nuages	cloudless sky
le nuage orageux	storm cloud

Sunshine

l'éclaircie (f)	bright spell
l'accalmie (f)	lull
ensoleillé	sunny
prendre un bain de soleil	to sunbathe
un ciel clair et bleu	a clear blue sky
la vague de chaleur	heatwave

Level 2

Rain

l'intempérie (f)	a period of bad weather
la bruine	drizzle
bruiner	to drizzle
le crachin	drizzle
crachiner	to drizzle
brouillasser	to drizzle
la giboulée	sudden shower
l'ondée (f)	shower
une pluie cinglante	lashing rain

Wind

un souffle d'air	a puff of wind
il n'y avait pas un souffle d'air	there wasn't a breath of air
la rafale	squall
le vent soufflait en rafales	the wind was blowing in gusts
un vent cinglant	a biting wind
la bourrasque	squall
le grain	heavy shower, squall
la tornade	tornado

Hail, ice and snow

le givre	hoarfrost
givré	covered in ice, frosted up
la gelée blanche	hoarfrost
le frimas ③	hoarfrost
le verglas	black ice
glissant	slippery
la congère	snowdrift
le banc de neige	snowdrift
le tourbillon de neige	snowstorm
la banquise	ice-floe
les glaces flottantes (f)	ice-floes
la vague de froid	cold spell

Clouds

un ciel dégagé	cloudless sky
un ciel pommelé	mackerel sky
des nuages noirs	dark clouds
un rideau de nuages	a bank of clouds

Sunshine

le rayon de soleil	sunbeam
l'arc-en-ciel (m)	rainbow
l'ensoleillement (m)	period of sunlight
l'échappée de soleil (f)	sunburst
le temps est lourd	it's close
rayonner	to beam
les grandes chaleurs (f)	hot summer days
une chaleur étouffante	stifling heat
une chaleur accablante	oppressive heat

Level 3

Storms

essuyer une tempête	to weather a storm
une mer houleuse	stormy sea
bloqué par la tempête	stormbound
battu par la tempête	storm-lashed

Rain

la mousson	monsoon
il fait un temps de chien	the weather is lousy
le temps est à la pluie	it looks like rain
le temps se brouille	the weather is breaking
le temps se gâte	the weather is breaking
une trombe d'eau	cloudburst
immobilisé par le mauvais temps	weather-bound

Wind

le vent contraire	headwind
le tourbillon de poussière	dust storm
l'averse de grêle (f)	hailstorm
la tempête de sable	sandstorm
l'alizé (m)	trade wind
la zone des calmes	doldrums

Fog

la buée	mist, steam, condensation
un brouillard à couper au couteau	a pea-souper
le banc de brume	fog bank
la corne de brume	fog-horn
la sirène de brume	fog-horn
le phare antibrouillard	fog-lamp

Clouds

le ciel se brouille	the sky is clouding over
des nuages floconneux (m)	fleecy clouds

Snow

couronné de neige	snow-capped
il tombe de la neige fondue	it is sleeting
la limite des neiges	snow-line
la boule de neige	snowball

le bonhomme de neige	snowman
la raquette	snow-shoe
le chasse-neige	snowplough
le point de congélation	freezing point

Sunshine

le temps s'est mis au beau	the weather turned out fine
la canicule	dog-days
une journée de canicule	a scorcher
il fait un soleil de plomb	the sun is blazing down
lézarder au soleil	to sun oneself
inondé de soleil	sun-drenched
le chapeau de soleil	sun hat
le chapeau de plage	sun hat
la visière	visor
le toit ouvrant	sun roof
les lunettes de soleil (f)	sunglasses

Exercises

Level 1

1. Traduisez en anglais

1. Quelle mouche vous pique?
2. Il est fait comme un rat.
3. C'est un panier de crabes.
4. Ce qu'elle est chameau!
5. C'est là que gît le lièvre.
6. On entendrait une mouche voler.
7. Coucou, me voilà!
8. C'est un vrai hérisson.
9. Petit à petit l'oiseau fait son nid.
10. Ça sent le fauve chez lui.

2. Expliquez le sens des expressions suivantes

prendre le lièvre au gîte
avoir le vent dans le dos
avoir des fourmis dans les jambes
soulever un lièvre
parler de la pluie et du beau temps
être léger comme un oiseau

3. Trouvez des équivalents non-argotiques des mots et des expressions suivants

un piaf
un drôle d'oiseau
un mollusque
un gros poisson
un ours mal léché
une oie blanche

4. Composez des phrases qui feront ressortir le sens figuré/abstrait des mots suivants

la fourmilière   un essaim   la tempête   la foudre   la glace   dégeler

5. Complétez

Substantif	Verbe	Signification
un serpent		
un lézard		
un singe		
une fourmi		
un essaim		

6. Traduisez en français

to monkey around	to make a monkey out of someone
to fox someone	to look like a drowned rat
to smell a rat	to rat on someone
to fight like cat and dog	to wait and see which way the cat jumps
to be like a cat on a hot tin roof	to play cat and mouse with someone
to let the cat out of the bag	to rain cats and dogs
to think one is the cat's whiskers	to dog someone's footsteps
to go and see a man about a dog	to lead someone a dog's life
to go to the dogs	to be got up like a dog's dinner

7. Complétez   ✓

(un) lièvre, une baleine, un perroquet, un moineau, rossignol, des fourmis, une grive, une couleuvre, une fourmi, une limace, chien, des couleuvres, (un) singe, un âne, le poisson, (un) hibou, tortue, un crapaud, un écureuil, oiseaux, un lapin, chat, l'alouette, un/l'ours, des lapins

1. se faire plus petit qu'	16. se lever au chant de
2. courir le même que quelqu'un	17. répéter comme
3. envoyer quelqu'un ferrer les	18. avoir des yeux de
4. être triste comme un vieux	19. être souple comme
5. se faire tirer comme des	20. avaler
6. tourner comme en cage	21. vivre seul comme
7. vivre comme et	22. marcher d'un pas de

8. vendre la peau de avant de l'avoir tué	23. être bavard comme
9. être gros comme	24. être gluant comme
10. manger comme	25. avoir une voix de
11. se glisser comme	26. être agile comme
12. être laid comme	27. courir comme
13. avoir dans les jambes	28. poser à quelqu'un
14. avoir une cervelle de	29. noyer
15. être soûl comme	30. payer en monnaie de

8. Quelles sont les différences entre

un caillou	un galet	une rive	un rivage
une crique	une baie	une roche	un rocher
un étang	une mare	un orage	un ouragon
une éclaircie	une accalmie	une rivière	un fleuve
un lézard	une lézarde	lézarder	se lézarder

9. Trouvez d'autres sens des mots suivants

la mouche	le blaireau	l'ours	fauve	le coucou
le requin	serpenter	la berge	la boucle	l'écume
la marée	la lame	le col	la pente	le bloc

10. Traduisez en français   ✓

1. He said he would visit her when the weather improved.
2. She wants it to rain so that she can stay at home.
3. The current was much stronger than he thought.
4. She had been feeding the fox for several months.
5. The sea was choppy and huge waves were breaking against the rocks.
6. He lives on the headland. If you cross the bay at low tide, you'll see the path.
7. He spent the night in a cave not far from the pass, but he didn't sleep a wink because of the bats coming in and out.
8. According to the forecast, we'll have a heatwave this weekend.
9. The sky started to cloud over about midday.
10. I love powdery snow, but the thaw is really unpleasant.

11. Vous êtes chargés de la rédaction de quatre articles encyclopédiques sur les animaux suivants. Décrivez leur caractéristiques physiques, leur habitat et leur comportement.

le gorille	l'ours blanc	la belette	le dauphin	l'écureuil roux

12. Traduisez en anglais

Quand la plate-forme, plus rarement, est taillée à même le roc, ornières et dos
d'âne font place à un socle inégal, hérissé d'affleurements que les masses n'ont
pu réussir à niveler, flanqué de dalles schisteuses où les sabots des bêtes
glissent, même en l'absence de toute trace d'humidité.

Mais en terrain meuble les ornières sont toujours là, datant du dernier orage
ou de la dernière pluie de printemps. Lorsque les sillons sont profondément
creusés, le bourrelet central bombé et cahotique, est inutilisable. Cette
incertitude, jointe à la défection temporaire, mais fréquente, du résidu
marginal, fait de l'ornière la voie la plus sûre: c'est elle qui réserve le moins de
surprises. C'est donc dans l'ornière, en définitive, que marche presque toujours
le mulet.

La piste s'élève à flanc de montagne, lentement, méthodiquement. Parfois un
chemin de traverse vient rompre les sinuosités du tracé: le guide fait un écart
inattendu, saute par-dessus le fossé, entraînant sa bête dans un sentier presque
invisible. Le second mulet suit l'exemple et se faufile entre les buissons.
Devant, le gros sac sur le bât oscille à chaque coup d'échine, tandis que les deux
autres, dans les couffins, sur les flancs de l'animal, rabattent au passage les
branches de chêne vert qui se redressent derrière eux. En haut du raidillon, le
mulet reprend pied sur la piste et repart pour un nouveau secteur rectiligne, ou
si mollement infléchi qu'aucun raccourci ne s'impose plus.

Claude Ollier, *La Mise en scène*, pp. 72–3 (© Editions de Minuit, 1958)

13. Débat

- L'homme a-t-il le droit d'exploiter les animaux?
- Les expériences sur les animaux, devraient-elles être abolies?
- Est-ce qu'il y a des animaux qui ont moins de droits que d'autres?
- Est-ce qu'on a le droit de se servir des animaux pour faire des greffes d'organes?

Level 2

1. Expliquez le sens des locutions suivantes

partir pour le royaume des taupes   servir de cobaye
rouler sa bosse   fair rugir un moteur
piquer une tête   piquer les cartes
être en butte à   toucher le fond de l'abîme
lâcher la proie pour l'ombre   être pris à son propre piège

2. Traduisez en anglais

de vieille souche   l'écorce terrestre
un véhicule à chenilles   une trompe à eau
un tertre funéraire   un piège orthographique

3. Traduisez en français

to be as slippery as an eel   to see pink elephants
to have the hump   to get over the hump
to make a mountain out of a molehill   to be a big fish in a small pond
to be neither fish nor fowl   to be like a fish out of water

to drink like a fish

to be as quiet as a mouse

to have other fish to fry

to look like a drowned rat

4. Quelles sont les différences entre

une crevasse	un ravin	le verglas	la glace
un à-pic	un abîme	une rafale	un grain
un rameau	une brindille	accidenté	escarpé

5. Traduisez en français ✓

1. She gave me a friendly wave.
2. The fans were arriving in waves.
3. They were on the same wavelength.
4. In the early spring the town was hit by a crimewave.
5. The village had been stormbound for eight hours.
6. The publication of his book raised a storm.
7. Her retort took the wind out of his sails.
8. It never rains but it pours.

6. Trouvez d'autres sens des mots suivants

la punaise	la défense	la bosse	le rossignol
la buse	le maquereau	l'arête	le bouquet
le lacet	la trappe	la fente	la souche

7. Complétez ✓

la puce, des/les puces, une taupe, un rossignol, d'/l'autruche, une huître, (un) poisson, un phoque

1. faire une queue de _____
2. chanter comme _____
3. mettre _____ à l'oreille de quelqu'un
4. avoir un estomac _____
5. secouer _____ à quelqu'un
6. vivre comme _____
7. pratiquer la politique de _____
8. être myope comme _____
9. se fermer comme _____
10. être heureux comme _____ dans l'eau
11. souffler comme un _____
12. engueuler quelqu'un comme du _____ pourri

8. Trouvez les noms de QUINZE animaux cachés dans cette grille ✓

L	M	U	L	O	T	I	P	K	G	E	D	I	T	A	U	P	E	L	P
O	L	E	P	H	A	T	U	A	P	E	C	A	S	T	O	H	R	C	O
U	M	C	B	L	A	I	R	E	A	U	T	I	W	T	G	Y	D	A	L
T	M	O	U	F	E	T	T	E	U	I	N	G	N	O	U	E	P	T	T
R	E	N	E	S	T	I	O	P	I	E	U	E	S	R	E	N	N	S	R
E	N	O	E	R	E	N	N	E	T	O	W	R	C	E	R	E	O	R	E
S	I	N	G	E	P	U	O	Y	W	T	R	B	E	L	E	T	T	E	D
T	P	T	L	V	P	L	E	A	H	F	R	O	I	A	N	I	M	A	C
C	H	A	C	A	L	C	A	S	T	O	R	I	R	H	E	R	I	S	A
E	R	T	Y	B	G	F	E	V	E	O	Y	S	A	N	G	L	I	E	R
O	T	G	U	E	P	A	R	D	F	T	P	E	I	K	N	E	I	G	N

9. Donnez la forme féminine des mots suivants

le lion	le renard
le tigre	l'éléphant
le rat	l'âne
le cerf	le singe

10. Donnez le nom des jeunes des animaux suivants

le lion	le chat
le verrat	le cheval
le tigre	la girafe
le rat	l'âne
la chèvre	le lapin
l'ours	le chien

11. Traduisez en français   ✓

1. There is a peat bog five kilometres from the village.
2. To get to the farm you have to cross the ford.
3. The fen is full of wild birds, especially waders, but you'll have to get up early if you want to see them.
4. The reef is very dangerous, but you can find all sorts of shellfish there.
5. The gully was very deep and he had difficulty in getting out.
6. If you had stopped talking, you would have heard the woodpecker.
7. The child was found sitting on a tree-stump in the middle of the thicket.
8. There is a mole-hill behind the greenhouse. If you are lucky, you'll see the mole.

12. Traduisez en anglais

> Pendant tout le temps qu'ils passèrent au pied de la formidable montagne ils ne cessèrent d'entendre le torrent. Il était là, invisible, caché dans la dépression où poussaient les peupliers, hors d'atteinte au-delà de l'infranchissable grillage qui entourait le parc aux luxueuses résidences, et d'après son bruit, l'incessant et tumultueux chuintement, on pouvait l'imaginer, écumeux, avec ses eaux rebondissantes dévalant sans fin, sorties quelque part de quelque fantastique glacier et débouchant enfin dans la plaine (la plaine, la steppe desséchée où il allait se perdre) après avoir franchi les gorges encaissées, dévalé de cataracte en cataracte, encore furieux, s'ébrouant, secouant ses crinières d'eau, noir et argent, reformant sans fin ses tresses liquides, bouillonnant, comme si de la vieille et monstrueuse montagne parvenait sans relâche sous forme de sourd mugissement la voix de quelque monstre, quelque oracle moqueur, indifférent, porteur de quelque secret sans secret.
>
> Claude Simon, *L'Invitation*, 1987 (© Editions de Minuit, 1987)

13. Etude de texte

Un week-end à Paris
Enfants
Veaux, Vaches, Chinchillas ... En Plein Paris

Samedi matin.

Les petits vont adorer les boutiques animalières du quai de la Mégisserie où les chinchillas gris à face de gremlin dorment avec les ratons à longue queue rose, la folie du moment. Au n° 14 trônent un lézard mexicain vert à pois orange, des iguanes crételés et des vipères cornues. Au n° 10, de petits espadons entourés de poissons combattants dans leurs nageoires-voiles bleu indigo. Plus loin, les perruches ondulées font crier les mainates et sangloter les rossignols du Japon. Ils aimeront aussi un lieu obscure et magique, l'aquarium du Musée des Arts africains. Là des crocodiles, très vieux, pleurnichent en silence; le nautile - aspirateur des mers - se propulse en arrière en pompant l'eau. Puis emmenez-les à deux pas, à la ferme Georges-Ville. Dans ses petits arpents verts faits tout exprès pour la balade, la ferme s'ouvre comme un livre de géo ou de sciences nat grandeur nature où l'on apprend comment traire une vache ou tondre une biquette.

Samedi après-midi.

Pourquoi pas Vincennes? Rappelons aux parents étourdis que le zoo de Vincennes abrite des animaux, ces choses vivantes avec des pattes qui descendent jusqu'au sol; que les phoques mangent à 16 heures, ce qui laisse largement le temps de voir avant les 990 autres animaux, dont 110 espèces de mammifères et 150 d'oiseaux. A la ferme de Montmachoux, on découvre l'autruche, mère admirable et amoureuse athlétique. Elle vit jusqu'à soixante-dix ans et meurt entourée de ses enfants. Ou alors le Muséum d'Histoire naturelle: les mécanismes de l'évolution de la vie y sont expliqués au moyen d'un hollywoodien son et lumière. A voir: les spécimens empaillés d'espèces menacées ou disparues. Petit tour à la médiathèque, très riche de films, vidéos, cassettes ...

Dimanche matin.

Petit tour au marché aux oiseaux. Puis filez à Thoiry vous offrir aux griffes des tigres dans un tunnel de verre, rencontrer grues et loups parmi les arbres qui parlent: savants soliloques sur les 800 animaux en liberté dans le parc. Les lions baladent leur majesté dans les hautes herbes.

Dimanche après-midi.

Une jungle équatoriale, un envol de citrons, êtres aériens à la trompe enroulée sous le corselet: c'est la serre aux papillons. Apollons, cléopâtres et aurores se posent sur les doigts des visiteurs. Visite en voisins aux mérinos de la Bergerie nationale. A l'Espace Rambouillet, les fauconniers initient les visiteurs. Le balbuzard pêcheur rase les têtes, sous l'oeil aigu des milans.

Puis Chantilly, au Musée vivant du Cheval: les écuries de Louis Henri de Bourbon (qui est peut-être là, puisqu'il pensait se réincarner en cheval) abritent une quarantaine de races différentes à observer au box et lors des présentations équestres. Le premier dimanche de chaque mois, très impressionnant spectacle au cours duquel ils se poursuivent, s'assoient, se cabrent, se couchent et piaffent.

Anne Paris-Riou, *Le Nouvel Observateur*, 8–14 juin 1995, p. 9
(© *Le Nouvel Observateur*)

1. *Décrivez les oiseaux suivants:* le rossignol, la perruche, la grue, l'autruche
2. *Expliquez le sens des expressions suivantes:*
   tirer dans les pattes de; se tirer des pattes; en avoir plein les pattes
   courir après les papillons; se bruler à la chandelle comme un papillon
3. *Expliquez les differences entre les suivants:* un musée, un muséum, une galerie, une collection,
   un cabinet
4. *Traduisez en anglais*
   'Plus loin, les perruches . . . du Japon'
   'Puis emmenez-les . . . tondre une biquette'
   'Petit tour au marché . . . les hautes herbes'
5. *Donnez d'autres exemples de*

rongeurs	*lézards*	*mollusques*	*papillons*
le raton	l'iguane	le nautile	l'aurore

Level 3

1. Expliquez le sens des locutions suivantes

avoir le cafard   vivre comme un cloporte
s'enfermer dans son cocon   dormir comme une marmotte
engraisser les asticots   asticoter quelqu'un
travailler comme un sabot   raisonner comme un sabot
flairer le vent   avoir du flair
écrire comme un chat   être gourmande comme une chatte
donner sa langue au chat   donner de la confiture aux cochons

2. Traduisez en anglais

Cochon qui s'en dédit!
Une chatte n'y retrouverait pas ses petits.
On n'a pas gardé les cochons ensemble.
Il n'y a pas un chat.
Ce n'est pas la mort du petit cheval.

3. Complétez   ✓

rat(s), porc-épic, loup, loir, fouine, putois, lévrier, caniche, geai, pinson, paon
   1. se précipiter dans la gueule du _____
   2. se parer des plumes du _____
   3. sortir comme des _____ avant l'inondation

4. être paresseux comme un _____
5. se hérisser comme un _____
6. suivre quelqu'un comme un _____
7. être vaniteux comme un _____
8. prendre le _____ par les oreilles
9. s'ennuyer comme un _____ mort
10. courir comme un _____
11. dormir comme un _____
12. être bavard comme un _____
13. être gai comme un _____
14. crier comme un _____
15. être malin comme une _____

4. Traduisez en français

to buy a pig in a poke	to make a pig of oneself
to make a pig's ear of something	to be sold a pup
to run with the hare and the hound	birds of a feather
a feather in one's cap	to feather one's nest

5. Expliquez les différences entre les mots suivants

la fiente   la chiure   la bouse
sentir   flairer   renifler

6. Trouvez d'autres sens des mots suivants

la paroi   la faîte   la cime   le défilé

7. Composez des phrases qui feront ressortir le sens figuré/abstrait des mots suivants

la fondrière   le bourbier   le raz-de-marée   la sève   la carapace

8. Expliquez le sens des expressions suivantes

en nid d'abeilles	le nid de poule	le potage aux nids d'hirondelle
le nid de brigands	le nid d'espions	le nid de mitrailleuses
le nid à poussière	quitter le nid familial	surprendre l'oiseau au nid
à vol d'oiseau	de haut vol	une volée d'enfants

9. Associez le mot et le sens

le chien-assis	_____	havoc
le chiendent	_____	sneak thief
le chienlit	_____	rocking horse
le chat-huant	_____	vaulting horse
le rat de bibliothèque	_____	hobby-horse
le rat d'hôtel	_____	tawny owl
le cheval de saut	_____	dormer
le cheval à bascule	_____	bookworm
le cheval de bataille	_____	couch grass

10. Ecrivez une composition en prenant la citation suivante comme point de départ

> La pollution de l'air et de l'eau, la multiplication des névroses et des
> délinquances nous avertissent que l'espèce court à sa perte, si elle ne se connaît
> plus comme un morceau de la nature.

(Emmanuel Berl, *Le Virage*, p. 162)

11. Traduisez en français   ✓

1. During the spate, the fields looked like a quagmire.
2. The shore was covered in wrack thrown up by the sea during the storm.
3. There is a very fine weeping willow at the bottom of our garden.
4. I prefer deciduous trees to evergreens.
5. You can't grow anything on scrubland. The soil is arid and chalky.
6. I'm looking for a rosewood chest of drawers. I have found one in ebony, but I don't like it.
7. We ought to have seen that the weather was breaking. We were stormbound for three days.
8. She hates insects. She makes a real fuss if she sees a spider. She is even frightened of daddy-long-legs.

12. Rédigez un résumé (200 mots) du texte suivant

La France compte un nombre excessif d'animaux de compagnie

RAPPORT Jean-Michel Michaux, chercheur à l'école vétérinaire de Maisons-
Alfort, recommande dans un rapport remis au ministère de l'agriculture
'd'évoluer progressivement vers un nombre moins élevé d'animaux de
compagnie, qu'il sera possible de mieux insérer dans la ville'. LA FRANCE
compte plus de 42 millions de ces animaux, qui, s'ils jouent 'un rôle réel dans la
prévention de certains déséquilibres psychiques', sont aussi à l'origine de
nuisances. Conscient qu'il existe des 'surpopulations' animales, le rapport
recommande une maîtrise de la reproduction.

CET ENGOUEMENT des Français contribue au développement d'un vaste
trafic de chiens volés contre lequel s'efforce de lutter la cellule antitrafic de la
Société protectrice des animaux, qui évalue à 60 000 les 'disparitions' annuelles.

COMPTERA-T-ON bientôt dans l'Hexagone plus de chiens, chats, oiseaux en
cage, poissons rouges et hamsters que de Français ? Avec plus de 42 millions
d'animaux de compagnie, la France est incontestablement, au même titre que
les Etats-Unis, l'Irlande et la Belgique, l'un des pays au monde où leur effectif
par habitant est le plus élevé. Pourtant, les problèmes engendrés par cette
densité ne sont guère pris en compte par les pouvoirs publics. 'Une politique
d'insertion de l'animal en ville est nécessaire.' Tel est l'appel pressant que lance
Jean-Michel Michaux, conseiller de Paris et chercheur à l'Ecole nationale
vétérinaire de Maisons-Alfort (Val-de-Marne), dans un rapport intitulé
'L'animal et le citadin', remis le 3 mai au ministre de l'agriculture et de la
pêche, Jean Puech.

'S'intéresser à cette question est encore aujourd'hui considéré comme
superflu. Manifestement, l'intérêt des municipalités et du ministère de
l'agriculture pour le dossier de l'animal de compagnie est récent', constate le
rapporteur, qui souligne qu'un foyer sur deux possède un animal de compagnie,
que plus de 2 000 expositions animalières sont organisées chaque année et que

l'ensemble des activités économiques liées aux animaux de compagnie représente un chiffre d'affaires équivalent à celui de Renault. Jean-Michel Michaux invite donc les pouvoirs publics à se pencher sérieusement et sans tarder sur le phénomène de la nécessaire maîtrise des surpopulations animales, mais aussi à garantir une moralisation de l'activité commerciale.

Si l'animal est 'souvent, dans les grandes villes, l'unique être avec qui les personnes seules peuvent communiquer' et joue donc 'un rôle réel dans la prévention de certains déséquilibres psychiques', il amène également son lot de nuisances: bruit dû aux aboiements intempestifs, morsures de chiens (17 000 chaque mois), sans oublier les déjections animales, qui, pour la seule ville de Paris, occasionnent 'une dépense de plus de 40 millions de francs par an uniquement pour nettoyer les trottoirs'. Bref, 'sans remettre le moins du monde en cause la possibilité pour nos concitoyens d'acquérir un animal, il est souhaitable d'évoluer progressivement vers un nombre moins élevé d'animaux, qu'il sera possible de mieux insérer dans la ville'. Une évolution à laquelle les associations de protection animale seraient, selon l'auteur, désormais entièrement favorables. Les cas de maltraitance croissent avec la population animale: abandons, chiens de traîneaux (Huskies) devant supporter les chaleurs estivales en ville . . .

RESPONSABILISER

Il convient donc désormais, selon M. Michaux, de mieux maîtriser la reproduction des animaux domestiques, en responsabilisant, au moment de la vente, les futurs propriétaires, en aidant les personnes dépourvues de moyens à faire stériliser leur animal et en interdisant la publicité sur les ventes de chiots lorsqu'elle est le fait d'éleveurs semi-professionnels non déclarés. Pour les quelque 500 000 chiens qui, chaque année, ne trouvent pas de maître, l'auteur du rapport recommande par ailleurs d'améliorer le réseau des fourrières et refuges en obligeant les collectivités locales à participer davantage à leur financement. Un abaissement du délai de cinquante jours avant lequel aucun animal ne peut être adopté et une véritable formation des personnels sont également souhaités.

L'auteur du rapport préconise par ailleurs une véritable moralisation du commerce. 'Vendre un animal ne doit pas simplement consister à jouer sur l'affectif du client potentiel', souligne-t-il, avant de plaider en faveur du 'respect des normes sanitaires' et d'un conseil afin que le futur propriétaire puisse 'trouver un animal en adéquation avec son mode de vie et ses aspirations'. L'accent est mis sur la nécessaire professionnalisation de la filière, avec notamment la création d'un centre de formation et de recherche de haut niveau, le développement de formations de niveau BEP pour les différents métiers liés à l'animal de compagnie et l'instauration de labels de qualité pour les services. Enfin, le rapport pose le problème du statut de l'animal qui, dans le code civil, n'est pas même distingué des biens matériels. Jean-Michel Michaux, qui réclame par ailleurs l'introduction de questions relatives à la possession d'un animal de compagnie dans les recensements de l'INSEE, ainsi qu'une identification obligatoire des chiens et chats permettant de limiter les trafics, s'oppose en revanche à l'instauration d'une taxe. 'L'animal n'est pas un objet de luxe mais un être vivant qui apporte le plus à ceux qui n'ont pas forcément les moyens de payer des charges supplémentaires.'

Pascale Kremer, *Le Monde*, 8 mai 1995, p. 10 (© *Le Monde*)

Unit 3

The human body and health

Level 1

General

l'ossature (f)	frame
le squelette	skeleton
l'os (m)	bone
l'articulation (f)	joint
l'organe (m)	organ
la chair	flesh
la peau	skin
le pore	pore
le muscle	muscle
le tendon	tendon
le tendon d'Achille	Achilles tendon
le nerf	nerve
le disque	disc
l'artère (f)	artery
le groupe sanguin	blood group
le vaisseau sanguin	blood vessel

Head

le crâne	skull
le cerveau	brain
le front	brow, forehead
les joues (f)	cheeks
le teint	complexion
les paupières (f)	eyelids
les cils (m)	eyelashes
les sourcils (m)	eyebrows
la pommette	cheekbone
la mâchoire	jaw
le menton	chin
le palais	palate
le plombage	filling
la carie	filling
le dentier	false teeth

Body

le torse	torso, trunk
la poitrine	chest
le sein	breast
la colonne vertébrale	spine
les côtes (f)	ribs
le diaphragme	diaphragm
la taille	waist
les hanches (f)	hips

Limbs

l'avant-bras (m)	forearm
le coude	elbow
la paume	palm
le poignet	wrist
le pouce	thumb
les articulations des doigts (f)	knuckles
le poing	fist
la cuisse	thigh
le genou	knee
le mollet	calf
la cheville	ankle
les orteils (m)	toes
les talons (m)	heels
la plante du pied	sole
le tibia	shin
le cartilage	cartilage

Internal organs

le foie	liver
les poumons (m)	lungs
la rate	spleen
les reins (m)	kidneys

les intestins (m)	bowels	la toux	cough
la vessie	bladder	le catarrhe	catarrh
		le pus	pus
		enroué	hoarse
Senses		éternuer	to sneeze
la vue	sight	avoir de la fièvre	to have a temperature
l'ouïe (f)	hearing	la laryngite	laryngitis
l'odorat (m)	smell	la pneumonie	pneumonia
le goût	taste	la polio	polio
le toucher	touch	le rhumatisme	rheumatism
		la maladie du coeur	heart disease
Sexual organs		le cancer	cancer
les organes génitaux (m)	genitals	avoir un cancer	to have cancer
le membre viril	male member	la tumeur	tumour
le pénis	penis	le cancer du sein	breast cancer
le testicule	testicle	le cancer de la peau	skin cancer
le scrotum	scrotum	l'anémie (f)	anaemia
les bourses (f)	scrotum	anémique	anaemic
le vagin	vagina	la leucémie (f)	leukaemia
le clitoris	clitoris	l'anorexie (f)	anorexia
la vulve	vulva	l'angoisse (f)	anxiety
		le stress	stress
Symptoms, ailments and illnesses		le diabète	diabetes
le symptôme	symptom	être cardiaque	to have a heart condition
l'infection virale (f)	viral infection		
débilitant	debilitating	la maladie vénérienne	venereal disease
l'indisposition (f)	ailment	le Sida	AIDS
avoir l'estomac dérangé	to have an upset stomach	séropositif	HIV positive
		le porteur du sida	AIDs carrier
être dérangé	to have an upset stomach	le sidéen/la sidéenne	AIDs sufferer
		avoir le Sida	to have AIDS
la douleur	pain	être sidatique	to have AIDS
la gêne	discomfort	être sidéen	to have AIDS
enflammé	inflamed	être porteur d'un virus	to carry a virus
l'inflammation (f)	inflammation		
la rougeur	redness	contracter une maladie	to contract an illness
le traumatisme	injury		
la blessure	injury	l'épidémie (f)	epidemic
la foulure	sprain	contenir une épidémie	to contain an epidemic
l'entorse (f)	sprain		
se fouler la cheville	to sprain one's ankle	l'insomnie (f)	insomnia
se fracturer un membre	to break a limb	la somnolence	drowsiness
		inconscient	unconscious
le spasme	spasm	le coma	coma
spasmodique	spasmodic	être dans le coma	to be in a coma
l'ampoule (f)	blister	la schizophrénie	schizophrenia
prendre froid	to catch a chill	le/la schizophrène	schizophrenic

Level 2

Body

le séant	bottom, seat
l'aine (f)	groin
le nombril	navel
la pointe du sein	nipple
le bassin	pelvis
la trompe de Fallope	Fallopian tube
le bas-ventre	stomach, guts
l'omoplate (f)	shoulder blade
le pancréas	pancreas
la moelle osseuse	bone marrow
la cellule sanguine	blood cell
la pression sanguine	blood pressure
la tension artérielle	blood pressure
le cholestérol	cholesterol
le taux de cholestérol	cholesterol level

Senses

myope	short-sighted
presbyte	long-sighted
sourd-muet	deaf and dumb
le contrôle de la vue	sight test

Head

la tache de rousseur	freckle
la tache de son	freckle
l'arête du nez (f)	bridge of the nose
les fossettes (f)	dimples
la cornée	cornea
le tympan	ear-drum
la corde vocale	vocal cord
la salive	saliva, spittle

Symptoms, ailments and illnesses

les antécédents familiaux (m)	family history
la fatigue des yeux	eyestrain
surmené	overtired
le surmenage	overworking
le surmenage intellectuel	mental fatigue
la lésion	lesion
l'enflure (f)	swelling
enfler	to swell

enflé	swollen
se claquer un muscle ①	to pull a muscle
la raideur	stiffness
le bouton de fièvre	cold sore
l'herpès de la lèvre	cold sore
l'insolation (f)	sun-stroke
déshydraté	dehydrated
la déshydratation	dehydration
se déshydrater	to become dehydrated
vomir	to vomit
avoir la nausée	to feel sick, nauseous
être souffrant	to feel poorly
des brûlures de l'estomac	heartburn
le botulisme	botulism
le frisson	shiver
la transpiration	sweating
l'étourdissement (m)	dizzy spell
l'évanouissement (m)	fainting fit
être en état de choc	to be in shock
l'angine (f)	tonsillitis
les oreillons (m)	mumps
la rougeole	measles
la varicelle	chicken-pox
la dermatite	dermatitis
l'infection pulmonaire (f)	chest infection
le collapsus du poumon	collapsed lung
la tuberculose	tuberculosis
l'empoisonnement du sang (m)	blood poisoning
l'intoxication alimentaire (f)	food poisoning
la grippe intestinale	gastric flu
l'incontinence (f)	incontinence
l'attaque (f)	stroke
la crise cardiaque	heart attack
la maladie coronarienne	coronary heart disease
l'hémorragie (f)	haemorrhage
faire une hémorragie	to haemorrhage
malin	malignant

bénin	benign	la maladie sexuellement transmissible	sexually transmitted disease
maladif	sickly		
s'aggraver	to worsen, deteriorate	la maladie vénérienne	venereal disease
être dans un état critique	to be in a critical condition	**la** syphillis	syphilis
		faire une dépression nerveuse	to be depressed
se rétablir	to recover	l'autisme (m)	autism
la crise d'épilepsie	epileptic fit	autiste	autistic
la paralysie	paralysis	psychosomatique	psychosomatic
la paraplégie	paraplegia	la contusion cérébrale	brain injury
paraplégique	paraplegic	atteint au cerveau	brain-injured
la dépendance	addiction	la démence	dementia
qui crée une dépendance	addictive	la démence sénile	senile dementia

Level 3

Body

le tube digestif	alimentary canal	l'auriculaire (m)	little finger, pinkie
la cage thoracique	rib-cage	le petit doigt	little finger, pinkie
le nerf sciatique	sciatic nerve	le gros orteil	big toe
la trachée	windpipe		
les amygdales (f)	tonsils		

Head

les végétations (f)	adenoids	le cuir chevelu	scalp
la glande	gland	**le** follicule	follicle
le muscle adducteur	hamstring	folliculaire	follicular
la moelle épinière	spinal cord		

Senses

le système immunitaire	immune system	la cécité	blindness
		le cristallin	lens (of the eye)
le système cardio-vasculaire	cardiovascular system	les verres de contact	contact lenses
		les lentilles (f)	contact lenses
le battement de coeur	heartbeat	borgne	one-eyed
le débit cardiaque	heart rate		

Digestion

l'adrénaline (f)	adrenaline	les aigreurs de l'estomac (f)	heartburn
le col de l'utérus	cervix		
la vésicule biliaire	gall bladder	les ballonnements (m)	flatulence
le système génito-urinaire	genito-urinary system	le renvoi	belch

Breathing

le ganglion lymphatique	lymph node	la respiration	breathing
le sphincter	sphincter	inspirer	to inhale
		expirer	to exhale

Limbs

l'aisselle (f)	armpit	haleter	to gasp for breath, to pant
l'index (m)	forefinger		
le majeur	middle finger	pantelant	gasping
l'annulaire (m)	ring finger	suffoquer	to suffocate

étouffer	to suffocate
avoir le souffle court	to be short of breath
être vite essoufflé	to be short of breath
l'essoufflement (m)	breathlessness
s'étrangler	to choke

Symptoms, ailments and illnesses

être alité	to be down with
la surinfection	secondary infection
la septicémie	septicaemia
la fêlure	hairline fracture
la commotion	concussion
commotionné	concussed
l'acné (f)	acne
le bleu	bruise
la meurtrissure	bruise
la contusion	bruise, contusion (specialist)
le clou	boil
le furoncle	boil, furuncle (specialist)
la démangeaison	itch
l'engelure (f)	chilblain
l'éraflure (f)	graze
l'éruption (f)	rash
la morsure	bite
le kyste	cyst
le polype	polyp
le point de côté	stitch
l'élancement (m)	twinge
le picotement	tingling
la douleur irradiée	referred pain
la quinte	coughing fit
le croup	croup
la verrue	wart
le cal	callus
l'alopécie (f)	alopecia
le rachitisme	rickets
le scorbut	scurvy
l'oeil poché (m)	black eye
la cataracte	cataract
le strabisme	squint
la varice	varicose vein
la mycose des pieds	athlete's foot
la fracture ouverte	compound fracture
la fracture incomplète	greenstick fracture
luxer	to dislocate
luxé	dislocated

la luxation	dislocation
l'épaule ankylosée (f)	frozen shoulder
la sciatique	sciatica
la hernie discale (f)	slipped disc
le coup de soleil	sunstroke
le refroidissement	chill
l'otite (f)	ear infection
la sinusite	sinusitis
la coqueluche	whooping cough
le torticolis	stiff neck
l'arthrite (f)	arthritis
l'asthme (m)	asthma
l'ulcère (m)	ulcer
l'ulcère duodénal (m)	duodenal ulcer
l'ulcère gastrique (m)	gastric ulcer
la colite	irritable bowel syndrome
la diarrhée	diarrhoea
la cystite	cystitis
le syndrome prémenstruel	pre-menstrual syndrome
la salmonellose	salmonella
le ballonnement	bloating
les calculs biliaires (m)	gallstones
la jaunisse	jaundice
le zona	shingles
la mononucléose	glandular fever
le psoriasis	psoriasis
le goître	goitre
la méningite	meningitis
la scarlatine	scarlet fever
le tétanos	tetanus
le paludisme	malaria
la lèpre	leprosy
le tissu nécrose	dead tissue
la suppuration	discharge
le corps étranger	foreign body
l'herpès génital	genital herpes
être en travail	to be in labour
la fausse couche	miscarriage
l'avortement (m)	abortion
l'interruption de grossesse (f)	abortion
la grossesse ectopique	ectopic pregnancy
les nausées du matin (f)	morning sickness
la dépression post-partum	postnatal depression

la cicatrice	scar
l'insuffisance rénale (f)	kidney failure
le calcul rénal	kidney stone
l'hémophilie (f)	haemophilia
le/la hémophile	haemophiliac
la cardiopathie	heart disease
l'insuffisance cardiaque (f)	heart failure
l'angine de poitrine (f)	angina
le souffle au coeur	heart murmur
la congestion cérébrale	stroke
la thrombose	thrombosis
l'embolie (f)	embolism
le durcissement des artères	hardening of the arteries
l'artériosclérose (f)	arteriosclerosis
l'arythmie (f)	arhythmia
l'hypertension artérielle (f)	high blood pressure
le caillot sanguin	blood clot
cailler	to clot
coaguler	to coagulate
avoir une syncope	to pass out
le coma	coma
la rémission	remission
la rechute	relapse
rechuter	to relapse
la récidive	recurrence
la séquelle	after-effects

l'effet secondaire (m)	side-effect
se cicatriser	to heal
le tissu cicatriciel	scar tissue
ulcératif	ulcerative
lancinant	shooting, throbbing
se retaper	to pick up
s'en sortir	to pull through
la névrose post-traumatique	post-traumatic stress
la rééducation	rehabilitation
l'aphasie (f)	aphasia
cancérigène	carcinogenic
carcinogène	carcinogenic
l'anomalie génétique (f)	genetic error
la malformation congénitale (f)	birth defect
la maladie d'Alzheimer	Alzheimer's disease
l'anthrax (m)	anthrax
l'astigmatisme (m)	astigmatism
le bacille	bacillus
grabataire	bed-ridden
l'escarre (f)	bed-sore
la sueur froide	cold sweat
la fente palatine	cleft palate
le bec de lèvre	hare lip
le pied-bot	club foot
la trisomie 21	Down's syndrome

The health service and medicine

Level 1

Staff

le/la généraliste	GP
le médecin de famille	family doctor
le chirurgien (-ienne)	surgeon
le médecin consultant	consultant
l'infirmier/ l'infirmière	nurse
l'infirmier/ l'infirmière de nuit	night-nurse
l'ambulancier/ l'ambulancière	ambulance driver

l'auxiliaire médical(e)	paramedic
le/la radiologue	radiologist
le/la radiologiste	radiologist
le pharmacien/ la pharmacienne	pharmacist
être de garde	to be on call

Premises

la maison de convalescence	convalescence home
le cabinet	doctor's surgery

Consultation

les heures de consultation (f)	consulting hours
le rendez-vous	appointment
la visite à domicile	home visit
l'examen (m)	examination
le bilan de santé	health check-up
le certificat médical	medical certificate
le dossier medical	medical notes

Diagnosis and treatment

la médecine préventive	preventive medicine
admettre	to admit
examiner	to examine
le diagnostic	diagnostic
le pronostic	prognosis
diagnostiquer	to diagnose
ausculter	to sound
mettre au régime	to put on a diet
prescrire	to prescribe
guérir	to cure
amputer	to amputate
l'amputation (f)	amputation
l'amputé/-e	amputee
la stérilisation	sterilisation
l'ordonnance (f)	prescription

prendre la température à quelqu'un	to take someone's temperature
le thermomètre	thermometer
le pouls	pulse
prendre le pouls à quelqu'un	to take someone's pulse
le stéthoscope	stethoscope
la respiration	breathing
la piqûre	injection
le vaccin	vaccination
le rappel	booster
l'analyse du sang (f)	blood test
la transfusion sanguine	blood transfusion
les premiers soins (m)	first aid
alléger	to alleviate
le traitement au laser	laser treatment

Dentistry

le/la dentiste	dentist
l'assistant(e) dentaire	dental assistant
le chirurgien/la chiurgienne dentaire	dental surgeon
la médecine dentaire	dentistry
plomber une dent	to fill a tooth
obturer une dent	to fill a tooth
arracher une dent	to pull a tooth

Level 2

Medical personnel

le/la dermatologue	dermatologist
le/la gynécologue	gynaecologist
le/la neurologue	neurologist
l'oculiste (m/f)	eye specialist
l'orthopédiste (m/f)	orthopaedic surgeon
l'orthopédie (f)	orthopaedics
la chirurgie orthopédique	orthopaedic surgery
l'ostéopathe (m/f)	osteopath
la pathologie	pathology
le/la pathologiste	pathologist
le/la pédiatre	paediatrician

le/la psychiatre	psychiatrist
le/la psychiatre pour enfants	child psychiatrist
la psychiatrie	psychiatry
le/la psychologue	psychologist
le/la psychologue clinicien/-ienne	clinical psychologist
l'unité de soins psychiatriques (f)	psychiatric unit
le/la psychothérapeute	psychotherapist
la psychothérapie	psychotherapy
le médecin de service	duty-doctor

Medical premises

la salle d'opération	operating theatre
la salle d'hôpital	ward
le service de réanimation	intensive care
la salle d'urgence	emergency room
les heures de visite	visiting hours
la banque du sang	blood bank
la banque de sperme	sperm bank

Equipment

le respirateur	respirator
les gants en caoutchouc (m)	rubber gloves
le clamp	clamp
le spéculum	speculum

Treatment

les soins intensifs (m)	intensive care
l'unité de soins intensifs (f)	intensive care unit
réanimer	to resuscitate
le plâtre	plaster
le pansement	dressing
l'écharpe (f)	sling
la radiographie	radiography
le régime	diet
se faire opérer de	to have an operation for
opérer quelqu'un de	to operate on someone for
la transfusion sanguine	blood transfusion
par voie orale	orally
l'analgésique (m)	pain-killer
l'antibiotique (m)	antibiotic
le calmant	tranquilliser
le sédatif	tranquilliser
la sédation	sedation
mettre sous sédation	to sedate
le somnifère	sleeping tablet
le remontant	anti-depressant
le barbiturique	barbiturate
le sirop (pour la toux)	cough mixture
l'expectorant (m)	expectorant
le décongestionnant	decongestant

le diurétique	diuretic
l'émétique (m)	emetic
le stéroïde	steroid
le comprimé	tablet
le cachet	tablet
le surdosage	overdose
la pastille	pastel
la vitamine	vitamin
la pénicilline	penicillin
la pilule (contraceptive)	the Pill
le préservatif	condom
le spermicide	spermicide
la pommade	ointment
le baume	balm
la crème	cream
l'ampoule (f)	phial
la trousse de secours	first-aid kit
le bassin	bedpan
l'anesthésie générale	general anaesthetic
l'intervention chirurgicale (f)	operation
la vasectomie	vasectomy
l'hystérectomie (f)	hysterectomy
la greffe de moelle osseuse	bone marrow transplant
la greffe de cornée	cornea graft
la colostomie	colostomy
la chimiothérapie	chemotherapy
la radiothérapie	radiotherapy
le drain	drain
l'électrocardiogramme (m)	electrocardiogram
l'électrocardiographe (m)	electrocardiograph
le stimulateur cardiaque	pacemaker
l'accouchement au forceps (m)	forceps delivery

Alternative medicine

la médecine parallèle	alternative medicine
l'acupuncture (f)	acupuncture
l'aromathérapie (f)	aromatherapy
le/la chiropraticien /-ienne	chiropractor

Level 3

Medical personnel

le service d'anesthésie-réanimation	high dependency unit
le/la virologue	virologist
la virologie	virology
l'obstétricien/ l'obstétricienne	obstetrician
l'obstétrique (f)	obstetrics
le service d'oto-rhino-laryngologie	ear, nose and throat department
l'oto-rhino-laryngologiste (m/f)	ear, nose and throat specialist
ORL	ENT
l'orthophoniste (m/f)	speech therapist
l'ergothérapeute (m/f)	occupational therapist
l'ergothérapie (f)	occupational therapy
l'ophtalmologiste (m/f)	ophthalmologist
l'ophtalmologie (f)	ophthalmology
l'ostéopathe (m/f)	osteopath
l'ostéopathie (f)	osteopathy
l'oncologiste (m/f)	oncologist
l'oncologie (f)	oncology
l'urologue (m/f)	urologist
l'urologie (f)	urology
le/la rhumatologue	rheumatologist
la rhumatologie	rheumatology
le/la gériatre	geriatrician
le/la gérontologue	geriatrician
la gériatrie	geriatrics
la gérontologie	geriatrics
le/la pédicure	chiropodist
le masseur/ la masseuse	masseur
le kinésithérapeute	physical therapist
l'aide soignant(e) (m/f)	auxiliary nurse
le spécialiste de chirurgie esthétique	plastic surgeon
le brancardier	stretcher-bearer

Equipment

le brancard	stretcher
la béquille	crutch
l'attelle (f)	splint
le fauteuil roulant	wheelchair
le déambulateur	zimmer frame ®
le garrot	tourniquet
le scanner	scanner
la seringue	syringe
la seringue hypodermique	hypodermic syringe
le bistouri	scalpel
la lancette	lance
le rein artificiel	kidney machine
le respirateur artificiel	life-support machine
le goutte-à-goutte	drip
être sous perfusion	to be on a drip
avoir le goutte-à-goutte	to be on a drip
le compte-gouttes	dropper
le défibrillateur	defibrillator
la sonde	probe, catheter
l'appareil acoustique (m)	hearing aid
la prothèse	surgical appliance
la minerve	surgical collar
le bas de contention	elastic stocking
le tampon	swab
la couveuse	incubator
la pompe stomacale	stomach pump

Treatment

le dépistage	screening
l'autopalpation (f)	self-examination
la courbe de température	temperature chart
l'hémogramme (m)	blood count
l'échographie (f)	ultrasound
la posologie	dosage
le pessaire	pessary
l'ovule (m)	pessary
le fortifiant	tonic
le gargarisme	gargle, mouth-wash
se gargariser	to gargle
les gouttes nasales (f)	nose-drops
les gouttes pour les oreilles (f)	ear-drops
les gouttes auriculaires (f)	ear-drops

les gouttes pour les yeux (f)	eye-drops	le point de suture	stitch
le collyre	eyewash	le massage cardiaque	cardiac massage
le palliatif	palliative	la chirurgie cardio-vasculaire	cardiovascular surgery
le stérilet	IUD	l'intervention à coeur ouvert	open heart surgery
le frottis cervical	cervical smear	le pontage	bypass, bypass operation
la péridurale	epidural		
le laxatif	laxative	la greffe du coeur	heart transplant
le purgatif	laxative	la greffe rénale	kidney transplant
le suppositoire	suppository	la greffe hépatique	liver transplant
la pilule du lendemain	morning-after pill	la greffe pulmonaire	lung transplant
le repas baryte	barium meal	le donneur	donor
l'insuline (f)	insulin	la greffe de la peau	skin graft
insulinodépendant	insulin-dependent	la dialyse	dialysis
le bêtabloquant	beta-blocker	la prothèse mammaire	breast prosthesis
le diazépam	diazepam	le sevrage	detoxification
le témazépam	temazepam	le traitement par électrochocs	ECT
le myorelaxant	muscle relaxant		
le fécondostimulant	fertility drug	la prémédication	premed
le traitement de la stérilité	fertility treatment	postopératoire	post-operative
déclencher	to induce		

Alternative medicine

l'homéopathie (f)	homeopathy
holistique	holistic
l'onagre (f)	evening primrose

le traitement hormonal de substitution	hormone replacement treatment
à prendre avant les repas	to be taken before meals
à prendre à jeun	to be taken on an empty stomach

Dentistry

le/la prothésiste dentaire	dental prosthetist, dental technician
à prendre en cas de douleurs	to be taken in case of pain
faire un lavage d'estomac à quelqu'un	to pump one's stomach
l'orthodontiste (m/f)	orthodontist
l'orthodontie (f)	orthodontics
le dentier	denture
la prothèse	denture
la chirurgie endoscopique	keyhole surgery
l'appareil (m)	brace
le bridge	bridge
la curetage	D and C
la plaque dentaire	plaque
la couronne	crown
le tartre	tartar
l'ablation (f)	removal
enlever	to remove

Exercises

Level 1

1. Traduisez en anglais

avoir la bouche pâteuse   la bouche d'aération
avoir la bouche amère   la bouche d'égout
parler la bouche pleine   la bouche d'incendie
garder sa bouche close   la bouche de métro

2. Traduisez en anglais

1. Ma mère est sur pied à six heures du matin.
2. Elle a juré de n'y remettre plus les pieds.
3. Il me faisait du pied pendant tout le repas.
4. Arrête! Tu me casses les pieds!
5. Je peux le faire les doigts dans le nez.
6. Il a la peau dure, celui-là.
7. Elle a réussi à se mettre dans la peau du personnage.
8. Elle n'avait que la peau et les os.
9. Il suait la peur par tous les pores.
10. Je n'ai rien à me mettre sur le dos.
11. J'ai tout pris sur le dos.
12. Elle s'est mise tout le monde à dos.
13. Elle n'y va pas avec le dos de la cuiller.
14. C'est la chair de sa chair.
15. Ils jouaient des coudes pour atteindre le guichet.

3. Traduisez en français

eyeball   eye socket   eye patch
eye bath   eye test   eyestrain
eye-opener   eyewitness   eye-catching
eyewash   eyelet   eyesore
face cloth   face lift   face-off
face pack   face value   paleface
footprint   footstool   footloose
leg-room   leg-pull   leg-warmers
legwork   leggings   return leg

4. Traduisez en français

to put a good face on it   to laugh in someone's face
to be on one's last legs   to be up to one's eyes in paperwork
to have one's eye on something   to hand-pick
to go hand-in-hand with   to have something to hand
to get out of hand   to do a hand-stand

5. Donnez des équivalents non-argotiques des mots suivants

le pif   la poire   les feuilles   les clignotants
la gueule   la patte   la pince   la bedaine

6. Complétez le tableau suivant   ✓

bras, jambe(s), pied(s), peau, chair, dos, reins, nez, yeux

Locution

	Signification	Registre
1. accepter quelque chose _____ fermés		
2. être dans les _____ de quelqu'un		
3. regarder quelqu'un sous le _____		
4. avoir les _____ comme coton		
5. avoir toujours un _____ en l'air		
6. dégourdir ses _____		
7. avoir bon _____		
8. avoir les _____ solides		
9. ne pas avoir les _____ en face des trous		
10. avoir un verre dans le _____		
11. être bien en _____		
12. avoir les _____ en queues de sucette		
13. marcher sur les _____ de quelqu'un		
14. parler du _____		
15. n'être ni _____ ni poisson		
16. ne pas se moucher du _____		
17. être bien dans sa _____		
18. se trouver _____ à _____ avec quelqu'un		
19. avoir les _____ brisées		
20. avoir la _____ de poule		
21. en avoir plein le _____		
22. faire une belle _____ à quelqu'un		
23. avoir le _____ long		
24. prendre ses _____ à son cou		
25. jouer comme un _____		

7. Complétez

boucher	bouché	le dossier	le dossard
_____	_____	_____	_____

    ↖   ↗   ↖   ↗

la bouche   **le dos**

    ↙   ↘   ↙   ↘

la bouchée	le bouchon	endosser	le dosseret
_____	_____	_____	_____

8. Complétez en utilisant un des mots suivants ✓

gras   rond   large   gros   maigre   beau   grand

1. faire la _____ matinée
2. jouer _____ jeu
3. dans une _____ mesure
4. voir _____
5. être dans de _____ draps
6. voir quelqu'un venir avec ses _____ sabots
7. _____ comme un clou
8. fréquenter du _____ monde
9. être _____ comme le jour
10. être _____ en affaires
11. le _____ légume
12. avoir des idées _____
13. le _____ Poucet
14. faire _____

9. Traduisez en français ✓

1. The two cars collided head on; both drivers sustained serious internal injuries.
2. She never does a hand's turn, whereas her brother puts his heart and soul into everything he does.
3. Their new three-piece suite must have cost an arm and a leg.
4. It was very wet under foot and she fell flat on her face.
5. He was soaked to the skin when he came home; I can't get it into his thick skull that he'll end up with pneumonia.
6. She was lucky. She twisted her ankle, but she could have broken her leg.
7. The skin is very red. You will have blisters tomorrow.
8. He has heart disease. One of his arteries is blocked. He has an appointment with the cardiologist at the end of the month.

10. Traduisez en anglais

Dans la salle d'eau, deux carreaux manquent au pied de l'appareil de douche, un troisième est brisé, ceux qui restent sont grumelés de beige et de brun. Gloire a suspendu son peignoir à la patère vissée derrière la porte. Elle est nue devant le miroir carré au-dessus du lavabo, trop petit pour qu'elle puisse y voir son corps qu'elle n'a de toute façon pas envie de voir, aucune envie de voir ses longues jambes infaillibles, ses seins hauts, ronds et durs et ses fesses hautes, rondes et dures que, fagotés dans le survêtement, Jean-Claude Kastner n'aurait jamais imaginés. Eut-il envisagé un corps pareil, Kastner n'aurait jamais osé se risquer à le désirer.

Elle s'est vite lavée, douche presque froide, avant de se maquiller au ralenti. Une première couche de crème de jour suivie d'un fond de teint presque blanc, uniformément appliqué comme on prépare sa toile. S'étant crayonné l'oeil en amande, elle repeint ses paupières en turquoise. Puis s'aidant d'un appareil chromé genre pince à escargots, Gloire accentue la courbe de ses cils avant de les rendre très noirs et très épais au mascara, très gras. Ainsi, bientôt seuls vivent ses yeux dans son visage, seuls ils s'animent dans ce masque immobile: gris-vert, ils passent du vert au gris selon le temps, l'espace, la lumière et les états d'âme. Ensuite, quand elle dessine au crayon rouge le tour de ses lèvres, elle en chevauche l'ourlet puis sature l'intérieur au pinceau. Deux ronds orangés sur les joues, deux coups de crayon bistre aux arcades sourcilières et voilà qui est réglé. De la sorte, sous ce maquillage, Gloire Abgrall pourrait passer pour une artiste de cirque internée pour dépression nerveuse – mais quand même pas encore assez mélancolique pour refuser d'exécuter son numéro dans le cadre de la kermesse organisée, en présence des familles, à l'occasion de la journée portes ouvertes de la clinique.

Jean Echenoz, *Les Grandes Blondes*, pp. 53–54

Level 2

1. Donnez les symptômes principaux des maladies suivantes

les oreillons   la rougeole   la varicelle   la grippe

2. Trouvez d'autres sens des mots suivants

l'arête   le bassin   le bleu   le clou
l'ampoule   la pointe   la moelle   l'index

3. Quelles sont les différences entre

un calmant   un remontant
un comprimé   une pastille
un pansement   un sparadrap
la salle d'urgence   un service de réanimation
un psychiatre   un psychologue

4. Trouvez des synonymes des mots suivants

l'évanouissement   le régime   la pommade   la nausée
vomir   s'aggraver   se rétablir   panser

5. Traduisez en français

to feel something in one's bones   to have a skeleton in the cupboard
to have a bone to pick with someone   to keep one's chin up
to make no bones about something   to take it on the chin
to work one's fingers to the bone   to be all thumbs
to press the flesh   to be under someone's thumb

6. Complétez le tableau suivant   ✓

dos, main(s), nombril, dent(s), pied(s), peau, séant, moelle, nerf(s), chair, poing(s), os

Locution	Signification	Registre
1. vivre sur les _____		
2. se casser les _____ sur quelque chose		
3. dormir à _____ fermés		
4. avoir les _____ à vif		
5. faire des _____ et des _____ pour quelqu'un		
6. percer ses _____		
7. faire froid dans le _____		
8. agir sous _____		
9. se prendre pour le _____ du monde		
10. mettre la dernière _____ à quelque chose		
11. se laisser tondre la laine sur le _____		
12. en venir aux _____		

13. avoir les _____ longues
14. lever le _____
15. faire bon marché de sa _____
16. être glacé jusqu'à la _____ des os
17. scier le _____ de quelqu'un
18. ne pas faire de vieux _____
19. avoir les _____ en boule
20. avoir les _____ vertes
21. tirer dans le _____ de quelqu'un
22. agir dans le _____ de quelqu'un
23. transformer quelqu'un en _____ à pâté
24. avoir la _____ dure
25. mettre les _____ dans le plat
26. être pris la _____ dans le sac
27. avoir le _____ au mur
28. se dresser sur son _____
29. tomber sur un _____
30. donner un coup de _____ à quelqu'un

7. Composez des définitions pour les mots croisés

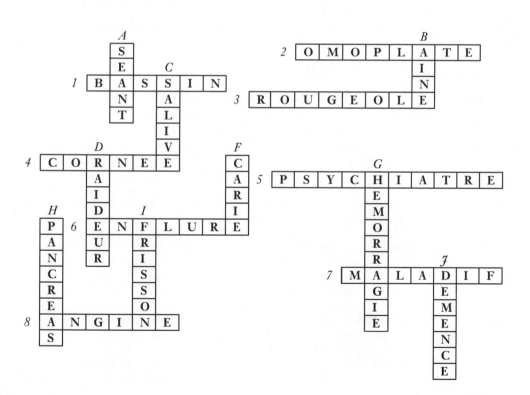

8. Traduisez en français

to feel headachy	to feel nauseous	to be unwell
to be under the weather	to suffer from the cold	to suffer backache
to have a weak heart	to have a weak stomach	to have poor eyesight
to have digestive problems	to hurt one's leg	to pull a muscle
to have cancer	to have mumps	to have flu
to have hepatitis	to have arthritis	to have rhumatism
to have a fainting fit	to have a dizzy spell	to have heartburn
to have Aids	to have bronchitis	to have sunstroke
to have stiff legs	to have a fever	to have earache

9. Traduisez en français ✓

1. The doctor told him that he had a very high cholesterol level and that he had high blood-pressure.
2. I have made an appointment with the optician for a sight test. I think that I am becoming slightly short-sighted.
3. He is going to have an operation on his vocal cords and his eardrums.
4. Given the family history, she is very worried. It is possible that he has had a stroke.
5. She was off sick last week. I thought that she had food poisoning, but her doctor diagnosed gastric flu.
6. He is still in a critical condition. He haemorrhaged during the night and had to be given a blood transfusion.
7. The pathologist said that he had suffered brain damage and that if he had survived the accident, he would have been paraplegic.
8. In my opinion the intensive care unit and emergency room are too far from the operating theatre.

10. Travail de groupe: traduction orale

26 millions de Français ont des problèmes de vue

Ce sont des bobos, des petites misères qui gâchent la vie quotidienne: mal de dos, mauvaise vision, mal de dents, grippes et rhumes ... Ces gênes ou affections a priori sans gravité sont rarement quantifiées. De la même façon, on sous-estime souvent la consommation de médicaments, les actes de soins et les interruptions d'activité que ces désagréments entraînent, alors qu'ils sont loin d'être négligeables. Ainsi ces petites maladies sont à l'origine d'une consultation sur trois chez le médecin de ville et d'un achat de médicament sur trois.

Les problèmes de vision sont particulièrement répandus. Tous âges confondus, 45% des personnes en souffrent, et leur proportion croît avec les années. Entre quarante et cinquante ans, le nombre de personnes concernées passe de quatre sur dix à six sur dix, en raison de l'augmentation de la presbytie et, à soixante ans, seule une personne sur dix se déclare indemne de tout problème visuel. La myopie est le trouble le plus répandu: 19% des Français sont myopes, 4.5% astigmates et 2% hypermétropes. Après cinquante ans, 64% des individus se considèrent comme presbytes. Six personnes sur dix portent des lunettes ou des lentilles correctrices, soit 26 millions au total. La moitié d'entre elles ont plus de cinquante-sept ans.

Les problèmes de dentition occupent la deuxième place en termes de fréquence. A dix-huit ans, seule une personne sur cinq a encore toutes ses dents en bon état: 7% des hommes et 15% des femmes ont dû se faire remplacer une ou plusieurs dents et près de 60% ont déjà souffert de caries. Au total, 11.5 millions de Français portent une prothèse dentaire amovible. A partir de quarante ans, une personne sur cinq porte un dentier et, à soixante-cinq ans, une sur deux. En un an, on a comptabilisé 70 millions d'actes dentaires – soit, 1,4 acte par personne et par an. Toutefois, la moitié des adultes n'ont pas consulté de dentiste depuis un an en raison du coût des soins dentaires et de leur faible remboursement, et aussi parce qu'ils estiment '*avoir de bonnes dents*'.

Mal de dos

La grippe, le rhume et les pathologies aiguës des voies respiratoires sont également très fréquentes. Les enfants sont les plus touchés. Ces affections provoquent près d'un arrêt de travail sur cinq et près de la moitié des absences scolaires. Les grippes, les angines et les bronchites sont particulièrement invalidantes. Elles entraînent des achats de médicaments dans plus de 80% des cas, des consultations médicales dans 63% des cas, mais très peu d'examens médicaux: 12% des individus réalisent leurs achats sans ordonnance.

Près de 8 millions de personnes enfin déclarent connaître des problèmes de dos, les femmes davantage que les hommes. Un tiers des personnes souffrant du dos ont consulté un médecin, les généralistes assurant les trois quarts des consultations et rhumatologues une sur sept. Une personne sur dix souffrant du dos a par ailleurs recours aux masseurs-kinésithérapeutes. Au total, ces douleurs dorsales ont donné lieu à 7 millions de séances de kinésithérapie sur une période de trois mois – soit 28% de l'activité de la profession – et à 4 millions de piqûres effectuées par des infirmières. De plus, 800 000 actes paramédicaux relevant des médecines parallèles, comme l'acupuncture ou l'ostéopathie, sont comptabilisés chaque année.

Michel Aulagnon, *Le Monde*, samedi 2 mars 1996, p. 7 (© *Le Monde*)

Level 3

1. Composez des phrases qui feront ressortir les différences entre les mots suivants

une rechute	une séquelle
une éruption	un furoncle
un avortement	une fausse couche
une rémission	une guérison

2. Complétez

_____ ←	le gland	la glande	→ _____
_____ ←	la verrue	le verrou	→ _____
_____ ←	la varice	la varicelle	→ _____
_____ ←	la luxation	la luxure	→ _____
_____ ←	le caillot	le caillou	→ _____
_____ ←	le frottis	le frottement	→ _____
_____ ←	picoter	picorer	→ _____

3. De quoi s'occupe-t-il/elle?

le/la pédiatre   le/la neurologue
le/la dermatologue   l'ostéopathe
l'oculiste   l'orthopédiste

4. Identifiez le mot qui n'est pas à sa place   ✓

le fauteuil roulant, le déambulateur, le défibrillateur, la béquille, la civière, la canne
l'électrochoc, le respirateur artificiel, le rein artificiel, la couveuse, la pompe stomacale
la prothèse, la carie, l'appareil, les lentilles, le plombage
la crise cardiaque, l'angine de poitrine, la cirrhose, la greffe du coeur, l'attaque
le pédicure, le masseur, le kinésithérapeute, le polype, l'orthophoniste
le fortifiant, le gargarisme, la gélule, le frottis, le laxatif, le purgatif
le stérilet, le collyre, le préservatif, la pilule du lendemain, le diaphragme

5. Expliquer la fonction des médicaments/traitements suivants

le repas baryte, le purgatif, le fortifiant, les gouttes auriculaires, la bande Velpeau ®

6. Trouvez des synonymes des mots suivants

l'éraflure   l'aphasie   la récidive   la rémission   la syncope
se cicatriser   se retaper   luxer   picoter   haleter

7. Composez des phrases qui feront ressortir les sens littéral et figuré des mots suivants

la gangrène   la séquelle   la contagion   le cancer
la lèpre   la meurtrissure   la myopie   le palliatif

---

8. Expliquez le sens des mots et expressions suivantes

fenêtre borgne   hôtel borgne
éborgner   borgnoter
le bandit manchot   le manchot royal

9. Traduisez en anglais

Au royaume des aveugles les borgnes sont rois.   Il riait comme un bossu.
Ce serait changer un cheval borgne contre un aveugle.   J'ai roulé ma bosse.
Il est manchot du bras droit.   Il n'est pas manchot.
Redresse-toi. Tu es tout bossu.   Il a la bosse du commerce.

10. Traduisez en français

blind from birth   blind spot   blind alley   blind man's buff
blind drunk   blind date   dumbstruck   dumb blonde

---

11. Traduisez en anglais

1. Ils sont comme les deux doigts de la main.
2. On peut les compter sur les doigts.
3. C'est mon petit doigt qui me l'a dit
4. Ça me démange de lui dire ce que je pense.
5. Il a renvoyé les deux parties dos à dos.
6. Quand je lui en parlerai, je vais essayer de dorer la pilule.

7. Cela a tenu à un cheveu.   9. Il en a fait une jaunisse.
8. Il y a un cheveu.   10. Ça caille!

12. Complétez le tableau suivant   ✓

doigt(s), tympan, vessies, cheville, pouce(s), oeil, talons, rein, sang(s), pieds, cheveux, oreilles, rate

Locution	Signification	Registre
1. dilater sa _____		
2. prendre des _____ pour des lanternes		
3. ne pas arriver à la _____ de quelqu'un		
4. être sur les_____ de quelqu'un		
5. faire toucher une chose du _____		
6. crever le _____		
7. se tourner les _____		
8. avoir l'estomac dans les _____		
9. manger un morceau sur le _____		
10. se ronger les _____		
11. se faire des _____ blancs		
12. se mordre les _____		
13. se faire tirer l'_____		
14. donner un coup de _____ à		
15. se faire taper sur les _____		
16. casser les _____ à quelqu'un		
17. dormir sur deux _____		
18. ne pas lever le petit _____		
19. savoir quelque chose sur le bout des _____		
20. se fourrer le _____ dans l'_____		

13. Traduisez en français   ✓

1. Her teeth overlap. The orthodontist advised her to wear a brace.
2. The plastic surgeon found his work so depressing that he advised his son to become a geriatrician.
3. The hospital doesn't have a high dependency unit. We'll have to transfer her. Otherwise she'll have little chance of recovery.
4. His hands are covered with calluses and warts and he has a cyst on his left wrist.
5. The virologist denied that the cases of septicaemia had been caused by dirty syringes.
6. She has pulled through, but she is still suffering from post-traumatic stress. She has been given sedatives, but she is frightened that they might be addictive.
7. In the course of his career the surgeon performed hundreds of bypass and open heart operations.
8. Keyhole surgery reduces the number of secondary infection cases and leaves only very small scars.

14. Associez chaque mot à sa définition   ✓

le stéthoscope, le scanner, la seringue, la suture, le plâtre, la gaze, la perfusion, la transfusion, le spéculum, le bistouri

_____   appareil de radiographie
_____   injection lente et continue
_____   petit instrument qu'on utilise pour injecter des médicaments
_____   instrument de chirurgie
_____   instrument qui permet d'examiner certaines cavités du corps
_____   instrument qui permet d'écouter le sons du corps
_____   pansement très léger

15. Rédaction: Ecrivez une composition en prenant la citation suivante comme point de départ

> 'En rendant moins coûteux le recours aux soins, l'informatique risque de
> «médicaliser» une grande partie de la population, le moindre malaise devenant
> prétexte à une multitude d'examens.'
>
> (S. Nora et A. Minc, *L'Informatique de la société*)

16. Etude de texte

L'Illusion en médecine

Grâce à la poudre de perlimpinpin, des générations de charlatans ont soigné n'importe qui, pour n'importe quoi: des rhumes aux allergies, des ulcères aux torticolis, en passant par les brûlures, les fractures, l'impuissance et les étouffements, rien n'échappait à son action bienfaisante. Le plus drôle est qu'elle avait parfois des effets positifs.

Si les rebouteux et guérisseurs en tout genre sont loin d'avoir disparu, aujourd'hui l'illusion fait partie officiellement de la médecine, sous le nom de placebo. Le docteur Patrick Lemoine, psychiatre spécialisé dans les troubles du sommeil et la dépression, lui consacre un livre subtil, rédigé d'une plume alerte, qui ouvre une réflexion plus vaste sur la manière de soigner et de guérir.

Nos pharmacies ultramodernes disposent d'une gamme immense de placebos impurs (vitamines, fortifiants, acides aminés, oligo-éléments . . .) qui ont le mérite d'être peu actifs, bien tolérés et très rassurants. Les médecins ne se privent pas d'en user et abuser: ces vrais-faux médicaments représentent plus de 35% des prescriptions.

Les placebos purs sont d'une autre nature. Il s'agit de substances neutres, ne contenant aucun principe actif. De simples leurres. Devenus des auxiliaires indispensables de la recherche médicale, ces non-produits permettent de vérifier l'efficacité d'un nouveau médicament grâce à des tests comparatifs sur des cobayes. Ils peuvent être prescrits par la suite à des patients, en leur laissant croire qu'il s'agit de vrais médicaments. Leur efficacité a été établie, et même chiffrée avec précision, pour alléger ou guérir divers symptômes, à commencer par la douleur et l'insomnie. Les placebos agissent généralement plus vite qu'un médicament actif et, curieusement, peuvent avoir des effets secondaires, voire négatifs. Ces substances s'administrent sous forme de comprimés, de suppositoires ou d'injections intramusculaires ou intraveineuses. Les gouttes sont particulièrement intéressantes parce qu'elles obligent le malade à les compter, donc à être attentif et à participer davantage au traitement.

Patrick Lemoine s'intéresse moins au placebo qu'à l'effet placebo. Entendez par là '*ce quelque chose qui s'additionne ou se soustrait à l'action pharmacologique d'un médicament actif*'. Il s'agit d'une alchimie très complexe, où interviennent trois facteurs: la puissance réelle ou supposée du traitement, la conviction du médecin et l'adhésion du patient. Dans un chapitre très savoureux, le psychiatre souligne l'importance que peut revêtir l'aspect d'un médicament: un comprimé très petit donne une impression de puissance; très gros, il suggère une grande quantité de principe actif. Sa couleur compte aussi: tel tranquillisant est plus efficace en gélule verte plutôt que rouge ou jaune. Quant au nom, soigneusement choisi, il doit évoquer la force, invoquer la guérison, exorciser la maladie.

Le rituel de la prescription a encore plus d'importance. Ce n'est pas seulement par fierté que les médecins, aux Etats-Unis, exposent leurs diplômes dans le cabinet de consultation: un titre ronflant est aussi rassurant que des honoraires élevés. Généralement, un patient souhaite apprendre qu'il n'est pas malade. Mais il se sentirait volé s'il repartait de chez le médecin sans une ordonnance. Il a besoin de s'entendre dire: '*Vous allez très bien, je vais vous prescrire un fortifiant.*' Les ordonnances, rédigées de préférence sur papier toilé, se doivent d'être illisibles pour préserver un mystère qui ne sera décrypté que par des acolytes pharmaciens. Il paraît que les médecins français ne sont pas les seuls à griffonner de la sorte: la calligraphie de leurs collègues chinois, par exemple, laisserait également à désirer, pour les mêmes raisons.

Un médicament se révèle plus efficace quand il est prescrit par un grand patron, chez qui un rendez-vous doit se prendre plusieurs semaines à l'avance. On constate, à l'inverse, que l'efficacité d'un médicament diminue quand il devient disponible sans ordonnance ... Bref, l'emballage est essentiel, comme l'avait si bien compris le bon docteur Knock de Jules Romains. Cela ne s'apprend pas dans les facultés de médecine, et c'est bien dommage. Que de dégâts commis par manque d'écoute et de psychologie! Patrick Lemoine rend un hommage appuyé – et justifié – à '*ces petits trucs du métier*' qui en font parfois la grandeur.

L'utilisation du placebo est souvent accompagnée de mauvaise conscience. Peut-on mentir à son patient? Lui prescrire du vent, en échange d'un chèque? Si le médecin n'a pas une obligation de résultats, n'est-il pas tenu pour le moins de respecter certains moyens? En soi, le placebo n'est ni bon ni mauvais, répond Patrick Lemoine. Tout dépend de l'usage qu'on en fait. C'est parfois le remède le plus efficace. Le moins cher aussi. Bien des arrêts de travail, des séjours hospitaliers, des traitements longs et coûteux sont économisés grâce à la poudre d'illusion, le plus vieux médicament du monde.

Robert Solé, *Le Monde des livres*, 8 mars 1996, p. viii (© *Le Monde*)

1. *Donnez le genre des substantifs suivants:*
   ulcère, genre, gamme, mérite, principe, leurre, cobaye, suppositoire, honoraire, manque, chèque, remède, symptôme, chapitre

2. *Donnez des synonymes des mots suivants:*
   chiffrer, alléger, décrypter, acolyte, soigner

3. *Donnez des antonymes des mots suivants:*
   officiellement, subtile, attentif, bienfaisant

4. *Expliquez la différence entre*
   vêtir   et   revêtir

évoquer   et   invoquer
le gel   et   la gélule

5. *Dressez une liste des maladies / problèmes de santé cités dans le texte*

6. *Dressez une liste des mots qui se réfèrent*
    à la magie
    au mystère

7. *Traduisez les expressions suivantes:*
    •'la poudre de perlimpinpin'• 'rédigé d'une plume alerte'• 'qui ouvre une réflexion plus
    vaste'• 'le mérite d'être peu actifs, bien tolérés et très rassurants'• 'chiffrée avec
    précision'• 'un chapitre très savoureux'• 'rédigée de préférence sur papier toilé'• 'le titre
    ronflant'• 'ces petits trucs du métier'

8. *Donnez une définition des mots suivants*
    l'allergie, le torticolis, le placebo, le rebouteux, l'alchimie, la gélule

9. *Traduisez les verbes pronominaux qui se trouvent dans le texte.*

10. *Traduisez en anglais*
    'Un médicament … grandeur'

11. *Dressez une liste des principaux avantages du placebo.*

Unit 4

Physical appearance

Level 1

Build

la taille	height, size
être de taille moyenne	to be of average height
être de petite taille	to be short
être de grande taille	to be tall
la carrure	build
de corpulence moyenne	of medium build
solidement bâti	well-built
gras	fat
corpulent	corpulent
obèse	obese
rond	chubby, plump
ventru	pot-bellied
prendre du ventre	to be getting a paunch
bien bâti	well-built
musclé	muscular
musculeux	muscular
nerveux	lean and muscular
robuste	robust, strong, heavy
vigoureux	sturdy, robust, vigorous
athlétique	athletic
svelte	slim, slender, willowy
gracile ③	slender
amaigri	emaciated
émacié	emaciated, wasted
difforme	deformed, misshapen, twisted
famélique	half-starved
squelettique	scrawny, skin and bone
avoir la taille fine	to be slim-waisted
avoir la taille bien prise	to have a neat waistline
avoir la taille de mannequin	to have a perfect figure

Face

avoir des traits réguliers	to have regular features
avoir des traits fins	to have delicate features
avoir des traits tirés	to look drawn
taché de son	freckled
la tache de rousseur	freckle
les lèvres pincées	pursed lips
changer d'expression	to change expression
changer de visage	to change expression
rougir	to blush
pâlir	to turn pale
un visage brun	dark-skinned face
un visage bronzé	tanned face
un visage allongé	long face
un visage anguleux	angular face
un visage chevalin	horsy face
un visage rubicond	ruddy face
un visage empourpré	flushed face
un visage aimable	pleasant face
un visage sympathique	pleasant, friendly face
un visage éveillé	alert face
un visage antipathique	unpleasant face
un visage mécontent	unhappy face
un visage mélancolique	melancholy face
un visage expressif	expressive face
un visage rayonnant	radiant face
un visage réjoui	delighted face
un visage hilare	merry face

un visage détendu	relaxed face
un visage reposé	rested face
un visage impassible	impassive face
un visage serein	serene face
un visage fermé	inscrutable face
un visage ouvert	open face
la grimace	grimace
grimaçant	grimacing
avoir mauvaise mine	to look off-colour
avoir bonne mine	to look well
une belle peau	good skin/ complexion
une peau claire	clear skin/complexion
une peau fraîche	fresh complexion
une peau délicate	sensitive skin
une peau sèche	dry skin
une peau grasse	oily skin
une peau éclatante	radiant complexion
une peau éblouissante	radiant complexion
le teint jaune	sallow complexion
le teint frais	fresh complexion
le teint pâle	pale complexion

Hair

une chevelure abondante	thick head of hair
les cheveux ternes	dull hair
les cheveux brillants	shiny hair
les cheveux fins	fine hair
les cheveux gros	coarse hair
les cheveux vigoureux	strong/healthy hair
les cheveux secs	dry hair
les cheveux gras	oily hair
les cheveux plats	straight hair
les cheveux raides	straight hair
les cheveux lisses	sleek, smooth hair
les cheveux souples	soft, flowing hair
les cheveux soyeux	silky hair
les cheveux drus	thick hair
les cheveux rares	thinning hair
les cheveux bouclés	curly hair
les cheveux frisés	curly hair
les cheveux crépus	frizzy/fuzzy hair
les cheveux crêpelés	frizzy/fuzzy hair
les cheveux ondulés	wavy hair
les cheveux ébène	jet-black hair
les cheveux châtain	chestnut hair

Limbs

avoir la jambe bien faite	to have good legs
avoir la jambe mal faite	to have unshapely legs
des jambes bien tournées	shapely legs
des jambes arquées	bow legs
des jambes longues	long legs
des jambes courtes	short legs
des jambes maigres	thin legs
des jambes grosses	fat legs
des doigts longs	long fingers
des doigts courts	short fingers

Posture

la posture	posture
se tenir mal	to have bad posture
voûté	hunched
les épaules tombantes	sloping shoulders
avoir le dos rond	to be round shouldered
large d'épaules	broad-shouldered

Attractiveness/unattractiveness

avoir un physique agréable	to be good-looking
bien proportionné	well-proportioned
mignon, -onne	cute, pretty, sweet
ravissant	beautiful, delightful, ravishing
séduisant	attractive, appealing
adorable	adorable
avoir du cachet	to have style
bien fait	good-looking, handsome
bien tourné	shapely, with a good figure
garder sa ligne	to keep one's figure
penser à sa ligne	to be figure-conscious
soigner sa ligne	to look after one's figure
mal fait	unattractive
disgracieux	unsightly
hideux	hideous
répugnant	repugnant
laid	ugly

vilain	ugly	repoussant	repulsive
défiguré	disfigured	laid à faire peur	as ugly as sin

Level 2

Build

bien charpenté	well-built	une peau terne	dull skin
avoir la charpente solide	to be strongly built	à pommettes saillantes	with prominent cheek bones
être puissamment charpenté	to be strongly built	glabre	clean shaven
		imberbe	clean shaven
être fluet	to be slightly built	faire la moue	to pout
être de petite constitution	to be slightly built	faire la tête	to sulk
		faire la gueule	to sulk
être court de stature	to be of short stature	faire grise mine	to be none too pleased
charnu	fleshy	faire triste mine	to look pitiful
dodu	plump		
plantureux	buxom	### Hair	
grassouillet	chubby	les cheveux clairsemés	thinning hair
costaud	hefty	les cheveux blondins	fair hair
décharné	skinny, scraggy	les cheveux roux	red hair
malingre	puny, sickly	les cheveux grisonnants	greying hair
maigrelet	slight		
débile	weak, sickly	les cheveux poivre et sel	salt and pepper hair
une poitrine plate	flat chest	les cheveux argentés	silvery hair
avoir une poitrine plantureuse	to be busty	les cheveux carrotte	carroty hair, carrot coloured hair
		les cheveux de lin	flaxen hair
### Face		les cheveux laineux	woolly hair
avoir les traits accusés	to have pronounced features	avoir les cheveux rebelles	to have flyaway hair
avoir les traits réguliers	to have regular features	avoir les cheveux intraitables	to have flyaway hair
avoir les traits tirés	to look drawn	avoir les cheveux défaits	to have dishevelled hair
avoir des poches sous les yeux	to have bags under one's eyes	avoir les cheveux ébouriffés	to have tousled hair
un visage couperosé	a blotchy face	avoir les cheveux en désordre	to have untidy hair
un visage rubicond	a red face		
un visage blême	a pale face	avoir les cheveux en bataille	to have untidy hair
un visage blafard	a pale face		
un visage terreux	grey complexion	avoir les cheveux dépeignés	to have unkempt hair
le teint de blonde	fair skin		
une peau lisse	smooth skin	avoir les cheveux en brosse	to have a crew cut
une peau satinée	satin-smooth skin		
une peau soyeuse	silky skin	avoir les cheveux ramenés en arrière	to have one's hair swept back
une peau sans défaut	faultless complexion		
une peau matte	olive skin		

avoir les cheveux en queue de cheval	to have a pony-tail	lustrer les cheveux	to make one's hair shine
porter les cheveux courts	to wear one's hair short	les cheveux plaqués	plastered down hair
porter les cheveux longs	to have long hair	se teindre les cheveux	to tint/dye one's hair
porter les cheveux dans le dos	to have long hair	se décolorer les cheveux	to bleach one's hair
attacher les cheveux	to tie back one's hair		

Limbs

crêper les cheveux	to curl one's hair	avoir des jambes comme des allumettes	to have legs like matchsticks
natter les cheveux	to plait one's hair		
tresser les cheveux	to plait one's hair	avoir des jambes comme des poteaux	to have legs like tree trunks
dénatter les cheveux	to unplait one's hair		
relever les cheveux	to put one's hair up	être droitier	to be right-handed
torsader les cheveux	to coil one's hair	être gaucher	to be left-handed

Level 3

Build

bedonnant	paunchy, portly	être bien roulé ①	to be a nice bit of stuff
potelé	lump	bien balancé ①	well-built
rebondi	portly	bien baraqué ①	hefty
rondelet	plump, tubby, chubby	dégingandé	lanky
rondouillard	tubby, podgy, chubby		
trapu	stocky	*Face*	
râblé	well-built, stocky	le minois	fresh young face
poupin	chubby	la frimousse ①	little face
joufflu	chubby-cheeked	un visage cendreux	ashen face
adipeux	fleshy	un teint cendreux	ashen complexion
fessu	with a big bottom	un teint plombé	leaden complexion
pansu	pot-bellied	un visage basané	tanned, weather beaten face
boulot	round, plump		
s'empâter	to thicken, become fleshy	un visage parcheminé	shrivelled face
		un visage plissé	wrinkled face
une taille de guêpe	a very slim waist	un visage flétri	tired/worn face
étique	skin and bone	un visage ratatiné	wizened face
chétif	puny	un visage ravagé	ravaged face
rachitique	skinny	un visage tiré	drawn face
fluet	slender	un visage défait	haggard face
hâve	gaunt	un visage décomposé	distorted face
élancé	slender	un visage chiffonné	worn looking/'lived in' face
rabougri	stunted		
nabot(e)	midget	un visage crispé	tense/drawn face
nain(e)	midget	un visage tiré	tense/drawn face
bien découplé	well-proportioned	un visage cireux	waxy face

un visage ingrat	unprepossessing, unattractive face	lippu	thick-lipped
un visage boudeur	sulky face	le menton en galoche ①	protruding chin
un visage taillé à la serpe	craggy face	les sourcils épilés	plucked eyebrows
un visage taillé à coups de serpe	craggy, rugged face	les sourcils en broussaille	bushy/shaggy eyebrows
un visage en lame de couteau	hatchet face	avoir les tempes argentées	to be grey at the temples
une mine de papier mâché	pasty complexion	aux joues roses	rosy cheeked
		aux joues caves	hollow-cheeked
une peau laiteuse	milky skin	aux joues creuses	hollow-cheeked
une peau ivoirine	ivory skin	aux joues rubicondes	with ruddy cheeks
une peau bistre	swarthy skin	le menton effacé	receding chin
une peau bistrée	swarthy skin	le menton fendu	cleft chin
une peau marbrée	marbled skin	le menton double	double chin
une peau pommelée	blotchy skin		
une peau veinée	veiny skin	*Hair*	
une peau vergetée	streaked skin	la crinière	mane
une peau flasque	flaccid skin	la tignasse	mop of hair
une peau rêche	rough skin	la toison	mane
une peau rude	rough skin	la touffe de cheveux	tuft of hair
une peau rugueuse	rough skin	les cheveux cassants	brittle hair
une peau calleuse	callused skin	les cheveux fourchus	split ends
une peau grumeleuse	lumpy skin	une coiffure au carré	a bob
une peau veloutée	velvety skin	coupé à la Jeanne d'Arc	bobbed
la carnation	complexion	se faire faire une mise en plis	to have a set
louche	squint		
les yeux bouffis	puffed up eyes	se faire faire une permanente	to have one's hair permed
les yeux saillants	prominent eyes	se faire faire des mèches	to have one's hair streaked
les yeux globuleux	bulging eyes		
les yeux en amande	almond-shaped eyes	se passer les cheveux au henné	to henna one's hair
les yeux caves	hollow eyes		
les yeux enfoncés	deep-set eyes	se faire une raie	to part one's hair
les yeux bridés	slant-eyes	porter une raie sur le côté	to have one's hair parted on one side
les yeux injectés de sang	blood-shot eyes		
avoir les yeux cernés	to have rings under one's eyes	être coiffé en brosse	to have a crew cut
		Limbs	
le nez busqué	hooked nose	les jambes fuselées	slender legs
le nez crochu	hooked nose	les jambes galbées	shapely legs
le nez camus	flat/snub nose	les jambes cagneuses	crooked legs
le nez camard	flat/snub nose	être bancal(e)	to be bow-legged
le nez pointu	pointed nose	être cagneux(se)	to be knock-kneed
le nez retroussé	turned-up nose	les doigts boudinés	podgy fingers
les lèvres charnues	fleshy lips	les doigts effilés	slender fingers
les lèvres bien dessinées	well shaped lips	les mains gercées	chapped hands

Gesture and movement

Level 1

General

l'allure (f)	pace
la démarche	gait, walk
déplacer	to move, shift, displace
se déplacer	to move, be displaced; move around; travel
le déplacement	movement, shifting, displacement, transfer
bouger	to move
changer de place	to change places
se mettre en marche	to get going
se mettre en mouvement	to get going
se mettre en route	to set out
remuer	to stir, fidget
circuler	to circulate; go the rounds (*news*) move (*vehicles*); move along (*crowd*)
la circulation	circulation, movement, spread, traffic flow
s'agiter	to bustle about, move about, fidget
l'agitation (f)	restlessness
agité	restless, fidgety
être sans cesse en mouvement	to be in constant motion
ne pas se tenir en place	to be restless
le trajectoire	trajectory
la propulsion	propulsion
la posture	posture
précéder	to precede
suivre	to follow
s'approcher de	to approach
s'éloigner de	to move away from
passer devant	to pass by
passer auprès de	to pass near
traverser	to go across
la traversée	crossing
franchir	to clear (*obstacle*); cross, step across; cover (*distance*)

le franchissement	clearing, crossing
contourner	to go round
se retourner	to turn round
faire demi-tour	to turn round
survoler	to fly over

Movement forwards and backwards

avancer	to move forward; make headway, make progress
progresser	to advance, make headway
la progression	progress, advance, spread
se diriger vers	to make for
se rendre à	to go to
gagner	to reach
reculer	to move back, step back, draw back, withdraw, reverse
le recul	retreat, withdrawal
aller à reculons	to go backwards
sortir à reculons	to back out
le reflux	backward surge, ebb
aller et venir	coming and going
des allées et venues	comings and goings
obliquer	to turn off (*path, road*)
obliquer à gauche	to turn right
pousser	to push
la poussée	pressure, pushing, thrust
tirer	to pull, drag
la traction	traction, dragging

Movement upwards or downwards

monter	to go up, to climb
la montée	ascent, climb
descendre	to descend, go down
la descente	descent
gravir	to scale
escalader	to scale
l'escalade (f)	scaling, climbing
s'asseoir	to sit down

se lever	to get up, stand up
enjamber	to straddle
glisser	to slip, slide, glide
le glissement	sliding, gliding
la glissade	slide, skid
glissant	slippery
tomber	to fall
la tombée	fall
la chute	fall
se baisser	to stoop
s'étaler	to come a cropper, fall flat
s'aplatir	to fall on one's face
s'allonger	to lie down, stretch out
garder l'équilibre	to keep one's balance
se redresser	to sit up, to right oneself/itself
sauter	to jump
bondir	to bound, jump
être couché	to be lying down, on one's/its side
être debout	to be standing up, upright
être agenouillé	to be kneeling
être assis	to be sitting
se mettre sur son séant	to sit up

Movement of the limbs and gesticulation

le geste	gesture
la gesticulation	gesticulation
gesticuler	to gesticulate
secouer	to shake
agiter les bras	to wave one's arms about
agiter la main	to wave
croiser les bras	to cross one's arms
serrer dans ses bras	to hold in one's arms
tendre le bras à quelqu'un	to hold out one's arm to someone
donner la main à quelqu'un	to hold out one's hand to someone
serrer la main à quelqu'un	to shake someone's hand
donner une poignée de main à quelqu'un	to shake someone's hand

joindre les mains	to join hands
battre des mains	to clap
caresser	to caress, stroke
saisir	to grab, seize
attraper	to catch
empoigner	to grab, grasp
frapper	to hit, beat
gifler	to slap
jeter	to throw
lancer	to throw
viser	to aim
répandre	to scatter
éparpiller	to scatter
frotter	to rub
le frottement	rubbing
la friction	friction
allonger la jambe	to stretch out one's leg
tendre la jambe	to stretch out one's leg
plier la jambe	to flex one's leg, bend one's knee
fléchir la jambe	to flex one's leg, bend one's knee
donner un coup de pied à	to kick

Movements of the head

faire un signe de la tête	to nod
faire oui/non de la tête	to nod/shake one's head
lever la tête	to raise one's head
baisser la tête	to lower one's head
incliner la tête	to lower one's head
tourner la tête	to turn one's head
secouer la tête	to shake one's head
remuer la tête	to shake one's head
hocher la tête	to nod/shake one's head
battre les paupières	to bat one's eyelids
ciller	to blink
faire une grimace	to grimace
faire un clin d'oeil	to wink
la révérence	bow

Leaning and bending

pencher	to lean over, be slanting; tip, tilt
se pencher	to lean over, bend

penché	leaning, slanting	s'enfuir	to run away
courber	to bend, bow	s'élancer	to dash
se courber	to bend over, curve, bow down		

Slow movement

s'appuyer contre	to lean against	traîner les pieds	to shuffle
s'accouder à	to rest one's elbows on	se traîner	to hang about, loiter
s'adosser à	to lean one's back against	flâner	saunter
		déambuler	to stroll
s'agenouiller	kneel	errer	to wander
s'incliner	to bow	vagabonder	to wander
incliner sa tête	to bow one's head	s'attarder	to loiter
plier	to fold, bend, flex		

Insidious movement

		glisser	to slip
		se glisser dans	to creep into

Fast movement

se dépêcher	to hurry	s'introduire	to work one's way in, to wriggle one's way in
se hâter	to hurry		
se presser	to hurry		
presser le pas	to quicken one's step, speed up	s'insinuer	to worm one's way into
se précipiter	to hurry, rush		

Impact

s'empresser	to bustle about, around	bousculer	to bump into
accourir	to run up	heurter	to knock against, bump into
accélérer	to quicken, speed up		
s'accélérer	to accelerate	bouleverser	to overturn
s'agiter	to bustle about, fidget	renverser	to overturn, knock over
marcher à grand pas	to stride	cogner	to knock, hammer, thump
marcher au pas	to march		
hâter le pas	to quicken one's pace	taper	to hit
bondir	to leap, spring	le contact	contact
s'élancer	to dash	le choc	impact, shock, crash, smash
poursuivre	to chase		
trotter	to trot	la collision	collision
trottiner	to trot	saccadé	jerky
une enjambée	stride		

Level 2

Movement up and down

soulever	to raise	s'écrouler	to collapse; cave in, fall in; crumble
la dégringolade	tumbling down, collapse		
		l'écroulement (m)	collapse, caving in, crumbling
dégringoler	to tumble		
dévaler	to hurtle down, tumble	s'abattre	to fall down; collapse; crash down; beat down (rain)

s'affaisser	to subside, sink, sag, give way	s'agripper à	to cling on to, clutch, grip
l'affaissement (m)	subsidence, sagging, sinking	s'accrocher à	to cling on to, hang on to
s'affaler	to collapse; slump down, flop down	se cramponner à	to cling to, stick to, hold on to
s'effondrer	to collapse, cave in, fall in	tordre	to twist
l'effondrement (m)	collapse, caving in, breaking up	serrer	to grip, hold tight, clench
se vautrer	to sprawl, wallow, loll, slouch		

Balance and imbalance

vautré	sprawled
s'ébouler	to crumble, collapse, cave in, slip, slide
l'éboulement (m)	crumbling, collapsing, caving in

être bien campé sur ses jambes	to be steady on one's feet
être mal assuré sur ses jambes	to be unsteady on one's feet
clopiner	to limp
boiter	to limp, hobble
boitiller	to limp slightly, have a slight limp

Fast movement

détaler	to make off, scamper
filer	to dash by, make off
grouiller	to mill about
se grouiller	to hurry up, get one's skates on
remuer les hanches	to sway one's hips

basculer	to topple, fall over
faire basculer	to tip up, tip out
vaciller	to sway
vacillant	unsteady, shaky
la vacillation	unsteadiness, swaying, wobbling, faltering
le vacillement	unsteadiness, swaying, wobbling, faltering

Movement of the limbs and gesture

étreindre	to embrace, hug, clasp
s'étreindre	to embrace each other
l'étreinte (f)	embrace, hug; stranglehold; clutch
recevoir les bras ouverts	to welcome with open arms
tenir à bout de bras	to keep at arm's length
tapoter	to pat, tap
tambouriner contre	to drum one's fingers against
le tambourinement	drumming
palper	to feel, palpate
tâter	to feel, finger; palpate
manier	to handle, wield
le maniement	handling
maniable	easy to handle; easy to manoeuvre
la maniabilité	manoeuvrability
pincer	to pinch, nip

trébucher	to stumble, trip
chanceler	to stagger
buter contre	to stumble, trip
faire la culbute	to somersault
culbuter	to somersault

Various

à quatre pattes	on all fours
ramper	to crawl
s'accroupir	to squat
accroupi	squatting
sortir sur la pointe des pieds	to tiptoe out
esquiver	to dodge
ramasser	to pick up
se mettre à califourchon sur	to straddle
s'asseoir à califourchon sur	to straddle
faire le grand écart	to do the splits

Level 3

Movement forwards and backwards

se frayer un passage dans	to make one's way through
forcer le passage	to force one's way through
zigzaguer	to zigzag
défiler	to march past, parade
se défiler	to slip away, wriggle out of something
le défilé	procession, march, parade

Movement of the limbs and gesture

les bras ballants	with arms dangling
saisir à bras-le-corps	to seize someone round the waist/ bodily
aller bras dessus-bras dessous	to walk arm in arm
enlacer	to embrace, clasp, hug
effleurer	to touch lightly, brush against
pétrir	to knead, mould, shape
masser	to massage
brasser	to stir up, mix; knead; toss; shuffle
malaxer	to knead, massage
travailler	to work, shape, knead
broyer	to grind, crush
flatter de la main	to stroke, pat
donner une chiquenaude à	to flick, flip
donner une pichenette à ①	to flick
lâcher	to release
faire un croc-en-jambe à quelqu'un	to trip someone up
flanquer	to fling
balancer	to fling, chuck
pédaler	to pedal
piétiner	to stamp one's foot; to stand about, mark time
le piétinement	stamping; standing about

trépigner	to stamp one's foot
le trépignement	stamping
ruer	to kick out (horse)
se ruer sur	to pounce on
piaffer	to stamp, paw the ground (animal)
piaffer d'impatience	to fidget with impatience
avancer à cloche-pied	to hop along

Movement of the head

dodeliner	to nod
le dodelinement	nodding
piquer une tête	to take a header
plonger la tête la première	to dive head first

Fast and slow movement

courir à toutes jambes	to run as fast as one can
courir à perdre haleine	to run as fast as one can/like the wind
courir à toute allure	to run flat out
courir à bride abbatue	to run flat out
courir à fond de train	to run flat out
prendre ses jambes à son cou	to take to one's heels
prendre le large	to clear off
ficher le camp ①	to clear off
se démener	to thrash about, struggle
filer	to dash past
détaler ①	to take off, clear off, skedaddle
se cavaler ①	to clear off, scarper
être en cavale ①	to be on the run
décamper ①	to clear out, decamp
se pavaner	to strut
cabrioler	to caper, cavort
la cabriole	caper
gambader	to gambol, caper
sautiller	to hop about
voltiger	to flit about, flutter about
se grouiller ①	to hurry up, get a move on

faire irruption dans	to burst into
filer à l'anglaise	to slip away
déambuler	to stroll
baguenauder ①	to go for a jaunt, mooch about
musarder	to dawdle, to idle
muser ③	to dawdle, idle
glander ①	to bum around
vadrouiller ①	to rove around
rôder	to prowl
s'acheminer vers	to make one's way towards

Wriggling movements

se trémousser	to jig about, wiggle
se tortiller	to writhe, wriggle
frétiller	to wiggle, fidget
gigoter	to jiggle about
avoir la bougeotte ①	to have the fidgets

Impact

tamponner	to ram into, crash
percuter contre	to smash into, thud into
se télescoper	to concertina
le télescopage	collision
emboutir	to crash, run into
friser	to brush against
frôler	to brush against, skim
le frôlement	light touch, light contact
raser	to graze, scrape, skim
donner contre	to run into, knock against
caramboler	to collide with, cannon into
le carambolage	multiple crash, pile up
brimbaler	to shake about, rock, joggle
le brimbalement	shaking, rattle
bringuebaler	to shake about, joggle, rock
le bringuebalement	shaking, rattle
ballotter	to roll, bang about; bounce, toss, bob; loll
le ballottement	rolling, banging about; bouncing, tossing; lolling

cahoter	to jolt; buffet
le cahot	jolt, bump
le cahotement	jolting, bumping
cahoteux	bumpy, rough
achopper	to stumble against
buter	to stumble
rosser	to beat
enfoncer	to thrust
fourrer	to thrust

Gait

se déhancher	to sway one's hips
le déhanchement	swaying walk
se dandiner	to waddle
le dandinement	waddling
une démarche chaloupée	rolling gait
aller clopin-clopant	to hobble along
clopiner	to hobble along, to limp along

Balance and imbalance

enfourcher	to mount
monter à califourchon	to straddle
chevaucher	to sit aside, straddle
chanceler	to stagger, sway
tituber	to stagger, sway
flageoler	to sag at the knees, to quake at the knees
se balancer	to sway
le balancement	swaying
osciller	to oscillate, sway
l'oscillation	oscillation, swaying

Various

sautiller	to hop, skip
cabrer	to rear up (horse)
bercer	to rock, cradle
s'arc-bouter	to lean, press against
se tasser	to settle, subside; squeeze up, bunch up
le tassement	settling, subsidence
sursauter	to start
le soubresaut	jolt, start
broncher	to flinch

Exercises

Level 1

1. Trouvez d'autres sens des mots suivants

la carrure	le cachet	le trait	voûté
la démarche	le choc	survoler	se plier

2. Complétez

_____	← franchir	affranchir	→	_____
_____	← l'avancement	l'avancée	→	_____
_____	← le progrès	la progression	→	_____
_____	← le bond	la bonde	→	_____
_____	← le poing	la poignée	→	_____
_____	← l'élan	l'élancement	→	_____
_____	← la montée	le montage	→	_____
_____	← l'enjambée	l'enjambement	→	_____
_____	← la tape	le tapement	→	_____
_____	← renverser	inverser	→	_____
_____	← la pincée	la pincement	→	_____
_____	← le glissement	la glissade	→	_____
_____	← la glissoire	la glissière	→	_____
_____	← la levée	le levage	→	_____
_____	← le recul	la reculade	→	_____

3. Trouvez les noms qui correspondent aux verbes suivants

déambuler	flâner	errer
traîner	s'empresser	fléchir
branler	secouer	joindre

4. Traduisez les expressions suivantes

1. être vigoureux comme un boeuf
2. être gras à lard
3. être beau comme le jour
4. être beau comme un astre
5. être beau comme un dieu
6. être laid comme un singe
7. être laid comme un pou
8. être laid comme un crapaud
9. être laid comme les sept péchés capitaux
10. mettre les quatre fers en l'air
11. parler à visage découvert
12. avoir le feu au visage
13. donner un nouveau visage à
14. faire bon visage à
15. ne tenir qu'à un cheveu
16. se faire des cheveux blancs
17. avoir un cheveu sur la langue
18. se prendre aux cheveux
19. être tiré par les cheveux
20. être fin comme un cheveu

5. Complétez le tableau suivant   ✓

remuer, glisser, lancer, bousculer, secouer, sauter, reculer, jeter

Locution

	Signification	Registre
1. _____ des mains de quelqu'un		
2. _____ de vieux souvenirs		
3. _____ les puces à quelqu'un		
4. _____ l'or à la pelle		
5. _____ à pieds joints par-dessus les difficultés		
6. _____ à cloche-pied		
7. _____ pour mieux sauter		
8. _____ les préjugés		
9. _____ le coeur		
10. _____ au plafond		
11. _____ le joug		
12. _____ un mot dans l'oreille de quelqu'un		
13. _____ des accusations		
14. se _____ au portillon		
15. _____ comme une carpe		
16. _____ le doute sur quelque chose		
17. _____ son tour		
18. _____ les idées reçues		
19. se _____ dans de longues explications		
20. _____ l'ordure		

6. Composez des phrases qui feront ressortir le sens des expressions suivantes

ne faire qu'un bond
sauter d'une idée à l'autre
sauter une classe
être à la taille de
tâter le terrain
se faire ramasser
avoir la carrure pour faire quelque chose
être à un cheveu près de faire quelque chose

faire faux bond à quelqu'un
sauter un mot
être d'une autre carrure
être de taille à
tâter l'opinion
ramasser ses forces
faire mauvais visage à quelqu'un
avoir le cheveu rare

7. Traduisez en français

to watch someone's every move
to make a move on someone
to be a mover and shaker
to drag oneself away from something
to be dragged down to someone's level

to make the first move
to move with the times
to move someone to do something
to drag one's feet
to drag on a cigarette

8. Complétez

balancer   le balancement   le balancier   la balançoire   la balancelle

_____   _____   _____   _____

9. Traduisez en anglais

1. Allons, remue-toi!
2. Je lui trouve bon visage.
3. Cela a tenu à un cheveu.
4. On ne peut peigner un diable qui n'a pas de cheveux.
5. Les idées se bousculent dans sa tête.
6. Respectez les cheveux blancs
7. Pense à ta ligne!
8. Ton nez remue!

8. Expliquez le sens des expressions suivantes

un régime musclé	un problème musclé
un bocal ventru	un esprit vigoureux
un dessin vigoureux	une somme ronde
un sourire chevalin	la viande nerveuse
le glissement de sens	le glissement électoral

10. Traduisez en français

1. to stand aside
2. to stand back
3. to stand by *(to be prepared)*
4. to stand by someone/something *(to be loyal to)*
5. to stand down *(to resign)*
6. to stand in for someone
7. to stand out *(to be noticeable)*
8. to stand up for
9. to stand something up
10. to stand someone up
11. to hold something against someone
12. to hold something down
13. to hold forth
14. to hold in *(feelings)*
15. to hold something over *(to delay)*
16. to hold up *(to stay intact)*
17. to hold something together
18. to have a hold over someone
19. to hold a pose
20. to hold a meeting

11. Traduisez en français   ✓

1. He is of average height, but he is well-built.
2. Her hair is soft and silky, whereas mine is dry and dull.
3. He doesn't look well. His complexion is very sallow.
4. My brother has very bad posture. He spends all his time hunched over his books.
5. She is very good-looking. She has delicate features, a good head of hair and shapely legs.
6. I wish you would keep still. Stop that bustling about!
7. I passed near your house last night, but I didn't have time to visit you. The traffic was terrible and I had to turn back.
8. The crossing would have been very pleasant if I had not slipped on the deck.
9. We were heading in the direction of the school, when I saw him turn off to the right.
10. Normally she hugs me when she sees me. But the last time she shook my hand.

12. Etude de texte

Les 'têtes à thé' des jeunes Japonaises

Tokyo
de notre correspondant
C'est la coqueluche de l'été. Idole des moins de vingt ans, Namie Amuro, la jeune chanteuse d'Okinawa qui a vendu trois millions et demi de disques de sa chanson *Sweet 19 Blues* depuis sa sortie en juillet, a lancé un look. Pour être

Amuro modoki (sosie d'Amuro), il faut afficher un solide bronzage et, condition *sine qua non*, être *chapatsu*, 'cheveux couleur thé', en d'autres termes châtains. La mode des cheveux éclaircis pour les garçons comme pour les filles, lancée il y a trois ou quatre ans, est devenue un phénomène social parmi la jeunesse nippone. Marqué dans certains quartiers de Tokyo, il gagne désormais la province, et aussi Hongkong.

Fascination pour les critères de beauté des Blancs, aspiration à se 'désasiatiser' ou, tout simplement, nouvelle expression du paradoxe commun à toute culture de masse d'un souci d'affirmation d'une singularité muée par la mode en nouveau conformisme? Une lycéenne *chapatsu*, en minijupe et grosses socquettes blanches bouchonnant sur ses chaussures – les nimphettes nippones utilisent de la colle pour que la chaussure tienne sur le mollet à la bonne hauteur, – a le dernier mot: '*Je décolore mes cheveux parce que c'est chouette.*'

La vogue *chapatsu* est à l'origine d'un boom de l'industrie des teintures. Le marché a fait un bond de 10% entre 1994 et 1995. Si les produits destinés à ceux qui veulent conserver une chevelure noire constituent le plus gros chiffre d'affaires, les produits éclaircissants connaissent une progression en flèche.

Parti, semble-t-il d'Osada, le phénomène *chapatsu* a été précédé par celui, marginal, des tignasses roses ou vertes des rockers ou d'un blond plutôt jaune qu'affectionnent ceux que l'on nomme *yankees*. Aujourd'hui, avoir une couleur de cheveux différente n'est plus synonyme de délinquance ou de révolte. C'est un signe de désinvolture branchée. On flirte *chapatsu* et on se marie noir de jais.

Cette désinvolture affichée n'est pas appréciée dans les entreprises ou à l'école, où les instituteurs sévissent. Les plus âgés s'émeuvent, comme en témoigne le courrier des lecteurs des journaux, de cette mode qui met en cause un canon millénaire de beauté féminine. La vue d'une belle chevelure aperçue de dos suffisait à rendre désespérément amoureux un homme de l'époque de Heian (IXe-XIIe siècle) et le contraste entre l'éclat d'une peau blanche et des cheveux de jais ravissait encore le Tanizaki de l'*Eloge de l'ombre*.

Dans le Japon ancien, la chevelure était hautement symbolique. En signe d'amour, des femmes sacrifiaient cet emblème de leur féminité à un amant et les veuves coupaient leur chevelure pour la déposer dans le cercueil du défunt. Quant au romancier Saikaku (1642-1693), il fait embarquer Yonusuke, ce grand libertin héros de *l'Homme qui aimait l'amour*, sur un navire dont les cordages sont tissés avec les mèches de cheveux qu'il reçut.

Dans les années 20, les *modern girls* qui revendiquaient l'émancipation de la femme se coiffaient à la garçonne. Aujourd'hui les jeunes Japonaises sont plus iconoclastes en rejetant le noir profond de leur chevelure, si irisé qu'il a, dit-on, des reflets verts, élément s'il en fut de l'éternel féminin local.

Philippe Pons, Le Monde, 10 septembre 1996, p. 1. (© Le Monde)

1. *Dressez une liste des anglicismes qui se trouvent dans le texte.*
2. *Dressez une liste de mots qui se trouvent dans le texte et qui se réfèrent à la chevelure.*
3. *Donnez des définitions des mots suivants*
   coqueluche, tignasse, sévir, libertin, iconoclaste
4. *Expliquez le sens des expressions suivantes*
   'culture de masse' • 'désinvolture branchée' • 'un canon millénaire' • 'se coiffaient à la garçonne'
5. *Donnez des synonymes des mots suivants*
   éclaircir, apprécier, s'émouvoir, ravir

6. *Donnez le genre des substantifs suivants*

   phénomène, critère, paradoxe, origine, signe, contraste, emblème, navire

7. *Traduisez en anglais*

   'il faut afficher un solide bronzage' • 'il gagne désormais la province' • 'un souci d'affirmation d'une singularité muée par la mode en nouveau conformisme' • 'de grosses socquettes blanches bouchonnant sur ses chaussures' • 'le marché a fait un bond de 10%' • 'les produits enlaidissants connaissent une progression en flèche' • 'si irisé qu'il a, dit-on, des reflets verts, élément s'il en fut de l'éternel féminin local'

Level 2

1. Trouvez des antonymes des mots suivants

blême   glabre   malingre   vautré

2. Complétez

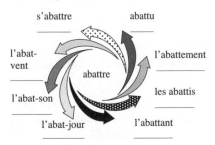
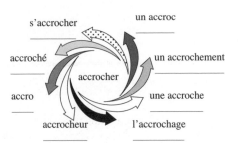

3. Composez des phrases qui feront ressortir les différences entre les mots suivants

l'éboulement	l'éboulis	tâter	tâtonner
dévaler	dévaliser	détaler	détailler
palper	palpiter	accroupi	croupi

4. Composez des phrases qui feront ressortir les sens littéral et figuré/abstrait des mots suivants

soulever	s'écrouler	se cramponner à	la dégringolade	boiter
le maniement	la vacillation	buter contre	ramper	culbuter

5. Expliquez le sens des expressions suivantes

faire défiler un document	se vautrer par terre
détaler comme un lapin	resserrer son étreinte
tambouriner une nouvelle	basculer dans l'opposition
se tordre de rire	soulever un coin du voile

6. Composez des phrases qui feront ressortir les différences entre les mots suivants

soulever	se soulever	tordre	se tordre
grouiller	se grouiller	tâter	se tâter
serrer	se serrer contre	esquiver	s'esquiver

7. Traduisez en anglais

1. C'est un costaud en philosophie.
2. C'est un coup costaud.
3. Les choses vont se tasser.
4. Il ne sait pas encore. Il se tâte.
5. Mon fils a tâté un peu de tous les métiers.
6. Il y a quelque chose qui cloche.
7. Elle a ramassé un rhume.
8. Il est tordant!

8. Expliquez le sens des expressions suivantes

une feuille charnue   un style charnu
une volonté débile   un raisonnement débile
une voix blafarde   un roman bien charpenté
un bruit mat   un événement saillant
un café bien tassé   le tassement du sol
une chaise boiteuse   une paix boiteuse
une mémoire vacillante   une santé chancelante
une diction trébuchante   espèces sonnantes et trébuchantes
un caractère rampant   une plante rampante

9. Trouvez les substantifs qui correspondent aux verbes suivants

manier   s'accrocher   tordre   serrer
basculer   vaciller   esquiver   ramasser

10. Traduisez en français   ✓

1. He drinks too much. He has a blotchy face and bags under his eyes.
2. She has a fair skin and flaxen hair.
3. She had her hair swept back, which looked a little severe.
4. When I finish my exams, I'm going to have my hair dyed.
5. Her son looks very puny. He's got legs like matchsticks.
6. The ground has subsided in places. If it continues, the house will collapse.
7. It's a pity that you spent your weekend sprawled on the couch watching television.
8. It's better that you keep him at arm's length.

11. Traduisez en anglais

> Le géant vida son verre et le posa, et tira de sa poche un petit agenda à couverture de skaï noir dont il arracha une page. Puis il se mit à écrire, ce qui ne se bornait pas chez lui à un simple mouvement combiné de la main et du poignet; l'acte animait son avant-bras, faisait battre son bras et s'amplifiait au niveau des épaules qui se mettaient alors en mouvement, secouées comme de grosses branches par vent fort, et c'était enfin son buste entier qui balançait chaotiquement, ses pieds cognant le sol sous eux, l'ensemble paraissant comme un séisme humain. Au point d'aboutissement du phénomène, l'extrémité

manuelle de ce corps immense, tout entier remué d'amples et lourdes secousses, produisait pourtant une écriture précise, rapide, calme et minuscule.

Il souffla sur l'encre, plia la feuille en quatre et la fit glisser sur la table vers Selmer.

– On ne sait jamais, répéta-t-il. Il faut que je vous quitte.

Il se fouilla, se leva, paya, salua et sortit du bar, non sans incliner prudemment la tête en franchissant la porte. Selmer le regarda s'éloigner à travers les vitres. Puis il considéra le papier posé près de son verre. Avant de le déplier, il commanda un thé nature.

Jean Echenoz, *Le Méridien de Greenwich*, p. 53 (© Editions de Minuit, 1979)

Level 3

1. Trouvez des synonymes des mots suivants

trapu   potelé   chétif   élancé

2. Trouvez des antonymes des mots suivants

flasque   rugueux   creux   effacé   effilé

3. Trouvez le substantif qui correspond aux adjectifs suivants

grumeleux   marbré   cerné   saillant   rugueux
enfoncé   creux   gercé   cave   rabougri
boudeur   plissé   flétri   crispé   bouffi

4. Composez des phrases qui feront ressortir les sens littéral et figuré/abstrait des mots suivants

effleurer   brasser   piétiner
gambader   enfoncer   chanceler
saillant   la démarche   la chiquenaude

5. Décrivez les objets suivants

le malaxeur   le pétrin   le vibromasseur
la gigoteuse   la balance   le broyeur d'ordures

6. Traduisez en anglais

une population hâve   un repas chétif   une voix fluette
un mois cave   l'âge ingrat   un paysage ingrat
une santé chancelante   une lumière rasante   des dents qui se chevauchent

7. Composez des phrases qui feront ressortir les différences entre les mots suivants

enfoncer   s'enfoncer
cabrer   se cabrer
acheminer   s'acheminer

8. Expliquez le sens des expressions suivantes

ruer dans les brancards   pédaler dans la choucroute
faire du rase-mottes   enfoncer le clou

enfoncer quelque chose dans le crâne de quelqu'un   enfoncer une porte ouverte
fourrer le nez dans les affaires de quelqu'un   se fourrer le doigt dans l'oeil
enfourcher son dada   se bercer d'illusions

9. Composez des phrases qui feront ressortir les différences entre les mots suivants

le ballottement	le ballottage	le cahot	le caillot
fourrer	fourrager	l'enjambée	l'enjambement
le tamponnement	le tampon	rôder	roder
rondelet	rondouillard	étique	éthique
le minois	la minette	la frimousse	la frimeuse

10. Traduisez en anglais

1. Cela frise le ridicule.
2. Ils ont frôlé la mort.
3. Cela frôle l'indécence.
4. Les roues se sont enfoncées dans la boue.
5. Elle est tout le temps fourrée chez eux.
6. Je ne sais pas où me fourrer.

11. Trouvez les substantifs qui correspondent aux verbes suivants

rôder	bercer	rosser	s'arc-bouter
sursauter	fourrer	vadrouiller	déambuler

12. Complétez

chiffonner	chiffonné	la chiffonnade	le chiffonnier
_____	_____	_____	_____
buter	buté	la butée	le butoir
_____	_____	_____	_____
friser	frisotter	la frisette	la frisure
_____	_____	_____	_____

13. Traduisez en français   ✓

1. When he came back he was reduced to a skeleton, but he is starting to thicken out.
2. She's got a hatchet face and a hooked nose.
3. When I was young, I had velvety skin, but now it is mottled and callous.
4. When he looked at me with his bulging eyes, I took fright.
5. I had difficulty in making my way through the crowd during the procession.
6. I was kneading the dough when he burst into the kitchen.
7. I saw him trip her up. Then he grabbed her handbag.
8. When their grandmother arrived, the children were stampeding all over the garden.

14. Traduction écrite

Il ne mange pas, il dévore. Il ne mâche pas, il engloutit. Il se jette sur son insipide tranche de gigot gelé comme un loup affamé sur les entrailles fumantes d'un lièvre. C'est à peine s'il consent à se servir de son couvert. Quand il sent qu'il n'enfourne pas assez rapidement, il pousse avec ses doigts. Il mange si vite que ses joues sont distendues comme celles d'un hamster et j'ai toujours l'impression que la grosse boule de mangeaille qu'il malaxe à peine avant de l'avaler va lui rester dans le gosier. Mais non, il y ajoute une bonne lampée de vin, sans doute pour l'amollir, et elle passe, elle passe à tous les coups, gonflant son cou dans sa progression, absolument comme un lapin qu'un boa vient d'avaler. En même temps, il souffle par les naseaux comme un porc qui pousse du groin dans sa pâtée, grogne, soupire, et émet de profondes éructations qu'il étouffe à peine et qui paraissent remonter de ses tripes jusqu'à ses lèvres. Ces lèvres molles, goulues et préhensiles comme celles d'un cheval, happent la nourriture, ce qui rend bien inutile l'usage de la fourchette. Un miracle, que rien ne soit encore tombé sur la belle cravate jaune qui s'étale sur son torse gras. Mais non, tout cela est à la fois goulu et détendu. Et, tandis que Chrestopoulos se goinfre, il se carre et s'étale à l'aise sur son fauteuil, vautré, euphorique, le pantalon tendu à craquer sur son gros ventre et sur l'énorme paquet de l'appareil génital qui le force à garder en permanence les jambes larges ouvertes. Ses chaussures d'un jaune doré, dans le même ton que sa cravate, reposent par leurs talons sur la moquette, et de temps en temps, pivotant de droite ou de gauche, ses larges pieds s'agitent rhythmiquement pour ponctuer ses engloutissements.

Robert Merle, *Madrapore*, pp. 292–3 (© Editions du Seuil, 1976)

Unit 5

Personality and human behaviour

Level 1

Virtue and vice, strictness and laxity

la qualité	quality
la force morale	moral strength
la vertu	virtue
vertueux	virtuous
la pureté	purity
l'intégrité (f)	integrity
intègre	honest
incorruptible	incorruptible
avoir la conscience tranquille	to have a clear conscience
bien-pensant	right-thinking, God-fearing
le mérite	worth, merit
méritoire	meritorious
la décence	decency
les convenances (f)	conventions, proprieties
convenable	suitable, appropriate, proper
le défaut de caractère	character defect
peu scrupuleux	unscrupulous
pervers	perverse; perverted, depraved
la dissolution	dissolution
dissolu	dissolute
la débauche	debauchery
débauché	debauched
dépravé	depraved
corrompu	corrupt
le vice	vice
vicieux	lecherous, perverted
immoral	immoral
la bassesse	baseness

l'infériorité (f)	inferiority
la médiocrité	mediocrity
médiocre	mediocre

Benevolence and malevolence, generosity and meanness

la magnanimité	magnanimity
magnanime	magnanimous
la bonté	goodness
l'humanité (f)	humanity
la philanthropie	philanthropy
philanthrope	philanthropic
la bienfaisance	charity
le bienfaiteur/la bienfaitrice	benefactor
la bienveillance	benevolence
l'altruisme (m)	altruism
la générosité	generosity
généreux	generous
la largesse	generosity
la douceur	gentleness
doux	gentle
l'indulgence (f)	tolerance
la méchanceté	wickedness
l'avarice (f)	miserliness, avarice
avare	miserly, mean
l'égoïsme (m)	selfishness
l'égocentrisme (m)	self-centredness, egocentricity
l'égotisme (m)	egotism

Tolerance and intolerance

l'étroitesse d'esprit (f) narrow-mindedness

la dureté	severity, harshness, hard-heartedness	passionnant	exciting, gripping, thrilling
la sévérité	severity	l'affection (f)	affection
sévère	severe	affectueux	affectionate
l'austérité (f)	austerity	l'attachement (m)	attachment
austère	austere	des attaches (f)	connections
puritain	puritanical	abordable	approachable
avoir l'esprit large	to be broad-minded	amical	friendly
avoir l'esprit étroit	to be narrow-minded	aimable	likeable
l'implacabilité (f)	implacability, relentlessness	l'affabilité (f)	affability
		affable	affable
l'insensibilité (f)	insensitivity	accommodant	accommodating
		arrangeant	accommodating, obliging

Friendliness and unfriendliness, communicativeness

l'amitié (f)	friendship	facile à vivre	easy to get on with
l'affinité (f)	affinity	conciliant	conciliatory
le contact	contact	renfermé	withdrawn, uncommunicative
la liaison	liaison, affair		
les rapports (m)	relations	la réserve	reserve
les bonnes manières (f)	good manners	réservé	reserved
		expressif	expressive
un(e) ami(e) intime	close friend	expansif	outgoing
se lier d'amitié avec	to make friends with	l'exubérance (f)	exuberance
se connaître assez pour se parler	to be on speaking terms	exubérant	exuberant
		communicatif	communicative
la connaissance	acquaintance	démonstratif	demonstrative
connaître quelqu'un de vue	to know someone by sight	l'animosité (f)	animosity
		l'aversion (f)	aversion
la relation	acquaintance	pénible	tiresome
le compagnon/la compagne	companion	difficile	difficult
		ennuyeux	annoying
le/la camarade	friend, mate, comrade	querelleur	quarrelsome
		la querelle	quarrel
le copain/la copine	pal	chercher querelle à	to pick a quarrel with
le/la collègue	colleague	la pugnacité	pugnacity
le confrère/la consoeur	colleague, fellow-member	pugnace	pugnacious
		combatif	pugnacious
la confrérie	brotherhood	la provocation	provocation
l'intime (m/f)	close friend, intimate	provocateur	provocative
le pote ①	pal, mate	impitoyable	merciless, pitiless
l'amabilité (f)	friendliness, kindness	implacable	implacable
la cordialité	cordiality		
la sympathie	liking, sympathy	## Good/bad manners	
sympathique	likeable	la politesse	politeness
l'attirance (f)	attraction	la galanterie	gallantry
la tendresse	tenderness	la courtoisie	courtesy
la passion	passion	la civilité	civility
		bien élevé	well-mannered

la rudesse	roughness	équilibré	well-balanced
la brusquerie	brusqueness	la sérénité	serenity
la grossièreté	crudeness	serein	serene
grossier	crude, coarse, uncouth	d'humeur changeante	moody
la vulgarité	vulgarity	d'humeur inégale	moody
vulgaire	vulgar	la tranquillité d'esprit	peace of mind
l'impudence (f)	impudence	la mesure	moderation
bruyant	noisy	mesuré	moderate
la turbulence	rowdiness, unruliness	flegmatique	phlegmatic
		imperturbable	imperturbable

Good/bad humour

		relax ①	laid-back
la gaieté	cheerfulness	facile à vivre	easy-going
gai	cheerful	décontracté	laid-back
la joie	joy	contracté	tense
joyeux	cheerful	la contraction	tenseness
la jovialité	joviality	complexe	complex
jovial	jovial	impressionable	impressionable
la vivacité	vivacity, brusqueness	sensible	sensitive, touchy
vivant	lively	émotif	emotive
reprendre courage	to take heart	la tension nerveuse	nervous tension
perdre courage	to lose heart	tendu	tense
le malheur	unhappiness	le stress	stress
malheureux	unhappy	stressé	stressed
déprimé	depressed	stressant	stressful, upsetting
le mécontentement	dissatisfaction	l'énervement (m)	irritation, exasperation
l'insatisfaction (f)	dissatisfaction	énervé	irritated, on edge, edgy
insatisfait	dissatisfied		
le déplaisir	displeasure	l'agitation (f)	agitation
la pétulance	petulance	agité	agitated
la morosité	gloom	le trouble	agitation
morose	sullen, morose	troublé	troubled, worried
le chagrin	grief, sorrow	l'inquiétude (f)	worry
la peine	grief, sorrow	inquiet, -iète	worried, anxious
l'irascibilité (f)	irascibility	l'angoisse (f)	anxiety
irascible	irascible	anxieux	anxious
l'irritabilité (f)	irritability	angoissé	anxious, upset
grincheux	grumpy	fou	insane
être contrarié contre quelqu'un	to be annoyed with someone	la démence	insanity
		dément	insane

Stability and instability

Good/poor sense

		la prudence	caution
la stabilité	stability	prudent	prudent, cautious
stable	stable	la sagesse	wisdom, common sense, good behaviour
l'aplomb (m)	aplomb		
la constance	constancy, consistency, steadfast		
		la circonspection	circumspection
constant	constant, consistent, steadfast	le discernement	discernment

discernant	discerning	inconsistant	inconsistent
le jugement	judgement	**le** caprice	caprice, whim, fancy
sensé	sensible	capricieux	whimsical
raisonnable	reasonable, sensible	irréfléchi	ill-considered, careless
sagace	sagacious, shrewd	par mégarde	inadvertently
rationnel	rational	inconsidéré	thoughtless
judicieux	judicious	dépensier	extravagant
la vigilance	vigilance, watchfulness	dispendieux	extravagant
vigilant	watchful, wary		
l'attention (f)	care, attention,	***Intelligence***	
	thoughtfulness	pénétrant	shrewd
attentif	attentive, careful	la perspicacité	perspicacity
l'assiduité (f)	assiduity	perspicace	perspicacious
l'exactitude (f)	precision	la lucidité	lucidity
soigneux	careful	lucide	lucid
consciencieux	conscientious	l'intellect (m)	intellect
travailleur	hardworking	cérébral	cerebral
appliqué	hardworking	la culture	culture
économe	thrifty	cultivé	cultured
pointilleux	fussy, pernickety	l'érudition (f)	erudition
la témérité	recklessness	érudit	erudite
téméraire	reckless	avoir de l'instruction	to be well-educated
l'impétuosité (f)	impetuousness,	instruit	well-educated
	rashness	savant	learned, scholarly
impétueux	impetuous	la subtilité	subtlety, nicety
l'audace (f)	boldness, audacity,	subtil	subtle, discerning
	nerve	spirituel	witty
audacieux	daring, audacious	la stupidité	stupidity
la hardiesse (f)	boldness, brazenness	l'ignorance (f)	ignorance
hardi	bold	peu instruit	uneducated
la distraction	absent-mindedness	l'imbécillité (f)	stupidity
distrait	absent-minded	imbécile	stupid, idiotic
l'inattention (f)	inattentiveness	l'ineptie (f)	ineptitude
inattentif (f)	inattentive	inepte	inept
l'insouciance (f)	carefreeness,	incapable	incapable
	insouciance, lack of	obtus	obtuse
	concern	la ruse	cunning, ruse
insouciant	carefree	rusé	cunning
la nonchalance (f)	nonchalance	malin/maligne	crafty, shrewd
nonchalant	nonchalant		
la négligence	negligence	***Energy and apathy***	
négligent	negligent, careless	l'énergie (f)	energy
la légèreté	lack of thought,	énergique	energetic
	thoughtlessness	le dynamisme	dynamism
la frivolité	frivolity	dynamique	dynamic
frivole	frivolous	la vitalité	vitality
superficiel	superficial	vital	vital
l'inconsistance (f)	inconsistency	l'efficacité (f)	efficiency

efficace	efficient, effective	la crédulité	credulousness
la vigueur	vigour	crédule	gullible, credulous
vigoureux	vigorous	la naïveté	naiveté
actif	active	naïf/naïve	naive
la spontanéité	spontaneity	l'hypocrisie (f)	hypocrisy
spontané	spontaneous	hypocrite	hypocritical
entreprenant	enterprising	la malhonnêteté	dishonesty
la paresse	laziness	malhonnête	dishonest
paresseux	lazy	la méfiance	distrust
l'inertie (f)	inertia, passivity	méfiant	distrustful
l'apathie (f)	apathy	la défiance	mistrust, distrust
apathique	apathetic	le soupçon	suspicion
l'indolence (f)	apathy, lethargy,	soupçonneux	suspicious
	idleness	la suspicion	suspicion
indolent	indolent	suspect	suspicious
		le scepticisme	scepticism

Courage and cowardice

le courage	courage	sceptique	sceptical
courageux	courageous	digne de confiance	trustworthy
oser	to dare	l'indiscrétion (f)	indiscretion
osé	daring	indiscret	indiscreet
la lâcheté	cowardice	l'indélicatesse (f)	indelicacy,
lâche	cowardly		tactlessness
la crainte	fear	indélicat	indelicate, tactless
craintif	fearful		
la timidité	timidity	### Modesty and pride	
timide	timid	l'humilité (f)	humility
timoré	timorous	la réserve	reserve
la peur	fear	la retenue	restraint
peureux	fearful	la modestie	modesty
inquiet	worried	modeste	modest
		la simplicité	directness
		simple	homely, direct
### Honesty, dishonesty and trust		sans façon	homely, direct
l'honnêteté (f)	honesty	le naturel	naturalness, directness
le scrupule	scruple	l'orgueil (m)	pride
direct	direct	orgueilleux	proud
la franchise	frankness, sincerity	la fierté	pride
franc/franche	franc, sincere	fier	proud
ouvert	open	la vanité	vanity
la loyauté	loyalty	vaniteux	vain
loyal	loyal	l'amour-propre (m)	self-esteem, pride
la fidélité	faithfulness	la prétention	pretentiousness
fidèle	fidelity	prétentieux	pretentious
la discrétion	discretion	la présomption	presumption
discret	discreet	présomptueux	presumptuous
la candeur	candour	l'arrogance (f)	arrogance
candide	candid	le dédain	disdain
la confiance	trust	dédaigneux	disdainful

sûr de soi	self-confident	persévérant	persevering
content de soi	self-satisfied	la persistance	persistence
poseur	affected	persistant	persistent
méprisant	scornful	autoritaire	authoritarian
la condescendance	condescendance	impérieux	imperious
condescendant	condescending	péremptoire	peremptory
		l'entêtement (m)	stubbornness
Willpower		têtu	stubborn
la volonté	will-power	entêté	stubborn
la volition	volition	l'insistance (f)	insistence
la détermination	determination	l'obstination (f)	obstinacy
déterminé	determined	obstiné	obstinate
la résolution	resolution	la faiblesse	weakness
résolu	decisive	faible	weak
la fermeté	firmness	la mollesse	spinelessness, weakness
ferme	firm		
la ténacité	tenacity	mou, molle	weak, soft, indulgent
tenace	dogged, tenacious, persistent		
		l'indécision (f)	indecision
la persévérance	perseverance	indécis	indecisive

Level 2

Virtue and vice, strictness and laxity		pudibond	prudish
le critère	standard	les insuffisances (f)	shortcomings
le scrupule	scruple	être dur avec quelqu'un	to be hard on someone
scrupuleux	scrupulous		
louable	praiseworthy	être sévère avec quelqu'un	to be hard on someone
la louange	praise		
l'éloge (m)	praise	peu honorable	disreputable
digne d'éloges	praiseworthy	louche	disreputable
élogieux	full of praise, laudatory	le libertinage	libertinism
		libertin	libertine, dissolute
l'estime (f)	respect, esteem		
estimable	worthy, estimable, laudable	l'impudeur (f)	immodesty, shamelessness
le rigorisme	rigorism	l'impudicité (f)	indecency
rigoriste	strict	impudique	immodest
le moralisme	moralism	la tache	blot
moraliste	moralistic	odieux	odious, hateful
moralisateur	moralising, self-righteous	l'abjection (f)	abjection
		abject	abject
prêcheur	preachy	l'ignominie (f)	ignominy
la pudeur	modesty, decency, propriety	ignominieux	ignominious
		exécrable	execrable
la pudicité	modesty	haïssable	detestable, hateful
pudique	modest	détestable	detestable

Benevolence and malevolence, generosity and meanness

la serviabilité	helpfulness
serviable	helpful
la prévenance	consideration
prévenant	considerate
la déférence	deference
déférent	deferent
l'égard (m)	consideration
la malveillance	malevolence
malveillant	malevolent
la rancune	rancour
rancunier	holding a grudge
la rancoeur	resentment, rancour
vindicatif	vindictive
l'antipathie (f)	dislike
l'inimitié (f)	enmity, animosity
compatissant	compassionate
charitable	charitable
l'humanitarisme (m)	humanitarianism
humanitaire	humanitarian
sanguinaire	bloodthirsty
vouloir du mal à quelqu'un	to wish someone harm
le désintéressement	disinterestedness
désintéressé	unselfish
le détachement	detachment
détaché	detached
l'impartialité (f)	impartiality
impartial	impartial
neutre	neutral
équitable	equitable
le renoncement	renunciation
le dévouement	devotion
dévoué	devoted
la dévotion	devoutness
dévot	devout
le sacrifice	sacrifice
la parcimonie	parsimony, meanness
parcimonieux	parsimonious
épargnant	saving
la cupidité	cupidity
cupide	grasping
la gloutonnerie	gluttony
glouton	greedy
insatiable	insatiable
la voracité	voracity
vorace	voracious

Amiability

attachant	engaging
liant	sociable
prenant	engaging, captivating
la séduction	seduction, charm
séduisant	attractive, appealing
séducteur	seductive
la coquetterie	coquettishness
invivable	unbearable
infréquentable	undesirable
la répugnance	repugnance
répugnant	repugnant
repoussant	repulsive
rebutant	repellent
lassant	tiresome
collant	clinging
envahissant	intrusive, interfering
importun	troublesome
ombrageux	prickly, touchy, quick to take offence
la susceptibilité	touchiness
susceptible	touchy
épineux	touchy, prickly
exigeant	demanding
l'opiniâtreté	stubbornness, obstinacy
opiniâtre	stubborn, obstinate
le formalisme	formality
formaliste	punctilious, stiff
maniéré	mannered
affecté	affected
tatillon	finicky, pernickety

Good/bad humour

la taquinerie	teasing
taquin	teasing
la blague	joke, trick
le blagueur/la blagueuse	joker
la plaisanterie	joke
plaisantin	practical joker, wise guy
la gaillardise	high spirits
gaillard	spry, hearty
guilleret	perky, bright
l'abattement (m)	dejection, despondency
abattu	dejected

flasque	spineless, spiritless
chiffonner	to bother, worry
se sentir sans entrain	to feel low in spirits
être sans ressort	to be low in spirits
geignard	moaning, whining
grincheux	grumpy
grondeur	grumbling
ronchon	grumpy, grouchy
boudeur	sulky, sullen
bouder	to sulk
bourru	surly
faire la tête	to sulk
être en train	to be in high spirits
être en verve	to be in high spirits
être à plat	to be run down

Stability and instability

équilibré	steady, stable
la discipline	discipline
discipliné	disciplined
la docilité	docility, obedience
docile	docile, obedient
la sobriété	sobriety
sobre	sober
le sang-froid	coolness, calmness
le déchaînement	outburst
déchaîné	raging, furious
forcené	insane, furious, frenzied
fêlé ①	cracked, off one's rocker
la frénésie	frenzy
frénétique	frenetic
effréné	frenzied
l'hystérie (f)	hysteria
hystérique	hysterical
l'extravagance (f)	eccentricity
extravagant	eccentric
le délire	delirium
delirant	delirious
lunatique	moody
la déraison	madness
déraisonnable	senseless, unreasonable
caractériel	temperamental
inadapté	maladjusted
l'emportement (m)	fit of anger
avoir un caractère emporté	to be quick-tempered

s'emporter	to lose one's temper
se mettre dans tous ses états	to get worked up
la manie	mania
maniaque	manic, fussy, finicky, pernickety

Good/poor sense

la prévoyance	forethought
prévoyant	far-sighted
l'étourderie (f)	absent-mindedness, carelessness
étourdi	absent-minded
malavisé	ill-advised
volage	flighty
casse-cou	reckless
l'intrépidité (f)	fearlessness
intrépide	fearless

Intelligence

le don	gift
le surdoué	gifted, exceptional child
vif d'esprit	quick-witted, smart
mal comprendre	to misunderstand
avisé	sensible
la clairvoyance	perceptiveness
clairvoyant	perceptive
la finesse	perceptiveness, shrewdness
éveillé	bright, alert
demeuré	retarded
borné	narrow-minded, short-sighted

Energy and apathy

l'application (f)	application
appliqué	hard-working
la diligence	diligence
diligent	diligent
le zèle	zeal
zélé	zealous
l'empressement (m)	eagerness
empressé	eager
l'oisiveté (f)	idleness
oisif	idle
la fainéantise	idleness
fainéant	lazy, idle

indolent	idle, lethargic	déloyal	disloyal
bon à rien	good for nothing	astucieux	cunning, artful
propre à rien	good for nothing	astuce	shrewd, astute
la désinvolture	offhand manner, offhandedness		

Modesty and pride

désinvolte	casual, offhand	l'estime de soi (f)	self-respect
le laisser-aller	sloppiness	l'importance (f)	self-importance
cavalier	cavalier, offhand	la suffisance	self-importance, arrogance

Honesty, dishonesty, trust

la droiture	uprightness	suffisant	pompous
la probité	probity, honesty	paterne	paternalistic
la franchise	candour	snob	snobbish
la déloyauté	disloyalty	méprisant	contemptuous
la feinte	pretence	la déférence	deference
cachottier	secretive	déférent	deferent
la sournoiserie	slyness	respectueux	respectful
sournois	sly	la révérence	respect, reverence
insidieux	insidiousness	révérencieux	reverential
la perfidité	perfidy	l'effacement (m)	self-effacing manner
perfide	perfidious, treacherous	effacé	self-effacing
la trahison	betrayal, treacherousness	obséquieux	obsequious
		la servilité	servility
la duplicité	duplicity	servile	servile
l'imposture (f)	deception, imposture, fraud	l'effronterie (f)	cheek
		effronté	cheeky, shameless
la déloyauté	disloyalty	l'irrévérence (f)	irreverence, disrespect
		irrévérent	irreverent

Level 3

Virtue and vice, strictness and laxity

bienséant	correct, proper	la démission	abdication of responsibility
les bienséances (f)	proprieties	penaud	shamefaced, sheepish
le décorum	decorum	contrit	contrite
le protocole	formalities, protocol	sans vergogne	unashamed
éhonté	shameless	souiller	to defile
le laxisme	laxness		
laxiste	lax		
la lascivité	lasciviousness		

Benevolence and malevolence, generosity and meanness

lascif	lascivious, lustful	la miséricorde	mercy, forgiveness
la lubricité	lustfulness, lechery, lewdness	miséricordieux	merciful, forgiving
		la mesquinerie	mean-mindedness
le dévergondage	debauchery, loose living	mesquin	mean-minded
		la cupidité	greed
dévergondé	debauched, licentious	cupide	grasping
la luxure	lust	la rapacité	rapaciousness
luxurieux	lustful, sensuous	rapace	rapacious

lésineur	stingy	rogue	haughty,
lésiner sur	to stint on		contemptuous
grippe-sou ①	stingy	maussade	sullen
regardant	careful with money	bougon	grumpy
radin ①	stingy, tight-fisted	grincheux	grumpy, grouchy
chiche ①	niggardly, mean	revêche	surly, sour-tempered
pingre ①	stingy, niggardly	récalcitrant	stubborn, recalcitrant
ladre ③	miserly	plaignard	complaining, moaning
se priver de	to stint oneself on	hargneux	aggressive, fierce
goulu	greedy	renfrogné	sullen, surly, scowling
goinfre	greedy	rabat-joie	killjoy, spoilsport
la convoitise	covetousness, greed	difficile à mener	wayward
la concupiscence	lechery	imbuvable	unbearable
l'avidité (f)	greed, eagerness	taper sur les nerfs de quelqu'un	to get on someone's nerves

Amiability

envoûtant	bewitching, enchanting, spellbinding	faire enrager quelqu'un	to drive someone mad
		compassé	stuffy, prim
ensorceleur	bewitching, enchanting	guindé	stiff, formal
		la mignardise	affectation
ensorcelant	enchanting	mignard	twee
captivant	captivating	se froisser	to take offence
avenant	attractive	se formaliser	to take offence
sortable	presentable	être piqué au vif	to be needled
traitable	accommodating		

Good/bad manners

intraitable	intractable, uncompromising	l'urbanité (f)	urbanity
		collet monté	strait-laced
façonnier	affected	la canaillerie	coarseness, cheapness
minaudier	affected, simpering, mincing	la désinvolture	offhandedness
		gouailleur	cheeky, cocky
chatouilleux	touchy, over-sensitive	chahuteur	rowdy, unruly
la raillerie	mockery, scoffing	mal embouché	foul-mouthed
railleur	mocking, derisive	mufle	boorish
goguenard	quietly ironic	la paillardise	lewdness
asticoteur	needling, irritating	paillard	bawdy, lewd, coarse
asticoter	to needle, get at	la grivoiserie	bawdiness, coarseness
narquois	mocking, derisive, sardonic	grivois	bawdy, coarse
		polisson	naughty, saucy
cajoleur	wheedling, coaxing	tapageur	rowdy
câlin	affectionate, cuddly		

Good/bad humour

persifleur	mocking	l'âpreté (f)	bitterness, fierceness
râleur	moaning	le badinage	bantering, banter
acariâtre	bad-tempered	badin	light-hearted, jocular
pleurnicheur	snivelling	l'enjouement (m)	playfulness
grognon	grumpy, grouchy, fractious	enjoué	playful
		l'allégresse (f)	joy

allègre	light-hearted	écervelé	featherbrained, birdbrained
l'espièglerie (f)	mischievousness, impishness	hurluberlu	oddball
espiègle	mischievous, impish		
folâtre	playful, frisky, lively	***Energy and apathy***	
gamin	mischievous, playful, childish	l'entrain (m)	liveliness, drive, gusto
		l'emballement (m)	fad; outburst of anger
trouble-fête	killjoy	l'engouement (m)	passion, infatuation, craze
bagarreur	aggressive	l'entichement (m)	infatuation
chicanier	quibbling	le ravissement	rapture
ergoteur	quibbling	l'arrivisme (m)	ruthless ambition
vétilleux	punctilious	arriviste	go-getting
procédurier	litigious	bosseur ①	hard-working
récalcitrant	stubborn, recalcitrant	la langueur	languor
fouineur	prying, nosy	la léthargie	lethargy
touche-à-tout	interfering	la torpeur	torpor
remuant	restless		

Stability and instability		***Courage and cowardice***	
inébranlable	steadfast	le cran	pluck
être à cran	to be on edge	la vaillance	courage
lunatique	quirky, whimsical, temperamental	vaillant	valiant, courageous
		la poltronnerie	cowardice
quinteux	crotchety	poltron	cowardly
la versatilité	volatility	la frayeur	fear, fright
versatile	volatile	l'effroi (m)	dread, terror
fougueux	fiery	l'épouvante (f)	terror, horror
la velléité	vague desire	la frousse ①	fright
velléitaire	weak-willed	froussard ①	chicken, yellow-bellied
la fantaisie	whim	la trouille ①	fear
la lubie	whim	trouillard ①	chicken, yellow-bellied
à l'humeur vive	quick-tempered	la pusillanimité	pusillanimity
d'un caractère emporté	short-tempered	pusillanime	pusillanimous
l'accès de colère (m)	fit of bad temper	***Honesty, dishonesty and trust***	
le jusqu'au-boutiste	extremist, hard-liner	ingénu	artless
toqué	crazy	nigaud	simple, naive
désaxé	deranged, unhinged	malléable	malleable
		jobard ①	gullible
Good/poor sense		gobeur ①	gullible
rassis	composed, sober, calm	sainte-nitouche ①	hypocrite
posé	serious, sedate, staid, sober	la fourberie ③	deceitfulness, deceit
		fourbe ③	deceitful, treacherous
pondéré	level-headed	fuyant	evasive
inconsidéré	thoughtless	mielleux	unctuous, fawning
étourneau	featherbrained, birdbrained	la combine	wheeze, scheme, scam, hustle
évaporé	giddy, scatter-brained	combinard	scheming

déformer les faits	to twist, distort the facts	crâneur	show-off
altérer les faits	to twist, distort the facts	le fanfaron	braggart
berner quelqu'un ③	to fool someone		
le leurre	trap, decoy		
la supercherie	deception		

Intelligence and cunning

déluré	smart, resourceful
dégourdi	smart, resourceful, bright
délié	astute
la finauderie	wiliness, guile
finaud	wily
futé	wily, crafty
la rouerie	cunning, cunning trick, trickery
roué	cunning
retors	sly, wily, underhand
chafouin	sly, foxy
cauteleux ③	crafty
arriéré	backward
la mièvrerie	soppiness, simpering
mièvre	precious, affected

Modesty and pride

l'outrecuidance (f)	presumptuousness
outrecuidant	impertinent, presumptuous
la jactance	conceit
la morgue	haughtiness
la vantardise	boastfulness
le vantard	braggart
altier	haughty
rogue	haughty, arrogant
fat	conceited, smug

Exercises

Level 1

1. Trouvez d'autres sens des mots suivants

la qualité	les insuffisances	la douceur	l'attache
le trouble	la distraction	la retenue	la prétention
déterminé	démonstratif	pénible	grossier
déprimé	malin	spirituel	franc

2. Composez des phrases qui feront ressortir le sens des mots suivants

1. orgueilleux, fier, vaniteux
2. prétentieux, présomptueux, arrogant
3. sûr de soi, content de soi
4. dédaigneux, méprisant, condescendant
5. l'entêtement, la ténacité, l'insistance
6. le scepticisme, le doute, l'indécision

3. Expliquez les différences entre les mots suivants

doux	douceâtre	ennuyeux	ennuyant
affectueux	affectif	sensée	sensible
émouvant	émotif	la rudesse	le rudoiement
la bienfaisance	le bienfait	la volonté	la volition

4. Complétez

_____	← aimable	amiable	→	_____
_____	← affecté	affectionné	→	_____
_____	← complexe	complexé	→	_____
_____	← vaniteux	vain	→	_____
_____	← trouble	troublé	→	_____
_____	← l'accompagnateur	le compagnon	→	_____
_____	← le collègue	le confrère	→	_____
_____	← le défi	la défiance	→	_____
_____	← l'aplomb	le plomb	→	_____
_____	← l'intégrité	l'intégralité	→	_____

5. Trouvez des équivalents non-argotiques des mots suivants

le bêcheur, le chiadeur, l'arnaqueur, le gobeur, le crâneur

6. Donnez des définitions des mots suivants

la magnanimité	la philanthropie	l'altruisme	l'austérité
la pugnacité	la galanterie	la vivacité	la pétulance
la constance	la mesure	la crédulité	l'amour-propre

7. Expliquez les différences entre les mots suivants

la relation, le compagnon, le collègue, le collaborateur, l'intime, le pote, le petit ami

8. Traduisez en anglais

1. Il y a de quoi devenir fou!
2. J'ai eu un mal fou pour y parvenir.
3. Il y avait un monde fou.
4. Il prend la vie du bon côté.
5. Je ne peux pas le blairer.
6. C'est un faux jeton.
7. Ce n'est pas plus malin que ça.
8. Ce n'est pourtant pas bien malin, ça.
9. C'est trop savant pour moi.
10. Il est assez avare de compliments.
11. Elle n'est pas avare de promesses.
12. Elle est d'une telle susceptibilité.

9. Traduisez en français   ✓

1. It's very kind of you.
2. The most sensible thing to do would be to write to her.
3. He has a nasty temper.
4. She flew into a temper.
5. He is not easy to get on with.
6. I have a guilty conscience.

7. Her comments were very shrewd.
8. He has a lot of confidence in his secretary. She is very discreet.
9. He smiled at me contemptuously. I should have been wary of him.
10. You're very pigheaded. After all, he has been pretty obliging. You could have met him halfway.

10. Traduisez en anglais

un succès fou	des sommes folles	des herbes folles
de l'eau pure	un pur sang	une voix pure
l'eau douce	un temps doux	une vie douce
la respiration pénible	un travail pénible	un caractère pénible
une heureuse rencontre	une formule heureuse	un heureux caractère
un quartier vivant	la vivante réplique	une langue vivante
un mensonge hardi	un décolleté hardi	un talent hardi

11. Expliquez le sens des expressions suivantes

une locution vicieuse	un cercle vicieux
une terre généreuse	une poitrine généreuse
des moeurs débauchées	une lumière avare
un dessin sévère	une lutte sévère
l'âge tendre	un projet timide
un mensonge grossier	des propos grossiers
une couleur franche	une palette discrète
la peinture naïve	un vin honnête
les bien-pensants	les gens de bien

12. Complétez le tableau suivant

	Synonyme	Antonyme		Synonyme	Antonyme
intègre			austère		
effronté			impressionnable		
renfrogné			insouciant		
téméraire			travailleur		
têtu			capricieux		

13. Complétez le tableau suivant

Adjectif	Verbe	*Sens*	Verbe pronominal	*Sens*
conciliant				
impatient				
découragé				
ennuyé				
hardi				
renfermé				
agité				
résolu				
irrité				
mesuré				

14. Complétez le tableau suivant ✓

être avare, être déprimé, être en colère, être très heureux, être obséquieux, être exigeant, être égoïste, être rusé, montrer du mécontentement

Locution	Sens
être comblé, être dans la lune	
être près de ses sous, être chiche	
avoir soin de sa personne, ne penser qu'à sa pomme	
agir en dessous, user de faux-fuyants	
avoir le cafard, broyer du noir	
faire la moue, faire un nez	
décharger sa bile, sortir de ses gonds	
faire le difficile, faire des embarras	
lécher les bottes à quelqu'un, faire des courbettes à quelqu'un	

15. Expliquez le sens des locutions suivantes

1. être élevé à la dure
2. avoir de la tenue
3. renouer une amitié
4. couper les ponts
5. être au bout de son rouleau
6. être au mieux avec

7. faire le difficile
8. revenir à la raison

9. chercher querelle à quelqu'un
10. fâcher deux amis

16. Complétez le tableau suivant

bon, aimable, rusé, franc, sage, gai, avare, bête, méchant, content, doux, têtu, généreux

Locution	Signification	Registre
1. être _____ comme un âne		
2. être _____ comme une porte de prison		
3. être _____ comme un agneau		
4. faire le _____ pour épater la galerie		
5. être _____ comme le bon pain		
6. être _____ comme la gale		
7. être plus _____ que méchant		
8. être _____ comme un pou		
9. être _____ comme un bouvreuil		
10. être _____ de sa petite personne		
11. être _____ comme une image		
12. être _____ comme une fouine		
13. être _____ comme une cruche		
14. être _____ comme l'or		
15. être _____ comme un pied		

17. Rédigez un résumé (200 mots) du texte suivant

Le droit de rêvasser

NOS enfants, nous les voulons parfaits. Ayant désiré leur naissance, ayant su la programmer et la préparer, nous exigeons qu'ils réunissent toutes les qualités, brillent dans toutes les disciplines, en étant les meilleurs si possible. Mais qu'est-ce qu'un enfant parfait, sinon un enfant parfaitement conforme à un modèle social imposé ? En tant que psychothérapeute, Etty Buzyn mesure chaque jour les ravages de cet aveuglement collectif. Elle le dénonce dans un livre simple et clair, que les éducateurs feraient bien de méditer et dont on ne regrettera que le titre, un peu gnangnan (mais il s'agit d'une collection . . .).

Les dégâts commencent très tôt, avec un discours débordant. On gave l'enfant de paroles, comme on l'a gavé de lait, voulant absolument tout lui expliquer. Cette surinformation n'est pas seulement ridicule: elle freine sa curiosité et le développement de son imaginaire. 'Toute question posée par un enfant n'exige pas une réponse immédiate et exhaustive, remarque Etty Buzyn. Dire ne signifie pas forcément tout dire.'

Le désastre se poursuit avec le souci lancinant de l'efficacité. Un enfant doit être constamment en train d'apprendre. Même quand il est en vacances, même quand il joue. Les activités les plus anodines sont sommées d'être utiles, sinon rentables. Curieusement, les adultes s'acharnent à vouloir imposer à leur progéniture un mode de vie dont ils souffrent eux-mêmes et qu'ils jugent à juste titre aliénant. Perversion ? Plutôt manque d'imagination et peur panique de l'avenir.

Dans cet univers de compétition, sans temps morts, où l'enfant se voit constamment comparé à ses petits camarades, la rêverie est interdite. La tête vidée de sa capacité créative, il reçoit passivement les images standardisées que véhicule la télévision. Et le voilà piégé dans un monde factice, qui l'empêche de se confronter à la réalité.

Les enfants réagissent différemment à ce dressage. Chez certains, un faux 'moi', calqué sur le désir des parents, se met très tôt en place. Ils se distinguent à l'école, sur le stade, au conservatoire, dans les stages linguistiques et les ateliers de toutes sortes; plus tard, ils réussiront dans leur métier, mais paieront peut-être cher leur soumission.

D'autres se rebellent. Ce sont souvent les plus originaux et les plus créatifs, ceux dont la société aura le plus besoin. Ces 'enfants résistants', qui refusent de se couler dans le moule, finissent chez le psychothérapeute, alors qu'il suffisait de les laisser évoluer à leur rythme. Certains, se sentant incompris, se retranchent dans leur chambre et se coupent de la réalité. Les plus malheureux recherchent des paradis artificiels ou adoptent une attitude violente qu'ils retournent parfois contre eux-mêmes.

Etty Buzyn souligne que le rôle principal des éducateurs est de révéler un enfant à lui-même, en faisant émerger l'originalité qui sommeille en lui. Pour cela, il faut l'autoriser à s'ennuyer. C'est ce qui lui permet de ne pas esquiver ses émotions et de s'aventurer dans l'imaginaire. Un imaginaire qui a plus de valeur que bien des diplômes, car il permet d'innover, de créer, mais aussi de se libérer de ses angoisses, de se projeter dans le temps et l'espace, et de s'adapter aux différentes situations de la vie.

'La valeur de toute société, de tout être humain se mesure à la qualité de ses rêves', écrivait Jean Guéhenno. Accordons à nos enfants le droit de rêvasser. De se singulariser. Et de ne pas être parfaits.

Papa, maman, laissez-moi le temps de rêver, d'Etty Buzyn, Albin Michel, 189 p., 89 F.

Roberte Solé, *Le Monde*, 21 septembre 1995, p. 15 (© *Le Monde*)

18. Rédaction

ECRIVEZ UNE COMPOSITION EN PRENANT UNE DES CITATIONS SUIVANTES COMME POINT DE DÉPART

1. 'Envier le bonheur d'autrui, c'est folie. On ne saurait pas s'en servir. Le bonheur ne se veut pas tout fait, mais sur mesure.' André Gide, *L'Immoraliste*.
2. 'Le bonheur est de connaître ses limites et de les aimer.' Romain Rolland, *Jean-Christophe*, t. VIII.
3. 'La jouissance du bonheur amoindrira toujours le bonheur.' Honoré de Balzac, *Massimilla Doni*, Pl., t. IX.

Level 2

1. Trouvez d'autres sens des mots suivants

louche	louable	collant	gaillard
la blague	l'abattement	la franchise	l'effacement

2. Trouvez le sens des mots suivants

_____	← la louange	le louage	→ _____
_____	← la prévoyance	la prévenance	→ _____
_____	← rigoriste	rigoureux	→ _____
_____	← humanitaire	humaniste	→ _____
_____	← libertin	libertaire	→ _____
_____	← ombrageux	ombragé	→ _____
_____	← oisif	oiseux	→ _____
_____	← sanguinaire	sanguin	→ _____

3. Composez des phrases qui feront ressortir le sens des mots suivants

1. le scrupule, le critère
2. l'abjection, l'ignominie
3. le détachement, l'impartialité
4. boudeur, grincheux
5. caractériel, inadapté
6. le rigorisme, le moralisme
7. la malveillance, la rancune
8. gaillard, guilleret
9. discipliné, sobre
10. demeuré, borné

4. Traduisez en anglais

un homme trop coquet	une ville coquette	un revenu coquet
un arbuste épineux	une affaire épineuse	un caractère épineux
un homme flasque	un style flasque	des membres flasques
une idée délirante	un film délirant	un accueil délirant
un homme avisé	une conduite avisée	un sourire avisé

5. Donnez le substantif qui correspond à chacun des adjectifs suivants

1. taquin   _____
2. désintéressé   _____
3. opiniâtre   _____
4. abattu   _____
5. blagueur   _____
6. gaillard   _____
7. sobre   _____
8. parcimonieux   _____
9. boudeur   _____
10. maniéré   _____
11. neutre   _____
12. impudique   _____

6. Complétez le tableau suivant

	Synonyme	Antonyme
le rigorisme		
la complaisance		
la rancune		
le désintéressement		
la prévoyance		
l'oisiveté		
la probité		
la déférence		

7. Trouvez des équivalents non-argotiques des mots suivants

culotté, gonflé		froussard, trouillard	
balourd, mal dégrossi		godiche, nigaud, gobeur	
gnangnan, rouspéteur		assommant, raseur, barbant	
débrouillard, fortiche		bêta, dingue, bidon	

8. Traduisez en anglais

1. Cela affermit le caractère.
2. Il a mauvais caractère.
3. Elle est très jeune de caractère.
4. Il est d'un caractère ouvert.
5. Elle a un caractère en or.
6. Elle a son petit caractère.
7. Ils ont fait preuve de caractère.
8. C'est un homme sans caractère.

9. Associez les expressions qui ont le même sens   ✓

A		B
avoir perdu la boussole		se contreficher de
être au supplice		faire marcher quelqu'un
se balancer de		être bon pour la camisole
garder une dent contre		faire du plat à quelqu'un
passer la main dans le dos à quelqu'un		avoir du sang dans les veines
faire du chichi		se faire de la bile
se payer la poire de		chercher la petite bête
ne pas avoir froid aux yeux		garder à quelqu'un un chien de sa chienne
couper les cheveux en quatre		faire du fla-fla

10. Traduisez en français   ✓

1. I respect his scruples, but I don't think that he has the right to be so self-righteous.
2. She is very hard on her son-in-law. She has always been rather quick to take offence.
3. When she arrived, he seemed to be on good form. That reassured her, because the last time she had visited him, he had been very dejected.
4. His grandmother got very worked up, when he did not come home on time. Although he's very shrewd, he is also a little reckless.
5. I don't like my new boss. He's very self-important and expects his employees to be obsequious.
6. She had the cheek to tell him that he was pernickety.
7. If you were less scatter-brained, she would be less demanding.
8. She has always been very secretive, but she has never been sly.

11. Traduisez en anglais

'Services non compris. Les grincheux',

MAIS pour qui se prend-elle, Véronique ? Le visiteur qui pénètre dans ce grand musée parisien n'aura aucun mal à la repérer: c'est l'hôtesse d'accueil qui 'fait toujours la gueule'. 'Dès qu'on lui demande quelque chose, on la dérange', observe sa collègue, Josette. Un sérieux handicap pour ces postes exposés au public, où il faut être aimable et patient à longueur de journée. A cet égard, Véronique a tout faux. 'Elle n'a jamais un sourire, ne dit jamais bonjour et répond sèchement. C'est sa nature.' Gare à celui qui s'exprime mal ou qui ne comprend pas tout de suite ses explications succinctes. Car elle se montre alors 'hostile et elle prend un air pincé. Pour elle, les autres n'existent pas'. Le musée étant ouvert le midi, les hôtesses d'accueil doivent s'arranger entre elles pour s'absenter à tour de rôle au moment du déjeuner. Véronique s'en moque. Elle part quand bon lui semble. 'Souvent, elle sort fumer une cigarette et reste un quart d'heure dehors. Pendant ce temps, on se tape tout le boulot!', peste sa collègue. Autrefois, Josette et Véronique étaient amies. 'Elle était alors moins grincheuse. Elle a voulu évoluer professionnellement, mais on ne lui a pas permis de le faire. On dirait qu'elle le fait payer à tout le monde. Pour elle, être à l'accueil, c'est une corvée. Mais pour nous aussi ! Et après?' Quand on lui pose la question, Josette reconnaît elle-même râler souvent. 'Mais c'est justifié', s'empresse-t-elle d'ajouter . . .

ENFER Quelquefois, Véronique fait des crises de larmes. Chez Christine, secrétaire dans une association, ce sont des crises de tétanie quand tout va trop mal. Il faut dire que sa vie familiale n'est pas très gaie. Quant à sa vie professionnelle, elle semble être, pour elle, un enfer. 'Elle ronchonne en permanence, comme une vieille fille, observe Hélène, sa collègue. Elle se plaint d'un tel, qui lui a dit ceci, ou de tel autre qui lui a demandé cela.' Elle se mêle aussi de tout. 'Où vas-tu? Qu'est-ce que tu fais?', dit-elle à ceux qu'elle croise. Les changements de bureau, les allées et venues, tout la perturbe. Et depuis quelque temps, quand quelqu'un vient lui dire bonjour, elle lui ferme la porte au nez. Fragile, ayant peu confiance en elle, elle aurait besoin d'être rassurée, d'avoir un environnement stable. Pas de chance: ses supérieurs 'sont un peu machos'. Quand ils lui donnent du travail, elle leur fait la moue et râle. 'Elle est perçue comme une emmerdeuse, une fille pas très compétente. C'est injuste. Elle fait le travail qui lui est demandé. Elle est plutôt serviable', estime sa collègue, même si elle n'y met pas les formes. Les petits machos qui se moquent facilement des gens sont tout de même un peu ennuyés. 'Ils ne savent plus comment la prendre.' Ils évitent de lui donner du travail, de communiquer avec elle. Ils font comme si elle n'existait pas. Hélène, elle aussi, a été assez liée avec Christine autrefois. 'Cet été, elle a dû déménager son bureau. Je l'ai aidée. Elle n'arrêtait pas de marmonner. Elle rangeait ses affaires n'importe comment. J'en ai vraiment eu ras le bol. Mais je l'aime bien. Les gens l'utilisent un peu.' Ce sont surtout les femmes qui occupent ces postes subalternes mais indispensables au fonctionnement d'une entreprise. En contact avec le public ou au service d'autres personnes, elles sont soumises en permanence aux humeurs et au jugement des autres. Mais si un jour les hommes devaient prendre ces emplois, on se rendrait compte alors qu'il n'y a pas que les femmes qui ronchonnent.

Francine Aizicovici, *Le Monde*, 29 mars 1995 (© *Le Monde*)

Level 3

1. Trouvez d'autres sens des mots suivants

chatouilleux   rassis   délié   mesquin   toqué

2. Complétez

FRANÇAIS	ANGLAIS	FRANÇAIS	ANGLAIS
versatile			versatile
lunatique			lunatic
rogue			rogue
fat			fat

3. Complétez

_____	← luxurieux	luxueux	→ _____
_____	← asticoter	astiquer	→ _____
_____	← mignard	mignon	→ _____
_____	← la combine	le combiné	→ _____

4. Trouvez des synonymes des mots suivants

dévergondé   penaud   radin   envoûtant   narquois
cajoleur   rogue   revêche   façonnier   déluré

5. Trouvez des antonymes des mots suivants

pingre   tapageur   renfrogné   ingénu   malléable
fouineur   remuant   compassé   lunatique   évaporé

6. Composez des phrases qui feront ressortir le sens des mots suivants

1. la cupidité, la convoitise
2. asticoteur, narquois
3. geignard, pleurnichard
4. mal embouché, paillard
5. bagarreur, tapageur
6. touche-à-tout, remuant
7. versatile, velléitaire
8. outrecuidant, vantard
9. fat, altier
10. futé, dégourdi

7. Traduisez en anglais

un calcul mesquin
un caractère maussade
un enfant remuant
un homme posé
un regard fuyant
un esprit délié

des griefs mesquins
un temps maussade
un politicien remuant
un ton posé
une perspective fuyante
une écriture déliée

des idées mesquines
un style maussade
un esprit remuant
une attitude posée
un menton fuyant
une taille déliée

8. Traduisez en anglais

1. Ils sont tous les deux dans la combine.
2. Il a agi avec sans-gêne.
3. Il n'est vraiment pas sortable.
4. Il lui a fait un petit câlin.

5. Ce n'est pas une vertu.
6. Cela aurait manqué de décorum.
7. Il est âpre au gain.
8. Elle est chiche de ses paroles.

9. Il est entiché de jazz.
10. Je ne me sens pas très vaillant aujourd'hui.
11. Il les lâche avec des élastiques.
12. Il fait plus de bruit que de mal.

9. Complétez le tableau suivant   ✓

fou, fainéant, gueulard, sonné, branché, dégourdi, débrouillard, malin, déséquilibré, bûcheur, avare, flemmard, parcimonieux, paresseux, dégonflé, asticoteur, timide, foireux, trouillard, astucieux, radin, crâneur, lâche, peureux, combatif, fada, snob, râleur, querelleur, travailleur, pingre, rusé, piocheur, fumiste, bluffeur, zélé, frimeur, marteau, vantard, demeuré, dément, oisif, cinglé

FRANÇAIS COURANT	FRANÇAIS FAMILIER

10. Complétez le tableau suivant

	Synonyme	Antonyme		Synonyme	Antonyme
penaud			maussade		
miséricordieux			compassé		
lésineur			gouailleur		
traitable			badin		
façonnier			fouineur		

11. Complétez   ✓

égoïste, hypocrite, intransigeant, médisant, trompeur, inconsistant, fanfaron, soucieux, fou, ennuyeux

1. tirer la couverture à soi   être _____
2. avoir deux poids deux mesures   être _____
3. avoir une araignée dans le plafond   être _____
4. scier le dos à quelqu'un   être _____
5. être triste comme un bonnet de nuit   être _____
6. faire de l'esbroufe   être _____
7. ne pas reculer d'une semelle   être _____
8. se mettre martel en tête   être _____
9. faire de la frime   être _____
10. faire la sainte-nitouche   être _____

12. Expliquez le sens des locutions suivantes

1. s'exciter à froid sur un sujet
2. n'en mener pas large
3. avoir le béguin pour
4. trouver chaussure à son pied
5. se faire bien voir de quelqu'un
6. rompre en visière avec quelqu'un
7. se la couler douce
8. ne pas être à la page

13. Traduisez en français ✓

1. If you had respected the proprieties, you would not have been accused of laxness.
2. She looks presentable, but her neighbours told me that she lives a loose life.
3. His jocularity gets on my nerves. Don't you find his behaviour a bit quirky?
4. Although he has the reputation of being a bit volatile, I found him fairly accommodating.
5. His mother is very prim. She takes offence over nothing.
6. If you had been less of a nit-picker, she would have been less wayward.
7. He's a real killjoy. He spoke to me in a really aggressive tone of voice.
8. I hope that when he comes back he'll be more resourceful.

14. Rédaction

Ecrivez une composition en prenant une des citations suivantes comme point de départ

1. 'Au fond de toute perversité, au fond de toute concupiscence, dans le coeur de chaque assassin, derrière ce qui nous apparaît être jalousie, félonie, lâcheté, quelquefois même plus qu'à la base de toute vertu, de toute fidélité, il y a la quête d'une aspiration absolue, il y a la nostalgie sans nom.'

   (Eugène Ionesco, *Journal en miettes*,)

2. 'L'avarice est plus opposée à l'économie que la libéralité.'

   (La Rochefoucauld, *Maximes*)

15. Traduisez en anglais

1. Ainsi mis je ne pouvais guère espérer passer inaperçu. Je ne le désirais pas. Se faire remarquer, dans le métier que je faisais, c'est l'enfance de l'art. Faire naître des sentiments de pitié, d'indulgence, provoquer l'hilarité et les sarcasmes, c'est indispensable. Autant de tarauds dans le fût des secrets. A condition de ne pouvoir s'émouvoir, ni dénigrer, ni rire. Je me mettais facilement dans cet état.

   (Samuel Beckett, *Molloy*)

2. Nous connaissons les caractères des indifférents, comment pourrions-nous saisir celui d'un être qui se confond avec notre vie, que bientôt nous ne séparons plus de nous-même, sur les mobiles duquel nous ne cessons de faire d'anxieuses hypothèses, perpétuellement remaniées?

   (Marcel Proust, *A l'ombre des jeunes filles en fleurs*)

3. Frédéric jugea leur adieu une dernière moquerie. Il était déterminé à ne jamais revenir dans cette maison, à ne plus fréquenter tous ces gens-là. Il croyait les avoir blessés, ne sachant pas quel large fonds d'indifférence le monde possède! Ces femmes surtout l'indignaient. Pas une qui l'eût soutenu, même du regard. Il leur en voulait de ne pas les avoir émues. Quant à Mme Dambreuse, il lui trouvait quelque chose à la fois de langoureux et de sec, qui empêchait de la définir par une formule.

   (Gustave Flaubert, *Madame Bovary*)

Unit 6

Clothes, footwear and accessories

Level 1

Garments

la chemise de nuit	night-dress
la culotte	knickers
la combinaison	slip
le jupon	petticoat, underskirt
le collant	tights
la jupe plissée	pleated skirt
la jupe droite	straight skirt
le corsage	blouse
le chemisier	shirt-blouse
la robe chemisier	shift, shirt-dress
le tailleur	suit (*for women*)
le costume	suit (*for men*)
le complet	suit
le gilet de laine	wool cardigan
le gilet de corps	vest
le caleçon	pants
le maillot de bain	swimming trunks
la chemise sport	sports shirt
la veste	jacket
le veston croisé	double-breasted jacket
le pardessus	overcoat
l'imperméable (m)	raincoat
le smoking	dinner-jacket
le noeud papillon	bow-tie
le survêtement	tracksuit
le bleu	overalls, dungarees, boiler-suit
la combinaison	overalls, boiler-suit
la salopette	overalls, dungarees (*for children, women*)
le bonnet de bain	swimming cap
le chapeau melon	bowler hat
la casquette	cap

mettre	to put on
enfiler	to slip on, to put on

Footwear

la pointure	shoe size
les bottes de pluie (f)	rain boots
les bottillons (m)	ankle-boots
l'escarpin (m)	court shoe
les ballerines (f)	pumps, ballet-shoes
le flâneur	loafer
la chaussure d'entraînement	trainers
les trainings (m)	trainers
le tapinois	sneaker
les baskets (m)	sneakers, loafers
la semelle	sole
à talons plats	flat-heeled
à talon bas	low-heeled
à talons hauts	high-heeled
à talons aiguille	stiletto-heeled
se chausser	to put one's shoes on

Jewellery, accessories and make-up

le collier	necklace
le pendentif	pendant
le bracelet	bracelet
le bracelet rigide	bangle
la bague	ring
l'alliance (f)	wedding-ring
la broche	brooch
le médaillon	locket
la boucle d'oreille	earring
le pendant d'oreille	drop earring
l'épingle à cheveux (f)	hairpin
le bandeau	hair-band

le maquillage	make-up
les articles de toilette (m)	toiletries
la brillantine	hair cream
la laque	hair lacquer
l'aérosol de laque (m)	can of hairspray
le dentifrice	toothpaste
le rouge à lèvres	lipstick
le rouge à joues	blusher
le fard à paupières	eye-shadow
le rasoir électrique	electric razor

les ciseaux à ongles	nail scissors
le déodorant	deodorant
l'eau de toilette (f)	toilet water
les sels de bain (m)	bath salts
le shampooing	shampoo
le talc	talc
la crème pour les mains	hand cream
la teinture pour les cheveux	hair-dye
se teindre les cheveux	to dye one's hair

Level 2

Garments

le porte-jarretelles	suspender-belt
le combiné	corselette
la jupe à godets	flared skirt
la jupe portefeuille	wrapover skirt
la robe enveloppe	wrapover dress
la robe-manteau	coat dress
la robe de mariée	wedding dress
la robe de grossesse	maternity dress
le débardeur	slipover
le ciré	oilskin
le fuseau	ski-pants
le bermuda	Bermuda shorts
le maillot une pièce	one-piece bathing costume
le maillot deux pièces	two-piece bathing costume
la canadienne	sheepskin-lined jacket
le tablier	apron
le cache-nez	scarf
le demi-bas	kneesock

Details and style

| les oeillets (m) | eyelets |
| les lacets (m) | laces |

taille unique	one size
le col roulé	polo neck
ras de cou	crew-necked
à encolure V	V-necked
le décolleté plongeant	plunging neckline
le revers	lapel
la fermeture à glissière	zip
la fente	split
la pince	dart
les manchettes (f)	cuffs
la boucle	buckle
la braguette	fly

Jewellery, accessories and make-up

les pierres fines (f)	gemstones
les pierres précieuses (f)	precious stones
la chevalière	gent's ring
les boutons de manchette (m)	cuff links
l'épingle de cravate (f)	tie-pin
le bracelet de montre	watch strap
le sèche-cheveux	hair dryer
le séchoir à cheveux	hair dryer
la trousse de maquillage	make-up bag

Level 3

Garments

| le fichu | head scarf |
| le châle | shawl |

la capuche	hood
la cagoule	hood
la liseuse	bed-jacket

le tailleur–pantalon	trouser-suit	les fripes (f)	second-hand clothes
la robe chasuble	pinafore dress	les guenilles (f)	rags
la robe toute boutonnée	button-through dress	en haillons	in rags

Footwear

le richelieu	brogue shoe
le chausson d'escalade	climbing shoe
la chaussure à lacet	lace-up shoe
la chaussure à bout ouvert	peep-toe shoe
l'escarpin à bride	slingback shoe
la chaussure de course à pointes	track shoe
la tong	flip-flop
le ranger	heavy duty boot, bovver boot
le pataugas ®	desert boot
la demi-botte	half-boot
la chaussure de ski	ski boot

la robe dos-nu	backless dress
la robe de cocktail	cocktail dress
la robe qui dégage les épaules	off-the-shoulder dress
la robe sans bretelles	strapless dress
la chemise habillée	dress shirt
le déguisement	fancy dress
déguisé	in fancy dress
la saharienne	safari jacket
le blouson d'aviateur	bomber jacket
la veste de travail	donkey jacket
la veste en tweed	sports jacket
le manteau court	swagger coat
le trois-quarts	three-quarter length coat
le trench-coat	trench coat
le duffel-coat	duffel coat
la veste en peau de mouton	sheepskin jacket
le manteau en poil de chameau	camel coat
la blouse blanche	laboratory coat
la jupe paysanne	dirndl skirt
la jupe plissée soleil	knife-pleated skirt
le sarrau	smock
le canotier	boater
le bonnet à pompon	bobble hat
le chapeau à visière	peaked hat
la toque	pillbox hat
le chapeau cloche	cloche hat
le chapeau à bords tombants	floppy hat
la capeline	picture hat, broad-brimmed hat
le chapeau en feutre	trilby
le feutre	trilby
le feutre rond	pork-pie hat
le bonnet de ski	ski hat
le haut-de-forme	top hat
le suroît	sou'wester
le panama	Panama hat
le casque colonial	safari hat
le chapeau en papier	party hat
les fringues (f)	clothes

Details and style

la braguette	flies
l'entrejambes (m)	inside leg
le bord-côte	rib
la poche plaquée	patch pocket
la poche côté	side pocket
la poche à rabat	flap pocket
la pochette	breast pocket
la poche revolver	back pocket
la poche intérieure	inside pocket
le pli creux	inverted pleat
le pli d'aisance	kick-pleat
la manche ballon	puff-sleeve
la manche chauve-souris	bat-wing sleeve
la manche trois-quarts	three-quarters sleeve
l'emmanchure (f)	arm-hole
le pan	shirt tail
le col cagoule	cowl neck
décolleté dans le dos	low-cut at the back
l'épaulette (f)	epaulette, shoulder pad
la voilette	hat veil
la boutonnière	button-hole
le dessus	upper
la languette	tongue
la cambrure	instep
la tige	leg (of boot)

l'essayage (m)	fitting
la passementerie	haberdashery
la surpiqûre	decorative stitching
la garniture de fourrure	fur trimming
le capuchon amovible	removable hood
le bouton-pression	snap-fastener
l'agrafe (f)	hook
l'ourlet (m)	hem
la couture	seam
l'accroc (m)	tear
cintrer	to take in
élargir	to let out
raccourcir	to shorten
rallonger	to lengthen
piquer	to stitch
rapiécer	to patch
le patron	pattern
garnir de dentelle	to trim with lace
repriser	to darn
doubler	to line
non doublé	unlined
cintré	fitted
serré	tight
ajusté	close-fitting
moulant	figure-hugging
qui moule les hanches	hip-hugging
dégagé	loose
satiné	shiny
effrangé	fringed
croisé	double-breasted
droit	single-breasted
matelassé	padded, quilted
ouatiné	padded
grand teint	non-run
sans repassage	non-iron
la semelle compensée	platform-soled
la cambrure	instep

Jewellery, accessories and make-up

le tour de cou	choker
le fermoir	clasp

la barrette	pin
la gourmette	chain bracelet
la pièce d'or	gold coin
le maillon	link
l'écrin (m)	jewel case
le coffret à bijoux	jewel box
le coulant pour foulard	scarf-ring
la babiole	bauble, trinket
le colifichet	bauble, knick-knack
la bague de fidélité	eternity ring
le régénérateur des cheveux	hair restorer
la crème épilatoire	hair remover
l'huile capillaire (f)	hair oil
le rouleau	roller
le bigoudi	curler
le fond de teint	foundation
le crayon à sourcils	eyebrow pencil
le crayon pour les yeux	eyeliner
la poudre de riz	face powder
le masque de beauté	face pack
la pince	tweezers
la crème antirides	anti-wrinkle cream
la crème démaquillante	cleansing cream
la crème hydratante	moisturiser
le vernis à ongles	nail varnish
le dissolvant	nail polish remover
la crème à raser	shaving cream
la lotion après rasage	after-shave
le blaireau	shaving brush
le bâton de savon à barbe	shaving stick
la lime à ongles	nail file
la postiche	hair piece
la résille	hairnet
le filet à cheveux	hairnet
le bain moussant	foam bath
la pommade pour les lèvres	lip-salve

Food and drink

Level 1

General

l'alimentation (f)	food
alimenter	to feed
la nourriture	food
nourrir	to feed
la nourriture à emporter	takeaway food
les denrées (f)	food
les denrées périssables	perishables
la collation	light meal
l'en-cas (m)	snack
le plat de résistance	main course
les plats préparés	convenience food
le plat du jour	set menu
le banquet	feast
la restauration rapide	fast food
la portion	portion, helping

Fruit

la macédoine de fruits	fruit salad
la compote de fruits	stewed fruit
les fruits secs	dried fruit
le citron vert	lime
la cerise	cherry
l'abricot (m)	apricot
la prune	plum
la fraise	strawberry
la framboise	raspberry
le cassis	blackcurrant
la groseille	gooseberry
le pamplemousse	grapefruit
la rhubarbe	rhubarb
le melon	melon
la datte	date
la noix de coco	coconut
le pruneau	prune
le brugnon	nectarine
la clémentine	clementine
la figue	fig
le raisin	grape
la peau	skin
la pelure	peel
le noyau	stone

le pépin	pip
acide	sour
aigre	sour
pourri	rotten
mûr	ripe
pas mûr	unripe
juteux	juicy

Nuts

l'arachide (f)	monkey nut
la cacahuète	peanut
la noix de cajou	cashew nut
la pistache	pistachio nut
la noix de Brésil	Brazil nut
la noisette	hazelnut

Meat

le porc	pork
l'agneau (m)	lamb
le mouton	mutton
la viande hachée	mince
le veau	veal
la côtelette	chop, cutlet
le rôti	roast
le ragoût	stew
saignant	rare
le pot au feu	stew
à point	medium-cooked
griller	grill, toast
maigre	lean
gras	fatty

Vegetables

les petits pois (m)	peas
l'artichaut	artichoke
les asperges (f)	asparagus
la betterave	beetroot
le céleri	celery
le chou-fleur	cauliflower
les épinards (m)	spinach
la fève	broad-bean
la laitue	lettuce
la lentille	lentil
le navet	turnip

le poireau	leek
la patate douce	sweet potato

Drinks

le café nature	black coffee
le café crème	white coffee
le café décaféiné	decaffeinated coffee
le café en poudre	instant coffee
le café express	expresso
le café filtré	filtered coffee
le café glacé	iced coffee
le café turc	Turkish coffee
le cacao	cocoa
le thé nature	black tea
le thé au citron	lemon tea
le thé de Chine	China tea
le thé à la menthe	mint tea
la camomille	camomile tea
la tisane	herbal tea

l'infusion (f)	herbal tea
l'eau minérale (f)	mineral water
l'eau plate (f)	still water
l'eau gazeuse (f)	sparkling water
le chocolat chaud	hot chocolate
la citronnade	lemonade
l'orangeade (f)	orangeade
le sirop	cordial
le jus d'orange pressée	fresh orange-juice
la pression	draught beer

Sweets

le pop-corn sucré	sweet popcorn
le pop-corn salé	salted popcorn
le chewing-gum	chewing gum
la tablette de chocolat	bar of chocolate
le paquet de chips	packet of crisps

Level 2

Meat

le boudin	sausage
la boulette	meat ball
le foie	liver
le rognon	kidney
le hachis parmentier	cottage pie
la langue de boeuf	ox tongue
le rosbif	roast beef
le chevreuil	venison
le blanc	breast
la cuisse	leg
l'épaule (f)	leg of lamb
le gigot	chop

Vegetables

le chou frisé	kale
le chou rouge	red cabbage
la choucroute	sauerkraut
le cornichon	gherkin
le cresson	watercress
le panais	parsnip
le maïs	corn
l'épi de maïs (m)	corn on the cob
la pomme de terre en robe de chambre (f)	jacket potato

la pomme de terre en robe des champs (f)	jacket potatoes
les pommes vapeur (f)	boiled potatoes
les pommes mousseline (f)	mashed potatoes
les pommes dauphine (f)	potato croquettes
les pommes de terre sautées (f)	fried potatoes
le radis	radish
le poivron	green pepper
le piment doux	sweet pepper
le piment rouge	chilli pepper
le flageolet	kidney bean

Soups

le potage clair	clear soup
le potage à légumes	vegetable soup
le velouté de champignons	mushroom soup
le velouté de tomates	tomato soup
la soupe à l'oignon	onion soup
le cube de bouillon	stock cube

Bread, pastries and biscuits

le pain bis	brown bread
le pain complet	wholemeal bread
le pain de seigle	rye bread
le pain intégral	granary loaf
le pain d'épice	gingerbread
le chausson aux pommes	apple turnover
la biscotte	rusk
la tartine à la confiture	slice of bread and jam
le biscuit salé	cracker
le cake	fruit cake
la génoise	sponge cake
le gâteau de Savoie	sponge cake
le massepain	marzipan

Drinks

l'eau potable	drinking water
la bière blonde	lager
la bière brune	beer
la canette	bottle (of beer)
l'eau-de-vie (f)	brandy
le gin-tonic	gin and tonic
le porto	port
avec des glaçons	with ice
chambré	at room temperature
corsé	full-bodied
mousseux	sparkling, fizzy
pétillant	sparkling, fizzy
pur	straight
capiteux	heady

Level 3

General

le dîner d'adieu	farewell dinner
le dîner aux chandelles	candlelight dinner
la bouffe ①	grub
la boustifaille ①	grub
l'amuse-gueule ①	snack
le petit pot	baby-food

Fruit

l'airelle (f)	cranberry
la grenade	pomegranate
la mangue	mango
la pastèque	water-melon
la reine-claude	greengage
les marrons chauds	roasted chestnuts

Meat

le pâté en croûte	meat pie
la grillade	grill
l'assiette anglaise (f)	selection of cold meats
le cassoulet	sausage and bean hotpot
le faux-filet	sirloin
l'aloyau (m)	sirloin
le boudin noir	black pudding
les rillettes (f)	potted meat

le cari	curry
la brochette	kebab
un beau morceau	a prime cut
les abats (m)	offal
maigre	lean
gras	fatty
la sauce au jus de viande	gravy
le friand	sausage roll

Vegetables

les pois cassés (m)	split peas
les pois chiches (m)	chick peas
la courge	marrow
le potiron	pumpkin
la citrouille	pumpkin
le rutabaga	swede
l'échalote (f)	shallot
le germe de soja	beansprout
le haricot à rames (m)	runner bean
une salade composée	mixed salad
des haricots en salade (m)	bean salad

Bread, cakes, pastries, desserts

la miche	cob loaf
la brioche	bun
le boudoir	sponge finger

la gaufre	waffle
la gaufrette	wafer
la guimauve	marshmallow
la bûche de Noël	Yule log
le cake	fruit cake
le beignet	doughnut
la mille-feuille	vanilla slice
le sablé	shortcake
la crème anglaise	custard
la crème Chantilly	whipped cream
la crème fraîche liquide	pouring cream
la crème fraîche à fouetter	whipping cream
la crème double	double cream
la compote de pommes	stewed apples
le flan	custard pie
la gelée	jelly
le yaourt maigre	low-fat yoghurt
le diplomate	trifle
la frangipane	almond paste

Sweets

la réglisse	liquorice
la sucette	lollipop
l'Esquimau (m)	ice lolly
le bonbon à la menthe	mint sweet
le bonbon acidulé	acid drop
le bonbon fourré	soft centre
le sucre d'orge	barley sugar
la dragée	sugared almond
le berlingot	boiled sweet, humbug
le caramel	caramel, toffee, fudge

Drinks

la boisson gratuite	courtesy drink
le verre de bienvenue	welcome drink
la boisson non-alcoolisée	non-alcoholic drink
avec des glaçons	on the rocks

Herbs and spices

l'aneth (m)	dill
le basilic	basil
la ciboulette	chives
le cumin	cumin
l'estragon (m)	tarragon
la feuille de laurier	bay leaf
la marjolaine	marjoram
la menthe	mint
l'origan (m)	oregano
le romarin	rosemary
le safran	saffron
la sauge	sage
le thym	thyme
le persil	parsley
l'anis (m)	aniseed
le clou de girofle	clove
l'épice (f)	spice
la cannelle	cinnamon
le gingembre	ginger
la noix de muscade	nutmeg
la vanille	vanilla
la gousse d'ail	clove of garlic
la sauce tomate	tomato sauce

Cooking and preparation

faire cuire à feu doux	to cook on a low heat
faire cuire à feu vif	to cook on a high heat
faire cuire au four	to bake
faire cuire à la broche	to cook on a spit
faire cuire à la vapeur	to steam
faire bouillir	to boil
amener quelque chose à l'ébullition	to bring to the boil
faire rôtir	to roast
faire griller	to grill
hacher	to mince
mijoter	to simmer
pocher	to poach
remuer	to stir
ajouter en remuant	to stir in
arroser	to baste
braiser	to braise
farcir	to stuff
garnir	garnish
mélanger	to mix
fouetter	to whisk, whip
battre	to whisk, whip
saupoudrer	to sprinkle
écosser	to shell
peler	to peel
éplucher	to peel
désosser	to bone

concasser	to crush	l'huile de cuisine (f)	cooking oil
couper en lamelles	to shred	la pâte	dough
râper	to grate	pétrir la pâte	to knead the dough
égoutter	to strain, drain	la pâte à frire	batter
passer au tamis	to sieve, sift	la pâte brisée	shortcrust pastry
la préparation	mixture	la pâte à choux	choux pastry
le saindoux	lard	la pâte feuilletée	puff pastry
la saumure	brine	le glaçage	icing
croustillant	crisp	le sucre en poudre	caster sugar
coriace	tough	le sucre cristallisé	granulated sugar
fade	bland	le sucre glacé	icing sugar
fumé	smoked	le glaçage	icing
rassis	stale	le sucre en morceaux	lump sugar
la chapelure	breadcrumbs	la cassonade	brown sugar
pané	fried in breadcrumbs	l'édulcorant	sweetener
la farce	stuffing	la sucrette	sweetener
le concentré de tomates	tomato purée	la levure	yeast
		la levure chimique	baking powder

Exercises

Level 1

1. Quelles sont les différences entre

un bonnet	un casque	une casquette	un képi
un chemisier	une chemise	une chemisette	une robe-chemise
une chaussure	un chausson	un escarpin	une savate

2. Traduisez en anglais

1. Elle en a fait tout un plat.	11. C'est dans la poche.
2. Il n'arrête pas de faire du plat à ma belle-soeur.	12. Ils sont comme cul et chemise.
3. Je vais le réduire en compote.	13. Elle change d'avis comme de chemise.
4. Il a les jambes en compote.	14. Je lui tire mon chapeau.
5. Je suis à plat; je ne fais que pédaler dans la semoule.	15. Ça mérite un coup de chapeau.
6. Je me suis fait coller une prune.	16. C'est bonnet blanc et blanc bonnet.
7. Je ne vais pas me déranger pour des prunes.	17. Elle ne me quitte pas d'une semelle.
8. Je m'occupe d'abord de ma pomme.	18. Il est toujours dans mes jupes.
9. Après mûre réflexion, il décida de partir.	19. Elle avait un noeud dans la gorge.
10. C'est une autre paire de manches.	20. Ça me chausse bien.

3. Traduisez en français

as dead as mutton
to make mincemeat of someone
to get in a stew
that's food for thought
in one's Sunday best
mutton dressed as lamb
to put someone through the mincer
to stew in one's own juice
he's a hard nut to crack
in one's birthday suit

4. Trouvez le sens argotique des mots suivants

un fruit sec	le jus de chaussette
le citron	la poire
les fringues	le costard
le bada	les godasses
l'antigel	le casse-dalle
l'asperge	poireauter
le falzar	la liquette
fagoter	le pépin

5. Traduisez en français

hat band	hatbox	hatpin	hat trick
shoe tree	shoe rack	shoe horn	shoestring budget

6. Traduisez en français

to have a bee in one's bonnet
to put one's shirt on something
to cap it all
to set one's cap at someone
to throw one's hat into the ring
to wear two hats
to be as tough as old boots
to lose one's shirt
to sell the shirt off one's back
to go to someone cap in hand
to keep something under one's hat
to talk through one's hat
to step into someone's shoes
to be too big for one's boots

7. Complétez le tableau suivant   ✓

*bottes, manteau, tailleur, sabot(s), savate, chaussure, veste, chemise, bonnet, gilet, manche,
culotte(s), poche, soulier(s)*

Locution	Signification	Registre
1. avoir quelque chose en		
2. se moquer d'une chose comme de sa première		
3. voir quelqu'un venir avec ses gros		
4. mettre sa langue dans sa		
5. ne pas avoir les deux pieds dans le même		
6. traîner la		
7. ne pas avoir les yeux dans sa		
8. changer de quelque chose comme de		
9. venir pleurer dans le de quelqu'un		
10. ramasser une		
11. trembler dans sa		
12. connaître quelque chose comme sa		
13. être dans ses petits		
14. prendre quelque chose sous son		
15. retourner sa		
16. en avoir plein les		
17. se faire tirer la		
18. jouer ses		
19. avoir quelqu'un dans sa		
20. payer de sa		
21. trouver à son pied		
22. être vendu sous le		
23. s'asseoir en		

8. Traduisez en français

apple core, apple brandy, apple peel
peach stone, peach melba, peach blossom
fruit gum, fruit drop, fruit cake

plum cake, plum duff, plum jam
tomato sauce, apple sauce, mint sauce
meatball, meatloaf, meat pie

9. Traduisez en anglais

le gilet de sauvetage	le gilet pare-balles
le gros bonnet	le bonnet d'âne
un bracelet à breloques	un bracelet de force
un bracelet d'identification	un bracelet de montre
une semelle intérieure	un caleçon long
une robe de bal	une robe sans bretelles
une robe de grossesse	une robe d'intérieur
une robe tunique	une robe tablier
un pantalon corsaire	un pantalon de golf
une chaussure montante	une chaussure cloutée
une pomme sauvage	une pomme de pin
une pomme d'arrosoir	une pomme de discorde
une noix de beurre	sans pépins
chou pour chou	sans un radis
mi-figue, mi-raisin	une affaire juteuse

10. Trouvez d'autres sens des mots suivants

la laque	le bandeau	la broche	le flâneur	la ballerine
la combinaison	le bleu	l'alliance	la collation	le pépin
la fève	la lentille	le navet	la pression	la fraise

11. Décrivez les vêtements suivants

le gilet de corps	le taillleur	le veston croisé
le survêtement	la combinaison	le noeud papillon

12. Traduisez en français ✓

1. For the interview she had picked out an olive-green suit, an off-white silk blouse and a pair of black court shoes.
2. Over the years his dress style had never changed: he always wore a tweed jacket, light grey flannels and brogue shoes.
3. As soon as the winter sales finish, the shops begin to stock up with summer clothes. By the end of January, it is almost impossible to find a woollen jumper.
4. The meal was a disaster: the soup was cold, the steak was overdone and the dessert was too sweet. Luckily she had bought several sorts of fruit – grapes, figs, cherries and plums.
5. I prefer nectarines to peaches. I don't like fruits which have a downy skin.
6. You ought to have put sugar in the fruit salad. It is much too sour.
7. She must have eaten all the hazelnuts, but there are still a few pistachios left.
8. I am fed up with mutton and mince. What I would like is a rare steak or a stew.

13. Trouvez dans cette grille vingt mots qui designent des produits alimentaires ✓

C	V	H	T	E	U	I	O	P	W	M	H	H	F	E	T	Y	U	I	P
H	E	T	C	A	W	R	U	I	O	E	D	S	T	B	N	C	Z	N	L
I	R	Y	O	S	W	E	R	O	R	A	N	G	E	A	D	E	B	F	C
B	V	H	T	D	T	I	O	P	L	M	R	C	H	I	P	S	P	U	O
S	E	I	E	T	W	E	R	R	T	Y	N	E	W	A	D	Q	R	S	R
F	I	O	L	G	B	E	C	A	M	O	M	I	L	E	V	W	U	I	S
E	H	P	E	R	D	E	R	S	Y	T	I	Y	V	E	E	W	N	O	T
R	F	P	T	E	E	V	I	A	N	D	E	T	U	O	N	E	E	N	E
G	N	L	T	U	W	T	V	D	S	A	T	Y	U	I	O	T	A	P	W
E	E	U	E	I	W	U	P	M	T	R	C	B	X	S	I	I	U	C	T
E	C	C	A	C	A	O	R	A	G	O	U	T	T	S	S	U	Z	I	Y
T	O	Y	U	O	S	F	H	K	M	B	V	X	I	I	E	R	Y	T	R
H	W	T	P	I	S	T	A	C	H	E	E	T	S	R	T	H	E	R	I
I	C	I	T	R	O	N	N	A	D	E	O	U	A	O	T	T	U	O	E
W	A	E	W	C	I	T	R	O	N	K	U	I	N	P	E	Y	B	N	W
O	S	W	E	A	Q	E	R	T	Y	U	I	O	E	O	I	U	I	V	T
P	S	D	R	F	E	R	T	A	R	A	C	H	I	D	E	N	U	E	U
U	I	H	T	E	W	Y	M	U	A	C	Y	O	O	P	Y	R	E	R	L
Y	S	Y	L	E	N	T	I	L	L	E	B	W	T	I	L	L	E	T	R
F	P	T	J	P	O	U	T	Y	E	R	W	Q	A	D	F	H	J	K	N

14. Etude de texte

Le fétichisme de la robe noire

'Jusque-là les femmes étaient belles et architecturales comme des proues de navires. Maintenant, elles ressemblent à de petits télégraphistes sous-alimentés.' Qui parle ainsi? Le couturier Paul Poiret, en 1926. L'objet de son indignation est un fourreau sans col ni poignets en crêpe de Chine noir, à manches longues et très ajustées. Une robe inventée par sa rivale Coco Chanel. Une petite robe noire scandaleuse – on parle alors de 'misérabilisme de luxe' – et désormais mythique. Le Printemps du boulevard Haussmann consacre, à partir du 4 octobre, une rétrospective à ce vêtement qui s'est imposé comme l'essence du chic parisien. Cinquante robes seront exposées, issues de la collection privée de Didier Ludot, admirateur fétichiste de la haute couture française.

   Toutes les époques, tous les styles, tous les couturiers sont représentés: une robe unique et très théâtrale de Madeleine Vionnet, brodée de paillettes de verre et de cristal noir, assurée pour 200 000 francs, côtoie les créations minimalistes de Balenciaga, et même une robe de guerre assemblée avec des matériaux de récupération . . . Dénominateur commun de toutes les garde-robes de l'après-guerre, le noir a pourtant eu bien du mal à s'imposer. *'Avec la révolution industrielle, les tissus noirs, très bon marché, habillent le petit peuple des villes qui semble en deuil perpétuel,* avance Xavier Chaumette, historien du vêtement et conférencier à l'école Esmod. *Jusqu'à la guerre, les femmes demeurent donc rétives à cette couleur des gens ordinaires.*' Seules, les artistes et les intellectuelles se l'approprient, par un refus militant des artifices, comme les chanteuses réalistes Fréhel et Berthe Sylva.

C'est en 1947 que Dior en fait l'uniforme de la bourgeoise avec 'Diorama', robe new-look à taille de guêpe et jupe en plein biais de 14 mètres d'envergure. '*Dans les années 50, les barrières sociales deviennent plus perméables,* explique Xavier Chaumette, *et la petite robe noire, moins ostentatoire, permet aux femmes du monde d'aller s'encanailler dans les bistrots des Halles ou de recevoir à leur table des convives moins fortunés.*' On la porte à tout âge, mais toujours sagement sous le genou – partie de l'anatomie que Chanel et Dior s'entendent pour considérer la plus laide. Epurée, elle habille Jeanne Moreau dans 'Les amants', Delphine Seyrig dans 'L'année dernière à Marienbad', Catherine Deneuve dans 'Belle de jour', Audrey Hepburn, Jackie Kennedy, Monica Vitti ... '*Puis, en 1964, c'est la révolution Courrèges, qui la revisite avec humour. Elle est très courte, ornée de grosses marguerites de chintz sur la poitrine*', ajoute Didier Ludot.

Le mythe n'est pas usurpé. La petite robe noire est sans conteste le chef-d'oeuvre de la technique française. '*Il aurait fallu montrer certaines robes à l'envers, leur architecture est à couper le souffle,* assure Xavier Chaumette. *Pour rendre vivante une robe noire, il faut travailler la coupe, les détails, les drapés, les biais. D'ailleurs, la robe noire reste une épreuve initiatique pour tous les couturiers. Quand Lacroix, le maître de la couleur, en ose une, ce sont des hurlements de bonheur dans la salle.*'

Ce fétichisme est un mystère, mais, lorsqu'une femme me vend sa garde-robe, elle se défait toujours de ses petites robes noires avec le plus grand regret', précise Didier Ludot. Au rebours de ce qu'indique son nom, la petite robe noire n'est pas forcément exiguë, elle peut même être bouffante comme un lampion. '*Petite est un terme affectueux,* reprend-il. *Pour preuve, une femme ne dira jamais 'ma petite robe rouge*'!'

Stéphanie Chavet, *Le Point*, 21 septembre 1996, p. 42 (© *Le Point*)

1. *Traduisez en anglais:*
   'a eu du mal à s'imposer' • 'jupe en plein biais de 14 mètres d'envergure' • 'permet aux femmes du monde d'aller s'encanailler' • 's'entendent pour considérer comme la plus laide' • 'qui la revisite avec humour' • 'Le mythe n'est pas usurpé' • 'bouffant comme un lampion'

2. *Donnez une définition des mots suivants:*
   le fétichisme, le fourreau, une rétrospective, le drapé, la paillette

3. *Expliquez le sens des expressions suivantes:*
   'misérabilisme de luxe' • 'le dénominateur commun' • 'une épreuve initiatique' • 'des matériaux de récupération' • 'le petit peuple des villes'

4. *Donnez des synonymes des mots suivants:*
   perméable, fortuné, épuré, exiguë

5. *Dressez une liste de mots qui se trouvent dans le texte et qui se réfèrent*
   à des professions • à des vêtements • aux tissus et aux garnitures

6. *Traduisez en anglais:*
   'Pour rendre ... dans la salle'

Level 2

1. Quelles sont les différences entre

un vêtement	un accoutrement	des hardes
habillé	fagoté	attifé
se maquiller	se grimer	se peinturlurer
un blouson	une veste	une canadienne

2. Composez des phrases qui feront ressortir les différences entre les mots suivants

1. la boule, la boulette, le boulet
2. la corniche, le cornichon
3. le foie, la foi
4. le hachis, la hachure
5. le poivre, le poivron, le poivrot
6. la tarte, la tartine, la tourte

3. Complétez le tableau suivant   ✓

poivre, pain(s), café, chou(x), poire, sel, datte, navet, poireau, pépin, cerise, gâteau, citron, chou-fleur, pâte, pomme(s), vivres, tomate

Locution	Signification	Registre
1. être dans les _____		
2. tomber dans les _____		
3. être bon comme le _____		
4. se vendre comme des petits _____		
5. être haut comme trois _____		
6. faire ses _____ gras		
7. avoir du _____ sur la planche		
8. lire l'avenir dans le marc de _____		
9. mettre son grain de _____		
10. couper les _____ à quelqu'un		
11. avoir du sang de _____		
12. s'y entendre comme à ramer des _____		
13. mettre la main à la _____		
14. avoir les oreilles en _____		
15. avoir le _____ pour quelqu'un		
16. être jaune comme un _____		
17. couper la _____ en deux		
18. faire le _____		
19. ne pas en ficher une _____		
20. presser quelqu'un comme un _____		
21. devenir rouge comme une _____		
22. garder _____ pour sa soif		
23. trouver la fève au _____		
24. piler du _____		

4. Traduisez en français

to tighten one's belt   to hit someone below the belt
to put a sock in it   to buckle down to
to speak off the cuff   to be tied to someone's apron strings

5. Traduisez en anglais

1. C'est un amateur de jupon.
2. Le camion a pris le virage sur les chapeaux des roues.
3. Alors, moi, je rends mon tablier.
4. Ça ne vaut pas un radis.
5. Il fait son boudin.
6. Elle a fait une boulette.
7. Ça va donner du piment à la vie.
8. Elle est très pot-au-feu.

6. Trouvez d'autres sens des mots suivants

l'oeillet   le lacet   la taille   le col
le revers   le godet   le combiné   le débardeur
le boudin   la boulette   corsé   la canette

7. Expliquez le sens des mots suivants

le cache-cou   le cache-coeur   le cache-poussière
le cache-misère   le cache-sexe   le cache-tampon

8. Composez des définitions pour les mots croisés

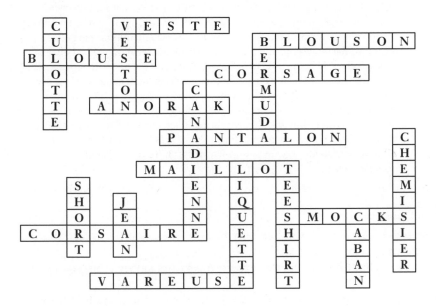

9. Traduisez en français

sprig of parsley   bay leaf   peppercorn
coffee bean   chilli powder   sesame seed
cod liver oil   cooking oil   castor oil

10. Traduisez en anglais

La chemise est en étoffe raide, un coton sergé dont la couleur kaki a passé légèrement par suite des nombreux lavages. Sous le bord supérieur de la poche court une première piqûre horizontale, doublée par une seconde en forme d'accolade dont la pointe se dirige vers le bas. A l'extrémité de cette pointe est cousu le bouton destiné à clore la poche en temps normal. C'est un bouton en matière plastique jaunâtre; le fil qui le fixe dessine en son centre une petite croix.

Alain Robbe-Grillet, *La Jalousie*, p. 49 (© Editions de Minuit, 1957)

Le garagiste portait de solides brodequins ferrés et renforcés, avec un dessus en lourde peausserie de vache à double tannage, teinte noisette, forme fermier deux-pièces sans couture derrière, pied doublé peau, montage extra-souple à double couture sur première cuir et semelles antidérapantes. Il portait aussi un large ceinturon clouté par-dessus son bleu.

Jean Echenoz, *Cherokee*, pp. 188–89 (© Editions de Minuit, 1983)

11. Traduction orale

Conserves de légumes au vinaigre de cidre

Toutes les crudités y ont leur place: petites carottes, bouquets de chou-fleur, mini-courgettes ou pâtissons, épis de maïs nains, petits oignons, coeurs de céléri-branche émincés, etc. Nettoyez-les et mettez-les dans un saladier. Préparez une saumure (avec 60 g de gros sel fondu dans 50 cl d'eau bouillante pour 500 g de légumes). Laissez refroidir complètement puis versez-la sur les légumes. Recouvrez ensuite d'une assiette surmontée d'un poids. Laissez de côté pendant 24 heures. Ce temps passé, rincez les légumes. Egouttez-les et épongez-les. Mettez-les dans des bocaux préalablement ébouillantés et séchés. Recouvrez de vinaigre de cidre ou de vin blanc. Au gré de votre fantaisie, ajoutez quelques brins d'estragon, 1 ou 2 piments et quelques grains de poivre (évitez l'ail qui fermente). Fermez hermétiquement et laissez macérer deux mois minimum dans un endroit frais à l'abri de la lumière. Présentez ces légumes croquants avec un pot-au-feu, des viandes froides, ou un assortiment de charcuteries.

Femme actuelle, 9–15 septembre 1996, p. 63 (© *Femme actuelle*)

12. Traduisez en français   ✓

1. Good health depends on a balanced diet. I eat very little red meat, but I love vegetables, especially red cabbage, parsnips and jacket potatoes.
2. I don't like stock cubes, but I have found that green peppers and kidney beans add flavour to stews and soups.
3. Every time I go to France I bring back bread and pastry – French sticks, rye bread, apple turnovers and almond-flavoured croissants.
4. He drinks very little – a glass of wine with his meal, port at Christmas and two or three glasses of lager at the weekend.

5. I quite like the colour of the coat dress, but the lapels are too broad.
6. The polo-necked jumper is too small, but the crew-necked one won't go with the wrapover skirt.
7. When I go to the swimming pool, I always wear a one-piece bathing suit, but I prefer a two-piece when I go to the beach.
8. These shoes are badly finished. The eyelets are too small and the stitching is uneven.

13. Travail de groupe

• Préparez un menu pour un repas typiquement 'britannique'.
• Ecrivez la recette pour chacun des plats que vous choisissez.

Level 3

1. Trouvez d'autres sens des mots suivants

la mousse	le blaireau	le dissolvant	le rouleau
le maillon	cintré	l'agrafe	l'accroc
la cambrure	le pan	la pochette	le rabat
la grenade	la brochette	la courge	la dragée
la gelée	fourré	guimauve	mijoter

2. Trouvez les sens figurés ou argotiques des mots suivants

farcir	éplucher	écosser
désosser	croustillant	le berlingot

3. Composez des phrases qui feront ressortir les différences entre les mots suivants

la pâte, le pâté, la pâtée
la grenade, la grenadine, le grenat
la grillade, le grillage, le gril
la cannelle, le cannelloni, la cannelure
le bonbon, la bonbonne, la bonbonnière

4. Décrivez la fonction des objets et produits suivants

la crème épilatoire	l'huile capillaire	le rouleau
le fond de teint	le masque de beauté	la pince
la crème antirides	le dissolvant	le blaireau

5. Expliquez le sens des expressions suivantes

une vieille noix	un film à la noix
une chanson guimauve	le papier gaufré
une brochette de décorations	la purée de pois

6. Complétez le tableau suivant   ✓

fraise(s), sauce(s), marron(s), sucre, croûte, fromage, miel, crêpe, dragée, flan, salade(s), brioche, noix, beignet, miches, chou, gaufre

Locutions	Signification	Registre
1. rentrer dans le _____ de quelqu'un		
2. prendre de la _____		
3. ramener sa _____		
4. mettre quelqu'un à toutes les _____		
5. gagner sa _____		
6. sucrer les _____		
7. allonger la _____		
8. casser du _____ sur le dos de quelqu'un		
9. tenir la _____haute à quelqu'un		
10. raconter des _____		
11. prendre la _____		
12. ramasser une _____		
13. tirer les _____du feu		
14. casser la _____		
15. en rester comme deux ronds de _____		
16. se retourner comme une _____		
17. être tout sucre tout _____		
18. trouver un bon _____		

7. Traduisez en anglais

1. Amène ta viande!
2. J'ai la tête en compote.
3. C'est fort de café.
4. C'est de la crème.
5. C'est bien fait pour sa poire.
6. Si on lui pressait le nez il en sortirait du lait.

8. Traduisez en anglais

1. Pétrissez la pâte jusqu'à ce qu'elle soit lisse et satinée.
2. Laissez frémir 10 minutes, à feu doux.
3. Versez-y 25cl d'eau petit à petit en mélangeant bien pour qu'il n'y ait pas de grumeaux.
4. Badigeonnez toute la surface du couvercle de jaune d'oeuf.
5. Continuez de fouetter pendant 2 à 3 minutes jusqu'à ce que la préparation devienne mousseuse.
6. Parsemez du persil ciselé et de la ciboulette émincée.
7. Monter 112 mailles et tricoter 4 cm au point mousse avec 15 augmentations au dernier rang.
8. Prendre un peloton pour chaque motif et bien croiser les fils à chaque changement de coloris.
9. Monter les manches et les fermer ainsi que les côtés du gilet.
10. Relever 156 mailles autour de l'encolure et tricoter 4 cm en côtes 2/2.

9. Décrivez les plats suivants

Yorkshire pudding   haggis   Bakewell tart   Cornish pasty

10. Traduisez en français   ✓

1. You should put on your hood rather than that headscarf. It will keep you much warmer.
2. The trouser-suit and the pinafore dress which my daughter has bought remind me of the clothes I wore in the 1960s.
3. The sahara jacket has big patch pockets, whereas the blazer has flap pockets.
4. Puff-sleeves and batwing sleeves don't suit me at all. My shoulders are much too broad.
5. It will be much more difficult to shorten the skirt with the inverted pleat than the one with the kick pleat.
6. He has a very sweet tooth, but if he wants to lose weight, he'll have to cut out apple-turnovers, custard pies and soft-centred sweets.
7. I told her to buy waffles, but she brought back a packet of sponge fingers and four doughnuts.
8. To make the stuffing, you will need mince, tomatoes, rosemary and sage.

11. Traduction orale

1. La chemise à carreaux. Coupe virile des chemises 'trappeur'. Col boutonné, empiècement dos double avec pli d'aisance. Une poche poitrine. Quatre encolures.
2. Le gilet sans manches en molleton. Une forme très actuelle avec sa base resserrée par un lien coulissant. S'entretient en machine, se repasse facilement. Deux poches plaquées.
3. Le sweat en cinq coloris. Détails sympas: col montant, badges, bord-côtes rayés, pressions, surpiqûres fantaisie, fentes de côté. Une forme tunique pour porter sur fuseaux.
4. Les trois jeans de travail. En denim 100%. Entièrement surpiqué. Deux poches devant et deux poches plaquées dos. Ceinture à larges passants, coupe ample, braguette à boutons. Entrejambe 83 cm. Bas 23 cm. Vendus par lot de trois dans la même taille.
5. L'ensemble en maille. Raffinement toute simplicité. La veste est croisée et se ferme par un double boutonnage. Carrure légèrement épaulée. Deux poches passepoilées. Longueur: 80cm environ. Jupe droite élastiquée, entièrement doublée.
6. Le peignoir écossais. Tout le confort d'un grand classique. Col châle, fentes côtés. Manches raglan avec revers bordés d'un biais. Ceinture sous passants à nouer. Lien intérieur. Une poche dans la couture côté. En tissu gratté.

12. Rédaction

En vous servant des mots et des expressions ci-dessous, rédigez une publicité pour chacun des vêtements suivants:

une robe-tablier	un pull-tunique	un débardeur
un maillot de bain	une chemise twill	un veste pied-de-poule

à bretelles, au bas des manches, une élégance intemporelle, un mélange de matières, emmanchures chauve-souris, mi-coton, une belle coupe, conjuguant, sagement décolleté, encolure dégagée, myosotis, à porter façon décontractée, tomber impeccable, ample, très tendance, fait un grand retour, boutonné devant, un tissu fluide, 88% coton, doublure satinée, en maille, marron, 45% polyester microfibre, 12% élastine, fermé par, des pinces devant, avec col monté, imprimé, chambray, 40% laine, ciel, popeline, écru, braguette, sur fond, cette saison, zippé, ligne, à croquer, extensible, un beau drap de laine, crépon, poche, brique, à rabat, style empire, mouvant, séduction, irréprochables, forme chasuble, menthe, palette automnale, controlée Woolmark, décolleté, 55% viscose, croisé, actuel, glissière au dos, vaporeux, ajouré, galbé par, 20% polyamide, fleuri, mi-acrylique, moutarde, pattes fantaisie, voile, fuselé, transparent, chiné de, ajusté, à la taille, à frous-frous, beige rosé, entièrement, doublée, toile épaisse coton, uni, smocké, très couture, profond, très couvrant, rétro, résistant, décolleté carré, pli central, pli d'aisance, naturel, col doublé, feutre, poche intérieure, 80% coton, en pure laine, passepoilé, finitions, coupé dans, confort, 60% cachemire.

13. Traduction écrite

Les aliments sont à cuire, mettre au feu, bouillir, rôtir, griller. Il y a les fours, les fourneaux, les broches, les grils, les braseros pleins de charbon. Certains anges ont les manches retroussées. Leur figure est cramoisie du reflet sur leurs peaux noires et dorées des braises ardentes et des flammes. L'aneth odorant, le cumin, l'origan, le thym et le romarin sont brûlés par grandes bottes sèches et ce qu'il y a de graine, une fois grillé est jeté dans les tamis avec le coriandre et le sésame. Quand on la considère à quelque distance, toute l'activité semble tenir dans les déplacements, les allées et venues, les circulations, les montées et les descentes à flanc de colline, les traversées latérales et diagonales, les progressions le long de la pente raide, les courses, les avancées et les reculs, les évolutions et les piétinements. Des anges passent à présent portant sur leurs épaules des paniers et des caisses de fruits. Elles les disposent ensuite au centre de la cour dans des entassements géométriques. Il y a des cerises, des fraises, des framboises, des abricots, des pêches, des prunes, des tomates, des avocats, des melons verts, des cantaloups, des pastèques, des citrons, des oranges, des papayes, des ananas et des noix de coco. A un moment donné, un chérubin seins nus, sonne la trompette pour annoncer que tout est prêt pour la cuisine des anges.

Monique Wittig, *Virgile, non*, p. 138 (© Editions de Minuit, 1985)

14. Etude de texte

La Mode pétasse: guêpières, dentelles et strass. Y a du monde au balcon!

Les femmes jettent aux orties les préjugés vestimentaires. Trompe-l'oeil et séduction. Les belles de jour se déguisent en belles de nuit. Plus aucune d'entre nous n'hésite à dévoiler un morceau de soutien-gorge sous une chemise ouverte jusqu'au nombril, à dire à un homme: 'C'est maintenant ou jamais', ou encore à se parer de porte-jarretelles pour le seul plaisir de savoir qu'elle en porte. Avec la mode des top models qui nous en ont dévoilé plus qu'il ne faudrait, des talks shows à seins découverts et des campagnes de pub sous le signe des années érotiques, les tabous sont tombés à la vitesse du mur de Berlin. De quoi mettre les principes en dessus dessous.

Aux revues hard à ne pas laisser à la portée des enfants, les femmes à tendance SM (sadomaso) préfèrent les catalogues de vente par correspondance type 'La Redoute' et 'Les Trois Suisses', tout aussi affriolants. La panoplie en latex, les soutifs à trous et les strings en cuir arrivent en vingt-quatre heures chrono, directement sur le couvre-lit (en imprimé panthère?). Les plus téméraires, en revanche, n'hésitent pas à faire leur shopping 'live' dans les bonnes maisons spécialisées. Chez Philéa, rue Quincampoix, à Paris, les copines essaient ensemble les corsets à prix d'or mais à effet boeuf ou les escarpins à vertigineux talons aiguilles, pas pour marcher, mais pour s'allonger. Les intellos chics se refilent, elles, la même adresse, Sabbia Rosa, rue des Saints-Pères, pour se vautrer avec élégance dans la soie et le satin. En toute impunité: dans la rue des éditeurs, les fantasmes sont littéraires, et les hommes reçus comme des princes. Rue des Petits-Champs, chez Chantal Thomass, 'elles raisonnenent dans une triple perspective, explique Nathalie Leroy, responsable lingerie: confort, esthétique et séduction.'

Mais ce sont surtout les maris ou les amants qui choisissent, avec des airs de clandestins, la plupart des guêpières et serre-taille. Des accessoires qu'elles n'ont, elles, aucune honte à acheter en sachant qu'ils sont sexy mais peu pratiques'. Elles lorgnent aussi du côté de la lingerie 'lifting' qui, en un tour de main, gonfle les seins et rebondit les fessiers. Des ustensiles trompe-l'oeil pour les allumeuses qui ne couchent pas. Mais sur la plage, les ravageuses ne montrent plus rien. Fini le mono, vive le une-pièce à col roulé! Les corps se dénudent la nuit. Et le tout sous le couvert de marques de prestige.

Les faiseurs de mode ont merveilleusement participé à ce nouveau savoir-montrer. On dévoile la chair pour exorciser le péché d'argent. Un signe de bonne santé. Une nouvelle vertu. La séduction porte un prix. Et ce sont tous ces signes ostentatoires que l'Italien Gianni Versace réunit dans ses collections en précisant que 'toute femme garde jalousement sa féminité mais la manifeste sans pudeur avec une grande sensualité'. Ce que Bruno Remaury, professeur à l'Institut français de la mode, nomme 'la culture nouveau riche'. 'Quand on a de belles fesses, dit-il, on les montre, quand on a de l'argent, on l'étale. Le fantasme est moins érotique qu'ostentatoire.'

Et des jeunes filles de bonne famille en dévoilent plus que les femmes de petite vertu. Avec l'approbation de leur entourage: Lady Di soi-même a tué les préjugés en portant une robe griffée Gianni. Grâce à Versace, la 'high society' allume sans scrupule. Les bourgeoises, jusque-là étriquées dans des tailleurs roses ou verts, ronronnent à présent en déshabillé transparent. Le résultat a du sex-appeal. 'On a associé à tort le mot 'sexy' au mot 'vulgaire'. Une belle fille n'a pas peur de montrer ses formes et d'en jouer avantageusement. Moi, ça fait trente ans que je pratique le sexy à tout va', s'enorgueillit la styliste d'Yvan et Marzia. Avec ses imprimés léopard, ses caleçons et ses paillettes, elle fait bisquer les snobes et les faux jetons qui montrent du doigt ces 'pétasses' qui se déhanchent en panthère. Officiellement, elles préfèrent Chanel pour sa caution chic, pour le faux misérabilisme de la célèbre robe noire de Coco ('qui va à tout le monde'). Ou encore Azzedine Alaïa, pour ses matières traitées comme une seconde peau, ses coutures qui remodèlent le corps et ses vêtements aux teintes pastel (mais 'qu'elles ont du mal à enfiler'). En réalité, elles flashent sur tout ce qui est criard: les faux ongles peints en noir, les postiches extravagants couleur feu ou platine, les faux culs de Vivienne Westwood.

Des jambes juchées sur des mules vernies, un arrière-train moulé dans le satin, un balconnet à donner le vertige, à quatre ans de l'an 2000 les femmes dévoilent sans complexe et sans scrupule leur vraie féminité. L'adage 'Là où il y a de la gêne, il n'y a pas de plaisir' n'a jamais été aussi universel. Les hommes en perdent leur baratin.

Catherine Bézard avec Isabelle Pia, *L'Evénement du jeudi*, 4–10 juillet 1996, pp. 30–31 (© *L'Evénement du jeudi*)

1. *Trouvez des synonymes des mots suivants:*
   dévoiler, se parer, affriolant, se refiler, ostentatoire, criard
2. *Donnez le genre des substantifs suivants:*
   tabou, fantasme, une-pièce, marque, scrupule, deshabillé, honte, ustensile
3. *Dressez une liste des mots qui se trouvent dans le texte et qui se réfèrent:*
   à *la lingerie • aux chaussures • aux tissus*
4. *Dressez une liste des anglicismes qui se trouvent dans le texte.*
5. *Traduisez les mots suivants:*
   le couvre-lit • le couvre-radiateur • le couvre-chef • le couvre-livre • le couvre-feu • le serre-taille • le serre-joint • le serre-tête • le serre-livres • le couvre-pieds

6. *Donnez des définitions des mots suivants:*
   l'accessoire, lorgner, une allumeuse
7. *Traduisez en anglais:*
   'De quoi mettre les principes en dessus dessous' • 'arrivent en vingt-quatre heures chrono' • 'les corsets à prix d'or mais à effet boeuf' • 'les escarpins à vertigineux talons aiguilles' • 'En toute impunité' • 'Elles raisonnent dans une triple perspective' • 'ce nouveau savoir–montrer' • 'une robe griffée Gianni' • 'ses matières traitées comme une seconde peau'
8. *Traduisez en anglais:*
   'Moi, ça fait . . . baratin'

Unit 7

Perception

Level 1

Sight

regarder	to look at
regarder quelque chose de près	to look closely at something
regarder quelqu'un du coin des yeux	to watch someone out of the corner of one's eye
parcourir de son regard	to glance over, cast one's eye over
promener son regard sur quelque chose	to cast one's eye over something
échanger des regards avec quelqu'un	to exchange glances with someone
observer	to watch
remarquer	to notice
se remarquer	to be noticeable
suivre des yeux	to follow with one's eyes
scruter	to peer at
regarder attentivement	to peer at
regarder fixement	to stare
dévisager quelqu'un	to stare at someone
fixer quelqu'un du regard	to stare at someone
regarder avec colère	to glare at
jeter/lancer à quelqu'un un regard furieux	to glare at someone
regarder avec hostilité	to glower at
regarder quelqu'un de travers	to glower at someone, scowl at someone
lancer à quelqu'un des regards noirs	to glower at someone
jeter un coup d'oeil sur/à	to glance at
détourner le regard	to glance away
jeter un coup d'oeil autour de soi	to glance round
apercevoir	to catch a glimpse of
entrevoir	to glimpse
regarder furtivement	to peep at
regarder à la dérobée	to peep at
regarder en cachette	to peep at
regarder dans le vide	to stare into space
briller	to shine, sparkle, glitter, glint, etc.
brillant	bright
éclatant	bright, dazzling
l'éclat (m)	brightness, brilliance, shine, glare; radiance
une lumière aveuglante	glare
étinceler	to sparkle, glitter, gleam
jeter des étincelles	to glitter, flash, sparkle
étincelant	sparkling, glittering, gleaming
clignoter	to blink, twinkle
faible	faint
s'affaiblir	to fade (*of light*)
baisser	to fade (*of light*)
trembler	to quiver
noir	dark
sombre	dark
ténébreux	dark
l'obscurité (f)	darkness
les ténèbres (f)	darkness, gloom

foncé	dark (*of a colour*)	frais/fraîche	fresh
le crépuscule	twilight, dusk	délicat	light, delicate
s'assombrir	to darken (*e.g. sky*)	pénétrant	pervasive
s'obscurcir	to darken	persistant	lasting
		tenace	lingering
		fétide	fetid, sour

Sounds

avoir l'oreille fine	to have a good sense of hearing	infecte	vile
		putride	putrid
claquer	to bang (*e.g. door*), slam	sentir	to smell
		respirer	to breathe in
faire claquer une porte	to slam a door	puer	to stink
le claquement	bang, banging	sentir l'oignon/le poisson	to smell of onions/fish
détoner	to bang (*e.g. explosion*)	sentir le brûlé	to smell of burning
la détonation	bang		
l'explosion (f)	blast		

Taste

marcher à plein volume	to go at full blast	le goût	taste
		la saveur	flavour
le bruit sourd	thud	savourer	to taste
faire un bruit sourd	to thud	avoir le goût fin	to have a refined palate
faire un bruit sourd et lourd	to thump	doux	sweet, mild
marcher d'un pas lourd	to clump	sucré	sweet
		salé	salted
craquer	to creak, squeak, crunch, crackle, make a cracking sound	épicé	spicy
		acidulé	tart
		aigre	bitter
		savoureux	tasty
crépiter	to crackle, splutter (*fire*); to patter (*rain*)	délicieux	delicious
		appétissant	appetising
		insipide	insipid
pétiller	to crackle (*fire*); to fizz	fade	insipid
le sifflement	whistle, whiz	sans saveur	tasteless
siffler	to whistle		
sonner	to ring		

Touch

		le toucher	touch
		égal	even, smooth

Smells

l'odorat (m)	sense of smell	uni	smooth
avoir l'odorat très développé	to have a keen sense of smell	poli	polished
		verni	varnished
avoir le nez fin	to have a keen sense of smell	doux	soft
		lisse	smooth
ne pas avoir d'odorat	to have no sense of smell	soyeux	silky
		inégal	uneven
l'arôme (m)	aroma	raide	stiff
le parfum	perfume	glissant	slippery, slithery
la senteur	scent	collant	sticky, tacky
la puanteur	stink	visqueux	viscous, sticky

la sensation de laine	the feel of wool	poudreux	powdery
la sensation de soie	the feel of silk	abrasif	abrasive

Level 2

Sight

regarder quelqu'un droit dans les yeux	to look someone in the eye
regarder quelqu'un bien en face	to look someone in the face
regarder quelqu'un dans le blanc des yeux	to look someone in the eye
éblouir	to dazzle
aveugler	to dazzle, blind
flamboyer	to flare
luire	to glow, shine
scintiller	to sparkle, twinkle, glisten
le lustre	sheen, gloss
lustré	glossy
le brillant	sparkle, brightness
brillant	sheen
luisant	shiny
la lueur	gleam
le reflet	gleam
trembloter	to waver
vaciller	to waver
rayonner	to beam
le rayon	beam of light
la raie de lumière	a streak of light
terne	dull
morne	dull, drab
sans éclat	dull, lack-lustre

Sounds

retentir	to ring out
retentissant	ringing, resounding
résonner	to resonate, reverberate, resound
la voix résonnante	resounding/booming voice
klaxonner	to honk
s'entrechoquer	to clash
le cliquetis	jingle, rattle, clicking, clinking

cliqueter	*used for a number of metallic noises:* clink, clank, jingle, jangle *but also* clatter *and* clink
grincer	to grate, grind, jar
grinçant	grating, jarring
crisser	*applies to a number of different noises:* to crunch (*e.g. gravel*); to squeal (*e.g. brakes*), to rustle (*e.g. fabric*)

Smells

exhaler	to give off
dégager	to give off, emit
émettre	to emit
une émission	emission
le relent	stench, foul smell
suffocant	suffocating, overwhelming
inodore	odourless, scent-free

Taste

aigre	bitter
âcre	acrid, pungent
âpre	pungent, acrid, bitter
rance	rancid
ranci	rancid
écoeurant	sickening
moelleux	creamy, smooth
la papille gustative	taste bud
avoir un goût de	to taste of/like
laisser un goût déplaisant dans la bouche	to leave a bad taste in the mouth

Touch

tâter	to touch, explore
tâtonner	to feel one's way around

glacé	glossy, glazed	noueux	knobbly
laqué	lacquered	épineux	prickly
satiné	satiny, satin-smooth	hérissé	prickly
doux au toucher	soft to the touch	piquer	to prickle
froid au toucher	cold to the touch	picoter	to tickle, prickle,
l'aspérité (f)	bump, rough patch		smart, sting
la rugosité	roughness		

Level 3

Sight

miroiter	to shimmer	faire tinter	to tinkle, chink,
le miroitement	shimmering		clink
chatoyer	to shimmer	le tintement	tinkle, chink, clink
le chatoiement	shimmering	le bruissement	rustling, swish
rutiler	to gleam	le froissement	rustling, swish
rutilant	gleaming	bruire	to rustle
le rutilement	gleam	faire un bruit de	to rustle
rougeoyer	to glow	froissement	
le rougeoiement	glow	grésiller	to sizzle
dorer	to gild	le cric-crac	creaking
		craqueter	to creak, crackle

Sounds

Smells

beugler	to blare (*e.g. radio*)	humer	to sniff, smell
fracasser	to crash, smash	flairer	to scent, smell
le fracas	crash, din	renifler	to sniff
fracassant	thunderous,	subodorer ①	to scent, to detect
	deafening	le fumet	aroma, bouquet
marteler	to pound	musqué	musky
le martèlement	hammering,	embaumé	balmy
	pounding	odoriférant	fragrant
le glou-glou	gurgle	capiteux	heady
le gargouillis	gurgle	suave	sweet
clapoter	to lap	une odeur de	smell of sweat
le clapotement	lapping	transpiration	
faire un bruit de	to squelch	une odeur de moisi	mouldy smell
succion		une odeur de	stale smell
faire un bruit de	to squelch	renfermé	
pataugeage		une odeur de pourri	rotten smell
faire flic flac	to splash	une odeur de brûlé	burnt smell
bourdonner	to hum, buzz, drone	une odeur de roussi	smell of singeing
vrombir	to hum, whirr		
ronronner	to purr, hum, whirr	*Touch*	
tambouriner	to drum	rêche	rough
le tambourinement	drumming	grumeleux	gritty
carillonner	to peal	squameux	scaly
tinter	to tinkle, chink, clink	poisseux	sticky, tacky, gooey

picoter	to itch, prickle	le picotement	prickling sensation
le fourmillement	pins and needles		

Colour and light

Level 1

Colours

laiteux	milky white	brun	brown
ivoirin	ivory	chocolat	chocolate brown
noir comme du charbon	black as coal	jaunet	slightly yellow
noir comme de la poix	pitch black		

Verbs

rougir	to blush
rouiller	to turn rusty
rougeoyer	to take on a red hue
rosir	to turn pink
jaunir	to turn yellow
verdir	to turn green
blanchir	to turn white

noir comme l'ébène	jet black
noir comme l'encre	inky black
gris ardoise *inv.*	slate grey
gris argenté *inv.*	silvery grey
gris d'acier *inv.*	steel grey
gris de perle *inv.*	pearl grey
rouge comme une tomate	red as a beetroot
bleu d'azur *inv.*	sky blue
bleu ciel *inv.*	sky blue
bleu roi *inv.*	royal blue
bleu d'outremer *inv.*	aquamarine
bleu pastel *inv.*	pastel blue
bleu canard *inv.*	duck blue
bleu ardoise *inv.*	slate blue
citron *inv.*	lemon
safrané	saffron
vert émeraude *inv.*	emerald green
vert pomme *inv.*	apple green
vert pistache *inv.*	pistachio green
vert bouteille *inv.*	bottle green
vert tilleul *inv.*	lime green
vert d'olive *inv.*	olive green
mauve	mauve
lilas *inv.*	lilac
violet	violet
prune *inv.*	plum
violâtre	purplish

Expressions

une feuille blanche	blank piece of paper
blanc comme neige	white as the driven snow
la vente de blanc	white sale
Blanche-Neige	Snow White
blanc de colère	white with rage
blanc de peur	white with fear
être bleu de colère	to be purple with rage
bleu de froid	blue with cold
devenir rouge comme une cerise	to turn red as a beetroot
rouge de colère	flushed with anger
faire rougir quelqu'un	to make someone blush
rougir jusqu'aux racines des cheveux	to blush to the roots of one's hair
le numéro vert	freephone
vert de peur	green with fright
la fièvre jaune	yellow fever
blanchir à la chaux	to whitewash

Level 2

Colours

blanc cassé *inv.*	off-white	blême	pale
		blafard	pale

livide	pale
vert-de-gris *inv.*	greyish green
café au lait *inv.*	coffee-coloured
cerise *inv.*	cherry
cramoisi	crimson
écarlate	scarlet
bistre	blackish-brown, swarthy
fauve	fawn
marron *inv.*	brown, chestnut
brun roux *inv.*	auburn
roux	ginger, russet
jaune serin *inv.*	canary yellow
rose bonbon *inv.*	candy pink
rose saumon *inv.*	salmon pink
le ton	tone
la tonalité	tone
la teinte	shade, tint, tinge
la couleur éclatante	bright/dazzling colour
la couleur vive	bright colour
la couleur fraîche	fresh colour
la couleur criarde	garish/loud colour
la couleur voyante	garish colour

Expressions

le blanc d'Espagne	whitening
la grande bleue	the Mediterranean
le sang bleu	blue blood
une peur bleue	blue funk
eau rose	rosewater
ce n'est pas tout rose	it's not roses all the way
voir la vie en rose	to see life through rose-tinted spectacles
avoir les doigts verts	to have green fingers
une plaisanterie un peu verte	a risqué joke
en avoir vu des vertes et des pas mûres	to have been through it
peindre les choses en noir	to paint a bleak picture
voir les choses en noir	to look on the black side

Level 3

Colours

corail *inv.*	coral
abricot *inv.*	apricot
couleur d'ambre *inv.*	amber
mandarine *inv.*	tangerine
bleu-vert *inv.*	aquamarine
améthyste *inv.*	amethyst
bleu saphir *inv.*	sapphire
sépia *inv.*	sepia
paille *inv.*	straw-coloured
grège	oatmeal
beige rosé *inv.*	mushroom
gris brun *inv.*	dun
couleur chair *inv.*	flesh-coloured
moutarde *inv.*	mushroom
gris anthracite *inv.*	pewter
couleur (de) bordeaux *inv.*	claret, burgundy
noisette *inv.*	hazelnut
châtain terne *inv.*	mousy
amarante *inv.*	amaranthine

tabac *inv.*	buff
rouge-sang *inv.*	blood-red
rouge rubis *inv.*	ruby
lie de vin *inv.*	wine
lavande *inv.*	lavender
violine	dark purple
mordoré	bronze
bigarré	motley
bariolé	gaudy-coloured
diapré	mottled, variegated
moucheté	speckled, spotted
tacheté	speckled, spotted
pommelé	dappled, flecked
jaspé	mottled, marbled
cendré	ashy
irisé	iridescent
moiré	shimmering
automnal	autumnal
nauséeux	sickly
le daltonisme	colour-blindness
daltonien	colour-blind

passé	faded	faire noir comme dans un four	to be pitch black
		acheter au noir	to buy on the black market
Expressions			
fleur bleue	sentimental		
une nuit bleue	night of terror	le travail au noir	moonlighting
le bifteck bleu	rare steak	noircir du papier	to write reams
se mettre au vert	to take a rest in the country	broyer du noir	to be down in the dumps

Materials and textures

Level 1

Cloth

le tissu	cloth	bétonner	to concrete
l'étoffe (f)	stuff	la bétonneuse	cement mixer
le tricot	knitted fabric	**le** bitume	asphalt
la laine	wool	bitumé	asphalt, tarmac
le drap	woollen cloth	bitumer	to asphalt, tarmac
des lainages (m)	woollens	le goudron	tar
le coton	cotton	goudronner	to tar
le lin	linen	goudronneux	tarry
la soie	silk	la poix	pitch, tar
la dentelle	lace	poisseux	sticky, tacky
le velours	velvet	le macadam	macadam
le velours côtelé	corduroy	le gravier	gravel
la flanelle	flannel	le gravillon	grit, fine gravel, chipping
le feutre	felt	gravillonner	to gravel
le coutil	drill	graveleux	gravely, gritty
le sergé	twill	le granit	granite
la toile	canvas, linen	le granite	granite
le ruban	ribbon	la brique	brick
l'acrylique **(m)**	acrylic	le briquetage	brickwork
la maille	net	briqueter	to brick
le crêpe	crepe	le briqueteur	bricklayer
l'ouate (f)	cotton wool	l'argile (f)	clay
la gaze	gauze	la glaise	clay
le voile	netting	argileux	clayey
le tulle	tulle	glaiseux	clayey
		la craie	chalk
		le marbre	marble
Wood		**le** plâtre	plaster, plaster work
le bois dur	hardwood		
le bois de feuillu	hardwood	plâtrer	to plaster
le bois tendre	soft wood	le plâtrage	plastering
		plâtreux	chalky
Building materials		le plâtrier	plasterer
le béton	concrete		

le Placoplâtre ®	plasterboard
le mastic	putty

Metals

l'acier (m)	steel
l'étain (m)	tin
le fer-blanc	tinplate
le papier d'étain	tinfoil
le papier d'aluminium	tinfoil
le fer	iron
le fer forgé	wrought iron
le bronze	bronze
le cuivre rouge	copper
le cuivre jaune	brass
le plomb	lead

Various

le verre	glass
la cire	wax
le cuir	leather
le similicuir	leatherette
le daim	suede

la suédine	suedette
le vinyle	vinyl
le plastique	plastic
la pâte à modeler	Plasticine ®
le vernis	varnish, glaze
le cuir vernis	patent leather
le papier	paper
le carton	cardboard
le parchemin	parchment
le caoutchouc	rubber
le caoutchouc mousse	foam rubber
caoutchouteux, -euse	rubbery
la paille	straw
la corde	rope
la ficelle	string
le ruban adhésif	sticky tape
la bande adhésive	sticky tape
le scotch ®	Sellotape®, Scotch tape?
le rouleau de scotch ®	roll of Sellotape ® Scotch®

Level 2

Cloth

la fibre artificielle	man-made fibre
la popeline	poplin
le crépon de coton	seersucker
le calicot	calico
la batiste	cambric, lawn
le taffetas	taffeta
le satin	satin
le vichy	gingham
le molleton	flannelette, felting
le pilou	flannelette
la finette	brushed cotton
la mousseline	muslin, chiffon
le coton satiné	glazed cotton
le coton lustré	glazed cotton
le tissu éponge	towelling
le lurex ®	lurex
le crimplène ®	crimplene
la bouclette	bouclé

la laine bouclette	bouclé knitting wool
le tissu à chevron	herringbone cloth
le tissu pour tailleurs	suiting

Wood

le bambou	bamboo
le rotin	cane
l'osier (m)	wicker
l'acajou (m)	mahogany
l'ébène (m)	ebony
le contre-plaqué	plywood
le liège	cork

Various

le grès	sandstone; earthenware
la faïence	earthenware
la porcelaine	porcelain

Level 3

Cloth

la peluche	plush
le damas	damask
l'indienne (f)	printed calico
le Tergal ®	terylene ®
le cachemire	cashmere
la laine vierge	virgin wool; new wool
la laine peignée	worsted wool
le poil de chameau	camel-hair
la peau de mouton	sheepskin
la peau de porc	pigskin
la moleskine	imitation leather
la toile à sac	burlap, sacking
la toile de jute	hessian
la toile à voile	sailcloth
la toile à draps	sheeting
la toile de bâche	tarpaulin
la toile à matelas	ticking

Metal

le métal précieux	precious metal
le métal semi-précieux	semi-precious metal
le métal non précieux	base metal
le métal blanc	white metal
le métal jaune	yellow metal
la tôle	sheet metal
le fil de cuivre	copper wire
le métal ductile	ductile metal
les scories (f)	slag
la fatigue du métal	metal fatigue
le détecteur de métaux	metal detector
le métal en gueuse	pig iron
le placage	plating
le métal repoussé	embossed metal
le nickel	nickel
le grillage	mesh
la ferraille	scrap iron
l'émail (m)	enamel
l'inox(ydable)	stainless steel
la tôle ondulée	corrugated iron
la fonte de fer	cast iron
le fil de métal	wire
le plaqué argent	silverplate, electroplate

le plaqué chêne	oak-veneer
le plaqué de blindage	armour plating

Wood

le balsa	balsa wood
le bois de santal	sandalwood
le bois satiné de l'Inde	satinwood
le bois de citronnier	satinwood
le teck	teak
le bois de noisetier	hazelwood
le petit bois	kindling
le bois d'allumage	kindling
le copeau	chip
la pâte à papier	wood pulp
le placage	veneer
le grain	grain
les veines (f)	grain
veiné	grainy
le bois au grain fin	fine-grained wood
aux fibres irrégulières	cross-grained
le noeud	knot
noueux/-euse	knotty
l'éclat (m)	splinter
l'écharde (f)	splinter
vermoulu	worm-eaten
la vermoulure	worm-hole
le bouche-pores	wood-filler
le revêtement protecteur	wood preservative
vert	unseasoned
l'apprêt (m)	priming
la marqueterie	inlay
marqueter	to inlay
chantourner	to fret

Various

le silex	flint
la fibre de verre	fibre-glass
la toile émeri	emery cloth
la nacre	mother-of-pearl
nacré	pearly
la pierre ponce	pumice stone
la pierre fine	semi-precious stone
la pierre précieuse	precious stone
similisé	with a silk finish

Exercises

Level 1

1. Trouvez d'autres sens des mots suivants

le feutre	la maille	la paille	le daim
remarquer	l'éclat	délicat	persistant
respirer	salé	épicé	raide

2. Composez des phrases qui feront ressortir les différences entre les mots suivants

cligner	clignoter	l'odeur	l'odorat
le plâtre	le plâtras	la maille	le maillon
la voile	le voile	la cire	le ciré
la pâte	la pâtée	le toucher	la touche
le gravier	les gravats	le marbre	la marbrure

3. Trouvez des équivalents non-argotiques des mots suivants

claquer   verni   raide   collant

4. Donnez des synonymes des mots suivants

fétide   aigre   savoureux   insipide   égal   soyeux

5. Traduisez en anglais

une pluie pénétrante	une odeur pénétrante	un froid pénétrant
une couleur fraîche	un accueil frais	peinture fraîche
une odeur tenace	un rhume tenace	des préjugés tenaces
un fruit sucré	un jus de fruit sucré	un ton sucré
le bois verni	le cuir verni	la poterie vernie
un partage inégal	un sol inégal	une personnalité inégale

6. Associez le son et ce qui le produit   ✓

la pluie	le champagne	le vent	une bombe	une porte	un timbre
siffler	claquer	crépiter	sonner	détonner	pétiller

7. Associez la matière et la texture   ✓

le feutre	l'émeri	la craie	le vernis	le verre	l'éponge	la pâte à modeler	le scotch
poudreux	poli	doux	malléable	collant	abrasif	spongieux	cassant

8. Trouvez les adjectifs qui correspondent aux substantifs suivants

laine, soie, dentelle, velours, feutre, bois, bitume, goudron, craie, marbre, plâtre, verre, cire, parchemin

9. Traduisez en anglais

la règle d'or	l'or noir	un mari en or
le bois de chauffage	le bois vert	un chèque en bois
le velouté	le velouté de tomates	le velours d'une pêche

10. Traduisez en anglais

1. Il va voir de quel bois je me chauffe.
2. L'argent lui fond dans les mains.
3. Le temps c'est de l'argent.
4. C'est coton, ce problème.
5. Il marchait à pas feutrés.
6. C'est une main de fer dans un gant de velours.
7. Je ne suis pas de bois.
8. La ficelle est un peu grosse.
9. L'argent n'a pas d'odeur.
10. C'est un tissu de mensonges.
11. Elle avait l'air de ne pas y toucher.
12. C'est un touche-à-tout.

11. Traduisez en français

paper lantern	paper chase	paper shop	paper boy
white paper	paper aeroplane	grained paper	paperweight
tin hat	tin whistle	waxed paper	waxed jacket
steel wool	steel guitar	cork sole	cork table-mats
bricklayer	brickworks	brickwork	box of bricks
brass foundry	brass band	brass hat	glass cloth
glass slipper	pane of glass	glass door	glass case
glasshouse	glass eye	glassy eyes	plain glass
wired glass	frosted glass	laminated glass	smoked glass
unbreakable glass	toughened glass	plastic bullet	plastic bomb
plastic explosive	plastic surgery	plastic money	polythene bag
piece of string	string bag	string section	string quartet

12. Décrivez les objets/ matériaux suivants

le verre antireflet	le verre armé	le verre correcteur
le verre à dents	le verre dépoli	le verre doseur
le verre filé	le verre fumé	le verre gradué

13. Traduisez en français

to be born with a silver spoon in one's mouth	to have a silver tongue
to tar and feather	to tar with the same brush
to have a brass neck	to get down to brass tacks
to stonewall	to leave no stone unturned

14. Traduisez en français

the asphalt jungle	cloth cap	stone broke	stony faced
wooden performance	tinpot	wild and woolly	silky voice
polished performer	gravelly voice	leathery skin	clay feet

15. Complétez le tableau suivant   ✓

bleu, jaune, vert, noir, blanc, gris, rouge

Locutions	Signification	Registre
1. passer au _____		
2. voir tout en _____		
3. être _____ comme un coing		
4. être _____ comme un cachet d'aspirine		
5. se mettre au _____		
6. faire _____ mine à quelqu'un		
7. rire _____		
8. se faire des idées _____		
9. être _____ comme un coq		
10. donner feu _____ à quelque chose		
11. être _____ comme du jais		
12. voir _____		
13. être _____ de froid		
14. regarder quelqu'un d'un oeil _____		
15. se fâcher tout _____		

16. Traduisez en français   ✓

1. You might as well talk to a brick wall.
2. He is putty in her hands.
3. It was a pitch–dark night.
4. My legs felt like cotton wool.
5. They are as different as chalk and cheese.
6. She's got grit.
7. It's the straw that broke the camel's back.
8. He hasn't cottoned on.

17. Traduisez en français   ✓

1. She was watching him out of the corner of her eye, perhaps because he was wearing a duck blue overcoat.
2. If she starts to stare at you, it's better to look away.
3. The radio was going at full blast, but he was staring into space. I glowered at him.
4. He was stinking of wine and tobacco, but she has no sense of smell and did not notice.
5. I am looking for a bottle green jacket which will go with my velvet dress.
6. The surface of the table was polished like a mirror, but the table-mats were sticky.
7. Although she has a good sense of hearing, she did not hear the bang.
8. The pearl grey shirt would go well with the slate blue suit, but I don't like the lilac tie.

18. Traduction orale

En sortant du bureau, Lassalle se retrouve de plain-pied sur la petite place rectangulaire où sont groupés les bâtiments administratifs: une caserne sur la gauche – un long mur enduit de crépi rouge, le rebord crénelé chaulé de frais, flanqué d'une tour à chaque extrémité et d'un portail central où une sentinelle en gandoura kaki monte la garde –; un édifice cubique avec un préau sous lequel sommeillent des formes blanches au pied des arcades; une villa au toit de tuiles vertes, avec une haie d'acacias, un tamaris et un bouquet d'aloès. Les feuilles sont recouvertes d'une pellicule de poussière grise. Tous les murs sont du même rouge violacé, décrépi, souillé, sous les gouttières, de longues traînées noires.

Lassalle traverse la place en diagonale et refait en sens inverse le chemin qui l'a mené au Bureau une heure auparavant.

A une centaine de mètres s'élève le petit pavillon, face à la montagne, sur le versant sud de la colline. Une barrière de bois donne accès à une cour de terre battue. Pas un brin d'herbe ne pousse sur le sol dur et craquelé.

Claude Ollier, *La Mise en scène*, pp. 33–34 (© Editions de Minuit, 1958)

19. Traduction écrite

Sur la même banquette que lui, après un intervalle pour l'instant inoccupé, mais réservé par ce long parapluie au fourreau de soie noire qui barre la moleskine verte, au-dessous de cette légère mallette gainée de toile écossaise imperméabilisée, avec deux serrures de mince cuivre éclatant, un jeune homme qui doit avoir fini son service militaire, blond, vêtu de tweed gris clair, avec une cravate à raies obliques rouges et violettes, tient dans sa main droite la gauche d'une jeune femme plus brune que lui, et joue avec elle, passant et repassant son pouce sur sa paume tandis qu'elle le regarde faire, contente, levant un instant les yeux vers vous, et les baissant vivement en vous voyant les observer, mais sans cesser.

Michel Butor, *La Modification*, p. 11 (© Editions de Minuit, 1957)

Level 2

1. Trouvez d'autres sens des mots suivants

éblouir	vaciller	rayonner	respirer	dégager	piquer
le lustre	l'émission	le brillant	la mousseline	le rayon	l'aspérité
âpre	rance	épineux	glacé	écoeurant	fauve

2. Trouvez des synonymes des mots suivants

morne   retentissant   suffocant   moelleux

3. Composez des phrases qui feront ressortir les différences entre les mots suivants

le rayon	le rayonnement	le reflet	la réflexion
picoter	picorer	trembloter	trembler

4. Traduisez en anglais

dans le sens des fibres   avoir la fibre maternelle
toutes ses fibres se révoltèrent   aimer quelqu'un de toutes ses fibres

5. Complétez les phrases suivantes   ✓

1. L'armoire-penderie ultra-fonctionnelle. Dessus et côtés en panneaux de _____, façade en _____ massif.

2. Le sèche-linge. Tambour _____ à rotation alternée. Système anti-froissage.
3. Le futon avec matelas _____. Structure en mélèze. Housse _____
4. Le fauteuil rotin. En _____ et moelle et éclisses de rotin. Teinté et _____
5. Le jeté de lit réversible. 1 face _____ 1 face _____ petites fleurs.
6. La couverture mohair. Chaude, légère et _____. En mohair 75% et _____ 25%.
7. Le brise-bise _____ à poser. En maille _____. _____ écaille.
8. Le lot de 6 torchons. En _____ pur coton. Peuvent bouillir. _____ d'attache. _____ et
   _____.

finition, inox, particules mélaninés, pin, résistant, éponge, mousse, rayure, moelleux, cordon, canne, capitonné, verni, prêt, imprimé, frangé, fantaisie, laine, absorbant, uni

6. Complétez le tableau suivant   ✓

or, étoffe, velours, bois, fer, plomb, mailles, cuir, coton, ficelle(s), ouate, argent, cordes

Locution	Signification	Registre
1. être dur comme du _____		
2. parler d'_____		
3. avoir la gueule de _____		
4. nager comme un _____ à repasser		
5. prendre quelque chose pour _____ comptant		
6. avoir une santé de _____		
7. faire flèche de tout_____		
8. payer à prix d'_____		
9. avoir du _____ dans les oreilles		
10. toucher du _____		
11. jeter l'_____ par les fenêtres		
12. rouler sur l'_____		
13. avoir de l'_____		
14. avoir du _____ dans l'aile		
15. faire des yeux de _____ à quelqu'un		
16. élever un enfant dans de l'_____		
17. en vouloir pour son _____		
18. passer à travers les _____		
19. tanner le _____ à quelqu'un		
20. tirer les _____		
21. faire patte de _____		
22. filer un mauvais _____		
23. avoir une volonté de _____		
24. connaître les _____ du métier		

7. Traduisez en français   ✓

1. He looked at the waitress straight in the eyes and said, in his booming voice, 'This meat tastes rancid'.
2. Satin and chiffon are very elegant, but glazed cotton and gingham are much more practical for the summer.
3. She was wearing a towelling dressing-gown and cork-soled shoes. She spent her afternoons sitting in a wicker chair jangling the charms of her bracelet.
4. I hate imitation leather and man-made fibres. I want you to use natural materials.
5. Poplin is very practical, but I prefer lightweight materials like seersucker or calico. The lawn blouse is elegant, but it is much too expensive and I don't know whether it is washable.
6. It's a pity that you did not buy the camel-hair coat. It was much smarter than the sportsjacket.
7. The china crockery belonged to my grandmother, but the earthenware vase is much older.
8. She was wearing a dreadful bouclé suit and a satin blouse. She ought to have put on the herringbone jacket.
9. You'll need fine-grained wood for the inlay.
10. Emery cloth is not abrasive enough. A pumice stone might do the job.

8. Traduction écrite

Un jour blafard entre par la verrière de l'atelier par laquelle on peut voir un ciel gris, le sommet d'un dôme, des toits de zinc gris-bleu et des rangées de cheminées semblables à des pots de fleurs renversés, ocre ou roses. Sur le mur, au-dessus de la table à modèle, plusieurs toiles sans cadres sont accrochées. Elles sont peintes avec des tons purs, rarement rompus. Parmi elles il y a un paysage avec des arbres et entre les branches apparaissent des éclats de ciel enchâssés, faits d'une pâte grasse, comme de l'émail. Le plancher grisâtre de l'atelier est constellé de taches de couleur, particulièrement nombreuses autour des pieds des deux chevalets. Les taches sont rondes, comme des pains à cacheter, avec parfois une couronne de bavures. Les plus anciennes sont patinées, grisées par la poussière qui s'y est incrustée. Elles ont des teintes pastel. L'une, plus récente, est d'une couleur bleu-noir. A côté s'éparpille une pléiade de taches plus petites aux nuances suaves: rose fané, turquoise, amarante. Puis une vert Nil entourée d'une poussière de petits satellites carmin, géranium. Sur le bord d'une des lames du plancher une écharde de bois a récemment sauté, sur une longueur de cinq ou six centimètres. Elle laisse voir la couleur du bois de sapin, jaunâtre. Un groupe de pastilles sont agglutinées, comme ces grappes de ballons aux teintes acides que l'on promène au bout d'une perche, dans les foires. Le hasard (ou peut-être la patine de la poussière) accorde leurs couleurs dans une harmonie de bleus foncés, bleus pastel et de tons terreux relevée par deux ou trois pourpres et un lilas. Un homme roux est en train de rebourrer le poêle. Par son couvercle ouvert de hautes flammes s'échappent parfois et des étincelles. Le visage rougeaud de l'homme est encadré par d'épais favoris frisés et surmonté d'une casquette de marinier.

Claude Simon, *La Bataille de Pharsale*, pp. 196–198
(© Editions de Minuit, 1969)

Level 3

1. Trouvez d'autres sens des mots suivants

le damas	le fourmillement	la tôle	la fonte
humer	flairer	rêche	renfermé

2. Donnez des synonymes des mots suivants

rutilant　　fracassant　　capiteux　　suave　　musqué

3. Composez des phrases qui feront ressortir les différences entre les mots suivants

le grésil	le grésillement	le gargouillis	la gargouille
rougeoyer	rougir	le plaqué	la plaque

4. Traduisez en anglais

le rembourrage synthétique	le jouet en peluche
les noces d'argent	l'âge d'argent
le sud cotonnier	l'écriture moulée
plaqué noyer	la fibre polaire

5. Traduisez en anglais

1. Il n'y a vu que du bleu.
2. Tu me prends pour un bleu.
3. Il fait noir comme dans un four.
4. Elle en dit des vertes et des pas mûres.
5. C'est le pot de terre contre le pot de fer.
6. Elle se sentait les jambes en plomb.
7. Ça lui mettra du plomb dans la tête.
8. C'est une pierre dans son jardin.

6. Traduisez en français

gravel path	gravel pit	stone-washed	pebbly beach
clay pipe	clay pit	clay pit	marble quarry
plaster cast	slate roof	tin mine	tinsmith
coppersmith	copperplate hand	the Bronze Age	bronze medal
rubber plant	rubber ball	rubber bullet	rubber band
rubber cheque	rubber solution	rubber tree	rubber boots
wash leather	suede shoes	straw hat	straw hut
vinyl paint	nail varnish	French polish	metal polish
ropemaker	rope trick	rope ladder	length of rope

7. Composez des définitions pour les mots croisés suivants

```
      F I C E L L E
          O                           M                   M
          R                         M A T E R I A U
  C O R D E A U                       T                   T
  O       A       E T O F F E         E                   I
  R       G               I           R                   E
  D       E               S           I                   R
  E           B O I S     S           E                   E
              O           U         P L A Q U E
              I                     L
      B A L S A                     A
              E             T E C K  A
              R                     A
              I                     G
              E                     E
```

8. Complétez le tableau suivant

Couleur	Signification	Couleur	Signification
blanchir		jaunir	
blancheur		jauni	
blanchissage		jaunissement	
blanchisserie		jaunisse	
noircir		la grisaille	
la noircissure		le grisé	
la noirceur		le vert-de-gris	
noiraud		grisonner	
le noircissement		grisonnant	
mordoré		bleuir	
orfèvre		bleuté	
oriflamme		le bleuet	
le bouton d'or		le bleu	
rougir		verdir	
rougeaud		verdissant	
rougeoyer		verdoyer	
la rougeur		la verdure	
la rougeole		la verdeur	
le rouge-gorge		le pivert	

9. Traduisez en français ✓

1. When you go to the ironmonger's, I want you to buy wood-filler and a tin of primer.
2. She has just bought a lovely dresser in satinwood.

3. I love the musky smell of sandalwood.
4. The knives are in silverplate, but the teaspoons have a silver hallmark.
5. I could hear him drumming on the door with his fists.
6. In the bedroom there was an awful, stale smell.
7. She gave me a lovely mother of pearl brooch for my birthday. I am going to buy her a cloisonné enamel bracelet and a cashmere scarf.
8. As soon as I entered the junk room, I could smell something rotten.
9. She went out five minutes ago. I heard the rustle of her taffeta dress as she came down the stairs.
10. Many of Miró's works are painted on burlap.
11. She bought an embossed metal firescreen at the flea market.
12. The tarpaulin is beneath the sheet of corrugated iron.
13. Her boyfriend is disgusting. He makes sucking noises when he eats and he smells of sweat.
14. I'm looking for a product which will clean stainless steel and enamel.

10. Traduction orale

Quand je m'arrête, comme tantôt, les bruits reprennent avec une force étrange, ceux dont c'est l'heure. De sorte qu'il me semble retrouver l'ouïe de ma jeunesse. Alors dans mon lit, dans l'obscurité, les nuits de tempête, je savais faire la part, dans le hurlement du dehors, des feuilles, des branches, des troncs gémissants, de l'herbe même et de la maison qui m'abritait. Chaque arbre avait sa façon de crier, comme par temps calme son murmure. J'entendais au loin le portail en fer tirer sur ses piliers et s'entre-choquer ses battants à claire-voie, par où s'engouffrait le vent. Et il n'était jusqu'au sable de l'allée qui n'eût sa voix. La nuit sans souffle pour moi était une autre tempête, faite d'innombrables halètements, que je m'amusais à dépister. Oui, je me suis beaucoup amusé avec leur soi-disant calme, jeune. Le bruit que je préférais n'avait rien de noble. C'était l'aboiement des chiens, la nuit, dans les petits hameaux accrochés aux flancs de la montagne, où vivaient les casseurs de pierres, depuis des générations. Il me parvenait, à moi dans la maison dans la plaine, sauvage et flûté, à peine perceptible, vite las. Les chiens de la vallée répondaient, de leur grosse voix pleine de crocs, de mâchoires et de bave. De la montagne aussi me venait une autre joie, celle des lumières éparses y naissant à la tombée de la nuit, s'unissant en taches à peine plus claires que le ciel, moins claires que les étoiles et que la moindre lune éteignait, qui s'éteignaient d'elles-mêmes à peine allumées. C'étaient des choses qui étaient à peine à la limite du silence et de la nuit, et qui bientôt cessaient. C'est ainsi que je raisonne à présent, à mon aise. Debout devant ma haute fenêtre je m'y abandonnais, attendant que ça finisse, que ma joie finisse, là loin devant moi, en moi, tendu vers la joie de ma joie finie.

Samuel Beckett, *Malone meurt*, pp. 58–59 (© Editions de Minuit, 1951)

Unit 8

Shapes and patterns

Level 1

Shapes and lines

la forme	form
la configuration	configuration
la proportion	proportion
le contour	outline
le pourtour	circumference, perimeter
le périmètre	perimeter
la périphérie	periphery, outskirts
l'enceinte (f)	enclosure
la silhouette	silhouette
le profil	profile
le bord	side, edge, bank, rim, lip, brim
la bordure	edge, surround, frame, border, edging
la marge	margin
la limite	boundary, limit
la circonférence	circumference
le trait	stroke, line
l'alignement (m)	alignment, line
le linéament	lineament, line, outline
le tracé	layout, plan, line, course
le cercle	circle
le circuit	circuit, circumference
la circonvolution	convolution, twist
la rondelle	slice, round, disk, ring
la sphère	sphere
sphérique	spherical
l'orbite (f)	orbit
le disque	disk
le cerceau	hoop
la spirale	spiral
spiral (-e)	spiral

le méandre	meander, twist, turn
le détour	detour
l'ondulation (f)	undulation
le schéma	outline, schema
le zigzag	zigzag
le graphique	graph
circulaire	circular
le cône	cone
conique	conical
le carré	square
carré	square
le diamètre	diameter
le rayon	radius
le triangle	triangle
triangulaire	triangular
le rectangle	rectangle, oblong
rectangulaire	rectangular, oblong
la pyramide	pyramid
pyramidal	pyramidal
le cylindre	cylinder
cylindrique	cylindrical
l'arc (m)	arc, arch
le diagonal	diagonal
parallèle	parallel
le parallèle	parallel *(line)*
irrégulier	irregular, uneven
asymétrique	asymmetrical
informe	formless, shapeless
inégal	uneven
ondulé	wavy, undulating
sinueux	sinuous, wavy
tortueux	tortuous
courbe	curved, curving
la courbe	curve, bend
la courbure	curvature

tordre	to wring, wind, twist	l'ornement (m)	ornament, embellishment, adornment
tordu	twisted, crooked, bent, buckled		
arrondi	round, rounded	la décoration	decoration
convexe	convex	l'emblème (m)	emblem, symbol
concave	concave	l'embellissement (m)	embellishment
incurvé	curved	le motif floral	floral motif
s'incurver	to bend, form a curve	la rayure	stripe
la croix	cross	à rayures	striped
en croix	cross-wise	la bande	stripe, line, band, strip
la croix celtique	Celtic cross	la raie	line, mark, scratch, stripe
la croix grecque	Greek cross		
la croisée	cross-roads, crossing	la rangée	row
le croisement	crossing, cross-roads, junction	le carreau	check
		à carreaux	checked
l'étoile (f)	star	étoilé	studded, starry
		parsemé d'étoiles	star-spangled, star-studded

Patterns

le dessin	design, motif	être assorti à quelque chose	to match something
le motif	motif		
à motifs	patterned	s'harmoniser avec quelque chose	to match something
imprimé	patterned, print, printed		

Level 2

Shapes and lines

le lacet	sharp bend, twist *(e.g. roads)*	contourner	to skirt round, bypass
		renflé	bulging, bulbous
en lacets	twisting	se renfler	to bulge out
le lacis	maze *(of streets)*, network, web		
la sinuosité	winding, meandering, tortuousness, curve	*Patterns*	
		le pois	dot, spot
		à pois	spotted
		la zébrure	stripe, streak
le modelé	modelling	zébré	striped, streaked
le relief	relief	la marbrure	marbling, blotchiness, mottling
la parabole	parabola		
accidenté	uneven *(ground)*	marbré	marbled
discontinu	discontinuous	veiné	veined, veiny, grained
serpentin	serpentine, sinuous	tigré	striped, tabby *(cat)*; spotted, piebald *(horse)*
serpenter	to wind, snake, meander		
contourné	twisted, crooked; tortuous (fig)	tacheté	spotted, speckled, flecked

Level 3

Shapes and lines

la spire	whorl *(shell)*
biscornu	irregular, crooked, oddly shaped
tors	twisted
la torsade	twist, coil
la torsion	twisting
tortiller	to twist, twiddle, twirl
se tortiller	to writhe, wriggle
le tortillon	twist *(paper)*
cambré	arched
cambrer	to arch
cintré	arched, vaulted
bombé	rounded, convex; heaped
arqué	curved, arched, bow, bandy
recourbé	curved, bent, hooked
voûté	vaulted, arched
cruciforme	cruciform
la croix gammée	swastika
la galbe	curve, shapeliness

en forme de V	V-shaped
en forme d'étoile	star-shaped
en forme de feuille	leaf-shaped
en forme d'oeuf	egg-shaped
se déformer	to lose its shape

Patterns

la chamarrure	rich patterning
l'écusson (m)	badge, escutcheon
la devise	motto, device
le blason	coat-of-arms
le jacquard	Fair Isle
la strie	streak, groove
tavelé	speckled, pitted, marked
moucheté	speckled, flecked
tiqueté ③	speckled, mottled
pommelé	dappled
piqueté	dotted, studded
moiré	watered, moiré
côtelé	ribbed
vergété	streaked
sillonné	furrowed

Size and quantity

Level 1

General

la taille	size
la dimension	dimension
le format	format
la superficie	surface, surface area, acreage
l'aire (f)	area, zone
la zone	zone, area
la région	area
la surface	surface
l'étendue (f)	extent
l'espace (m)	space
la place	space, room
spacieux	spacious
la grandeur	size, magnitude
grand	tall, high, big
grandir	to grow, increase, expand

grandissant	growing, ever growing, increasing, ever-increasing
petit	small
minuscule	minuscule, minute
compact	compact
la longueur	length
allonger	to lengthen
rallonger	to lengthen
raccourcir	to shorten
écourter	to shorten
la largeur	width, breadth
élargir	to widen, broaden
s'élargir	to widen, become wider
la hauteur	height
la stature	stature
la profondeur	depth

approfondir	to deepen
au plus profond de	in the depths of
l'épaisseur (f)	thickness; depth *(snow)*
au plus épais de	in the depths of
la grosseur	size, weight; fatness
gros	big, large, thick, heavy
le gros de	the bulk of

Weights and measures

les poids et mesures	weights and measures
le poids	weight
peser	to weigh
vendre au poids	to sell by weight
la balance	scales
le gramme	gram
la livre	pound
le kilo	kilo
la tonne	ton, tonne
des tonnes de	tons of
la mesure	measurement
mesurer	to measure
prendre la mesure de	to take the measurements of
l'unité de mesure (f)	unit of measure
les mensurations (f)	measurements
le pouce	inch
le pied	foot
le mille	mile
le millimètre	millimetre
le centimètre	centimetre
le mètre	metre
le kilomètre	kilometre
le hectare	hectare
la règle	ruler

Scale and proportion

l'échelle (f)	scale
la proportion	proportion
proportionné à	proportional to
proportionnel à	proportional to
proportionnellement	proportionately

Capacity, volume, quantity

la capacité	capacity
le volume	volume
volumineux, -euse	voluminous, bulky
la quantité	quantity, amount

la somme	amount *(money)*
le montant	amount, total *(money)*
abondant	abundant, plentiful
l'abondance (f)	abundance
la profusion	profusion
considérable	considerable
considérablement	considerably
énorme	enormous, massive
vaste	vast
insuffisant	insufficient, scanty
insuffisamment	insufficiently, scantily
simple	mere
la minorité	minority
le minimum	minimum
minimum	minimum
la majorité	majority
la plupart	most
le maximum	the maximum
maximum	maximum
nombreux	numerous
multiple	multiple
la multitude	multitude
innombrable	innumerable, countless
la masse	mass, bulk; body, expanse *(water)*; bank *(cloud)*
masser	to assemble, gather together, mass
massif, -ve	massive, heavy

Portions, parts and segments

la portion	portion
la part	portion, slice, share
la partie	part
partiel	partial
en partie	partly
partiellement	partly, partially
le morceau	piece
la section	section
partager	to divide up, share out
se partager	to be divided up, to be shared
le partage	dividing up, sharing, factoring
la fraction	fraction
le fragment	fragment
fragmentaire	fragmentary
le pourcentage	percentage

le bout	scrap	s'agrandir	to grow, expand *(town, family)*; to become wider
la trace	trace		
la tranche	slice		
couper en tranches	to slice	l'agrandissement (m)	expansion; enlargement *(photograph)*

Accumulation

la pile	pile *(neat)*, stack	le développement	growth, development *(body, muscle, intelligence)*, expansion *(industry)*
le tas	pile, heap		
empiler	to pile *(neatly)*, stack		
s'empiler	to pile up, be stacked		
entasser	to pile	se développer	to grow, develop *(person, plant, economics, body, muscle, intelligence)*; to expand *(industry)*
s'entasser	to pile up; to squeeze, pack, pile into		
tasser	to pack down, push down, cram		
se tasser	to bunch up, squeeze up	s'amplifier	to grow, expand, develop *(thought, tendency)*, amplify *(sound)*, magnify *(image)*

Increase and decrease

l'augmentation (f)	increase *(size, quantity, price, salary, number, dose, difficulty, interest)*	pousser	to grow *(child, plant, hair, beard, tooth)*
		faire pousser	to grow, cultivate
augmenter	to increase *(size, quantity, price, salary, number, dose, difficulty, interest)*	l'expansion (f)	expansion *(economy)*; spread *(theory, belief, doctrine)*
		l'expansionnisme (m)	expansionism
la croissance	growth, development *(person, plant, industry, economics)*	expansionniste	expansionist *(body)*
		la propagation	propagation *(species)*, spread *(rumour, news, propaganda, disease)*
croître	to grow, increase *(person, plant, company, town)*, to swell *(river)*; to rise *(wind)*		
		propager	to spread *(rumour, news, propaganda, disease)*
s'accroître	to increase, augment *(number, fortune, share)*	la diffusion	diffusion, spreading, circulation, broadcasting
l'accroissement (m)	increase, growth *(number, production, population)*	diffuser	to spread *(news, ideas)*, circulate, broadcast, diffuse *(heat, light)*
grossir	to increase *(sum)*; to magnify; to become louder *(noise)*	répandre	to spread *(news)*; to spill, scatter; to shed *(light, tears)*; to give off *(smell)*
agrandir	to make bigger, enlarge, widen, extend, blow up *(photograph)*	se répandre	to spread *(liquid, fire, unrest)*; to become widespread *(view, opinion, method)*

répandu	widespread	ajouter à	to add to, increase
allonger	to lengthen, stretch, extend	s'ajouter à	to add to
		le supplément	supplement, excess
s'allonger	to lengthen, stretch, become longer; to grow taller *(child)*; to drag out	supplémentaire	additional, supplementary
		multiplier	to multiply
		se multiplier	to multiply
l'allongement (m)	elongation, lengthening	doubler	to double
		tripler	to triple, treble
allongé	elongated, long; stretched out, recumbent, supine	la diminution	decrease *(dimensions, quantity, price, volume, consumption, speed)*, reduction, cut
étendre	to spread out, open out; to extend *(limb, powers, business, research)*, stretch, hang out *(washing)*	diminuer	to decrease *(dimensions, quantity, price, volume, consumption, speed)*, diminish, reduce, cut, bring down
s'étendre	to stretch out; spread *(disease, weather)*; to expand *(city)*, to broaden *(research)*, to widen *(knowledge)*	la réduction	reduction, decrease; discount
		réduire	to reduce, lessen, cut, bring down *(dimensions quantity, price, volume, consumption, speed)*, scale down, downscale *(staffing, production)*, shorten *(text)*
étendu	spread out, sprawling *(conurbation)*, extensive, wide-ranging, widespread, broad		
l'extension (f)	extension		
étaler	to spread *(butter, jam)*, strew; to spread out *(newspaper, map)*; to display, lay out *(merchandise)*	contracter	to contract *(to contract)*
		la contraction	contraction *(body, liquid, muscle, throat)*
prolonger	to extend *(time and space)*, prolong	comprimer	to compress *(air, gas)*; to reduce *(expenses)*
se prolonger	to go on, persist, last, continue		
la prolongation	extension	***Distance***	
gonfler	to inflate *(tyre, price)*, pump up, blow up; to swell *(river)*; to swell up *(limb, joint, wood)*; to rise *(pastry)*	la distance	distance
		garder ses distances	to keep one's distance
		près (adv)	near
		proche (adj)	nearby, close *(space, time degree)*
se gonfler	to swell *(river, chest)*	voisin	neighbouring
enfler	to cause to swell *(limb, joint, river)*	avoisinant	nearby, close
		de près	closely

loin (adv)	far	lointain (adj)	far, distant
éloigné (adj)	far, remote	le lointain	distance

Level 2

General

épaissir	to thicken; deepen		to expand *(metal, gas, liquid)*
l'épaississant (m)	thickener	se dilater	to dilate, distend, extend
dans le sens de la longueur	lengthways	la dilatation	dilation, extension, swelling *(part of the body)*
dans le sens de la largeur	breadthways	un surcroît de	excess, extra
le cubage	cubic content	amoindrir	to lessen, weaken, diminish
le tonnage	tonnage	s'amoindrir	to lessen, weaken, grow weaker
le rapport	ratio		
dans le rapport de . . . à . . .	in the ratio of . . . to . . .	amenuiser	to thin down
dans le rapport de . . . contre . . .	in the ratio of . . . to . . .	s'amenuiser	to dwindle *(money)*; to lessen, grow slimmer *(hope)*
l'ampleur (f)	fullness, roominess, scope, extent, scale	rétrécir	to shrink, take in *(garment)*; to narrow make narrower *(passage, conduit, opening, road)*; to contract *(pupil)*
sans grande ampleur	of limited scope		
prendre de l'ampleur	to increase in scale/ scope		
ample	roomy; extensive; wide-ranging		
amplement	fully, amply		
le grain	grain		
être à l'échelle	to be to scale	le rétrécissement	shrinkage *(garment)*, narrowing *(passage, conduit, opening, road)*; contraction *(pupil)*
en miniature	in miniature		
la cylindrée	capacity *(machine, cylinder, engine)*		
encombrant	bulky		

Quantity

le soupçon	trace	*Accumulation*
l'atome (**m**)	atom	l'amas (m)	heap, pile
la particule	particle	tout un amas de	a whole heap of
la poignée	handful	amasser	to pile; store up, amass, accumulate
maigre	meagre *(money, food)*		
misérable	measly	s'amasser	to pile up, accumulate
copieux	copious	l'écart (m)	distance, gap, space; difference

Increase and decrease

		être à l'écart	to be out of the way
dilater	to dilate *(pupil)*; to distend *(stomach)*;	écarté	out-of-the-way, remote
		écarter	to move apart, separate

Accumulation

l'amas (m)	heap, pile
tout un amas de	a whole heap of
amasser	to pile; store up, amass, accumulate
s'amasser	to pile up, accumulate
l'écart (m)	distance, gap, space; difference
être à l'écart	to be out of the way
écarté	out-of-the-way, remote
écarter	to move apart, separate

Level 3

General

jauger	to gauge, size up
la jauge	gauge
l'envergure (f)	wingspan, scope, scale, range
calibrer	to grade, calibrate
le calibrage	grading, calibrating
le mètre à ruban	tape measure
la balance de cuisine	kitchen scales
le pèse-personne	bathroom scales
la bascule	weighing machine
l'arpentage (m)	surveying, measuring
l'arpenteur (m)	surveyor
la borne	milestone; boundary stone; marker
le bornage	demarcation, boundary marking
échelonner	to space out, place at intervals
l'échelonnement (m)	spacing out, placing at intervals, staggering, grading
ménager un espace entre	to make a space between
ménager une place pour	to make space for

Quantity and portion

le fourmillement	milling, swarming, teeming *(insects, people)*
fourmiller	to mill, swarm, teem *(insects, people)*
fourmillant	milling, swarming, teeming *(insects, people)*
le grouillement	milling, swarming *(people, insects)*
grouiller	to mill, swarm, teem *(people, insects)*
grouillant	milling, swarming, teeming *(people, insects)*

le brin	scrap *(cloth)*; strand *(thread)*; touch
le tronçon	section *(tube)*; stretch *(road)*
le calibre	calibre, bore
la parcelle	fragment; plot *(land)*
parcelliser	to divide up *(land)*
parcellaire	fragmented
répartir	to divide, share out, distribute
se répartir	to be divided up, split up
la répartition	sharing out, dividing, allocation
le morcellement	dividing up, parcelling out, splitting up
morceler	to divide up, parcel out, split up
lotir	to divide into lots *(ground)*; to divide up *(inheritance)*
le lotissement	sharing out, dividing up *(inheritance)*

Accumulation

l'amoncellement (m)	heap, heaping up, piling up; banking up *(clouds)*
amonceler	to pile up *(wealth, evidence)*; to bank up *(clouds)*; to drift into banks *(snow)*
s'amonceler	to pile up, accumulate *(mail, wealth, evidence)*

Increase and decrease

pulluler	to proliferate, multiply
pullulant	proliferating, multiplying
la pullulation	proliferation

Containers

Level 1

General

le récipient	container, receptacle
le conteneur	container
contenir	to contain
le contenu	contents

Dishes and pots

le pot	jar, pot, tin
le gobelet	beaker, tumbler
le gobelet en plastique	plastic tumbler
le gobelet en papier	paper cup
la coupe	dish, goblet
le verre	glass
le verre à vin	wine glass
le verre à bière	beer glass
le verre à whisky	whisky glass
le verre à dents	tooth mug
le bol	bowl
la tasse	cup
la tasse à thé	teacup
la tasse à café	coffee cup
la marmite	cooking pot
la casserole	saucepan
le vase	vase, bowl

Boxes

la boîte	box
la boîte d'allumettes	box of matches
la boîte à bijoux	jewel box
la boîte de conserve	tin, can of food
la caisse	box, crate; till
la caisse d'emballage	packing crate
la caisse à outils	toolbox
la cuve à eau	water-tank
la petite caisse	petty cash
le caisson	box, case
le coffre	chest, trunk; boot
la cassette	casket
le coffret	casket
le coffret à bijoux	jewel box
la valise	suitcase
la malle	trunk

la mallette	small case
le carton	cardboard box, carton
le carton de lait	carton of milk
la brique de lait	carton of milk
la cartouche de cigarettes	carton of cigarettes
le coffre-fort	safe, strongbox

Barrels

le tonneau	barrel, cask
le baril	barrel, cask
le bouchon	cork

Buckets and bins

la poubelle	dustbin
le seau	bucket
le seau à charbon	coal bucket, coal scuttle
le seau à glace	ice-bucket
l'anse (f)	handle

Display units

la vitrine	display cabinet
l'étagère (f)	shelving unit
le support	support, prop, stand
le rayon	shelf
le rayonnage	shelving, set of shelves

Baskets

le panier	basket
la corbeille	basket
la corbeille à papiers	wastepaper basket
la corbeille à courrier	mail tray

Bags

le sac	bag, sack
le sac à provisions	shopping bag
le sac à main	handbag
le sac de voyage	travelling bag, overnight bag
le sac à dos	rucksack
le sac de couchage	sleeping bag

le sac-poubelle	bin liner	la ceinture porte- monnaie	money belt
le cabas	shopping bag	le porte-aiguilles	needle case
le sachet	bag, sachet, packet	le porte-plume	pen holder
le sachet de bonbons	bag of sweets	le porte-skis	ski rack
le sachet de soupe	packet of soup	le porte-cravates	tie rack
le sachet de thé	tea bag	le porte-toasts	toast rack
la trousse	case, kit		
la poche	pocket; paper/plastic bag		

Bottles and jars

la bouteille	bottle
la bière en bouteille	bottled beer
la bouteille Thermos ®	Thermos flask ®
le Thermos ®	Thermos ®
la flasque	flask
le flacon	small bottle (stoppered)
le flacon à parfum	perfume bottle
la carafe	decanter, carafe
le carafon	small decanter, carafe

la serviette	briefcase
la sacoche	bag, saddlebag, satchel, postbag
le plastique	plastic bag
le porte-documents	briefcase, document case
l'attaché-case (m)	attaché case

Carriers, racks and cases

le porte-bagages	luggage rack
le porte-bébé	baby sling, baby carrier
le porte-bouteilles	wine rack
le porte-parapluies	umbrella stand
le porte-cartes	card wallet
le porte-cigarettes	cigarette case
le porte-clefs	key ring, key case
le porte-monnaie	purse, wallet
le porte-musique	music case
le porte-revues	magazine rack
le porte-savon	soapdish
le porte-serviettes	towel rail
l'anneau porte- serviettes (m)	towel ring
le porte-vélos	bicycle rack
le porte-bloc à pince	clipboard
le porte-copie	copyholder
le bloc porte-couteaux	knife-stand
le porte-lettres	letter rack

Tanks

le réservoir	tank, reservoir
le réservoir d'eau	water tank
la citerne	tank
la citerne à eau	water tank
le tank à lait	milk churn
la fosse septique	septic tank

Basins

le bac	tub, tank, sink, tray
le bac à laver	washtub
le bac à glace	ice-tray
le bac à légumes	vegetable compartment
le bac à sable	sand pit
le baquet	tub
la cuvette	basin, bowl; washbasin
la cuvette de plastique	plastic basin

Level 2

Pots, jars and dishes

le pot à bière	beer mug	le pot de chambre	chamber pot
le pot à lait	milk jug	le pot à confiture	jam jar
le pot à eau	water jug	le pot de confiture	pot of jam
le pot de fleurs	plant pot	le pot à miel	honey pot
		mettre en pot	to pot

la coupe à fruits	fruit dish
la coupe à dessert	dessert dish

Boxes

la boîte à ouvrage	sewing box
la boîte à gants	glove compartment
la boîte à idées	suggestion box
la boîte aux lettres	letterbox, pillar box
la boîte à outils	toolbox
la boîte postale	PO Box
la boîte de couleurs	paintbox
la boîte à ordures	dustbin
la boîte de vitesses	gearbox
le coffre à linge	linen chest
le coffre de nuit	night safe
la salle des coffres	strongroom
le coffre à jouets	toybox
le coffret-cadeau	presentation box
le boîtier	case, casing
le carton à chapeau	hatbox
le carton à dessin	portfolio
le carton à chaussures	shoebox

Baskets

le panier à provisions	shopping basket, grocery basket
le panier à frites	chip basket
le panier à salade	salad shaker
le panier à linge	linen basket
le panier à pique-nique	picnic basket
le panier pour chien	dog basket
le panier suspendu	hanging basket
la suspension florale	hanging basket
le couffin	Moses basket
le panier à ouvrage	workbasket, sewing basket

la corbeille à ouvrage	workbasket, sewing basket
la corbeille à pain	bread basket
le raphia	raffia

Bags

le sac en bandoulière	shoulder bag
le sac reporter	organiser bag
le sac de plage	beach bag
le sac de sable	sandbag, punchbag
le sac à charbon	coal-sack
le sac d'aspirateur	dust bag
le sac pour congélateur	freezer bag
le sac de congélation	freezer bag
le petit sac de voyage	weekender
le sac à pommes de terre	potato bag
le sac postal	mail sack
le fourre-tout ①	hold-all
le filet à provisions	string bag
la musette	lunchbag, haversack *(soldier)*; satchel
le cartable	schoolbag
le cartable à bretelles	school satchel

Bottles, jars

la bouillotte	hotwater bottle
le biberon	baby's bottle, feeding bottle
le bocal de rangement	storage jar
le pot de rangement	storage jar

Cans

la burette	burette, cruet, oilcan
le bidon	can, tin
le bidon à huile	oilcan
le bidon à lait	milk-churn

Level 3

Glasses

le verre à pied	stemmed glass
la flûte	flute glass
la flûte à champagne	champagne glass
la timbale	metal tumbler
le ballon	brandy glass

Bottles, jars and bowls

la fiole	phial, flask
la gourde	gourd, flask
le goulot	neck of bottle
le godet	jar, pot
l'écuelle (f)	dogbowl

la jatte	bowl *(shallow)*, basin
l'urne (f)	urn
l'urne funéraire (f)	funerary urn
l'urne électorale (f)	ballot box
le vase de nuit	chamber pot
la cloche en verre	bell jar
la tétine	teat
le réceptacle à verre	bottle bank
non consigné	non-returnable
consigné	returnable

Boxes, chests and cases

le bahut	chest, sideboard
l'écrin (m)	case, box, casket
le cageot	crate *(fruit, vegetables)*
la cagette	tray *(fruit, vegetables)*
la caisse d'emballage	packing case
la caisse à thé	tea chest
l'étui (m)	case
l'étui à lunettes (m)	glasses case
l'étui à cigarettes (m)	cigarette case
l'étui à violon (m)	violin case
l'étui à guitare	guitar case
l'étui à revolver (m)	holster
le coffret de jeune chimiste	chemistry set

Barrels

le tonnelet	keg
le fût	barrel, cask
le barillet	small barrel, cask; cylinder *(lock, revolver)*
la boîte à biscuits	biscuit barrel
le baril de poudre	powder keg
le fausset	spigot

Display units, racks

le présentoir	display shelf
le tourniquet	revolving stand
le cache-pot	planter
le râtelier à pipes	pipe rack
la galerie	roof rack

Baskets and bags

la hotte	basket *(carried on the back)*
la hotte du Père Noël	Father Christmas's sack
la bourriche	basket *(for fish or game)*
la trousse à coutures	sewing kit
la trousse de maquillage	vanity case
la pochette	clutch bag
le sac à coulisse	drawstring bag
le sac marin	duffel bag
le sac multipoches	organiser bag
le sac de penderie	suit bag; suit cover
le sac polochon	holdall
la trousse à outils	toolkit
la trousse de toilette	toilet bag, sponge bag
la trousse de voyage	toilet bag, sponge bag
la pochette	clutch bag; envelope, wallet; sleeve *(records)*
la pochette d'allumettes	book of matches
la pochette surprise	lucky bag
le sac de culture	grow bag
le sac à tricot	knitting bag
l'airbag	airbag
le sac de sable	punchbag
le nouet	muslin bag
la poche à douille	piping bag
la blague à tabac	tobacco pouch
le sac de haricots	bean bag *(for throwing)*
le fauteuil poire	bean bag *(seat)*
la housse mortuaire	body-bag

Tanks

la cuve	vat, cistern, tank
la cuve de développement	developing tank
la cuvée	vatful; vintage

Exercises

Level 1

1. Trouvez d'autres sens des mots suivants

l'enceinte	la rondelle	la croisée	la raie	le carreau
la mesure	le pouce	le montant	pousser	la section

2. Composez des phrases qui feront ressortir les différences entre les mots suivants

empiler	piler	la partie	le parti
le carré	la carrée	la croisée	la croisière
la courbure	la courbature	le dessin	le dessein
la trace	le tracé	loin	éloigné
la largesse	la largeur	plat	aplati

3. Trouvez le sens argotique des mots suivants

gonflé	rond	le pot	la casserole	la boîte
la caisse	le bouchon	le bol	la malle	la poubelle

4. Complétez   ✓

l'aire, l'espace, la superficie, la zone, la surface

_____ disque	_____ d'atterrissage
_____ d'environnement protégé	_____ de repos
_____ de but	_____ bleue
_____ de salaires	_____ de battage
_____ franche	_____ aérien
_____ d'activités	_____ de service
_____ verts	_____ d'influence

5. Traduisez en français

a piece of clothing	a piece of information	a piece of land
a piece of advice	a piece of luggage	a bit of news
a bit of money	a bit of garden	a bit of string

6. Expliquez le sens des expressions suivantes

le gros sel	le gros temps	le gros bout	les gros travaux
le gros bonnet	le gros bras	la grosse légume	le gros rouge
le grand air	le grand angle	la grande roue	la grande vie
la grande banlieue	les grandes classes	le grand écart	le grand ensemble
les grands fauves	le grand prêtre	le grand large	le grand-livre
le grand monde	le grand public	la grande surface	la grand-messe
le petit bois	le petit écran	le petit-gris	le petit nom
le petit ami	la petite classe	le petit-cousin	les petites routes

7. Complétez le tableau suivant   ✓

bouchon, tasse, sac, paquet, tonneau, boîte

Locution

1. être du même _____
2. être ficelé comme un _____
3. mettre quelqu'un en _____
4. mettre un _____ à quelqu'un
5. mettre dans le même _____
6. ramasser un _____
7. vider son _____
8. faire un _____
9. mettre le _____
10. boire la _____

Signification	Registre

8. Complétez la locution   ✓

long, large, court, gros, gras, épais, haut, petit

1. faire les _____ yeux à quelqu'un
2. prendre quelqu'un de _____
3. voir _____
4. viser _____
5. être aux _____ soins pour quelqu'un
6. jouer _____ jeu
7. en dire _____
8. tirer à la _____ paille
9. faire la _____ matinée
10. faire le _____ dos
11. ne pas être dans les _____ papiers de quelqu'un
12. avoir la langue _____
13. avoir le coeur _____
14. traiter quelqu'un de _____
15. prendre le _____
16. avoir la _____ tête
17. se trouver _____
18. voir les choses de _____
19. ne pas faire _____ feu
20. avoir les yeux _____ de larmes

Traduisez en anglais	Registre

9. Traduisez en anglais

à longue échéance	de longue haleine	à longue portée
de longue date	tomber de tout son long	de long en large
à hauteur des yeux	être à la hauteur de la situation	de haute volée

le haut-le-coeur   le haut-le-corps   le haut-de-forme
la largeur d'esprit   d'un geste large   faire une large part à
une grosse affaire   un gros mensonge   les grosses chaleurs
grandeur nature   mesurer quelqu'un du regard pour faire bonne mesure

10. Traduisez en français

to be broad-shouldered   in the broad sense of the term
to drop broad hints about   to speak with a broad accent
to leave someone high and dry   to have high colour
to gain height   to have a high opinion of oneself
to weigh one's words   to be weighed down by responsibilities

11. Traduisez en français

a big appetite   big business   big game
small-minded   small-time   small print
a heavy drinker   a heavy sea   a heavy cold
light-headed   light-hearted   light-fingered
highbrow   high-handed   high-profile
low-budget   low-caloried   low-cut
long-lasting   long-range   long-winded
short-lived   short-tempered   shorthand

12. Traduction écrite

Ce qui frappe d'abord, c'est la hauteur des murs: si hauts, si démesurés par rapport à la taille des personnages, qu'on ne se pose même pas la question de savoir si un plafond existe, ou non; oui: la hauteur extrême des murs et leur nudité; les trois parois visibles, qui constituent le fond et les deux côtés de la cellule rectangulaire, peut-être carrée (mais il est difficile d'en jauger à cause d'un fort effet de perspective) ou même cubique (ce qui soulève à nouveau le problème de l'existence improbable d'un plafond), les trois parois visibles sont, en dépit de leur orientation différente, du même blanc uniforme, terne, sans aucun relief, et ne comportent en fait d'accidents notables que quatre ouvertures – une au milieu de chacune des parois latérales et deux autres perçant le mur du fond au tiers et aux deux tiers de sa longueur – auxquelles s'ajoute une sorte d'affiche bleu pâle, placardée dans l'axe de ce même mur; ces cinq éléments sont de format rectangulaire, de surface égale et de dimensions identiques – sensiblement (ou exactement) deux fois plus longs que larges – mais l'affiche se trouve disposée dans le sens de la hauteur, c'est-à-dire avec son grand côté vertical, alors que les ouvertures sont au contraire pratiquées horizontalement. Sur l'affiche, on peut lire le mot 'Règlement' imprimée à la partie supérieure, en lettres capitales romaines de très grande taille, et quatre chiffres du même corps – 1, 2, 3, 4 – dans la marge de gauche, en tête de chacun des paragraphes qui, à l'inverse, ont été composés en caractères minuscules, ce qui les rend tout à fait indéchiffrables; un cinquième paragraphe apparaît encore, tout en bas, mais le nombre 5 qui devrait figurer là dans la marge est complètement masqué par la tête d'un des personnages: une jeune femme blonde aux longs cheveux en désordre, entièrement nue, qui se présente de face, debout, immobilisée dans une attitude à la fois souple et rigide (un genou légèrement fléchi, le bras gauche à demi tendu vers l'avant, l'autre s'écartant un peu du corps et la main ouverte, doigts disjoints, paume offerte aux regards) rappelant quelque statue antique, ou quelque tableau de la Renaissance.

Alain Robbe-Grillet, *Topologie d'une cité fantôme*, pp. 17–19
(© Editions de Minuit, 1976)

13. Traduisez en français   ✓

1. Do you have this dress in my size? If not, I'd like to try on the striped suit.
2. If you put the box into the hold-all, you will have room in the suitcase for your sleeping-bag.
3. I broke the last glass this morning, but you'll find some paper-cups on the shelf in the pantry.
4. She left her overnight case in the taxi. Fortunately, her wallet and card-holder were in her briefcase.
5. The dotted line marks the perimeter of the old city; the undulating line marks the course of the river.
6. There is a stone Celtic cross in the square in front of the church. Turn left at the church and you'll find a steep path which leads to the wood.
7. The floral blouse suits you, but it won't go with the checked skirt.
8. When she emptied her handbag she found several bits of papers on which she had scribbled phone numbers; two match-boxes; a bag of sweets; a make-up bag; a set of keys and a packet of cigarettes.
9. I am looking for a china teacup with a floral motif which matches the set my mother gave me.
10. You will need a packing-case. Those cardboard boxes are not strong enough and the lock of the trunk is rusty.

Level 2

1. Trouvez d'autres sens des mots suivants

le lacet	la parabole	le soupçon
la poignée	le filet	écarter

2. Composez des phrases qui feront ressortir les différences entre les mots suivants

la musette	le musette	écarter	écarteler
la bouillotte	la bouilloire	dilater	délayer
le sac	la sacoche	taché	tacheté
amasser	ramasser	enflé	renflé

3. Trouvez des équivalents non-argotiques des mots suivants

biberonner   la bouillotte   la burette   le bidon

4. Traduisez en anglais

l'écart de jeunesse, l'écart de langage, le sac d'embrouilles, le sac à malice, le sac d'os, le sac à vin, la boîte à ordures, la boîte noire, la boîte de raccordement, la boîte à rythmes, la marmite de géant, le vase de nuit

5. Traduisez en français

seating capacity	storage capacity	full to capacity	memory capacity
storage bin	cold storage	data storage	storage battery
collar size	shoe size	waist size	carpet size
economy pack	blister pack	information pack	power pack

6. Composez des définitions pour les mots croisés suivants

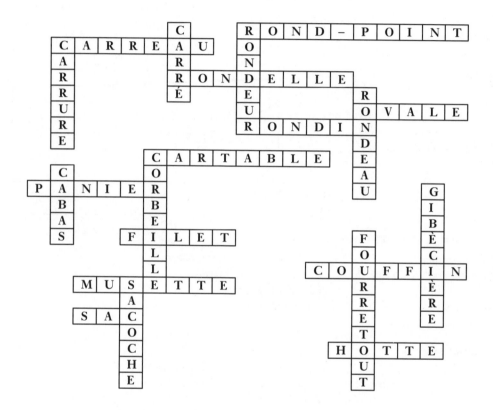

7. Expliquez le sens des phrases suivantes

1. Garde ça dans ta musette!
2. C'est un panier de crabes.
3. C'est un vrai coup de pot!
4. Je l'ai vu venir gros comme une maison.
5. C'est du bidon.
6. L'affaire est dans le sac!
7. C'est une histoire de gros sous.
8. C'est une grosse tête.

8. Expliquez le sens des expressions suivantes

tourner autour du pot	avoir du pot
payer les pots cassés	ne pas bousculer le pot de fleurs
avoir un grain	mettre son grain de sel quelque part
briser son écart	se tenir à l'écart de
vivre en vase clos	mettre quelqu'un en boîte

9. Complétez   ✓

un, deux, trois, quatre, dix, trente-six, mille

	Traduisez en anglais	Registre
1. Vouloir et réussir sont _____ choses		
2. Un de perdu, _____ de retrouvés		
3. Jamais _____ sans _____		
4. Je n'irai pas par _____ chemins		
5. Ne faire ni _____ ni _____		
6. L'amour et l'amitié, cela fait _____		
7. Il n'y a pas _____ façons de le faire		
8. Il n'y a pas _____ voix là-dessus		
9. Je vous le donne en _____		
10. Il est menteur comme pas _____		
11. Il n'y a pas _____ poids et _____ mesures		
12. C'est clair comme _____ et deux font _____		

10. Expliquez le sens des expressions suivantes

la semaine des quatre jeudis   tous les trente-six du mois
la huitième merveille du monde   un de ces quatre matins
entre quatre yeux   aux quatre vents
les cinq lettres   un cinq à sept
en cinq sec   treize à la douzaine

11. Traduction orale

Par moments la brise incline la branche d'un arbre invisible qui pousse près du mur et les ombres entremêlées des feuilles balaient sur le coin supérieur droit de la feuille du cahier le triangle de soleil dont le côté oblique entame maintenant légèrement l'angle inférieur droit du triangle A'B'C'. Se superposant, s'entrecroisant les ombres allongées et ovales ne laissent passer entre elles que de minces rayons qui dessinent sur la table et la feuille blanche des triangles, des carrés ou des rectangles aux côtés concaves, glissant, se déformant, se resserrant, s'écartant, se reformant, tout cela très vite, jusqu'à ce que la branche se relève, les taches de lumière et les ombres mêlées emportées soudain vers le haut, disparaissant, laissant de nouveau vide l'éblouissante équerre de soleil. De la pointe de sa plume tournant rapidement sur elle-même, le garçon marque le centre du cercle circonscrit et trace à côté la lettre O. A partir de lui il mène ensuite deux droites aboutissant aux sommets A et C du triangle initial et il écrit au-dessus de la figure l'équation

$$\widehat{ABC} = \frac{\widehat{AOC}}{2}$$

Claude Simon, *Triptyque*, pp. 26–27 (© Editions de Minuit, 1973)

12. Traduisez en français ✓

1. The modelling of the face is not very convincing. The distribution of light and shadow is inconsistent.
2. The tortoise-shell cat is a good hunter, but the little tabby prefers to play with bits of string and cardboard boxes.
3. The old man had spent most of his life in a remote hamlet. His tastes were simple and he had amassed a considerable fortune.
4. Baskets are too bulky. I prefer shopping bags or a string bag which I can roll up and put in my handbag.
5. My son says school bags are out of date. He wants an organiser bag like his father's.
6. Put the oil-can back in the shed when you have finished. Otherwise I'll not be able to find it when I need it.
7. She wants a pencil case, a box of paints and a shoulder bag for her birthday.
8. The old china chamber pot has a pretty floral pattern. It would make a nice planter.
9. The salad shaker should be on the shelf next to the breadbin.
10. The sculpture was called *The Collector* and consisted of a display cabinet full of various sorts of bottles and jars – beer bottles, wine bottles, perfume bottles, phials, stone jars and jugs.

Level 3

1. Trouvez d'autres sens des mots suivants

la timbale   le tourniquet   la bascule   le fût   cintré

2. Trouvez des équivalents non-argotiques des mots suivants

la fiole   la gourde   le bahut   la flûte

3. Trouvez des synonymes des mots suivants

biscornu   jauger   le tronçon   la borne   amonceler

4. Composez des phrases qui feront ressortir les différences entre les mots suivants

la torsion	la torsade	le goulot	le goulet
le tortillon	le tortillard	l'écuelle	l'écueil
le tonnelet	la tonnelle	la cuve	la cuvée

5. Traduisez en anglais

un brin d'herbe   un brin de toilette   un brin de causette
un brin de vent   une beau brin de fille   un brin de muguet

6. Décrivez la fonction des objets suivants

l'étagère porte-casseroles   l'étagère à épices
le porte-rouleau   le porte-bébé
le porte-bonheur   le porte-étendard
le porte-mine   le porte-parole

le porte-vélo   le porte-voix
le repose-plat   le repose-tête
le range-canettes   le meuble de rangement

7. Complétez le tableau suivant   ✓

un(e), deux, trois, quatre, cinq, huit, dix, trente et un, trente-six, cent, mille, tiers, quart

Locution	Signification	Registre
1. être entre _____ feux		
2. dire à quelqu'un ses _____ vérités		
3. se ficher du _____ comme du _____		
4. tirer d'un sac _____ moutures		
5. manger comme _____		
6. ne rien faire de ses _____ doigts		
7. couper les cheveux en _____		
8. faire un travail en moins de _____		
9. donner ses _____ jours à quelqu'un		
10. faire le diable à _____		
11. s'ennuyer à _____ sous de l'heure		
12. faire quelque chose à la six-_____ deux		
13. être tiré à _____ épingles		
14. passer un mauvais _____ d'heure		
15. tous les _____ du mois		
16. tomber les _____ fers en l'air		
17. jouer aux _____ coins		
18. être comme les _____ doigts de la main		
19. se saigner aux _____ veines		
20. se mettre sur son _____		
21. se mettre en _____ pour quelqu'un		
22. faire quelque chose en _____ temps _____ mouvements		
23. voir _____ chandelles		
24. marcher à _____ pattes		
25. ne faire qu' _____ avec quelqu'un		
26. avoir _____ dixièmes à chaque oeil		
27. jouer _____ jeux et la belle		
28. dire les _____ lettres		
29. descendre l'escalier _____ à _____		
30. faire les _____ cents coups		

8. Traduisez en français   ✓

1. Have you seen my glasses case? I thought that I had left it in the bathroom next to my sponge bag.

2. Once I have bought a developing tank, I won't need to take my photographs to a photographer's to be developed.
3. The ground floor of the warehouse was littered with smashed fruit crates and rusty barrels. At the far end there was a cistern full of stagnant water.
4. I won't be able to gauge the size without a tape measure.
5. When they divided up their father's land, his uncle insisted that he consult a surveyor.
6. It won't be easy to make space for the chest. It's much bulkier than I thought.
7. He was surprised to find that the boundary stone was covered with graffitti.
8. She was wearing a watered silk blouse and a flared corduroy skirt.
9. I think that we ought to use the company motto rather than the family coat of arms for the letterhead.
10. I spent last summer grading peas in a canning factory. This summer I am going to be working at the Agricultural Show, setting up the trestles and supervising the display stands.

9. Etude de texte

L'âge d'or du siège paillé

Une exposition, qui a lieu actuellement au château de Lourmarin, en Vaucluse, illustre l'histoire du siège paillé et de ses multiples variantes. Probablement venue d'Italie, la technique des garnitures en paille tressée s'impose dans toute la France, et les premières représentations de ces sièges sur des gravures ou des tableaux remontent au XVIe siècle. Il s'agit alors d'intérieurs paysans, les privilégiés préférant le velours ou la soie, et de simples tabourets. A la fin du XVIIe, les premières chaises paillées apparaissent à Marseille; c'est au début du XVIIIe qu'on commencera à les garnir d'accotoirs qui les transforment en fauteuils. Peu à peu, presque chaque région adapte au siège paillé son répertoire décoratif, sur la base d'un modèle caractéristique: dossier fait de trois traverses en forme d'accolade ou simplement cintrée, pieds en bois tourné, d'abord droits, puis ornés de boules et de formes variées (fuseaux, balustres, cambrures, parfois rehaussés de cannelures et de colonnettes). Des barreaux d'entretoise droits, tournés ou sculptés, renforcent toujours leur solidité. Les décors des 'garde-paille' (traverses sur le devant de l'assise qui protège la paille des frottements) vont de la sobre moulure aux branchages de fleurs entrelacés, épis de blé, rosaces.

Ensuite apparaissent des variantes plus ou moins accusées, comme la mode provençale de les peindre en crème, jaune ou vert pâle, ou de les rechampir (c'est-à-dire de les peindre en détachant les contours ou les décors avec une deuxième couleur qui tranche sur le fond), ou encore, en Auvergne, de confectionner un paillage qui ressemble à une étoffe géométrique.

Selon les régions, plusieurs pailles différentes servent pour l'assise, mais la plus courante est la 'sagne', une paille de seigle que l'on utilise soit dans sa couleur naturelle, soit teintée en jaune, vert, rouge ou violet. Les bois employés dépendent des disponibilités et des habitudes locales.

Les prix démarrent autour de 1 000 francs pour une simple chaise XIXe siècle, puis varient selon l'ancienneté et la beauté du décor: on trouve à partir de 1 500 francs des modèles de la fin du XVIIIe; il faut compter 2 000 francs pour un travail de style Louis XV fait au XIXe, jusqu'à 4 000 francs pour une chaise rechampie du XVIIIe. Les fauteuils sont un peu plus chers, de 2 500 à

5 000 francs. Les canapés provençaux ('radassiés') se vendent entre 6 000 et 12 000 francs.

Les sièges paillés d'époque Directoire (1795–1799), dits à bandeau, qui figurent parmi les plus beaux, présentent des dossiers à 'planche repercée', dont la partie centrale est sculptée d'une lyre, d'un vase fleuri ou d'un motif architectural, surmontés du bandeau incurvé où l'on s'adosse. Les chaises de ce type se négocient à partir de 4 000 francs, 6 000 pour les fauteuils. Enfin, quels que soient les modèles proposés, les prix augmentent selon le nombre de pièces assorties: sur la base d'un siège à 4 000 francs, une paire vaut 12 000; une suite de quatre, 20 000 à 25 000, de six, 40 000 à 50 000 francs.

Catherine Bedel, *Le Monde*, vendredi 12 Juillet 1996, p. 18. (© *Le Monde*)

1. *Nommez dix sortes de sièges.*
2. *Donnez une définition des mots suivants*
   une traverse, un fuseau, une cannelure, une rosace
3. *Expliquez la différence entre*
un dos	et	un dossier
une chaise	et	un fauteuil
une gravure	et	un tableau
un modèle	et	une variante
4. *Expliquez la fonction des objets et matériaux suivants*
   une garniture, des barreaux d'entretoise, l'assise, le paillage
5. *Trouvez des synonymes des mots suivants*
   renforcer, détacher, trancher sur, confectionner, teinte, démarrer
6. *Trouvez des antonymes des mots suivants*
   solidité, sobre, courant, assorti
7. *Traduisez en anglais*
   'Des barreaux d'entretoise … rosaces'
   'Les sièges paillés … l'on s'adosse'

Unit 9

Visual and performing arts

Level 1

Painting and sculpture

les beaux arts (m)	fine arts
le peintre	painter
le sculpteur	sculptor
la sculptrice	sculptress
le marché de l'art	art market
le marchand de tableaux	art dealer
le collectionneur	collector
une toile de maître	masterpiece
la peinture de chevalet	easel painting
la peinture murale	mural painting
le paysage	landscape
la marine	seascape
le nu	nude
figuratif	representational
abstrait	abstract
peindre d'après nature	to paint from life
la séance	sitting
la pose	pose
la peinture à l'huile	oil painting
la peinture à l'eau	water-colour
l'aquarelle (f)	water-colour
l'aquarelliste (m/f)	water-colourist
le dessin	drawing
le dessinateur/la dessinatrice	draughtsman
l'étude (f)	study
le tableau grandeur nature	life-size painting
la toile	canvas
le pinceau	paintbrush
le tube	tube of colour
la boîte de couleurs	paintbox
la térébenthine	white spirit
le vernis	varnish
ombrer	to shade
la sculpture	sculpture
l'argile (f)	clay
la sculpture sur bois	wood-carving
le sculpteur sur bois	wood-carver
le restaurateur/la restauratrice	restorer

Music

la symphonie	symphony
le concerto	concerto
la musique de chambre	chamber music
le conservatoire	music academy
jouer d'un instrument	to play an instrument
jouer faux	to play out of tune
jouer juste	to play in tune
exécuter un morceau	to execute a piece
mettre en musique	to set to music
l'orgue (m)	organ
l'organiste (m/f)	organist
le piano	piano
le/la pianiste	pianist
le piano droit	upright piano
le piano à queue	grand piano
le piano mécanique	Pianola®
le piano électrique	electric piano
le clavecin	harpsichord
le clavier	keyboard
la touche	key
le violon	violin

le/la violoniste	violinist	les instruments à percussion (m)	percussion instruments
l'alto (m)	viola	les cuivres (m)	brass
l'altiste (m/f)	viola player	le compositeur	composer
le violoncelle	cello	le chef d'orchestre	conductor
le/la violoncelliste	cellist	le/la soliste	soloist
la contrebasse	double bass	l'exécutant(e)	performer
le/la contrebassiste	double bass player	le disque de jazz	jazz record
l'archet (m)	bow	le club de jazz	jazz club
la guitare	guitar	le jazz-band	jazz band
la guitare basse	bass guitar	le hot	hot jazz
le/la guitariste	guitarist	le swing	swing, jive
la harpe	harp	danser le swing	to jive
le/la harpiste	harpist	le blues	the blues
la clarinette	clarinet	la musique country	country and western music
le/la clarinettiste	clarinettist		
le hautbois (m)	oboe	le rock	rock music
le/la hautboïste (m/f)	oboist	le pop	pop music
la flûte	flute	le concert pop	pop concert
le/la flûtiste	flautist	le disque pop	pop record
la flûte à bec	recorder	le chanteur/la chanteuse pop	pop singer
le/la flûtiste à bec	recorder player		
le saxophone	saxophone	la chanson pop	pop song
le/la saxophoniste	saxophonist	le punk	punk music
la trompette	trumpet	le heavy metal	heavy metal
le/la trompettiste	trumpeter	la New Wave	New Wave
le basson	bassoon	le rhythm and blues	rhythm and blues
le/la bassoniste	bassoonist	la musique soul/ le soul	soul music
le trombone	trombone		
le/la tromboniste	trombonist	le reggae	reggae
le cor	horn	le rap	rap music
le/la corniste	French horn player	la musique bluegrass	blue grass music
le tambour	drum	la musique acadienne	Cajun music
le tambourin	tambourine		
la batterie	drums	la musique folk	folk music
le batteur	drummer	la chanson folk	folk song
le joueur de tambour	drummer	le chanteur/ chanteuse folk	folk singer
la timbale	kettle-drum		
les timbales (f)	timpani	la compagnie de disques	record company
le timbalier, la timbalière	timpanist		
l'accompagnateur/ l'accompagnatrice	accompanist	le disquaire	record shop
		être en tête du hit-parade	to top the charts
les cymbales (f)	cymbals		
le cymbalier, la cymbalière	cymbalist, cymbal player	le coffret	boxed set
les cordes (f)	strings	*Dance*	
les instruments à vent (m)	wind instruments	le ballet	ballet
		la danse classique	ballet dancing

le danseur/la danseuse de ballet	ballet dancer
la ballerine	ballerina
la leçon de danse classique	ballet lesson
la compagnie de ballet	ballet company
la répétition	rehearsal
la répétition générale	dress rehearsal
la répétition en costumes	dress rehearsal
le chausson de danse	ballet shoe
le tutu	ballet skirt
la salle de danse/ de bal	ballroom
la danse de bal	ballroom dancing
le/la partenaire	dancing partner
la danse folklorique	country dancing

Theatre

le décor	stage set
le lever de rideau	the curtain
le régisseur	stage-manager
le metteur en scène	director
le comédien/la comédienne	actor, actress
l'acteur/l'actrice	actor, actress
la vedette	star
l'étoile (f)	star
le comique de cabaret	stand-up comic
le mime	mime
le décorateur	set-designer
le costumier/ la costumière	wardrobe master
l'habilleur/ l'habilleuse	dresser
le maquilleur/la maquilleuse	make-up artist
l'accessoiriste (m/f)	prop assistant
le bruiteur	sound effects engineer
le souffleur/la souffleuse	prompter
l'ouvreur/l'ouvreuse	usher/usherette
le placeur/la placeuse	usher/usherette
monter un spectacle	to put on a show
distribuer les rôles	to cast
mettre en scène	to direct, stage
la répétition	rehearsal

le dialogue	dialogue
le monologue	monologue
le soliloque	soliloquy
l'aparté (m)	aside
la place	seat
comble	packed out
complet	sold out

Cinema and film

le cinéma	cinema
le film	film
le film muet	silent film
le film parlant	talkie
le film d'animation	cartoon
le dessin animé	cartoon
le documentaire	documentary
le court métrage	short film
le long métrage	feature film
le film d'épouvante	horror film
la superproduction	spectacular film
le film à grand spectacle	spectacular film
le film mélodramatique	melodrama
le western spaghetti	spaghetti western
le film policier	detective film
le film de suspense	thriller
le film d'espionage	spy film
le film de guerre	war film
le film porno- graphique	pornographic film
la bande annonce	trailer
la version intégrale	full version
la version originale	original version
la version sous-titrée	subtitled version
tourner un film	to shoot a film
le/la scénariste	scriptwriter
le réalisateur/la réalisatrice	director
le producteur/la productrice	producer
le caméraman	cameraman
le monteur/la monteuse	editor
le/la figurant(e)	extra
le cascadeur/la cascadeuse	stunt-man
le truquage	special effects

le truquiste	special effects engineer	l'appareil-photo (m)	camera
la caméra	film camera	l'appareil	camera
l'extrait de film	film clip	photographique	
la salle de montage	editing room	l'objectif (m)	lens
le salle de projection	projection room	le téléobjectif	telephoto lens
le scénario	script	le grand angle	wide-angle lens
		le filtre	filter

Photography

		la diapositive	slide
la photographie	photography	la chambre noire	dark room
	photograph	le caméscope	camcorder
le/la photographe	photographer	agrandir	to enlarge
le/la photographe	freelance	tirer	to print
indépendant(e)	photographer		

Level 2

Painting and sculpture

l'esquisse (f)	sketch	les indications	stage directions
l'ébauche (f)	sketch	scéniques (f)	
le dessin au crayon	pencil drawing	les effets scéniques	stage effects
le dessin au fusain	charcoal drawing	(m)	
le fusain	charcoal; charcoal	les jeux de scène (m)	stage effects
	drawing	le changement	scene-change
la gravure	engraving; plate; print	de décor	
l'estampe (f)	print	faire une tournée	to do a tour
l'arrière-plan	background	être en tournée	to be on tour
l'avant-plan	foreground		

la profondeur de	depth of field	### Music	
champ		s'exercer	to practise
le relief	relief, modelling	faire des gammes	to practise scales
le modèle	model	l'accord (m)	chord
calquer	to trace	l'air (m)	tune
le calque	tracing, copy	mettre en musique	to set to music
le plâtre à mouler	plaster of Paris	l'orchestre de jazz	jazz band
le ciseau	chisel	(m)	
le moule	mould	les musiciens des	buskers
le moulage	cast	rues	
		le choeur	chorus, choir

Theatre

		le duo	duet
le plateau	stage	le trio	trio
la scène	set	le quatuor	quartet
les coulisses (f)	wings	chanter en choeur	to have a singsong
la rampe	footlights	le/la choriste	chorister
le projecteur	spotlight	le riff	riff
la toile de fond	backcloth	la section	rhythm section
la doublure	double	rhythmique	
le rôle de comparse	walk-on part	la baguette	baton
		la romance	ballad

le madrigal	madrigal	le film à faible budget	low-budget film
l'aria (f)	aria	le spectacle	continuous
l'hymne (m/f)	hymn	permanent	performance
le cantique	hymn	le spectacle en	matinee performance
la chansonnette	ditty	matinée	
la chanson	folk song	l'interprétation (f)	performance of a role
folklorique		l'interprète (m/f))	performer
la chanson de marins	shanty	accéléré	speeded-up
la chanson de marche	marching song	ralenti	in slow motion
la chanson à boire	drinking song	flou	in soft focus
la chanson de Noël	carol	la distribution	cast
le chant de guerre	battle song	**le** générique	credits
le chant Grégorien	Gregorian chant	tourner en studio	to film in the studio
		tourner en extérieur	to shoot on location
Dance		le décor en extérieur	outside set
la danse de salon	ballroom dancing	en décor naturel	on location
la valse	waltz	la bande sonore	soundtrack
la polka	polka	le nabab	mogul
le foxtrot	fox-trot, quickstep	l'adaptation à l'écran	screen/film adaptation
le slow	slow waltz	l'adaptation en	serialisation
le twist	twist	feuilleton	
le swing	jive	l'écran panoramique	wide screen
		(m)	
Cinema and film		synchroniser	to synchronise
le film à gros succès	blockbuster	désynchronisé	out of sync

Level 3

Painting and sculpture

la croûte ①	daub	le clair-obscur	chiaroscuro
huile sur toile	oil on canvas	dégrader	to shade off
huile sur bois	oil on panel	rehausser	to highlight
l'eau-forte (f)	etching	ombrer	to shade
graver à l'eau-forte	to etch	estomper	to blur, soften
la sériegraphie	silkscreen printing	adoucir	to tone down
le dessin au fusain	charcoal drawing	le lavis	wash
la pochade	rough sketch	l'éclairage latéral (m)	side lighting
le pochoir	stencil	l'enduit (m)	coating
le repoussoir	repoussoir	la couche	layer
la teinte	tone	la statue équestre	equestrian statue
le coloris	colouring	**le** buste	bust
le coloriste	colourist	la base	base
la nuance	shade	la frise	frieze
la touche	stroke	la plinthe	plinth
la facture	brushwork	le piédestal	pedestal
la surcharge	impasto	la terre cuite	terracotta
l'empâtement (m)	impasto	la terre glaise	modelling clay
		tailler au ciseau	to chisel

façonner	to shape
le faux	fake
la maison de ventes	auction house
le commissaire-priseur	auctioneer
l'enchérisseur (m)	bidder
l'enchère (f)	bid
la vente aux enchères	auction
adjuger quelque chose à quelqu'un	to knock something down to someone
le marteau	gavel
atteindre sa réserve	to reach its reserve price
faire monter les enchères	to push up the bidding
l'exposition itinéraire (f)	travelling exhibition
le vernissage	preview
le prêt	loan
léguer	to bequeath
le legs	bequest
la dotation	endowment
le donateur/la donatrice	donator
abriter une collection	to house a collection

Theatre

être à l'affiche	to be running
'relâche'	'no performance', 'closed'
la fosse d'orchestre	orchestra pit
la première rangée	front row
la loge	box
la corbeille	circle
le paradis	the gods
le poulailler	the gods
l'entrée des artistes (f)	artists' entrance
les loges des artistes (f)	dressing rooms
monter sur les planches	to go on the stage
monter sur les tréteaux	to go on the stage
le/la cabotin(e)	ham
en remettre	to ham it up
la saynète (f)	playlet
le sketch satirique	a skit

le bouffon	clown, jester
l'acteur spécialisé dans les rôles de composition	character actor
la bouffonnerie	slapstick
le gros comique	slapstick
le trac ①	stage fright
le strapontin	folding seat
les jumelles de théâtre (f)	opera glasses
le/la machiniste	stagehand
le souffleur/la souffleuse	prompter
le trou du souffleur	prompt box
le décorateur/la décoratrice	stage designer
la conception des décors	set design
bisser	to encore
siffler	to boo

Music

attaquer	to strike up
suivre la cadence	to follow the beat
battre la mesure	to keep time
jouer quelques mesures	to play a few bars
les accents (m)	strains
le refrain	chorus
l'ouverture (f)	overture
le finale	finale
l'indicatif musical (m)	signature tune
le pot-pourri	medley
le clairon	bugle
le chalumeau	pipe
la cornemuse	bagpipes
le biniou	Breton pipes
le diapason	tuning fork
accorder	to tune
l'accordeur (m)	tuner
désaccordé	out of tune
la partition	score
l'embouchure (f)	mouthpiece
le porte-musique	music case
le pupitre à musique	music stand
le tabouret de musique	music stool
la chaîne compacte	music centre

la boite à musique	musical box	le cadreur	cameraman
la berceuse	lullaby	la caméra à l'épaule	hand-held camera
la comptine	nursery rhyme	le carton aide-mémoire	cue-card
le/la mélomane	music-lover		
le boeuf	jamming session	le commentaire sur image	voice-over
faire un boeuf	to jam		
la musique en conserve	canned music	les droits d'exploitation vidéo (m)	video rights
la musique d'ambiance enregistrée	muzak, wallpaper music		
		l'ingénieur éclairage (m)	light engineer
le/la musicologue	musicologist		
les droits d'exécution en public	performing rights		

Dance

le flamenco	flamenco
la rumba	rumba
le tango	tango
la matelote	hornpipe
le quadrille écossais	reel
le quadrille américain	square dance
les claquettes (f)	tap dancing
la danse du ventre	belly dancing

Cinema and film

le cinéma d'art et d'essai	arthouse cinema
le circuit de distribution	distribution network
censurer	to censor
le/la cinéphile	film enthusiast
la cinémathèque	film archives, film library
le cinéma d'essai	experimental cinema
le bruitage	sound effects
la claquette	clapper board
le plan d'ensemble	establishing shot
le plan général	long shot
le plan américain	medium close shot
le gros plan	close-up
le plan rapproché	close-up
le plan moyen	medium shot
le plan éloigné	distance shot
la plongée	high-angle shot
la contre-plongée	low-angle shot
le travelling	tracking shot
le plan en extérieur	exterior shot
le plan en intérieur	interior shot
l'ouverture en fondu (f)	fade-in
la fermeture en fondu (f)	fade-out
le cliché	still
le métrage	footage
l'annonce de programme (f)	programme trailer
la bande originale	original soundtrack

Photography

l'angle de prise de vue (f)	shooting angle
l'obturateur (m)	shutter
sur papier mat	on matt paper
sur papier brillant	on glossy paper
la pose	exposure
le posemètre	exposure meter
l'étui à appareil-photo (m)	camera case
le capuchon	lens-cap
le pare-soleil	sun-shade
le viseur	viewfinder
le compteur d'images	exposure counter
le trépied	tripod
charger l'appareil	to load the camera
encadrer	to frame
la photothèque	picture library, photographic library
les archives photo (f)	picture library, photographic library
l'éclairage à contrejour (m)	backlighting
la photo-légende	caption

Media and popular culture

Level 1

General

les médias (m)	the media
la couverture médiatique	media coverage
l'événement médiatique	media event
le conseil en communications	media consultant
le consultant médias	media consultant
le professionnel des médias	media person
les études sur les médias (f)	media studies

Newspapers

la presse	the Press
la presse régionale	regional press
la presse féminine	women's magazines
la presse à sensation	gutter press
la presse à scandale	gutter press
l'agence de presse (f)	press agency
l'attaché(e) de presse	press attaché
le communiqué de presse	press release
la liberté de la presse	freedom of the press
le journal	newspaper
le journal du matin	morning paper
le journal du soir	evening paper
le journal gratuit	freesheet
le journal sportif	sports paper
le journal professionnel	trade paper
le quotidien	daily
l'hebdomadaire (m)	weekly
le mensuel	monthly
le périodique	periodical, journal
le magazine	magazine
le magazine d'information	news magazine
le magazine féminin	women's magazine
le magazine pour adolescents	teen magazine
l'illustré (m)	glossy magazine
la revue	review
le journal de mode	fashion magazine
le rédacteur/la rédactrice	editor
la rédaction	editing, editorial staff
le rédacteur en chef	editor
la salle de rédaction	newsroom
le rédacteur artistique	art director
le/la journaliste	journalist
le chroniqueur, la chroniqueuse	columnist
le/la courriériste	columnist
le collaborateur/ la collaboratrice	contributor
le chroniqueur sportif	sports columnist
le chroniqueur parlementaire	parliamentary corespondent
le reporter	reporter
l'envoyé(e) spécial(e)	special correspondent
le/la critique	critic
le/la critique du cinéma	film critic
le/la critique du théâtre	drama critic
le/la critique d'art	art critic
le/la critique de télévision	television critic
le/la critique de mode	fashion critic
le lectorat	readership
le vieux numéro	back number
la dernière édition	final edition
diffuser	to distribute
la salle de rédaction	editorial office
la salle de presse	press room
la conférence de presse	press conference
censurer	to censor
le baron de la presse	press baron
le deadline	deadline
l'agence de presse (f)	news agency

l'agencier — news agency journalist
l'agence photographique (f) — photographic agency

Television and radio

la télévision par satellite — satellite television
la télévision par câble — cable television
la télévision câblée — cable television
la télévison payante — pay channel, subscription channel
la télévision par abonnement — subscription channel
la télévision du matin — breakfast television
le poste de télévision — television set
le téléviseur — television set
la télédiffusion — broadcasting
le téléreportage — television reporting, television report
le studio de télévison — television studio
le téléspectateur — viewer
le réseau — network
la chaîne de télévision — television channel
le canal local — local channel
la chaîne locale — local channel
la chaîne commerciale — commercial channel
la chaîne à péage — pay channel
la chaîne payante — pay channel
la chaîne ouverte — public access channel
la chaîne météo — weather channel
la chaîne musicale — music channel
la chaîne de cinéma — movie channel
la chaîne d'information continue — news channel
la chaîne de téléachat — shopping channel
le satellite de télécommunications — telecommunications satellite
la radiodiffusion — radio broadcasting
la radio locale — local radio
la radio nationale — national radio
la radio communautaire — community radio
la radio scolaire — schools radio
la radio pirate — pirate radio
radiodiffuser — to broadcast
le poste de radio — radio

la radiocassette — radio-cassette player
le reporter radio — radio reporter
l'antenne (f) — aerial, channel
le récepteur — receiver
être à l'antenne — to be on air
capter — to receive
ramasser — to pick up
le directeur/la directrice des programmes — programme director
le présentateur/la présentatrice — presenter
le speaker/la speakerine — presenter, announcer
l'animateur/l'animatrice — anchor-man, anchor-woman
le disc-jockey — disc jockey
le talk-show — talk show
les informations (f) — news
les infos — news
la caméra de télévision — television camera

Advertising

l'annonce (f) — advertisement
l'annonce-presse (f) — newspaper advert
la publicité — advertisement, advertising
la pub — advert
le spot publicitaire — advert (TV)
la coupure publicitaire — ad break
l'annoceur/l'annonceuse — advertiser
insérer une annonce pour — to advertise something
les supports publicitaires (m) — advertising media
l'espace publicitaire (m) — advertising space
la campagne publicitaire — advertising campaign
la promotion des ventes — sales promotion
l'étude de marché (f) — market survey
l'image de marque (f) — brand image
la petite annonce — small ad
la réclame — advertisement

l'affiche (f)	poster	le panneau d'affichage	billboard
l'affichage (m)	billing	l'art publicitaire (m)	advertising art
le placard	poster	le directeur artistique	artistic director

Level 2

Newspapers

la une	front page	le tirage	circulation
la manchette	headline	à gros tirage	mass circulation
l'article de tête (m)	leader	le lectorat	readership
l'article principal (m)	lead story	l'abonnement (m)	subscription
l'article nécrologique (m)	obituary column	l'abonné(e) (m/f)	subscriber
l'article de fond (m)	feature	annuler un abonnement	to cancel a subscription
le billet	diary column	la carte de presse	press card
le/la billetiste	diary columnist	la carte de journaliste	press card
le carnet mondain	society column	remanier	to rewrite
les faits divers (m)	short news item; news in brief	faire la une	to make the headlines
les chiens écrasés (m)	'man bites dog' stories	officiel	official, on the record
l'exclusivité (f)	scoop	officieux	unofficial, off the record
publier en exclusivité	to scoop	la coupure de presse	press cutting
le reportage exclusif	exclusive	les archives de coupures de presse (f)	cuttings library
le scoop	scoop, exclusive		
le courrier	letters	le reportage photographique	photo-reportage
la critique	review	les épreuves (f)	proofs
le feuilleton	serial	le tuyau	tip-off
le/la feuilletoniste	serialist, serial writer		
les bandes dessinées (f)	cartoons	*Television and radio*	
les mots croisés (m)	crosswords	le flash	news flash
la chronique	column	l'émission différée (f)	recorded programme
la chronique financière	financial page	l'émission en direct (f)	live programme
le chroniqueur judiciaire	court reporter	l'émission de variétés (f)	variety show
le courrier du coeur	problem page	l'émission dramatique (f)	drama
la rubrique locale	local column		
la rubrique musicale	music column	l'émission magazine (f)	magazine programme
la rubrique nécrologique	deaths column	la télévision du matin	breakfast television
la rubrique météorologique	weather forecast	l'émission sportive (f)	sports programme
l'échotier/l'échotière	gossip columnist	l'émission scolaire (f)	educational programme
le bureau des illustrations	picture desk		
l'imprimeur	printer	le télé-enseignement	schools television

l'émission préscolaire (f)	pre-school programme		van
le programme de voyage	travel programme	les ondes radio (f)	radio waves
		la fréquence radio	radio frequency
le téléfilm	made-for-TV film	la pièce radiophonique	radio drama
l'animateur/ l'animatrice de jeu	quiz master		
le taux d'écoute	viewing/listening figures	*Advertising*	
		la brochure	brochure
l'indice d'écoute (m)	viewing/listening figures	le prospectus	prospectus
		le dépliant	leaflet
les heures de grande écoute (f)	prime time	la foire-exposition	trade fair
		la légende	caption
le car de reportage	outside broadcasting van	le spot publicitaire	commercial break
		le profil de la clientèle	customer profile
le car régie	outside broadcasting	cibler	to target

Level 3

General

le battage médiatique	media hype
le bulletin électronique	electronic news-sheet
les droits d'exclusivité (m)	exclusivity rights

Newspapers

le service de presse	press relations department
le rédacteur/la rédactrice permanent(e)	staff writer
le rédacteur/ la rédactrice de rubrique	features writer
le rédacteur/la rédactrice pigiste	freelance writer
le/la pigiste	typesetter, freelancer
le rédacteur/la rédactrice en chef sportif	sports editor
travailler à la pige	to freelance
la médiathèque	audio-visual library, media centre
le canard	rag
la feuille de chou ①	rag
la mise en page	layout

le compositeur/ la compositrice	typesetter
la composition	typesetting
composer	to set
la coquille	misprint
la politique rédactionnelle	editorial policy
l'entretien en profondeur (m)	in-depth interview
la presse professionnelle	trade press
la nécrologie	obituary column, obituary
éreinter	to slate
les nouvelles brèves (f)	news in brief
faire bien vendre	to make good copy
de source sûre	from reliable sources
étouffer	to hush up
diffamer	defame, libel
calomnier	defame, libel
empiéter sur les libertés	to infringe on liberties
bâillonner la presse	to gag the press
'dernière heure'	'stop press'
mettre sous presse	to send to bed
boucler une édition de journal	to put an edition to bed

boucler un sujet	to file a story	le bruit d'ambiance	background noise
l'hors série (m)	special edition	l'arrêt sur image (m)	freeze frame
le macaron de presse	press badge	l'avance rapide (f)	fast forward
la maquette de page	page layout	la télécommande	remote control
le roman-photo	photo-romance	le boîtier de télécommande	remote control

Television and radio

le filmage	footage	les droits d'exploitation (m)	à la télévision TV rights
faire une cabine	to give a live commentary	la course à l'audience	ratings war
les extraits préenregistrés (m)	recorded highlights	la course à l'audimat	ratings war
		les archives sonores (f)	sound archives
l'émission de campagne officielle	party political broadcast	le catalogue de films	film archives, film library
l'émission d'expression directe	live debate programme	la salle de montage	editing room
		la salle de projection	projection room
l'émission de disques à la demande	record request programme	la salle de maquillage	make-up room
		la salle de contrôle de production	production control room
le téléprompteur	teleprompter	au ralenti	in slow motion
la télévise ①	telly	la redevance	radio and TV licence fee
la téloche ①	telly		
l'antenne parabolique (f)	satellite dish	le téléphage	couch potato
		le radio-amateur	radio ham
brouiller	to jam	le télénégociateur/ la télénégociatrice	telesales operator
le brouillage	jamming; interference		
les parasites (m)	interference	le multi-écran	split screen
les longues ondes (f)	long wave	le soft ①	soft porn
les grandes ondes (f)	long wave		
ïes ondes moyennes (f)	medium wave	### Advertising	
		l'échantillon (m)	sample
les petites ondes (f)	short wave	la prime	bonus
les ondes courtes (f)	short wave	l'exemplaire gratuit (m)	free copy
la télévision en circuit fermé	close circuit television		
		le bon à découper	cut-out coupon
le retour sur image	replay	le publipostage	blanket mailing
le jeu concours	game show	le présentoir	display stand
le téléthon	telethon	le tourniquet	revolving stand
l'applaudimètre (**m**)	clapometer	le matériel de présentation	display material
l'analyse de l'audience (f)	audience research		
		le bon à découper	cut-out coupon
le chauffeur de salle	warm-up man	le bon de réduction	voucher
l'aide-mémoire (m)	cue card, prompt	le coupon-réponse	reply coupon
le télésouffleur	teleprompter	le concepteur/la conceptrice	designer
la banque d'images	image-bank		
le temps d'antenne	air time	le concepteur-maquettiste	designer
le créneau	air time		
la musique de fond	background music	le service création	artistic department

le dessinateur/	advertising artist	accrocheur	catchy
la dessinatrice		l'accroche (f)	catch-phrase
de publicité		la fidélité à la marque	brand loyalty
la prospection	canvassing	les tarifs publicitaires	advertising rates
le démarchage	canvassing	(m)	
le truc publicitaire	advertising gimmick	les recettes	advertising revenue
l'astuce publicitaire	advertising gimmick	publicitaires (f)	
(f)			

Exercises

Level 1

1. Trouvez d'autres sens des mots suivants

le chevalet	la toile	la séance	la pose	le restaurateur
le vernis	le tube	le dessin	la galerie	le clavier
la touche	la flûte	le trombone	le cor	la batterie
la timbale	le régisseur	le monteur	le truquage	l'objectif
le souffleur	le tutu	la vedette	le numéro	le placard
le journal	la presse	la rédaction	la conférence	l'antenne

2. Trouvez le sens des mots suivants

le téléguidage	le téléimprimeur	la télécarte	le téléachat
la télévente	le téléobjectif	le télescopage	le télésiège
la télésurveillance	le ciné	le ciné-parc	la cinétique

3. Trouvez le sens des expressions suivantes

chanter faux	sonner faux	un coup de théâtre
le violon d'Ingres	le musée des horreurs	la galerie marchande
à cor et à cri	sans tambour ni trompette	tambour battant

4. Dressez une liste des caractéristiques principales des phénomènes artistiques suivants

1. le documentaire, le film d'épouvante, le film policier, le dessin animé, le film doublé
2. la peinture de chevalet, la peinture murale, la peinture figurative, la peinture abstraite
3. le heavy metal, le rap, la musique acadienne, le jazz, le blues

5. Quelles sont les différences entre les mots suivants:

peindre	peinturer	peinturlurer	reproduire
le musée	la galerie	le muséum	la salle d'expositions
le comédien	le figurant	l'étoile	le cabotin
le journaliste	le critique	le chroniqueur	l'échotier
le périodique	le magazine	l'hebdomadaire	la revue
le reporter	l'animateur	le présentateur	l'envoyé spécial
la nouvelle	la notice	le renseignement	les informations

6. Décrivez les activités professionnelles des artistes suivants

le dessinateur humoristique, le dessinateur industriel, le dessinateur de mode, le dessinateur de publicité, le dessinateur cartographe, le dessinateur-concepteur

7. Complétez le tableau suivant   ✓

danse, galerie, toile, spectacle, tragique, musique, violon(s), contredanse, danseuse, décor(s), corde(s), tambour, comédie

Locution	Signification	Registre
1. avoir plusieurs _____ à son arc		
2. épater la _____		
3. jouer la _____		
4. ouvrir la _____		
5. payer les _____		
6. prendre une chose au _____		
7. connaître un peu la _____		
8. tourner au _____		
9. aller dans les _____		
10. allez plus vite que la _____		
11. raisonner comme un _____		
12. pédaler en _____		
13. avoir la _____ de Saint-Guy		
14. toucher la _____ sensible		
15. mener la _____		
16. se donner en _____		
17. avoir le ventre tendu comme un _____		
18. flanquer une _____ à quelqu'un		

8. Traduisez en anglais

1. Ce n'est pas tragique.
2. Tu vois d'ici le tableau.
3. Je ne peux pas le voir en peinture.
4. Peinture fraîche!
5. Elle m'a fait une de ces scènes!
6. Séance tenante.
7. Veux-tu que je te fasse un dessin?
8. Il a un vernis de culture.
9. C'est la trompette du quartier.
10. Accordez vos violons.
11. Ce n'est pas dans mes cordes.
12. Elle ne savait pas sur quel pied danser.
13. Arrête ta musique!
14. C'est toujours la même musique.
15. Ça, c'est une autre musique.
16. Voilà la danse qui va commencer.
17. C'est réglé comme du papier à musique.
18. Elle va la danser.
19. C'est toujours la même guitare.
20. Il en a fait tout un drame.

9. Traduisez en français

1. Given that her father was an art dealer and that her grandfather had been a collector, it is perhaps not surprising that she wanted to become a painter.
2. The activities of the Nabis were very varied and included easel painting, murals, decorative panels, book illustration and theatrical sets.

3. Although she likes figurative painting – landscapes, seascapes, portraits, genre painting – she claims that she does not understand abstract art.
4. His jazz-band is looking for a bass player who will be able to play next Saturday.
5. Her parents are both oboists, but she prefers the recorder.
6. I was given a boxed set of jazz records for my birthday.
7. I prefer detective films to horror films. I like mysteries. Special effects don't interest me.
8. The dress rehearsal will take place next Monday.

10. Rédigez une composition (400 mots) en prenant une des citations suivantes comme point de départ

1. Il est certain que les ressources du cinéma, arrivé à l'âge adulte, sont venues répondre (. . .) au besoin qu'éprouve l'esprit moderne d'exprimer le dynamisme et le foisonnement du monde où il plonge.

   (Jules Romains, *Les Hommes de bonne volonté*)

2. Ce qui fait la grandeur du cinéma, c'est qu'il est une somme, une synthèse aussi de beaucoup d'autres arts.

   (G. Sadoul, *Histoire d'un art: Le cinéma*)

3. Aujourd'hui l'essentiel de l'éducation d'un enfant ne se fait ni dans la famille, ni à l'église, ni même à l'école, mais surtout par les mass media: la presse, le cinéma, la radio, la télévision surtout (. . .).

   (Roger Garaudy, *Parole d'homme*)

4. L'énorme diffusion des journaux, de la radiophonie et du cinéma a nivelé les classes intellectuelles de la société au point le plus bas. La radiophonie surtout porte dans le domicile de chacun la vulgarité qui plaît à la foule.

   (Alexis Carrel, *L'Homme, cet inconnu*)

11. Traduisez en anglais

Il brancha les projecteurs, les uns après les autres, inondant la fille de lumière blanche. Elle cligna des yeux, leva la main pour essayer de discerner ce qu'il faisait. Il concentra la lumière sur le fond, créant un contre-jour, puis éclaira la fille de côté avec de petits spots dont il resserra les faisceaux sur des endroits précis. Il travaillait avec soin, allant silencieusement d'une lampe à l'autre. Puis il retira sa veste et se tourna vers la fille.

– Vous allez vous allonger là, comme ça, appuyée sur un coude . . . oui, c'est ça, mais la tête penchée de ce côté . . .

Elle s'exécuta, et ses longs cheveux sombres s'étalèrent sur le papier bleu.

–Très bien. Ne bougez plus.

Il corrigea la position d'un spot, tira sa cellule de sa poche pour vérifier l'intensité lumineuse sur le corps et surtout le visage de la fille, qui maintenait la pose sans effort apparent. Il rapprocha l'appareil, régla rapidement diaphragme et vitesse, appuya trois fois, modifia le cadrage et recommença. Lui trouvant le regard terne, il ajouta un baby-spot, dirigé dans les yeux qui se mirent à briller. Il s'astreignait à faire du bon travail, cherchait tous les artifices techniques susceptibles de la mettre en valeur.

Christopher Frank, *La Nuit américaine*, p. 25 (© Editions du Seuil, 1972)

Level 2

1. Trouvez d'autres sens des mots suivants

l'esquisse	l'ébauche	le modèle	le relief
le plateau	la coulisse	la rampe	le projecteur
la doublure	la tournée	le chansonnier	la baguette
la manchette	le flash	l'émission	la pose

2. Trouvez le sens des mots suivants

la feuille	le feuillet	le feuillage	feuilleté	feuilleter
les ciseaux	les cisailles	ciseler	cisailler	la ciselure

3. Trouvez des synonymes des mots suivants

flou   remanier   officieux

4. Composez des phrases qui feront ressortir les différences entre les mots suivants

l'estampe	l'estampille	le fusain	le fuseau
le moule	le moulage	la doublure	le doublage

5. Expliquez le sens des expressions suivantes

reprendre le refrain en choeur	faire chorus avec quelqu'un
être fait au moule	être coulé dans le même moule
esquisser un sourire	se calquer sur quelqu'un
être comme une gravure de mode	un regard en coulisse
une scène de ménage	le chant du cygne
des chaussettes en accordéon	avoir un vernis de culture
les ombres et les clairs	pianoter sur une table

6. Composez des phrases qui feront ressortir les différences entre les mots suivants

le choeur	le chorus	le choral
la chanson	le chant	le chantage

7. Traduisez en français   ✓

1. Her performance showed that she is highly talented.
2. The stage-directions were not very clear and, although she only had a walk-on part, she performed badly.
3. If you want to join the orchestra, you will have to practise your scales.
4. I want a songbook which contains various types of songs: ballads, folksongs, shanties and marching songs.
5. In many of Degas's ballet paintings, the footlights cast unflattering shadows on the ballerinas' faces.
6. The director wanted to shoot the sequence on location, but the producer insisted that it be shot in the studio because of the problems posed by the special effects.
7. Given that the stage directions are not very clear, I think that we should opt for an abstract backcloth.
8. She is going on tour next week and spends most of the day practising scales.

8. Complétez

le modèle   la moulure

le modéliste   _____   le moulage   _____

_____   _____

le modelage   modeler   modelé   mouler   moulant   moulé

_____   _____   _____   _____   _____   _____

Décrivez les instruments suivants

un piano droit	un piano à queue	un piano à bretelles	un piano mécanique
un violon	un violoncelle	un alto	une contrebasse
un saxophone	une trompette	un trombone	un cor

9. Traduisez en anglais

1. On connaît la chanson!
2. C'est comme si je chantais.
3. Qu'est-ce que tu me chantes là?
4. Je viendrai si ça me chante.
5. Ça, c'est une autre chanson.
6. Elle te fera chanter sur un autre ton.
7. Il l'a à la chansonnette.
8. Il l'a envoyée valser.
9. Ses fils font valser l'argent.
10. Ce souvenir est gravé dans ma mémoire.
11. Il a ébauché un geste.
12. C'est du roman-feuilleton.
13. Il en a l'air et la chanson.
14. Air connu!

10. Complétez le tableau suivant   ✓

chronique, air, tournée, plâtre(s), relief, scène, choeur

Locution	Signification	Registre
1. mettre en _____		
2. défrayer la _____		
3. battre quelqu'un comme _____		
4. faire une _____ à quelqu'un		
5. recevoir une _____		
6. essuyer les _____		
7. occuper le devant de la _____		
8. s'ennuyer en _____		
9. fredonner un _____		
10. offrir une _____ générale		

11. Traduisez en anglais

1. A droite, le grand chevalet en forme d'H, avec sa manivelle, et les douze rectangles de couleur, sur le fond travaillé de la toile semblable aux vieux murs écorchés.

(Michel Butor, *Passage de Milan*, Editions de Minuit, p. 119)

2. Sur un break de batterie, introduction du piano; souples arabesques de la main droite, la main gauche, se fiant aux autres instruments, plaque seulement quelques accords par paire.

(Michel Butor, *Passage de Milan*, Editions de Minuit, p. 104)

3. Pierre m'avait emmené à une conférence où l'on parlait de construction, de logique, et un jeune musicien donnait des exemples sur le piano. J'avoue, je suivais mieux sur les portées. Je me disais, ce sont des textes à regarder plutôt qu'à entendre. Vous savez dans les salles égyptiennes du Louvre, ce petite tombeau dans lequel on entre, couvert de bas-reliefs illuminés derrière des vitres.

(Michel Butor, *Passage de Milan*, Editions de Minuit, p. 113)

4. Privés des feux de la rampe et posé ainsi de guingois, l'ensemble ne donne plus aucune impression de profondeur. Je découvre aussi quelques éléments de mobilier qui doivent appartenir à la scène de la fumerie d'opium, ainsi que divers praticables; fenêtres, portes, fragments d'escalier, etc.

(Alain Robbe-Grillet, *La Maison de rendez-vous*, Editions de Minuit, p. 169)

5. C'est un groupe sculpté, grandeur nature, exécuté en bois peint vers le début du siècle et représentant une scène de chasse aux Indes. Le nom de l'artiste – un nom anglais – se trouve gravé dans le bois, à la base du faux tronc d'arbre, en même temps que le titre de la statue: 'L'Appât'.

(Alain Robbe-Grillet, *La Maison de rendez-vous*, Editions de Minuit, pp. 65–66)

6. Et les couples qui continuent, comme si de rien n'était, les figures compliquées de la danse, la fille se tenant assez éloignée du cavalier qui la dirige à distance, sans avoir besoin de la toucher, la fait se retourner, marquer le pas, onduler des hanches sur place pour ensuite – dans une vive volte-face – regarder de nouveau vers lui, vers ce regard sévère qui la fixe avec intensité, ou bien qui se perd au–delà, sans s'arrêter sur elle, par-dessus la chevelure blonde et les yeux verts.

(Alain Robbe-Grillet, *La Maison de rendez-vous*, Editions de Minuit, pp. 102-03)

12. Travail de groupe

> Première Etape

Groupe A

Vous voulez organiser une exposition rétrospective sur l'oeuvre d'un peintre qui a disparu il y a une vingtaine d'années après un scandale. Vous écrivez à des personnes qui l'ont connu avant sa disparition: sa soeur, l'archiviste de sa ville natale, un collectionneur qui possède un grand nombre de ses oeuvres.

- *Etudiant 1:* Vous écrivez à l'archiviste de sa ville natale pour vous renseigner sur les liens entre le peintre et sa ville natale (son éducation, la façon dont il a représenté le paysage de la région dans ses peintures, la réception de son oeuvre par les habitants de la ville)
- *Etudiant 2:* Vous écrivez à la soeur du peintre pour lui poser des questions plus détaillées sur sa vie. Vous expliquez les raisons pour laquelle vous organisez l'exposition (la réhabilitation

de sa réputation, l'influence de sa peinture sur l'art contemporain) et vous essayez de la persuader de vous mettre en contact avec lui.

- *Etudiant 3:* Vous écrivez à un collectionneur qui a fait la connaissance du peintre quelques années avant sa disparition et qui a acheté la plupart des peintures qu'il a produites dans les mois qui ont précédé sa disparition. Vous essayez de le persuader de prêter une vingtaine de toiles à l'exposition et de vous permettre de les reproduire dans le catalogue.

Deuxième Etape

Groupe B

- *Etudiant 1(l'archiviste):* Réponse formelle et très détaillée.
- *Etudiant 2 (la soeur):* Réponse polie mais méfiante. Vous êtes heureuse qu'on s'intéresse à l'oeuvre de votre frère, mais vous voulez le protéger des intrus. Vous consentez à être intermédiaire mais vous posez certaines conditions concernant le choix des tableaux et le commentaire du catalogue.
- *Etudiant 3 (le collectionneur):* Réponse enthousiaste. Vous expliquez que les peintures qui ont précédé la disparition du peintre constituent une sorte de rupture avec tout ce qu'il avait fait avant. Vous voulez bien prêter votre collection, mais vous imposez certaines conditions concernant la durée du prêt, l'assurance, la transportation et les installations du musée (sécurité, contrôle de température et d'humidité)

Troisième Etape

Groupe A

Rédigez le catalogue de l'exposition. Votre commentaire analysera l'évolution de la carrière du peintre.

Quatrième Etape

Groupe B

Ecrivez un compte rendu de l'exposition pour chacune des publications suivantes
le journal local de la ville où est né le peintre • *Le Monde* • une revue des beaux arts • *Paris Match* • *Femme Actuelle*

Level 3

1. Trouvez d'autres sens des mots suivants

la croûte	le repoussoir	la teinte	la facture	l'empâtement
la surcharge	la couche	dégrader	façonner	le poulailler
le créneau	la prime	l'échantillon	le tourniquet	accrocheur

2. Trouvez le sens des mots suivants

le lavis	le lavoir	la laverie	la lavasse
le teint	la teinture	teindre	la teinturerie

3. Trouvez des synonymes des mots suivants

l'enduit	la base	la touche	éreinter	étouffer

4. Donnez une définition des mots suivants

la frise	la terre glaise	le clair-obscur	l'enchérisseur
la partition	le legs	le poulailler	les flonflons
la musiquette	l'indicatif musical	le diapason	la cornemuse

5. Expliquez les différences entre les mots suivants

le pochoir	la pochade	la caricature	l'esquisse
la berceuse	la comptine	la chansonnette	le refrain
la recette	le reçu	la réception	le récépissé

6. Expliquez le sens des locutions suivantes

être aux premières loges	claironner son succès
corner aux oreilles de quelqu'un	se rincer le cornet
filer un coup de biniou	se mettre au diapason de quelqu'un
faire son cinéma	ne pas pouvoir encadrer quelqu'un

7. Complétez

teindre	teinter	teint	teinte	teinturer
_____	_____	_____	_____	_____
colorer	colorier	coloris	coloriste	décoloré
_____	_____	_____	_____	_____

8. Traduisez en français   ✓

1. The distance shots were spectacular, but I don't think that the close-ups contributed much to the psychological drama.
2. The high angle shot is often used to convey a sense of powerlessness, whereas the low-angle shot tends to suggest threat.
3. Although he had loaded the camera earlier, he had forgotten that the exposure counter was not working; as a result the first three shots were wasted.
4. I am looking for a camera case which will be strong but not too cumbersome.
5. I have advertised in the paper for someone who can give me French lessons.
6. In my opinion brand loyalty is much more important than advertising gimmicks.
7. There are several ways of launching a product: bill-posting, free samples, blanket-mailing, commercial breaks, vouchers.
8. I shall have to return these proofs to the typesetter; they are full of misprints.
9. A satellite dish would probably eliminate the interference.
10. If you play a few bars, I'll tell you if I recognise the melody.

9. Rédaction

Ecrivez une composition en prenant une des citations suivantes comme point de départ

1. Comme moyen de reproduction, la photographie a démocratisé l'oeuvre d'art en la rendant accessible à tous. En même temps elle a changé notre vision de l'art. Employée comme moyen d'extériorisation d'un souci créateur, elle est autre chose qu'une simple copie de la nature.

   (Gisèle Freund, *Photographie et société*)

2. Les jeunes Français connaissent mieux le Code d'honneur du Far West américain que celui des chevaliers du Moyen-âge; ils acquièrent au cinéma et à la télévision leur vision du monde.

   (*L'Express*, 'Devenons-nous américains?', 24 juil. 1967)

10. Décrivez les activités suivantes

1. la peinture gestuelle, la peinture au couteau, la peinture murale, la peinture au pistolet.
2. le dessin à main levée, le dessin ombré, le dessin au trait, le dessin architectural.

11. Expliquez le sens des mots suivants

le glacis, la retouche, les hachures, le dégradé, le clair-obscur, l'empâtement, l'épure, le polyptique, la prédelle, la réplique

12. Traduisez en anglais

1. Derrière l'apparence continue d'une façade post-haussmannienne, l'architecte a décliné plus de 200 logements sociaux, intelligents, vivants. Fiszer a casé des éléments de décor partout où il a pu: pierre polie ou sculptée, bas-reliefs, balcons de fonte ouvragée.
   (Frédéric Edelmann, *Le Monde*, 7 septembre, 1997)
2. Aux arènes, assise sur les gradins, trône l'harmonie municipale. Elle a un chef et joue des paso doble puisés dans le creuset espagnol.
   (Véronique Mortaigne, *Le Monde*, 7 septembre, 1997)
3. Ainsi, le jazzman et tubist Marc Steckar, créateur d'un concept harmoniquement original – un ensemble de tubas, capable de jouer du jazz ou de donner une coupe au carré à la belle musique de Kurt Weill – s'était penché en 1994 sur le sort d'une catégorie très particulière de fanfares.
   (Véronique Mortaigne, *Le Monde*, 7 septembre, 1997)
4. Les partis pris affichés par Olympus avec sa gamme Camedia (trois appareils à 4 000, 6 000 et 8 000 francs) illustrent le virage de la photo numérique vers les consommateurs. Un viseur optique, un objectif de qualité, point fort d'Olympus, une taille et un poids identiques à ceux d'un appareil compact classique permettent aux Camedia de se fondre dans le décor des amateurs de photos familiales.
   (Michel Alberganti, *Le Monde*, 15–16 septembre 1996)

13. Traduisez en anglais

Le pinceau se déplaçant horizontalement sans hâte chargé d'un rouge vif assez clair relativement liquide de sorte qu'au fur et à mesure de son avance la couleur dégouline en petites bavures le trait épais et sanglant qu'il laisse derrière lui s'allongeant s'étirant présentant dans sa rigidité de légères gonfles de légères bosselures selon que la main qui conduit le pinceau soumise aux imperceptibles tremblements aux imperceptibles palpitations du sang qui l'irrigue et des muscles qui la soutiennent se rapproche ou s'éloigne de la toile allégeant tour à tour les soies ou au contraire les couchant les écrasant un peu ce qui fait qu'alors non seulement le trait s'épaissit mais que de plus la peinture compressée déborde et glisse sur la surface verticale jusqu'à ce qu'arrivé en bout de course et presque à la fin de sa réserve de pâte le pinceau s'écrase encore un peu plus cessant alors d'avancer sa progression horizontale faisant place à un mouvement de rotation les soies tournant sur elles-mêmes agrandissant un point dessinant une sorte de boule de bourgeon enflammé rouge vif la couleur fraîche luisante comme de l'émail barre rigide gonflée en relief comme ces cicatrices rosâtres en bourrelets la boule qui la termine dirigée vers une tache blanche imprécise à peu près délimitée par deux U accolés ou plutôt la lettre grecque ω d'une matière nacrée ou émail aussi.

Claude Simon, *La Bataille de Pharsale*, pp. 58–59 (© Editions de Minuit, 1969)

Unit 10

Literature and literary criticism

Level 1

Genres

les mémoires (m)	memoirs
la biographie (f)	biography
l'autobiographie (f)	autobiography
le journal	diary, journal
le roman	novel
le conte	tale
la nouvelle	short story
la fable	fable
la parabole	parable
l'allégorie (f)	allegory
le traité	treatise
l'étude (f)	study
l'essai (m)	essay
la dissertation	dissertation
le drame	drama
la pièce	play
la tragédie	tragedy
la comédie	comedy
le mélodrame	melodrama
la satire	satire
le pamphlet	pamphlet
le polar ①	detective story
le roman policier	detective novel
le roman à suspense	thriller
le roman courtois	courtly romance
romanesque	novelistic
l'oeuvre de jeunesse (f)	early work
le recueil	anthology
l'anthologie (f)	anthology
la collection	collection
le conte de fée	fairy story
l'histoire de revenants (f)	ghost story
l'historiette (f)	little story, anecdote

l'utopie (f)	utopia
utopique	utopian
la distopie	distopia
distopique	distopian
le poème	poem
la ballade	ballad
l'élégie (f)	elegy
l'épigramme (f)	epigram
l'ode (f)	ode
le vers	line
la strophe	stanza
la stance	stanza
le couplet	couplet
le refrain	refrain
en vers rimés	in rhyming verse
en vers blancs	in blank verse
l'épopée (f)	epic
les droits d'auteur (m)	royalties
la narration	narration
le narrateur/ la narratrice	narrator

Writers

le romancier/la romancière	novelist
le conteur/la conteuse	story-teller
le/la nouvelliste	short-story writer
le/la dramaturge	dramatist
le/la poète	poet
le ménestrel	minstrel
le trouvère	trouvère
le troubadour	troubadour
le/la mémorialiste	memoralist, memoirs-writer
le/la biographe	biographer

l'essayiste (m/f) — essayist
le chroniqueur, — chronicler
  la chroniqueuse
le compilateur, — compiler
  la compilatrice

Writing: structure
le plan — plan
la rédaction — draft
l'intrigue (f) — plot
l'épisode (**m**) — episode
le scénario — scenario
l'acte (**m**) — act
la scène — scene
la couleur locale — local colour
la structure — overall structure
  d'ensemble
le thème sous-jacent — underlying theme
le motif — motif
la préface — preface
le chapitre — chapter
la table des matières — contents
la citation — quotation

Style
un style élevé — elevated style
un style simple — simple/plain style
un style sobre — sober style
un style limpide — clear/limpid style
un style plat — dull/lifeless style

un style banal — trite style
un style monotone — monotonous style
un style sec — dry style
un style prosaïque — pedestrian style
bref et direct — short and to the point
dépeindre — to depict
accroître la tension — to increase the tension
soutenir l'intérêt — to maintain the
      interest
traiter de — to deal with
esquisser — to outline
développer — to develop
signaler — to point out
mettre en évidence — highlight

Rhetoric
les figures de — rhetorical figures
  rhétorique (f)
l'antithèse (f) — antithesis
le contraste — contrast
la comparaison — comparison
établir une — to draw a comparison
  comparaison entre — between
l'exagération (f) — exaggeration
le paradoxe — paradox
la métaphore — metaphor
la métonymie — metonymy
l'onomatopée (f) — onomatopoeia
onomatopéique — onomatopoeic

Level 2

Structure
le canevas — framework, basic
      structure
le fil du récit — narrative thread
le cadre — setting
l'arrière-plan — background
le retour en arrière — flashback
le rebondissement — sudden development,
      twist
le personnage à — rounded character
  facettes
la peinture des — characterisation
  personnages
l'action centrale (f) — the main plot

l'intrigue secondaire — sub plot
  (f)

Style
un récit coloré — vivid/colourful
      account
un style concis — concise style
un style laconique — laconic style
un style cadencé — rhythmic style
un style coulant — flowing style
un style pompeux — pompous/bombastic
      style
un style négligé — slovenly style
un style animé — lively style

un style vigoureux	forceful style	une peinture sommaire	broad delineation
un style prétentieux	pretentious style	une tranche de vie	slice of life
novateur, novatrice	innovative	l'engagement (m)	commitment
peu enthousiasmant	uninspiring	s'inspirer de la réalité	to be drawn from life
déroutant	confusing	faire ressortir	to highlight
peu logique	inconsistent	faire valoir	to highlight
peu convaincant	unconvincing	accentuer	to emphasise
imagé	colourful	effleurer un sujet	to touch on a subject
soutenir la comparaison avec	to bear comparison with	élucider un mystère	to explain a mystery
une analyse fouillée	searching analysis	éclairer les motifs de quelqu'un	to shed light on someone's motives
approfondi	far-reaching		

Level 3

Style

un style lapidaire	terse/succinct style	un morceau de bravoure	purple passage
un style diffus	diffuse/wordy style	forcé	far-fetched
un style prolixe	wordy style	tiré par les cheveux	far-fetched
un style décousu	disjointed style	rebattu	hackneyed
un style ampoulé	turgid/bombastic style	le lieu commun	commonplace
un style guindé	stilted style	larmoyant	maudlin
un style maniéré	mannered style	boursouflé	turgid
un style embarrassé	convoluted style	tramer une intrigue	to weave a plot
un style piquant	racy style	avoir des longueurs	to drag in places
un style osé	daring style	passer du coq à l'âne	to jump from one subject to another
un style saccadé	jerky, staccato style		
un style haché	broken/halting style	faire du remplissage	to pad out
un style entrecoupé	broken/halting style	soulever des controverses	to be controversial
un style alambiqué	convoluted style		
un style tarabiscoté	fussy/ornate style	faire grand cas de quelque chose	to make much of
un style surchargé	ornate		

Speaking

Level 1

Assertion

affirmer	to maintain, assert	donner son avis	to give one's opinion
certifier	to assure	se prononcer en faveur de	to speak out in favour of
soutenir	to uphold, maintain		
prétendre	to claim	le commentaire	comment, commentary
attester	to testify, vouch		
témoigner de	to bear witness to	la remarque	remark
confirmer	to confirm	faire observer que	to remark, point out that
avancer	to advance		
garantir	to guarantee, vouch	mentionner	to mention
		faire mention de	to mention

Reporting

faire part de	to announce, inform about
communiquer	to communicate
notifier	notify
rapporter	to report
aviser de	to advise, notify
relater	to relater
tenir quelqu'un au courant	to keep someone informed
narrer	to narrate
citer	to cite, quote
dicter	to dictate
la dictée	dictation

Explaining

détailler	to explain/tell in detail; to give details of
préciser	to make clear, clarify, be more specific about
clarifier	to clarify
mettre au clair	to clarify
faire comprendre	to get something across
disserter sur	to speak about; hold forth on
discourir de	to speak about; hold forth on
développer	to develop, elaborate on
définir	to define

Conversing

s'adresser à	to address
causer	to chat
s'entretenir	to converse
discuter	to discuss, debate, argue
dialoguer	to converse
deviser	to converse
bavarder	to chat
draguer ①	to chat up
le dialogue	dialogue
un échange de vues	exchange of views
des pourparlers (m)	discussions
le tête-à-tête	private conversation

Disagreement

ne pas être d'accord	to disagree
disputer	to dispute
contredire	to contradict
différer d'opinion	to dissent
contester	to contest, dispute
se disputer	to quarrel
se brouiller	to fall out
se quereller	to quarrel
la discussion	argument
une discussion enflammée	a heated argument
le désaccord	disagreement
le différend	difference
le dissentiment	dissent, difference
la discorde	discord
la différence d'opinions	difference of opinion
la divergence d'opinions	difference of opinion
la dispute	dispute
un sujet de dispute	cause for argument
la mésentente	disagreement
la brouille	quarrel
la protestation	protest
s'élever contre	to speak out against
élever une objection	to raise an objection
être opposé à	to be opposed to
régler un conflit	to settle a dispute

Asking

demander	to ask
requérir	to request
un appel	appeal
supplier	to beg
prier	to beg, entreat
implorer	to beg, implore
réclamer	to call for
revendiquer	to claim
la revendication	claim
mettre en doute/ question	to query
la demande de renseignements	enquiry
demander conseil	to consult, ask for advice
interroger	to question, interrogate

l'interrogation (f)	interrogation	s'exclamer	to exclaim
l'interrogatoire (m)	interrogation	s'écrier	to exclaim, cry out
		pousser des cris	to shout
Replying		pousser de grands cris	to shout
objecter	to object, raise an objection	vociférer	to shout, roar
		hurler	to yell
rétorquer	to retort	acclamer	to cheer
répliquer	to retort	chuchoter	to whisper
riposter	to retort	susurrer	to whisper
remettre quelqu'un à sa place	to put someone in his/her place	souligner	underline
s'adresser à	to speak to, address	mettre l'accent sur	to emphasise
causant	chatty	faire ressortir	to emphasise

Complaining		***Various***	
se plaindre	to complain	s'exprimer	to express oneself
la plainte	complaint	traiter	to discuss, deal with, treat
la réclamation	complaint		
critiquer	to criticise	faire allusion à	to allude to, refer to
la critique	criticism	badiner	to banter
critique	critical	blaguer	to joke, kid
		prendre la parole	to speak, take the floor
Gossip		couper la parole à quelqu'un	to cut someone short
médire de	to malign, speak ill of	mesurer ses paroles	to weigh one's words
dénigrer	to denigrate	avoir la parole facile	to be a fluent speaker
la mauvaise langue	scandalmongerer	parler à tort et à travers	to say any old thing, talk nonsense
la médisance	gossip, scandalmongering	tenir sa langue	to hold one's tongue
médisant	malicious gossip	laconique	laconic
		bavard	chatty, talkative
Tone of voice		verbeux	verbose
élever la voix	to raise one's voice	laisser échapper	to blurt out
crier	to cry out, scream, screech	révéler	to reveal, give away
		trahir	to reveal, give away

Level 2

Disagreement		s'élever contre	to speak out against
se chamailler	to quarrel		
avoir des mots	to have words	***Denial, retraction***	
s'engueuler ①	to row, have a slanging match	alléguer	to put forward
		démentir	to refute, deny, contradict
se mancher le nez ①	to be at one another's throats	désavouer	to retract, disown, deny
se bouffer le nez ①	to be at one another's throats		
		le désaveu	retraction
avoir un accroc	to have a brush	se dédire	to back down

se rétracter	to back down, take back one's words

Complaining

grommeler	to grumble
ronchonner	to grumble
gémir	to moan
grogner	to groan
râler	to grouse, moan
rouspéter	to grouse, grouch

Implication

donner à entendre	to lead to believe
laisser entendre	to imply
laisser supposer	to imply
insinuer	to insinuate
donner des tuyaux à quelqu'un ①	to tip someone off
tuyauter quelqu'un ①	to tip someone off
se faire tuyauter ①	to be tipped off

Calling out

interpeller	to call out to, hail
apostropher quelqu'un	to shout at, address
brailler	to bawl
beugler	to bellow
s'égosiller	to shout oneself hoarse
glapir	to yap
gueuler ①	to yell
hurler	to bawl, roar
rugir	to roar

Speech defects

gazouiller	to babble
babiller	to babble
jacasser	to jabber

bredouiller	to stammer
balbutier	to stammer
marmotter	to mumble, mutter
marmonner	to mutter, mumble
grommeler	to mutter, grumble
zézayer	to lisp
bégayer	to stammer

Loquatiousness

faire des phrases	to make grand statements, to use high-flown words
la faconde ①	gift of the gab
aimer s'écouter parler	to like the sound of one's own voice
avoir la langue bien pendue	to be talkative

Various

incapable de s'exprimer	inarticulate
aller droit au fait	to go straight to the point
ne pas mâcher ses mots	not to mince one's words
donner/lâcher son paquet à quelqu'un ①	to give someone a piece of one's mind
le juron	oath, curse
décrire à grands traits	to give a broad outline of
raconter par le menu	to tell in great detail
articuler	to pronounce, articulate
accentuer	to stress
débiter	to reel off

Level 3

Disagreement

pinailler ①	to quibble
une prise de bec ①	squabble
ergoteur	argumentative
ergoter	to quibble
l'ergotage (m)	quibbling

Rambling, repetition

ressasser	to keep trotting out, to keep rehearsing
ressassé	hackneyed, worn-out
rebattre	to harp on

rebattu	hackneyed
rabâcher ①	to harp on, keep on repeating
le rabâchage ①	harping on
le rabâcheur ①	repetitious bore
radoter	to ramble on
le radotage	rambling, drivel
le radoteur	rambling old fool, driveller
la rengaine	chorus, refrain
jaser	to chatter, prattle
blablater ①	to rabbit
palabrer ①	to chat, waffle
des fariboles (f)	waffle
des balivernes (f)	nonsense, twaddle
bavasser ①	to witter
jacter ①	to witter
bagouler ①	to talk nineteen to the dozen
baratiner ①	to sweet-talk, to fast-talk
du baratin ①	sweet-talk, sales talk
le boniment	sales talk, patter
bonimenter	to dish out the sales talk
débiter une histoire	to spin a yarn
débloquer	to talk rubbish
maronner	to chunter
le papotage ①	small talk, idle chatter
papoter ①	to chatter on, have a natter
les menus propos (m)	small talk
la parlote ①	chit-chat
la parlotte ①	chit-chat

Shouting

s'égosiller	to shout oneself hoarse
s'époumoner	to shout oneself hoarse
sacrer	to curse and swear
tonitruer	to thunder
tempêter	to rant
fulminer	to rant
déblatérer contre/	to rant on

Confiding

s'ouvrir	to confide in

se déboutonner ①	to open up, confide
décharger sa conscience	to come clean
vider son sac ①	to spill the beans
vendre la mèche ①	to spill the beans
cafarder ①	to sneak, tell tales on
moucharder ①	to split on

Response

rembarrer quelqu'un ①	to put someone in his/her place
répondre par monosyllables	to give monosyllabic answers
rendre la pareille	to give as good as one gets

Speech defects

bafouiller	to splutter, stammer
baragouiner ①	to talk gibberish, jabber
nasiller	to speak with a twang

Silence

la boucler ①	to belt up
ne pas piper ①	not say a word

Various

claironner	to beam
caqueter	to cackle
acclamer	to cheer
huer	to jeer
conspuer	to jeer
la commère	gossip
des commérages (m)	gossip
le cancan	gossip
cancanier, cancanière	gossipy
le potin	gossip
un bruit qui court	rumour
débiner sur ①	to slag off, badmouth
le débineur ①	backbiter, mud-slinger
vilipender	to revile
maudire	to curse
sortir/lancer une vanne ①	to wisecrack
lancer des boutades	to wisecrack
pleurnicher ①	to whinge
musiquer ①	to whinge

| mettre son grain de sel ① | to butt in | faire un sermon à quelqu'un | to lecture someone |
| sermonner | to preach | | |

Reading and writing

Level 1

Writing

rédiger	to draft	feuilleter	to leaf through
l'écriture fine (f)	nice handwriting	parcourir	to skim
l'écriture serrée (f)	dense handwriting		
l'écriture anguleuse (f)	angular handwriting	*Materials*	
épeler	to spell	l'agenda (m)	diary
noter	to note	le carnet	notebook
marquer	to note	le bloc	pad
inscrire	to write down	le sous-main	desk blotter
gommer	to rub out, erase	le buvard	blotter
effacer	to score out	l'abrégé (m)	summary
barrer	to cross out	l'abécédaire (m)	alphabet primer
biffer	to cross out	le feuillet	sheet
la biffure	crossing-out, deletion		
rayer	to score out	*Parts of books, etc.*	
la rayure	crossing-out	la reliure	binding
raturer	to erase	le chapitre	chapter
la rature	crossing-out, deletion	le paragraphe	paragraph
		l'alinéa (m)	paragraph
		la colonne	column
Reading		la table des matières	contents
lire tout bas	to read to oneself	la jacquette	dust jacket
lire tout haut	to read aloud		
déchiffrer	to decipher	*Forms of display*	
le déchiffrage	decoding, deciphering; sight-reading	le catalogue	catalogue
		les rayons (m)	shelves
dévorer	to devour	la vitrine	glass case

Level 2

Writing and reading

le brouillon	rough draft	deux points	colon
orthographier	to spell out	la virgule	comma
dépouiller	to peruse	les points de suspension (m)	suspension points
compulser un livre	to consult a book	le point d'interrogation	question mark
sauter	to skip		
		le point d'exclamation	exclamation mark
Punctuation			
le point	full-stop	les guillemets (m)	inverted commas
le point-virgule	semi-colon	la parenthèse	bracket

le tiret	dash	***Illiteracy***	
le trait d'union	hyphen	l'analphabétisme (m)	illiteracy
		l'anaphabète (m/f)	illiterate person
Types of book		l'illettré(e) (m/f)	illiterate person
le livre à grand succès	best-seller		
le livre de chevet	bedside book		

Level 3

Writing		potasser ①	to cram
libeller	to draw up, make out	chiader ①	to cram
des pattes de mouche	scrawl	le pavé ①	hefty tome
griffonner	to scribble, jot down	la plaquette	slim volume
gribouiller	to scribble, scrawl, doodle		
une écriture de chat	spidery handwriting	***Types of book***	
le grimoire	mumbo-jumbo, illegible scrawl; arcane text; book of magic	le livre du maître	teacher's book
		le livre de lecture	reading book, reader
		le livre scolaire	schoolbook, textbook
		le livre de cuisine	cookery book, cookbook
Reading		le livre d'heures	Book of Hours
le rat de bibliothèque	bookworm	le livre de messe	missal, mass book
passer son temps à bouquiner ①	to always have one's nose in a book	le livre d'or	visitors' book
bachoter ①	to swot	l'ouvrage de référence	reference work
bûcher ①	to work hard, study	l'ouvrage collectif	joint publication

---

Exercises

Level 1

1. Trouvez d'autres sens des mots suivants

prétendre	soutenir	avancer	rapporter	détailler
réclamer	requérir	rayer	parcourir	romanesque
le recueil	la rédaction	le chroniqueur	le traité	la réplique

2. Trouvez des synonymes des mots suivants

causer	contredire	se plaindre	dénigrer
badiner	raturer	déchiffrer	feuilleter
la compilation	l'historiette	la dissertation	l'anthologie

3. Donnez les substantifs correspondant aux verbes qui suivent

affirmer	certifier	soutenir	prétendre
attester	témoigner de	confirmer	garantir
rapporter	aviser	disserter	discourir
développer	définir	bavarder	régler
requérir	supplier	riposter	médire

4. Expliquez le sens et l'emploi des verbes suivants

assurer	s'assurer	avancer	s'avancer
communiquer	se communiquer	aviser de	s'aviser de
développer	se développer	préciser	se préciser
brouiller	se brouiller	disputer	se disputer
demander	se demander	réclamer	se réclamer
interroger	s'interroger	se répondre de	répondre à

5. Composez des phrases qui feront ressortir les différences entre les mots suivants

le roman	le Romain	le recueil	le recueillement
le feuillet	la feuille	la colonne	le colon
le vers	le ver	le désaccord	la discorde

6. Traduisez en anglais

faire du mot à mot	à mots couverts	au bas mot
un mot d'ordre	un mot d'excuse	un mot de passe
joindre le geste à la parole	avoir la parole facile	parole d'honneur!

7. Expliquez les différences entre les mots suivants

la préface	l'introduction	le prologue
l'auteur	le narrateur	le protagoniste
la ballade	l'élégie	l'épopée

8. Associez le mot et la définition   ✓

l'antithèse, le paradoxe, la synecdoque, la métaphore, le parallèle, la métonymie, l'onomatopée, l'analogie, la parabole

figure de rhétorique qui consiste à prendre la partie pour le tout   _____
substitution analogique   _____
mot qui imite phonétiquement la chose dénommée   _____
quelque chose qui heurte l'opinion communément admise
ou qui va à l'encontre du bon sens   _____
opposition de deux expressions ou de deux idées   _____

9. Complétez le tableau suivant

communicatif, indiscret, babillard, ouvert, éloquent, prolixe, cancanier, verbeux, médisant, expansif, convaincant, pertinent, péremptoire, dogmatique

Connotations positives		Connotations négatives

10. Décrivez les caractéristiques principales des genres littéraires suivants

le roman d'analyse   le roman d'anticipation   le roman d'épouvante
le roman de cape et d'épée le roman-fleuve   le roman de série noire
le roman à clé   le roman épistolaire   le roman d'évasion
le roman de gare   le roman à thèse   le roman de mœurs

11. Trouvez des équivalents non-argotiques des mots suivants

le gratte-papier   le bouquineur   le plumitif   le rimailleur

12. Traduisez en français

to write up   to write down   to write out   to write off
to read off   to read up on   to read over   to read through
to speak out for   to speak out against to speak up   to speak for
to call round   to call on   to call for   to call aside

13. Traduisez en anglais

 1. Elle a toujours quelque chose à répliquer.
 2. Et ne réplique pas!
 3. Il ne s'en laisse pas conter.
 4. N'en fais pas un drame!
 5. Tout ça, c'est un roman!
 6. C'est tout un poème!
 7. C'est une histoire à dormir debout.
 8. Tu me racontes des histoires.
 9. C'est toute une histoire.
10. L'histoire veut qu'elle l'ait fait.
11. Elles en content de belles!
12. C'est toujours le même refrain!
13. Change de refrain!
14. C'est bien répondu!
15. Ce n'est pas de refus!
16. Il n'y a pas à dire!
17. A qui le dites-vous?
18. C'est beaucoup dire.
19. Ça me dit quelque chose.
20. Ça ne me dit rien.

14. Expliquez le sens des locutions suivantes

avoir voix au chapitre   conter fleurette à quelqu'un   s'en laisser conter
s'attirer des histoires   être la fable de toute la ville   dîner en tête-à-tête
être en butte à la médisance   avoir réponse à tout   oublier sa réplique
se donner la réplique   vivre dans les livres   traduire à livre ouvert

15. Traduisez en français   ✓

1. When he has finished the collection of stories, he will start his next novel.
2. She has been keeping a personal diary for twenty-five years. Her editor wants her to publish it.
3. He is writing a thesis on courtly romance.

4. The teacher asked him to explain the difference between a stanza and a line.
5. The narrator of this ghost story is a little boy who has read a lot of fairy tales and who lets himself be carried away by his imagination.
6. She is a biographer and essayist, but the royalties which she received for her last book will allow her to publish her prose poems.
7. The plot is rather unlikely, but the underlying themes of the book are very interesting.
8. She wrote the preface and the last chapter in four days. That is why the quotations are full of mistakes.

16. Ecrivez une composition en prenant une des citations suivantes comme point de départ

> 1. 'Toute fiction s'inscrit [. . .] en notre espace comme voyage, et l'on peut dire a cet égard que c'est là le thème fondamental de toute littérature romanesque.'
>
> (Michel Butor, *Essais sur le roman*, p. 50)
>
> 2. 'Un roman d'épouvante peut se donner comme une simple transposition de la réalité, parce qu'on rencontre, au fil des jours, des situations épouvantables.'
>
> (Jean-Paul Sartre, *Situations I*, p. 135)
>
> 3. 'La meilleure façon pour le romancier de s'intégrer dans la marche de l'histoire est de ne pas s'en occuper, de s'occuper seulement de la marche du roman.'
>
> (Alain Robbe-Grillet, *L'Express*, 23 juillet 1959)

17. Traduction orale

> On fait une dictée. Catherine Legrand n'a pas le temps d'écrire tous les mots que Mademoiselle dit. On laisse des espaces approximatifs. On essaiera de les remplir quand Mademoiselle relira la dictée. Le porte-plume saute d'un mot incomplet à un autre, se ménage un nouveau blanc. Il continue d'être indocile dans la main qui le tient. Le bout de la plume cesse à tout moment d'être un bec, fléchit et s'écarte en deux parties bien distinctes. On plonge le porte-plume dans l'encrier, on le secoue au-dessus pour le débarrasser du trop-plein d'encre, on le ramène sur le cahier. La plume accroche, forme des lettres qui arrachent le papier et s'incrustent non entières déchiquetées, barbues. On écrit la mare, le mur, la maison, on saute un mot qu'on n'a pas eu le temps d'écrire et qu'on n'a pas retenu puis on écrit, le mimosa, le mètre, la montagne, la messe, on saute encore un mot en on, c'est peut-être le maçon. On attend que Mademoiselle relise la dictée. On arrive en faisant très attention à remplir un espace ou deux mais pas plus et cela en ne suivant pas le reste de la lecture ce qui fait qu'on n'est même pas sûr que les mots qu'on a écrits ensuite soient les bons.
>
> Monique Wittig, *L'Opoponax*, p. 53 (© Editions de Minuit, 1964)

Level 2

1. Trouvez d'autres sens des mots suivants

| un accroc | la trame | le cadre | |
| articuler | débiter | dépouiller | effleurer |

2. Trouvez des synonymes des mots suivants

alléguer	se dédire	râler	tuyauter	s'égosiller	compulser
la faconde	un juron	le canevas	l'illettré	un mystère	la facette
coloré	concis	pompeux	déroutant	cadencé	fouillée

3. Complétez

_____	← la brouille	le brouillon	→	_____
_____	← le rebond	le rebondissement	→	_____
_____	← le cadre	le cadran	→	_____
_____	← pompeux	pompier	→	_____
_____	← profond	approfondi	→	_____

4. Composez des phrases qui feront ressortir le sens et l'emploi des verbes suivants

engueuler	s'engueuler	démentir	se démentir
insinuer	s'insinuer	accentuer	s'accentuer

5. Donnez une définition des mots suivants

le catalogue	l'avant-propos	l'index
le texte de présentation	la bibliographie	les notes de l'éditeur
la liste d'ouvrages recommandés	les remerciements	la note de bas de page

6. Composez des phrases qui feront ressortir les différences entre les mots suivants

le dépliant	la brochure	le bréviaire	le paroissien
le répertoire	le registre	le succès de librairie	le succès d'estime
l'oeuvre	l'ouvrage	la prière d'insérer	le texte de couverture
la reliure	la jacquette	l'édition	le tirage
le four	le navet	l'épigramme	l'épigraphe

7. Traduisez les expressions suivantes

le livre d'heures • le livre d'or • le livret de caisse d'épargne • le livret scolaire • le manuel de lecture • le manuel d'entretien • le manuel d'utilisation • le manuel de conversation • le vers de circonstance • des vers de mirliton • le journal de bord • le journal d'enfants

8. Complétez le tableau suivant

Verbe	Substantif	Verbe	Substantif
se chamailler		grommeler	
alléguer		ronchonner	
démentir		gémir	
désavouer		râler	
se rétracter		apostropher	
rouspéter		balbutier	
tuyauter		médire	

9. Traduisez en français ✓

1. The narrative thread is very confused. There are too many flashbacks and unexpected twists.
2. The subplot is more coherent than the main plot and the characterisation is unconvincing.
3. The narrator gives us a vivid account of her adventures, but the analysis of the consequences of her actions is very broad.
4. Although the mystery was explained at the end of the novel, the private detective did not manage to shed light on the motives of the witness.
5. The novel is based on reality. That's why local colour is so important in the text.
6. They had a real slanging match last week. He loves grouching and she never backs down.
7. She gave me to believe that she was going to give him a piece of her mind.
8. He did not mince his words. He told her that her rough draft was full of spelling and typing mistakes.
9. I want you to explain to me the difference between the semi-colon and the colon.
10. You ought to have put a question mark at the end of the sentence.

10. Ecrivez une composition en prenant une des citations suivantes comme point de départ

1. 'La crédibilité est l'une des qualités nécessaires au roman.'
(André Maurois, *Etudes littéraires, Jules Romains*)
2. 'Le récit est un phénomène qui dépasse le domaine de la littérature; il est un des constituants essentiels de notre appréhension de la réalité.'
(Michel Butor, 'Le Roman comme recherche')

11. Traduction écrite

Ainsi, Véra était dans sa chambre, allongée sur son lit quand stridula le téléphone.

Pour des raisons de longueur de fil, le téléphone était fréquemment installé dans la salle de bains, à l'autre bout du couloir. Ainsi, Véra traversa le couloir.

La salle de bains était presque trop grande. Le plafond était haut, les murs livides, avec des traînées grises. Le téléphone était instablement posé sur le rebord du lavabo. De près, il ne stridulait plus, il stridait; il trépignait, s'époumonnait furieusement, par saccades brusques, qui semblaient chaque fois compromettre un peu plus dangereusement son équilibre. Véra s'assit à l'angle de la baignoire.

– C'est moi, transmit l'appareil. Paul.

– C'est moi, dit-elle.

–J'appelais comme ça, dit Paul évasivement.

Et il se mit à parler continûment. Et Véra se mit à l'écouter distraitement. Il y avait très peu de lumière dans la salle de bains; sous l'ombre et le fard ses paupières étaient noires. Elle s'exprimait surtout par acquiescements vagues, un peu étirés. Quand il lui arrivait de parler, elle déplaçait rapidement ses yeux, qu'elle avait grands, à gauche, à droite, très rapidement, vraiment. Elle ressemblait à Dorothy Gish, la soeur de Lilian.

Paul appelait pour la troisième fois de la journée. Il était insistant. Sa voix entrait dans l'oreille de Véra comme une espèce d'aliment sec, déshydraté, congelé et entortillé dans une ficelle de coton beige très fin. Il ne cessait d'articuler. Elle n'arrivait pas à percevoir de scansion, ni même de respiration, dans le brouillard de ses longues phrases infestées de digressions, d'inversions, d'ellipses, de renvois, de ratures et d'énumérations que malgré lui véhiculait le fil du téléphone, lui-même noir, extensible et spiralé. Et Véra s'amusait à tendre et à détendre ce fil, et faisait même des noeuds avec, de sa main libre, pour compliquer un peu plus encore ce que disait Paul.

Jean Echenoz, *Le Méridien de Greenwich*, pp. 21–22
(© Editions de Minuit, 1979)

Level 3

1. Trouvez d'autres sens des mots suivants

débloquer	tramer	libeller
le potin	le pavé	la plaquette
piquant	boursouflé	larmoyant

2. Trouvez des synonymes des mots suivants

ergoter	ressasser	débloquer	rembarrer	bûcher
diffus	décousu	guindé	embarrassé	piquant
osé	haché	alambiqué	tarabiscoté	rebattu

3. Complétez le tableau suivant

pinailler, argumenter, raisonner, chicaner, réitérer, rabâcher, acclamer, flagorner, s'ouvrir, se déboutonner, cafarder, dénoncer, conférer, s'aboucher, pérorer, réprimander, chapitrer, censurer, admonester, sermonner, sangloter, chialer, larmoyer

Connotations péjoratives	Connotations favorables ou neutres

4. Composez des phrases qui feront ressortir les différences entre les mots suivants

le libellé	le libelle	rebattu	rabattu
papoter	papilloter	maronner	marmonner
rembarrer	rembourrer	bafouiller	bafouer
nasiller	nasarder	débiner	se débiner
maudire	maugréer	griffonner	griffer

5. Donnez les antonymes des mots suivants

ressassé	lapidaire	décousu	embarrassé	saccadé

6. Trouvez des équivalents non-argotiques des mots suivants

laïusser	déblatérer	ragoter	potiner	discutailler
jaspiner	moucharder	musiquer	chiader	bouquiner

7. Expliquez le sens des mots suivants

ânonner	nasiller	maronner	bagouler	blablater

8. Composez des phrases qui feront ressortir le sens et l'emploi des mots suivants

la langue   le langage   l'argot   le patois
le jargon   le pidgin   le sabir   le charabia

9. Complétez le tableau suivant

Verbe	Substantif	Adjectif	Verbe	Substantif	Adjectif
pinailler			fulminer		
ergoter			cafarder		
rabâcher			baragouiner		
radoter			cancaner		
jacasser			pleurnicher		
baratiner			sermonner		

10. Traduisez en anglais

1. Je n'ai pas pu lui tirer un mot.
2. Assez de baratin!
3. Bouche cousue!
4. Il dit toujours amen.
5. Il est du genre rabâcheur.
6. J'en avais les oreilles rebattues.
7. Cela lui en a bouché un coin!
8. Tout ça, c'est du blabla.

11. Traduisez en français

to speak one's mind
to shoot off one's mouth
to jump down someone's throat
to read someone's tea-leaves
to be in someone's good books
to bring someone to book

to be spoken for
to call the shots
to read someone like a book
to read between the lines
to go by the book
to throw the book at someone

12. Complétez le tableau suivant   ✓

clou, bavette, vérités, lune, aventure, monnaie, air, conclusions, fermeture, balbutiements, fait, balivernes, table, cheveu, leçon, gras, tac, vache, chose, vers, parlote, mèche, puce, bête, mot, menu, sac, remplissage, bouchon, morceau, holà

Locution	Signification	Registre
1. s'amuser à des _____		
2. faire la _____ avec quelqu'un		
3. chercher la petite _____		
4. faire du _____		
5. répondre du _____ au _____		
6. river son _____ à quelqu'un		
7. manger le _____		
8. vider son _____		
9. vendre la _____		
10. se mettre un _____		

11. donner une _____ de morale à
    quelqu'un
12. tailler une _____
13. dire le _____ et la _____
14. dire ses quatre _____ à quelqu'un
15. mettre la _____ à l'oreille de
    quelqu'un
16. parler français comme une _____
    espagnole
17. tirer les _____ du nez à quelqu'un
18. tailler un bout de _____
19. en être à ses premiers _____
20. se mettre à _____
21. rendre à quelqu'un la _____ de sa
    pièce
22. avoir un _____ sur la langue
23. tirer sa _____ éclair
24. expliquer par le _____
25. dire la bonne _____
26. dire son _____ à quelqu'un
27. mettre le _____
28. parler en l' _____
29. tirer les _____ qui s'imposent
30. demander la _____

13. Traduisez en français   ✓

1. Although his style is a little too mannered, he knows how to weave a plot.
2. The story is a little far-fetched, but the style is succinct and racy. I'd like you to read it.
3. I am surprised that his speech was controversial. In my opinion, what he said was full of
   banalities.
4. He gave me a real lecture. He is an old bore.
5. There's no point in sweet-talking him. The last time he snubbed me.
6. His letters are incomprehensible scrawls. You'll have trouble deciphering them.
7. She is a real bookworm. She's always got her nose stuck in a book.
8. Although he jumped from one subject to another, he succeeded in giving an overview.

14. Ecrivez une composition en prenant une des citations suivantes comme point de départ

1. 'Quelques-uns voulaient que le roman fût une sorte de défilé
   cinématographique des choses. Cette conception était absurde.'
   (Marcel Proust, *Le Temps retrouvé*)

2. 'La littérature la plus 'vraie', c'est celle qui se sait la plus irréelle, dans la
   mesure où elle se sait essentiellement langage.'
   (Roland Barthes, *Essais critiques*)

Traduisez en anglais

Que le personnage soit de roman, d'épopée, de théâtre ou de poème, le problème des modalités de son analyse et de son statut constitue l'un des points de 'fixation' traditionnels de la critique (ancienne ou moderne) et des théories de la littérature. Autour de ce concept, la rhétorique enregistrait des 'figures' ou des genres comme le portrait, le blason, l'allégorie, l'anagramme, l'éopée, la prosopopée, etc., sans d'ailleurs les distinguer avec précision. Les typologies littéraires les plus élaborées (Aristote, Lukacs, Frye, etc.) sont toujours fondées sur une théorie plus ou moins explicitée du personnage (héros problématique ou non, d'identification ou de purgation, type ou individu). Le modèle psychologique (voir le terme anglais de: *character*) et le modèle dramatique (types et emplois) reste prédominant. La recherche anecdotique des *clés* (qui est Irène, qui est Phédon chez La Bruyère?) ou des *sources* (quel fut le modèle de la Nana de Zola?) reste vivace. La vogue d'une critique psychanalysante, plus ou moins empiriquement menée, inféodée souvent à une conception survalorisée du sujet qui reste traditionnelle, contribue à faire de ce problème du personnage un problème aussi confus que mal posé (aidée en cela par les déclarations de paternité, glorieuses ou douloureuses, toujours narcissiques, des romanciers eux-mêmes), où se confondent perpétuellement les notions de personne et de personnage.

Philippe Hamon, 'Statut sémiologique du personnage', in R. Barthes, W. Kayser, W. Booth and P. Hamon, *Poétique du récit*, pp. 115–116.
(© Editions du Seuil, 1977)

Unit 11

Leisure

Level 1

Relaxation

le loisir	leisure
se détendre	to relax
la détente	relaxation
détendu(e)	relaxed
relaxe ③	relaxed, carefree
les activités récréatives (f)	recreational activities
se décompresser ③	to unwind

Hobbies

le bricolage	DIY
bricoler	to do odd jobs, potter
le bricoleur	handyman, DIY man
être bricoleur	to be good with one's hands
le tricot	knitting
tricoter	to knit
la machine à tricoter	knitting machine
la couture	sewing
coudre	to sew
la broderie	embroidery
broder	to embroider
le jardinage	gardening
le jardinier/la jardinière	gardener
jardiner	to garden
la poterie	pottery
le potier/la potière	potter
la pêche	fishing
le pêcheur/la pêcheuse	fisherman/woman
la chasse	hunting
le chasseur/la chasseuse	hunter

la marche	walking
la randonnée	walk, hike
le randonneur/la randonneuse	walker, hiker

Games

le jeu	game
le jouet	toy
le joujou ①	toy
gagner au jeu	to win a game
perdre au jeu	to lose a game
tricher	to cheat
le tricheur/la tricheuse	cheat
le jeu de société	parlour game, board game
le jeu de hasard	a game of chance
le jeu d'adresse	a game of skill
le jeu vidéo	video game
le jeu d'arcade	video game
le jeu de dames	draughts
le loto	bingo
jouer aux cartes	to play at cards
jouer aux dominos	to play at dominoes
jouer aux échecs	to play at chess
jouer à cache-cache	to play at hide and seek
jouer à la marelle	to play hopscotch
jouer à la balle	to play ball
jouer au ballon	to play ball
le saut à la corde	skipping
la corde à sauter	skipping rope
la poupée	doll
la voiture de poupée	doll's pram
la petite auto	toy car

le train électrique	electric train	le/la trapéziste	trapeze artist
la boîte à jouets	toybox	**le** trapèze volant	flying trapeze
la balançoire	swing	l'équilibriste (m/f)	tightrope walker
le manège	roundabout	la corde raide	tight rope
le toboggan	chute, slide	la fête foraine	fun-fair
la cage à poules	climbing frame	le forain/la foraine	fairground entertainer, stall-holder
le tourniquet	roundabout		
le golf miniature	miniature golf	la baraque foraine	fairground stall
		la femme à barbe	bearded lady
		la marionnette	puppet

Popular spectacles

le cirque	circus	la marionnette	puppet
l'acrobate (m/f)	acrobat	le/la marionnettiste	puppeteer
le jongleur/la jongleuse	juggler	le comique de cabaret	stand-up comic
		le défilé	procession
le clown	clown	le concert en plein air	open-air concert
		le kiosque à musique	bandstand

Level 2

Hobbies

le collectionneur/la collectionneuse	collector	le jeu de gages	forfeits
		miser	to bet
la pièce de collection	collector's item	la mise	bet
la philatélie	stamp collecting	l'enjeu (m)	stake
l'album de timbres (m)	stamp album	être beau joueur	to be a good sport
la philatélie	philately, stamp-collecting	être mauvais joueur	to be a bad sport
		le cheval à bascule	rocking horse
le/la philatéliste	philatelist, stamp collector	le nounours	teddy
		l'ours en peluche (m)	teddy bear
la bibliophilie	book-collecting	le jouet en peluche	soft toy
le/la bibliophile	bibliophile, book-lover	l'album à colorier (m)	colouring book
la discophilie	record-collecting	colorier une image	to colour in a picture
le/la discophile	record-collector	le saute-mouton	leap-frog
le/la mordu(e) du cinéma	film buff	le colin-maillard	blind man's buff
		le soldat de plomb	tin-soldier
l'ornithologie (f)	bird-watching	le cerf-volant	kite
l'ornithologue (m/f)	ornithologist, bird-watcher	la bille	marble
		les fléchettes (f)	darts
le/la passionné(e) de trains	trainspotter	la planche à roulettes	skateboard
		la trottinette	scooter
		des patins à roulettes (m)	skates

Games

le jeu de construction	construction set	le kart	go-cart
le jeu de piste	treasure hunt	le lance-pierres	catapult
le jeu de rôles	role play	le cerceau	hoop
le jeu-concours	quiz, competition	le flipper	pinball machine
la devinette	riddle	la machine à sous	slot machine
le rébus	riddle	le baby-foot	table football
les mots croisés (m)	crossword	la pataugeoire	paddling pool
		le bac à sable	sandpit

Popular spectacles

le chapiteau	big top
la piste	ring
les gradins (m)	tiered seating
le dompteur/la dompteuse	tamer
le dresseur/la dresseuse	trainer
dresser	to tame
le pitre	clown
le/la funanbule	tightrope-walker
l'écuyer/l'écuyère	rider
la voltige	acrobatics; trick riding
le voltigeur	acrobat

les paillettes (f)	spangles
le diseur/la diseuse de bonne aventure	fortune-teller
le stand de tir	shooting range
les autos tamponneuses (f)	dodgems
le train fantôme	ghost train
les montagnes russes (f)	big dipper
la barbe à papa	candy floss
la pomme d'amour	toffee apple
le glacier	ice-cream vendor
la buvette	refreshments stand
la brasserie foraine	beer tent

Level 3

Hobbies

la maille	stitch
le point	stitch
le montage des mailles	casting-on
la torsade	cable stitch
la pelote	ball of wool
les aiguilles (f)	knitting pins
le dé à coudre	thimble
les épingles (f)	pins
la bobine	bobbin
le bobinot	bobbin, spool
la pince	dart
faufiler	to baste, tack
bâtir	to tack, baste
du fil à bâtir	tacking thread
du coton à bâtir	tacking thread
ourler	to hem
froncer	to tuck
le patron	pattern
le mannequin	dummy
le nécessaire à couture	sewing bag/box
piquer à la machine	to machine-stitch
tisser	to weave
filer	to spin
le métier à tisser	weaving loom
le métier à filer	spinning frame
le métier à broder	embroidery frame

Games

le tric-trac	backgammon
la couleur	suit

la main	hand
trèfle	clubs
pique	spades
carreau	diamonds
coeur	hearts
les figures (f)	face cards
le roi	king
la dame	queen
le valet	jack
l'atout (m)	trump
l'as (m)	ace
battre les cartes	to shuffle the cards
mêler les cartes	to shuffle the cards
distribuer	to deal
le jeton	counter
le dé	die
le damier	draught-board
l'échiquier (m)	chess-board
échec et mat	checkmate
faire échec et mat	to checkmate
le tapis vert	green baize
le morpion	noughts and crosses
le jeu de puce	tiddlywinks
le jeu de l'oie	snakes and ladders
le jeu des petits chevaux	ludo

Popular spectacles

le saltimbanque	showman
le faiseur/la faiseuse de tours	conjuror

l'illusionniste (m/f)	conjuror	le guignol	Punch and Judy show
le tour de prestidigitation	conjuring trick	la femme colosse	Fat Lady
		la bannière	banner
le tour de passe-passe	conjuring trick	le serpentin	streamer
le/la ventriloque	ventriloquist	le feu de joie	bonfire
le pantin	ventriloquist's dummy	le feu d'artifice	firework
l'avaleur de sabres	sword swallower	le pétard	banger, firecracker
le cracheur de feu	fire-eater	la fusée	rocket
le camelot	hawker	la roue ardente	Catherine wheel
le jeu de massacre	Aunt Sally	**le** cierge magique	sparkler

Sport

Level 1

Training and competition

sportif	sporty	les cours de gymnastique (m)	keep-fit classes
pratiquer un sport	to practise a sport	le sport collectif	team sport
l'adversaire (m/f)	opponent	le sport individuel	individual sport
le concurrent/la concurrente	rival	le record du monde	world record
		établir un record	to set a record
l'amateur	fan	battre un record	to break a record
l'arbitre (m)	referee	la promotion	promotion
le champion/la championne	champion	la rélégation	relegation
le second/la seconde	runner-up		
le qualifié/la qualifiée	qualifier	### Sports and games	
les Jeux olympiques (m)	Olympic Games	l'athlétisme	athletics
		le badminton	badminton
la Coupe du Monde	World Cup	le basket	basketball
le championnat	championship	le base-ball	baseball
le tournoi	tournament	la boxe	boxing
le match	game	la chasse	hunting
le match retour	return game	le cricket	cricket
le match rejoué	replay	le cyclisme	cycling
le match amical	friendly game	l'équitation (f)	riding
la rencontre	meet	le football	football
l'entraînement (m)	training	le footing	running
l'entraîneur/ l'entraîneuse	trainer	le golf	golf
		la gymnastique	gymnastics
l'équipe (f)	team	le hockey	hockey
le moniteur/la monitrice	coach	le hockey sur gazon	field hockey
		le hockey sur glace	ice-hockey
le gagnant	winner	le jogging	jogging
le perdant/la perdante	loser	le judo	judo
la coupe	cup	le karaté	karate
la culture physique	physical education, keep-fit	la marche	walking
		la natation	swimming
		le plongeon	diving

le netball	netball	le patineur/la	skater
le patinage	skating	patineuse	
le patinage à roulettes	roller-skating	le pêcheur/la	angler
la danse sur glace	ice-dancing	pêcheuse	
la pêche à la ligne	fishing	le rugbyman	rugby-player
le rugby	rugby	le skieur/la skieuse	skier
le ski	skiing	le fondeur/la	cross-country skier
le ski de piste	downhill skiing	fondeuse	
le ski de fond	cross-country skiing	le joueur/la joueuse	tennis-player
le ski nautique	water-skiing	de tennis	
le squash	squash	le volleyeur/la	volley-ball player
le surf	surfing	volleyeuse	
le tennis	tennis	le sauteur/la sauteuse	long jumper
le volley-ball	volleyball	en longueur	
la voile	sailing	le sauteur/la sauteuse	high jumper
le nautisme	sailing	en hauteur	
le yachting	yachting	le/la perchiste	pole-vaulter
le saut en longueur	long jump	le pilote de course	racing-driver
le saut en hauteur	high jump		
le saut à la perche	pole vault	*Premises and equipment*	
le lancement du	javelin throwing	la patinoire	skating-rink
javelot		la piscine	swimming-pool
le lancer du poids	shot put	**le** gymnase	gymnasium
le snooker	snooker	la piste	track
le billiard américain	pool	le tour de piste	lap
		le stade	stadium
Sportsmen/women		le terrain	pitch
l'athlète (m/f)	athlete	le terrain de golf	golf-course
le coureur/la	runner	le champ de courses	race-track
coureuse		l'hippodrome (m)	race course
le coureur/la	cross-country running	le manège	riding school
coureuse de cross-		la tribune	stand
country		**le** vestiaire	changing-room, locker,
le footballeur/la	footballer		cloakroom
footballeuse		la balle	ball
le/la gymnaste	gymnast	le ballon	*(large)* ball
le joggeur/la joggeuse	jogger	la boule	bowl
le nageur/la nageuse	swimmer	la batte à cricket	cricket-bat
le plongeur/la	diver	la raquette	racket
plongeuse		le survêtement	tracksuit

Level 2

Competition		la course de haies	hurdle race
la course à pied	foot race	le détenteur/la	holder
le sprint	sprint	détentrice	
le relais	relay race	l'éliminatoire (f)	heat

l'épreuve (f)	event	la lutte	wrestling
l'étape (f)	lap, stage	le catch	all-in wrestling
la finale	final	le parachutisme	parachuting
l'issue (f)	outcome	le vol libre	hang-gliding
le match nul	draw	le deltaplane	hang-gliding
la partie nulle	draw	la planche à roulettes	skateboarding
éliminer	to eliminate, knock out	la plongée	diving
écraser	to smash, trounce	le tir	shooting
la prolongation	extra-time	le poteau d'arrivée	finishing line
le rallye	rally	le poteau de départ	starting line
la cible	target	le joueur de boules	bowler
le but	goal	le joueur de bowling	ten-pin bowler
le coup d'envoi	kick-off	le bouliste	boules player
le coup franc	free kick	le pétanquiste	pétanque player
la mêlée	scrum	le/la canoéiste	canoeist
la passe	pass	le canotier/la	rower
le penalty	penalty	canotière	
le score	score	le grimpeur/la	climber
la reprise	round	grimpeuse	
le service	service	l'alpiniste (m/f)	climber, mountaineer
le set	set	le sauteur d'obstacles	showjumper
la touche	touch	le/la deltaplaniste	hang-glider
passer professionnel	to turn professional	l'escrimeur/	fencer
le co-équipier/	team-mate	l'escrimeuse	
la co-équipière		le catcheur/	wrestler
le simple	singles	la catcheuse	
le double	doubles		
le double mixte	mixed doubles	*Equipment*	
		le javelot	javelin
Sports and games		le voilier	sailing ship, sailing boat
le/la finaliste	finalist		
l'aérobic (f)	aerobics	le dinghy	dinghy
l'alpinisme (m)	mountaineering	le canoë	canoe
l'escalade (f)	climbing	le canot	rowing-boat
l'aviron (m)	rowing	la barque	rowing-boat
la boule	bowls	la canne à pêche	fishing rod
le canoéisme	canoeing	la ligne	fishing line
le canotage	rowing	l'appât (m)	bait
la course à pied	running, race	le patin	skate
les courses d'autos (f)	car-racing	le gardien de but	goalkeeper
les courses de lévriers	greyhound-racing	le poteau	goalpost
		le filet	net
le cross à pied	cross-country running	le bandeau	headband
l'escrime (f)	fencing	le poignet	wristband

Level 3

Competition

l'entraînement quotidien (m)	daily workout
l'usure (f)	burnout
la sportivité	sportsmanship
le match à domicile	home game
le match en déplacement	away game
le tirage au sort	the toss
la première mi-temps	first half
la deuxième mi-temps	second half
le stade comblé	sell-out
le nombre de places assises	seating capacity
atteindre la première base	to reach first base (baseball)
le coup de circuit	home run (baseball)
le lanceur	pitcher (baseball)
le receveur	catcher (baseball)
la tour de batte	inning (baseball and cricket)
attraper	to field
faire une passe	to pass
un but égalisateur	equalising goal
un match nul zéro à zéro	goalless draw
hors-jeu	offside
la faute	foul
refuser un but	to disallow a goal
la brasse	breaststroke
le brasseur	breaststroke swimmer
la brasse papillon	butterfly stroke
le crawl	crawl
crawler	to swim the crawl
le dos crawlé	backstroke
le couloir	lane
les exercices au sol (m)	floor exercises
aller au petit galop	to canter
galloper	to gallop
le juge de ligne	linesman
avoir une avance	to hold the lead
emmener le peloton	to lead the pack
une épreuve contre la montre	time trial
améliorer un temps	to better a time
accroître une avance	to extend a lead
réduire un écart	to narrow a lead
la raclée	trouncing
le panneau d'affichage	scoreboard
marquer un essai	to score a try
plaquer	to tackle
la remise en jeu	throw-in
la réunion hippique	race-meeting

Sports

faire de la luge	to sledge
le ball-trap	clay-pigeon shooting
l'haltérophile (f)	weight-lifting
l'haltérophile (m/f)	weight-lifter
les poids et haltères	weight-training
le culturisme	body-building
la régate à rames	boat-race
le rugby à treize	rugby league
le rugby à quinze	rugby union
la manche	set
le jeu	game
la partie	game
la balle de set	set point
la balle de match	match point
un crochet	hook
un crochet du gauche	left hook
jeter l'éponge	to throw in the towel
la spéléologie	potholing
le saut à l'élastique	bungy-jumping
le parapent	hang-gliding
le parapenteur	hang-glider
le tir à l'arc	archery
le gagne-terrain	tug-of-war

Premises and equipment

le court sur herbe	grass court
le court en dur	hard court
le court couvert	indoor court
le terrain en quick	all-weather court
la piste de bowling	bowling alley
le chronomètre	stop-watch
les chaussures à crampons (f)	spiked shoes
la canne	golf stick
la crosse	hockey-stick

le palet	puck	être envoyé dans les cordes	to be thrown against the ropes
les jambières (f)	shin pads	les cuissardes de pêche	waders
la combinaison de plongée	wet-suit	l'hameçon (m)	hook
le plongeoir	diving board	le moulinet	reel
les palmes (f)	flippers	le bouchon	cork
le tuba	snorkel		
le justaucorps	leotard	***Various***	
les appareils (m)	apparatus	le banc des entraîneurs	dug-out
la poutre	beam	le ramasseur/la ramasseuse de balles	ball boy/boy girl
la barre fixe	horizontal bar		
la barre haute	high bar	le/la véliplanchiste	windsurfer
les barres parallèles (f)	double bars	signer un contrat publicitaire	to sign an advertising contract
le cheval d'arçons	vaulting horse		
le ski	ski	la flamme olympique	the Olympic torch
le bâton	ski-stick	le porteur de la flamme	torchbearer
le télésiège	ski-lift		
la tenue de ski	ski-suit	la cérémonie d'ouverture	opening ceremony
la bombe	riding-helmet		
la selle	saddle	se doper	to be on drugs
les rênes (f)	reins	le produit interdit	banned substance
le harnais	harness	le carton jaune	yellow card
le mors	bit	expulser	to send off
les étriers (m)	stirrups	le loto sportif	football pools
la bride	bridle	la trêve	recess
la queue	cue	le poids plume	feather-weight
la cible	dartboard, target	le poids coq	bantam-weight
le fil d'arrivée	tape	le poids moyen	middle-weight
le drapeau à damiers	chequered flag	le poids lourd	heavy-weight
le casque protecteur	helmet		
les cordes (f)	ropes		

Exercises

Level 1

1. Trouvez d'autres sens des mots suivants

relaxer	le tricot	tricoter	la couture	la poupée
le manège	le tourniquet	le défilé	le kiosque	le toboggan
le bac	l'arbitre	le plongeur	la perche	le stade

2. Traduisez en anglais

1. Faites vos jeux.
2. C'est un jeu d'enfant.
3. C'est une foire d'empoigne!
4. C'est chasse gardée ici.

5. C'est du bricolage.
6. Il ne reste que des bricoles.
7. Il n'est pas très bricoleur.
8. Quel cirque elle a fait quand il n'est pas venu.

9. Elle nage dans ce manteau.
10. Où a-t-il pêché ça?
11. C'est champion!
12. Je n'y comprends rien. Je nage complètement.

3. Complétez le tableau suivant ✓

nage, voiles, clown, difficultés, plongeon, yeux, sujet, poupe, jouet, cirque, foire, balançoire, jeu, semoule, eau(x), jambes, coutures

Locution	Signification	Registre
1. tricoter des _____		
2. broder sur un _____		
3. être le _____ du hasard		
4. envoyer quelqu'un à la _____		
5. faire la _____		
6. cacher son _____ à quelqu'un		
7. pédaler dans la _____		
8. pêcher en _____ trouble		
9. examiner quelque chose sous toutes les _____		
10. avoir beau _____		
11. être en _____		
12. battre quelqu'un à plates _____		
13. faire son _____		
14. jongler avec les _____		
15. faire le _____		
16. être pris à son propre _____		
17. mettre les _____		
18. se piquer au _____		
19. nager entre deux _____		
20. plonger ses _____ dans quelque chose		
21. avoir le vent en _____		
22. avoir du vent dans les _____		
23. entrer dans le _____ de quelqu'un		
24. faire le _____		

4. Complétez

la poupée	poupon	poupard	poupin	pouponner	la pouponnière
_____	_____	_____	_____	_____	_____
le patin	le patineur	le patinage	le patineur	la patinette	la patinoire
_____	_____	_____	_____	_____	_____

5. Expliquez les différences entre les mots et les expressions suivants

la marionnette à fils   la marionnette à gaine
le beau joueur   le mauvais joueur
le jeu d'adresse   le jeu de hasard

l'équilibriste   le trapéziste
le bowling   le jeu de boules

6. Traduisez en français

| cat's cradle | carpet bowls | ninepins | coconut shy |
| war game | paper chase | tig | shove halfpenny |

7. Expliquez les différences entre les mots suivants

la balle	le ballon	la boule	la bille	la bulle
la corde	le cordon	le cordage	la ficelle	le lacet
le gazon	l'herbe	la pelouse	le tapis vert	le terrain

8. Composez des phrases qui feront ressortir les différences entre les mots suivants

| le trictrac | le tic-tac | l'équipe | l'équipée |
| la balançoire | la balance | le plongeon | la plonge |

9. Associez le passetemps aux matériaux   ✓

le four	*la carte*	*le marteau*	*le râteau*	*le mannequin*	*la canne*
le tournevis	*l'aiguille*	*le rabot*	*le patron*	*la terre glaise*	*le dé*
des épingles	*l'arrosoir*	*le tour*	*le coton*	*la bêche*	*la clé*
le déplantoir	*le compas*	*la perceuse*	*la moule*	*le ciseau*	*la tondeuse*

le bricolage   _____

la poterie   _____

la couture   _____

le jardinage   _____

la marche   _____

10. Traduisez en anglais

Dans les hauteurs du chapiteau, une lumière mauve se déplaçait rapidement, avec une minuscule forme vivante à l'intérieur: un singe, vêtu en bohémien, qui descendait en bondissant par angles aigus entre les trapèzes et les échelles de corde; il toucha la piste en même temps que surgit de la coulisse, les bras ouverts, un homme en maillot doré qui rejeta derrière lui sa cape rose avant de s'élancer vers les agrès. La foule en rond leva les yeux, Georges rouvrit les siens quand la foule applaudit. Puis Leslie Bogomoletz escamota quatre éléphants après les avoir fait évoluer sur un câble. Puis un dresseur d'oiseaux reconstitua une scène de gare: les cris et roucoulements mêlés dessinaient des bruits de train, des sifflets, quelques oiseaux parleurs ordonnaient de reculer, de fermer les portes, attention au départ, au revoir maman. Puis un homme jongla avec des verres de vin, une femme se tint sur son doigt sur une boule, puis il y eut quelques clowns, l'un d'eux explosa. L'homme en rouge annonça un entracte, déjà les garçons de piste dressaient des grilles en prévision des fauves, Véronique riait de ce que disait Bernard Calvert; Georges se leva.

Jean Echenoz, *Cherokee*, p. 83 (© Editions de Minuit, 1983)

11. Traduisez en français   ✓

1. I loath circuses: it is awful that man should exploit animals in this way.
2. Although she is almost eighty, my grandmother is very nimble with her fingers and spends her time knitting, sewing or crocheting.

3. After his heart attack, his doctor recommended active pastimes: DIY, gardening, walking, swimming, etc.
4. I don't believe that children prefer videogames to traditional games and toys: my daughter's toy-box is full of cars, dolls, card games and board games.
5. For Christmas, he was given an electric train, draughts, a football shirt and a swing; his father had to spend all Boxing Day assembling the swing in the garden.
6. The winners of the return game will play in the championship.
7. If they had not won the cup, the coach would have resigned.
8. For the last six months, I have been doing keep-fit at least twice a week.
9. The purists refuse to accept that ice-dancing is a sport.
10. I fail to understand why you enjoy boxing; it's a barbaric sport and should be banned.

Level 2

1. Trouvez d'autres sens des mots suivants

le gage	le chapiteau	la mise	la bascule	la bille
le relais	la reprise	la touche	l'appât	le filet

2. Trouvez le sens des mots suivants

le tampon	tamponner	le tamponnement
la piste	dépister	le dépistage
le gradin	graduer	la graduation
le double	se doubler	le doublage
le dresseur	se dresser	le dressage

3. Composez des phrases qui feront ressortir les différences entre les mots suivants

la fléchette	le dard	la flèche
le gradin	la terrasse	la marche
le canoë	le canot	la yole
le gage	la gageure	l'engagement
l'écuyer	le cavalier	le jockey
la buvette	le bistrot	la gargote

4. Complétez le tableau suivant ✓

passe, poteaux, pitreries, course, tir, barque, relais, filets, boule(s), mêlée, bandeau

Locution	Signification	Registre
1. faire des _____		
2. attirer quelqu'un dans ses _____		
3. avoir un _____ sur les yeux		
4. bien mener sa _____		
5. être en _____ de faire quelque chose		
6. travailler sans _____		
7. être au-dessus de la _____		
8. allonger le _____		
9. avoir des jambes comme des _____		

10. avoir les yeux en _____ de loto
11. être dans une mauvaise _____
12. se mettre en _____
13. être à bout de _____
14. prendre le _____ de quelqu'un
15. mener quelqu'un en _____

5. Traduisez en anglais

1. Il va falloir sprinter.
2. La boule noire lui tombe toujours.
3. Il n'est plus dans la course.
4. Vous avez la partie belle.
5. Elle n'a pas le filet coupé.

Traduisez en français

1. to paddle one's own canoe
2. to be on the last lap
3. to know the score
4. to get one's skates on
5. to put someone through the hoops

6. En quoi consistent les jeux suivants?

le jeu de piste   le jeu-concours   le jeu de gages
le colin-maillard   le saute-mouton   le baby-foot

7. Décrivez les objets suivants

le canot à rames • le canot de sauvetage • le canot automobile • le canot de pêche • le canot
pneumatique • le filet à crevettes • le filet à papillons • le filet de protection • le filet à bagages •
le filet à provisions

8. Trouvez des synonymes des mots suivants

le chapiteau   la buvette   le bandeau   le funambule   l'appât
l'épreuve   le match   l'issue   la cible   le rébus

9. Traduisez en français   ✓

1. You can find all sorts of toys in second-hand shops: porcelain dolls, tin soldiers, glass
   marbles, pinball machines from the sixties.
2. She forbade her grand-children from playing at pinball and insisted that they spend the
   afternoon in the paddling pool.
3. You shouldn't have eaten that candy floss before your ride on the merry-go-round.
4. The tightrope walker was making him nervous, so he decided to go to the beer tent until
   the trick-riders came on.
5. The relay was a fiasco; Jean dropped the baton twice.
6. He took second place in the hurdles, but was pipped at the post in the sprint.
7. He is looking for a player who can score goals, but it is just as important that he has team
   spirit and does not hog the ball.
8. His wife wants him to give up mountaineering; it worries her that he might have a serious
   accident.
9. Although he had been training for weeks, his strength gave out and he collapsed a few
   yards short of the finishing line.
10. He has always been a bit reckless. I'm not surprised that he goes hang-gliding. As for me, I
    prefer bowls.

10. Rédaction et étude de texte

1. *Rédigez un résumé (200 mots) du texte suivant.*
2. *Rédigez une publicité (150 mots) pour un des jeux décrits dans le texte.*
3. *Dressez une liste de mots qui se trouvent dans le texte et qui se réfèrent à l'informatique.*
4. *Traduisez 'L'aboutissement logique ... un entraînement progressif'.*

Les grands classiques des jeux vidéo

Doom, Myst, Alone in the Dark, Dune, Wing Commander ... Ces jeux incontournables pour les fans peuvent, pour la plupart, être achetés à prix cassés et constituer un bon fonds de CD-ludothèque

L'ORDINATEUR est arrivé. La famille s'émerveille devant la nouveauté fraîchement déballée. Pour débuter, dans le meilleur des cas, le vendeur aura ajouté un certain nombre de titres 'donnés' en bundle: une encyclopédie, quelques jeux, un CD éducatif et un autre culturel. Ce petit échantillon laisse vite sur sa faim. Pour étoffer sa ludothèque à moindre prix, une bonne solution est d'acheter les grands classiques. Certes, ils risquent de ne pas tirer parti de toutes les innovations technologiques récentes. Mais la qualité de leur contenu, de leur scénario, et leur 'jouabilité', c'est-à-dire l'agrément qu'ils procurent à qui les utilisent, ont fait leur preuve. Déjà amortis sur le marché, on peut se les procurer à prix cassés. Ils sont au CD-ROM ce que les compilations musicales sont au disque audio.

Dans les magasins spécialisés, on aura l'embarras du choix, dans chacune des grandes catégories de jeux. En simplifiant, la classification proposée par Roger Caillois dans *Les Jeux et les Hommes*, on distingue trois grandes familles, non étanches: les jeux d'aventures, les jeux d'action, les jeux de stratégie. Une trentaine de titres exceptionnels marquent ces dix dernières années, la plupart réussissant à concilier une innovation de forme et un concept original.

Aventures

Les jeux d'aventures font appel à l'imagination du joueur, privilégient le scénario et l'ambiance. Ils décrivent des univers cohérents dans lesquels le héros résout un tas d'énigmes tordues ou burlesques, débloque des mécanismes, obtient des passages vers de nouveaux endroits grâce, en particulier, à des objets trouvés au cours de ses explorations. Les premiers jeux de ce type furent uniquement textuels. Les premières améliorations sont venues de l'incorporation d'images colorées, gourmandes en place mémoire et, surtout, de l'abandon du mode texte pour le mode graphique, privilégiant l'utilisation de la souris pour cliquer sur des icônes.

Les Larry, King Quest, Space Quest, Police Quest (tous de chez Sierra) sont de parfaits représentants du genre. Maniac Mansion, Day of the Tentacle, la série des Indiana Jones, quasiment toute la production Lucasarts du début des années 90, s'inspirent des hits de chez Sierra en privilégiant l'humour et les scènes d'animation intermédiaires.

Plus initiatiques, les jeux de rôle (JDR) et d'exploration décrivent des univers d'heroic fantasy où le joueur devient de plus en plus puissant en acquérant des points d'expérience. La première transcription satisfaisante de ces JDR fut Dungeon Master (FTL). Ses caractéristiques principales sont le déplacement, case par case, dans des donjons sombres peuplés de créatures féroces, la gestion d'une équipe, de sorts, d'objets magiques, de nourriture.

Cette remarquable réussite, égalée par Lands of Lore (Westwood), s'est vue dépassée dès que les programmeurs ont réussi à créer des mondes calculés en 3D, comme dans Ultima Underworld (Origin).

Alone in the Dark (Infogrames), dû au talent de Frédéric Raynal, est à cet égard une belle réussite française. Le jeu, orienté explorations et combats, comporte des personnages en polyèdres pleins, dont les positions sont recalculées à chaque mouvement. Des caméras suivent le personnage principal et changent constamment de point de vue, donnant une impression saisissante de vie et de liberté.

Trois autres titres méritent une grande attention. 7th Guest, d'abord, dont l'action se situe dans une maison hantée. Ce jeu de casse-tête logico-mathématiques est coulé dans un récit dramatique qui, peu à peu, se construit. La musique, le son, la vidéo, les animations en 3D, bref l'ensemble des capacités du multimédia sur CD-ROM sont pour la première fois excellemment exploitées. Myst, ensuite, jeu énigmatique par excellence, dans lequel le joueur démarre sans aucun renseignement.

Il se trouve seul sur une île abandonnée, des artefacts étranges semblent prêts à démarrer pour peu qu'il comprenne la logique de leurs mécanismes. Le déplacement se fait case par case avec de somptueuses images au graphisme fin et en haute résolution. De la même façon, le récit se construit peu à peu, et le joueur rebâtit toute la trame d'une tragédie qui vient de se jouer.

Under a Killing Moon (Acces Software), enfin, un polar plein d'humour situé dans le futur, marie la technologie 3D et la vidéo. Le joueur actif se déplace dans un environnement très riche, entièrement calculé, tandis que ses actions enclenchent des scènes vidéo.

Enfin les bio-jeux, inaugurés avec Captain Blood (Infogrames), modifient leur scénario suivant les actions du joueur. Mais, peu nombreux sont les créateurs qui réussissent à mêler astucieusement le plaisir de jouer et l'intelligence artificielle des personnages du jeu.

La transition entre les jeux d'aventures et les jeux d'action est le 'Space Opera', dont le modèle Wing Commander 3 (Origin) reste sans doute le plus gros budget de la micro (plusieurs dizaines de millions de francs). Entre les missions de récupération et les combats spatiaux en haute définition, quelque trois heures de vidéo plein écran avec acteurs (Mark Hamill, John Rhys, Malcom MacDonnel) viennent donner du sens à cette guerre opposant les Terriens aux Kilrathis à face de tigre.

Action

Qu'il s'agisse de simulations sportives, de pilotage de vaisseaux spatiaux ou de bataille de rue, ces jeux font primer le réflexe sur la réflexion.

Héritier quasi direct des premiers Kill them all (Tuez-les tous), Wolfenstein 3D, aux décors simples, étonne encore par la rapidité et la fluidité de son affichage. Doom 1 et Doom 2, aboutissements de cette première mouture, ont ouvert la voie à de nombreux clones rivalisant en rapidité, richesse de décors, ambiance ou encore en humour macabre, comme Duke Nukem 3D (3D Realms).

Les simulations sportives se doivent de traduire une activité corporelle complexe par des appuis de touches ou des mouvements de Joystick.

Les meilleures réalisations se trouvent dans des jeux de football, comme Kick Off (Anco), ou de golf, comme Links (Access), de tennis ou d'athlétisme, comme toute une série de jeux de chez Electronic Arts.

Pour les sports mécaniques, l'acrobatie aérienne ou le ski, le nombre d'images affichées par seconde reste le point crucial des programmes. Les progrès effectués ces dernières années, avec des techniques incluant des transparences, des effets de flou, des reconstitutions de texture, ont mis quelques programmes en avant, comme F1 Grand Prix (Microprose). Ceux-ci oscillent entre une simplification des paramètres, pour privilégier le rêve de conduire des bolides plus ou moins futuristes à plus de 300 km/h – le très récent POD (Ubi Soft) en est un très bon exemple –, et une reconstitution pointue de la réalité (choix des pneus, ailerons, boîtes automatiques ou non, usure des moteurs pour les courses de voitures par exemple), ce qui introduit une dimension stratégique indéniable. Dans la simulation aérienne, Falcon 3 0 (Spectrum Holobyte) et Comanche (Novalogic), avec ses surfaces texturées, ont marqué ces dernières années.

Stratégie

Ces jeux délaissent les visions trop tactiques pour présenter un tableau plus global des situations. Le premier jeu graphique à proposer une description complète d'un univers, Populous (Bullfrog), fait du joueur un dieu-créateur. Celui-ci distribue la manne à ses ouailles, leur offre les meilleures conditions pour croître et multiplier, avant que de les envoyer combattre les créatures du dieu voisin. Le graphisme, fin et précis, la 3D isométrique (l'espace dans lequel s'agitent les petits bonshommes est une vue en perspective cavalière, comme si l'on regardait le fond d'une boîte à partir d'un de ses coins du haut) et l'ergonomie générale du produit ont beaucoup fait pour le succès de ce jeu d'univers.

Inaugurant toute une série de simulations, Sim City (Maxis) place le joueur dans la peau du maire d'une petite ville qui doit prospérer et s'étendre. Gérant des données nombreuses, le programme fait office de boîte noire: chaque action entreprise par le joueur aura des conséquences sur le futur du développement (pollution, criminalité, population). Poussant encore plus avant, Civilization (Microprose) introduit dans la gestion de l'univers le progrès technique et la diplomatie. Sur une carte du monde qui ne se dévoile qu'au cours de vos explorations, le joueur prend en charge une tribu. Il lui faut la nourrir, la faire prospérer, puis choisir de bâtir des écoles ou des étables, d'effectuer des recherches en poterie plutôt qu'en métallurgie, développant ainsi des aptitudes différentes suivant les options choisies. Inévitablement, le joueur se heurte à d'autres civilisations avec lesquelles il peut procéder à des transferts de technologies ou . . . se battre.

L'aboutissement logique de ces jeux de conquête est le Wargame, jeu de guerre exécuté à l'origine sur un plateau à cases hexagonales pour mieux simuler les déplacements. Plus que Dune 1 (Cryo) – l'un des tout premiers jeux sur CD-ROM sortis avec audace alors que les possesseurs des lecteurs n'étaient encore qu'une poignée –, Dune 2 (Westwood) à cet égard a ouvert la voie aux Wargames modernes dont les plus beaux fleurons sont Warcraft (Blizzard) et Commandcamp; Conquer (Westwood). Ces jeux, au maniement simple, aux graphismes soignés en 3D, permettent de mettre en valeur à la fois l'intelligence artificielle du programme et les qualités de prévision du joueur grâce à un entraînement progressif.

L'accroissement de puissance des microprocesseurs et l'augmentation de capacité des nouveaux CD-ROM charrieront encore de belles réussites. Il faut en particulier jeter un oeil attentif vers les jeux multijoueurs, et notamment ceux en réseau. Diablo, Doom, Quake, Alerte rouge et Pod . . . sont déjà sur le Net avec un succès considérable, tandis que nombre de jeux comme Netstorm (Activision) et Ultima on Line ne sont destinés qu'aux joueurs de la Toile.

Certes, bien d'autres titres auraient pu figurer dans ce panorama des grands classiques: le superbe jeu d'échecs Chessmaster 3 000 (Oxford Toolworks), le réjouissant puzzle-game Lemmings (Psygnosis), l'étrange récit de The Dark Eye (Inscape) ou l'excellent Flight Simulator (Microsoft), par exemple, dont le réalisme en fait une véritable initiation au pilotage. Les choix restent sensibles aux humeurs des époques et, sans nul doute, reflètent la subjectivité de celui qui les exécute.

Léopold Braunstein, *Le Monde*, semaine du 19 mai 1997 (© *Le Monde*)

Level 3

1. Trouvez d'autres sens des mots suivants

le point	la maille	la torsade	le dé	la bobine	filer
le jeton	le morpion	le pétard	l'usure	le tirage	le brasseur
le peloton	l'essai	plaquer	le crochet	la trêve	le bouchon

2. Trouvez le sens des expressions suivantes

le point arrière	le point de jersey	le point mousse
le point d'ourlet	le point de chausson	le point de feston
le nécessaire à ongles	le nécessaire de toilette	le nécessaire de voyage
la bombe de laque	la bombe de peinture	la bombe antigel
la bombe lacrymogène	la bombe insecticide	la bombe déodorante

3. Complétez le tableau suivant   ✓

métier, selle, bride, bannière, pétard, couleur, cerceaux, jetons, bouchon, étrier, épingle, harnais, hameçon, moulinets, mors, as, dés

Locution	Signification	Registre
1. tenir en _____		
2. couper les légumes en _____		
3. faire des _____ avec les bras		
4. prendre le _____ aux dents		
5. avoir les jambes en _____		
6. tenir la _____ haute à quelqu'un		
7. mettre quelqu'un en _____		
8. avoir le pied à l' _____		
9. mordre à l' _____		
10. pousser le _____ un peu loin		
11. boire le coup de l' _____		
12. être en _____		
13. mettre un travail sur le _____		
14. tirer son _____ du jeu		
15. annoncer la _____		
16. être ficelé comme l' _____ de pique		
17. avoir les _____		

18. laisser la _____ sur le cou de
    quelqu'un
19. aller à _____ abattue
20. se ranger sous la _____ de
    quelqu'un

4. Traduisez en anglais

1. Les dés sont jetés.
2. Il va y avoir du pétard.
3. Ça a marché comme sur des roulettes.
4. Il a mal placé ses billes.
5. Arrête de faire le guignol.
6. C'est de la bonne camelote.
7. Arrête de jouer aux devinettes!
8. C'est le pitre de la classe.

5. Traduisez en français

1. to be in the swim
2. to die in harness
3. to bridle one's tongue
4. to skate over a problem
5. to sink or swim
6. to be back in harness
7. to be in the running
8. to be for the high jump

6. Expliquez le sens des expressions suivantes

un tissu en damier   l'échiquier politique   damer le pion à quelqu'un
filer à l'anglaise   une métaphore filée   se faufiler

7. Associez le sport et l'équipement   ✓

le palet	*le filet*	*la poutre*	*l'hameçon*	*la crosse*
la queue	*le bâton*	*l'appât*	*la bombe*	*la raquette*
le tapis vert	*le télésiège*	*le tuba*	*le cheval d'arçons*	*la selle*
les palmes	*les cuissardes*	*les rênes*	*les lunettes de plongée*	*le justaucorps*

l'équitation   _____
le billard   _____
la natation   _____
le ski   _____
la pêche   _____
le hockey   _____
la gymnastique   _____
le tennis   _____

8. Composez des phrases qui feront ressortir les différences entre les mots suivants

la bannière   le drapeau   le fanion   le pavillon   l'étendard
le feu de joie   le pétard   la fusée   le cierge magique   la roue ardente

9. Expliquez les règles des jeux suivants

le morpion, le jeu de puce, le jeu de l'oie, les dames, le jeu des petits chevaux

10. Traduisez en anglais

> Je suis allé à la foire dans le cinquième, avec Rose que je rassurais, avec Ann et Lucien qui marchaient ensemble devant, retrouver la protection de ses berlingots, de ses ice-creams, de ses pains d'épices, de ses jeux de massacre, de ses balançoires, de son train des fantômes, de ses autos tamponneuses, de sa grande roue, de sa foule un peu plus gaie, contre l'ennui qui couvre nos dimanches et que le beau temps n'allège qu'à peine, la protection de ses tirs surtout, du tir photographique avec ses éclats de magnésium, ses épreuves laissées pour compte (le portrait de George et d'Harriett Burton notamment), et naturellement de la 'chasse à l'ours', ce petit théâtre semblable à un castelet pour marionnettes, dans lequel tourne, parmi des arbres tropicaux, devant un décor épais de forêt, le fauve brun, en bois, articulé, nanti de trois lentilles sur le ventre et les flancs, de trois points vulnérables au rayon de lumière que le chasseur fait jaillir de son fusil (sous la blessure il se redresse, il grogne, tandis que ses yeux brasillent, et que, sur le fronton de verre, s'inscrit le nombre des coups portés), la protection de la 'chasse à l'ours' où nous sommes devenus de première force, Lucien et moi, où nous nous sommes amusés à regarder les deux soeurs faire leurs premiers essais, où je m'étais amusé à regarder Lucien faire ses premiers essais au mois de mars dans le troisième arrondissement près de Lanes Park, où Horace Buck s'etait amusé à me regarder faire mes premiers essais le samedi 17 novembre (lui déjà beaucoup plus habile à ce jeu que nous ne le serons jamais, tenait le fusil à bout de bras et ne ratait pas un seul coup), le samedi 17 novembre dans le neuvième arrondissement, dans cet autre terrain vague le long de la Slee au nord d'Old Bridge d'où l'on voit les trois tours de l'Ancienne Cathédrale au-dessus des vieilles maisons sur l'autre rive, ce dont je ne me suis aperçu que dimanche dernier dans la matinée, lorsque j'y suis retourné sous cette brève averse qui a lavé le ciel et qui l'a laissé jusqu'au soir tellement plus clair que même ces autres beaux jours de juin.

Michel Butor, *L'Emploi du temps*, pp. 106–107 (© Editions de Minuit, 1956)

11. Traduisez en français ✓

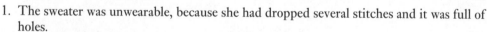

1. The sweater was unwearable, because she had dropped several stitches and it was full of holes.
2. I am looking for a dress pattern that's not too complicated for a beginner.
3. You should always pay attention when he is shuffling and dealing the cards – his friend denies that he is a cheat, but I'm sure I have seen him marking the aces and the face cards.
4. During the fair, the village was full of strange characters – muscular fire-eaters, wild-eyed sword swallowers, hawkers selling trash, ventriloquists whose dummies hurled abuse at passers-by, conjurers who looked more like pickpockets.
5. I don't believe that bunjy-jumping and hang-gliding are more dangerous than rugby or tobogganing.
6. Do you think that body-building improves or deforms the body?
7. Whatever the score, it is vital that we avoid a trouncing.
8. The result of the time trial was encouraging, especially since he managed to improve his best time and to narrow the lead between him and the favourite.
9. The equalizing goal would have been disallowed if the referee had seen the foul.
10. A daily workout will improve your game, provided that you take care to avoid burnout.

12. Ecrivez une composition en prenant une des citations suivantes comme point de départ

1. 'Le sport (. . .) est devenu la plus avantageuse des entreprises de spectacle. Il est – corollaire obligé – devenu la plus étonnante école de vanité.'

    (G. Duhamel, *Scènes de la vie future*)

2. 'Pour moi qui n'ai de ma vie, sauf à Bordeaux dans mon extrême jeunesse, assisté à un match de football, la révélation de ces énormes foules creusées, soulevées par les vagues d'une joie ou d'une furie presque toujours chauvines, me donne une vue que je n'avais pas sur les conséquences politiques du sport. Le stade évidemment détourne et fixe des passions au détriment des idéologies.'

    (François Mauriac, *Le Nouveau Bloc-notes 1958–1960*)

Unit 12

Tourism, travel and transport

Level 1

General

les transports en commun (m)	public transport
le passager/la passagère	passenger
le/la banlieusard(e)	commuter
le voyage	journey
le périple	tour
le voyage d'affaires	business trip
le voyage professionnel	business trip
le bureau de réservations	booking office
la billetterie	ticket office
la billetterie automatique	ticket vending machine
le billet de transport	ticket
le billet aller	single ticket
le billet aller-retour	return ticket
le billet demi-tarif	half-price ticket
le billet de première	first-class ticket
le billet de seconde	second-class ticket
le tarif de groupe	group rate
le billet open	open ticket
le billet stand-by	standby ticket
la classe affaires	business class
la classe économique	economy class
le compartiment fumeurs	smoker
le compartiment non-fumeurs	non-smoking compartment
la couchette	couchette
la correspondance	connection
les documents de voyage (m)	travel documents
la pièce d'identité	proof of identity
la carte d'embarquement	boarding card
la carte de débarquement	landing card
le chèque de voyage	traveller's cheque
le cours du change	exchange rate
la devise	currency
l'étiquette (f)	baggage label
l'étiquette autocollante (f)	sticker
la carte	map
le plan	map *(of city, underground)*
les horaires (m)	timetable, schedule
l'indicateur horaire (m)	timetable, schedule
le chariot	luggage trolley
la consigne	left luggage
la consigne automatique	luggage lockers
le contrôle douanier	customs control
les droits de douane (m)	customs duty
le contrôle des passeports	passport control
le contrôle d'immigration	immigration control

Tourism

le tourisme	tourism
le/la touriste	tourist
le tourisme vert	green tourism
le tourisme de masse	mass tourism
le syndicat d'initiative	tourist office

l'office du tourisme (m)	tourist office	l'assurance vacances (f)	holiday insurance
le catalogue de vacances	holiday brochure	l'assurance médicale (f)	medical insurance
le dépliant	leaflet	l'assurance bagages (f)	luggage insurance
la station balnéaire	coastal resort, seaside resort		

Accommodation

la station de montagne	mountain resort	l'industrie de l'hôtellerie et de la restauration (f)	hotel and catering industry
la station de sports d'hiver	skiing resort		
la ville thermale	spa town	l'hébergement (m)	accommodation
les vacances d'été (f)	summer holiday(s)	la réservation	reservation
les grandes vacances (f)	summer holiday(s)	la surréservation	double-booking
		le surbooking	double-booking
les vacances d'hiver (f)	winter holidays	surréserver	to double-book
le voyage accompagné	escorted trip	la confirmation de réservation	reservation acknowledgement
le mini-séjour	mini-break, short break		
		le supplément	supplement, add-on
le voyage organisé	package tour	les frais d'annulation (m)	cancellation charge
le voyage à forfait tout compris	all-inclusive package holiday		
		l'hôtel (m)	hotel
le forfait week-end	weekend package	la chaîne hôtelière	hotel chain
le cyclotourisme	cycling holiday	le groupe hôtelier	hotel group
les vacances actives	activity holiday	l'hôtellerie (f)	hotel industry, hotel business
le voyage en autocar	coach tour		
le voyageur sac à dos	backpacker	l'hôtel d'aéroport (m)	airport hotel
le circuit en car	coach tour	l'hôtel de gare (m)	station hotel
l'excursion (f)	excursion	l'hôtel de luxe (m)	luxury hotel
l'excursionniste (m/f)	day tripper	l'hôtel classe touriste	tourist class hotel
la visite guidée	conducted tour	le motel (m)	motel
l'accompagnateur/ l'accompagnatrice	courier	la liste des clients	guest list
		l'auberge (f)	inn
le safari	safari	le chalet	chalet
la haute saison	high season	le studio	studio flat, flatlet
la basse saison	low season	**le** gîte	self-catering cottage
l'annulation (f)	cancellation	la pension	boarding house
le bagagiste	baggage handler, porter	l'auberge de jeunesse (f)	youth hostel
les bagages enregistrés (m)	registered luggage	la résidence secondaire	holiday home
les bagages accompagnés (m)	accompanied luggage	la chambre double	double room
		la chambre à lits jumeaux	twin room
les bagages à main (m)	hand luggage		
les bagages de soute (m)	hold luggage	la suite nuptiale	bridal suite
		des chambres attenantes (f)	adjoining rooms
la pochette	money-belt		
la carte internationale d'étudiante	international student card	des chambres communicantes (f)	connecting rooms

la chambre 'famille'	family room	le monument classé	listed building
le dortoir	dormitory	**le** site historique	historical site
la salle de bain particulière	private bathroom	le château	castle
		la grande demeure	stately home
la salle de réception	public room	le manoir	manor
la sonnette	service bell	l'exposition (f)	exhibition
le mini-bar	mini-bar	**le** musée	museum
donner sur	to overlook	**le** musée des arts et traditions populaires	folk museum
la demi-pension	half board		
la chambre d'hôte	bed and breakfast	**le** musée des transports	transport museum
la pension complète	bed and board		
le camping	camp site	**le** patrimoine national	national heritage
le camping aménagé	equipped camp site	le zoo	zoo
le campeur/la campeuse	camper	le gardien de zoo	zoo-keeper
		la réserve d'animaux sauvages	safari park
le caravanage	caravanning		
la caravane	caravan	le parc à thème	theme park
la caravane de tourisme	touring caravan	les heures d'ouverture (f)	opening hours
la roulotte	caravan	le jour férié	public holiday
complet	fully booked, no vacancies	le spectacle de variétés	floor show
		le centre d'accueil	visitors' centre
l'accueil (m)	reception	le centre de loisirs	leisure centre
la caution	deposit	**le** complexe de loisirs	leisure complex
le prix forfaitaire	all-inclusive price	le centre de gymnastique	fitness centre
		la discothèque	discotheque
Personnel		la boutique de souvenirs	souvenir shop
la femme de ménage	chamber-maid		
le/la client(e)	guest	la boutique de cadeaux	gift shop
le/la pensionnaire	boarder, paying guest	la boutique d'aéroport	airport shop
le directeur/la directrice d'hôtel	hotel manager	la boutique hors-taxes	duty-free shop
		les achats hors-taxe (m)	tax-free shopping, duty-frees
le/la réceptionniste d'hôtel	hotel receptionist		
		la chaîne de restaurants	catering/restaurant chain
le/la réceptionniste de nuit	night clerk		
		la restauration	catering
le concierge de nuit	night porter	le restaurateur/la restauratrice	restaurant owner
le pourboire	tip, gratuity		
		l'industrie de la restauration (f)	catering industry
Sight-seeing, entertainment and catering			
faire du tourisme	to go sight-seeing	la société de restauration	catering company
le guide	guide-book		
le/la guide	guide	le directeur/la directrice de la restauration	catering manager
l'interprète (m/f)	interpreter		
l'attraction touristique (f)	tourist attraction		
le monument historique	ancient monument	la salle de petit déjeuner	breakfast room

le déjeuner buffet	buffet lunch
le buffet froid	cold buffet
le repas chaud	hot meal
le dîner dansant	dinner dance
le banquet	banquet
la salle de banquet	banqueting room
le barbecue	barbecue
le barman	barman
la brasserie	brasserie
la pizzeria	pizzeria
la boisson fraîche	cold drink

Road transport

l'autocar (m)	coach
la navette	shuttle
le permis de conduire	driving licence
la plaque d'immatriculation	number plate
la carrosserie	body
la portière	door
les pare-chocs (m)	bumpers
le capot	bonnet
le coffre	boot
le pare-brise	windscreen
les clignotants (m)	indicators
le phare	headlight
les freins	brakes
l'embrayage (m)	clutch
le starter	choke
le compteur	meter
la ceinture de sécurité	safety-belt
le volant	steering-wheel
le levier de vitesse	gear-lever
la roue de secours	spare wheel
la clef	spanner
le cric	jack
le moteur	engine
le radiateur	radiator
le réservoir	tank
faire le plein	to fill up the tank
le code de la route	highway code
la vitesse autorisée	speed limit
le refuge	traffic island
la rue à sens unique	one-way street
le couloir de circulation	traffic lane
la motocyclette	motorcycle

la moto	motorbike
le vélomoteur	moped
la mobylette	moped
le scooter	scooter
faire de l'auto-stop	to hitch-hike
l'auto-stoppeur/ l'auto-stoppeuse	hitchhiker
la location de voitures	car-hire
les services autoroutiers (**m**)	motorway services

Rail transport

le train de marchandise	freight train
le train de voyageurs	passenger train
le train de banlieue	commuter train
la grande ligne	inter-city line
le train de grandes lignes	inter-city train
le train interurbain	inter-city train
l'omnibus (m)	slow train
la locomotive	engine
la voiture	wagon
le fourgon à bagages	luggage van
le wagon-lit	sleeping car
le wagon-restaurant	dining car
la voie	track
le quai	platform
l'aiguillage (m)	points
le mécanicien/la mécanicienne	driver
le contrôleur/la contrôleuse	driver
le chef de train	guard
l'aiguilleur (m)	signalman
le cheminot	railway worker
le guichet	booking-office
la consigne	left-luggage
le kiosque à journaux	bookstall
l'horaire (m)	timetable
l'abonnement (m)	season ticket
la station de métro	metro station
la rame	metro train
le funiculaire	cable-car

Air transport

la compagnie d'aviation	airline

la compagnie aérienne	airline	l'aéroport régional (m)	regional airport
le transporteur aérien	air carrier	le terminal	terminal
le commandant de bord	captain	l'aérogare (f)	air terminal
l'hôtesse de l'air	air hostess	la salle d'arrivée	arrival lounge
l'aiguilleur du ciel (m)	air-traffic controller	la salle d'embarquement	departure lounge
le personnel au sol	ground staff	la porte d'embarquement	boarding gate
la porte de départ	departure gate	la carte d'embarquement	boarding pass
la salle de départ	departure lounge		
la liste des départs	departure list		

le vol	flight
le vol 'sec'	flight only
le vol direct	non-stop flight
la durée de vol	flight time
le plan de vol	flight plan
le tarif aérien	air fare
la taxe d'aéroport	airport tax
le jumbo-jet	jumbo-jet
l'avion de ligne (m)	passenger aircraft
la piste	runway
atterrir	to land
décoller	to take off
l'équipage (m)	crew
le poste de pilotage	cockpit
le poids autorisé	baggage allowance
l'excédent de bagages (m)	excess baggage
la livraison des bagages	baggage retrieval
le tableau des arrivées	arrivals board
le tableau des départs	departures board
le vol intérieur	domestic flight
le vol charter	charter flight
la durée de vol	flying time
l'escale (f)	stopover
l'aéroport (m)	airport

Shipping

le vaisseau	vessel
le navire	ship
le paquebot	liner
le vapeur	steamer
le cargo	cargo-ship
le bateau à voile	sailing-ship
le bac	ferry
le car-ferry	car-ferry
le port de ferry	ferry port
l'aéroglisseur (m)	hovercraft
le bateau de croisière	cruise ship
le yacht de croisière	cabin cruiser
le bateau d'excursion	pleasure boat
la traversée	crossing
la croisière	cruise
le passager à pied	foot passenger
la passerelle	gangway
la passerelle de commandement	bridge
le débarquement	landing
l'escale (f)	port of call
le canot de sauvetage	lifeboat
le gilet de sauvetage	life-jacket
tomber par-dessus bord	to fall overboard

Level 2

General

le comptoir d'information	information desk
le comptoir d'enregistrement	check-in desk
le comptoir de réception	reception desk

le passager en correspondance	transfer passenger
le passager en transit	transit passenger
l'hôtel de passage	transit hotel
la place côté couloir	aisle seat
la fiche de réservation	booking form

une annulation de dernière minute	late cancellation
le forfait avion + location de voiture	fly-drive
le décalage horaire	time difference
souffrir du décalage horaire	to have jet-lag
la restauration	catering
l'eau potable (f)	drinking water
la liseuse	reading light
le haut parleur	Tannoy ®
le chèque restaurant	luncheon voucher
la collation	light meal, snack
la cuvée de la maison	house wine
l'adaptateur (m)	adapter

Tourism

la saison creuse	off-season
le voyagiste	tour operator
le voyagiste indépendant	independent tour operator
l'acompte (m)	down-payment
le droit d'entrée	entrance fee

Accommodation and facilities

l'appartement en multipropriété (m)	timeshare flat
les vacances en location	self-catering holiday
l'appartement en location (m)	self-catering apartment
la cabine de luxe	stateroom
les sanitaires privatifs (m)	private facilities
le canapé-lit	studio bed
le lit pliant	foldaway bed
l'appel de réveil (m)	wake-up call
l'appel matinal (m)	early morning call
la salle de petit déjeuner	breakfast room
le tableau de clés	key board
le coffre	safe, safety deposit box
la carte clé	key card
la cabine de bain	changing room

Sight-seeing, entertainment and catering

l'artisanat (m)	crafts
la chaise longue	deckchair
le transatlantique	deckchair
la randonnée	ramble, rambling
le randonneur/la randonneuse	rambler
le chemin de randonnée	footpath, trail
l'itinéraire panoramique (m)	scenic route
le télésiège	chairlift
la piscine couverte	indoor swimming pool
les distractions en vol (f)	in-flight entertainment
le repas au bar	bar meal
le guide gastronomique	good food guide
le restaurant gastronomique	gourmet restaurant
le plat principal	main dish
le plat du jour	today's special, dish of the day
le fastfood	fast-food, fast-food restaurant
le salon de thé	tea-room
le menu déjeuner	lunch menu
le repas enfant	child's portion
le maître d'hôtel	head waiter
le chef de cuisine	head chef
le bar à vin	wine bar
la carte des vins	wine menu

Road transport

la rocade	ring-road
le périphérique	ring-road
la déviation	by-pass
le toboggan	fly-over
la bretelle	slip-road
la priorité	right of way
la piste cyclable	cycle path
l'horodateur (m)	parking meter
le parcomètre	parking meter
le parking à étage	multi-storey car-park
vérifier la pression	to check the pressure
réviser	to service
la dépanneuse	breakdown van
la remorque	trailer
mettre les phares en code	to dim the headlights
déraper	to skid

tenir la route	to hold the road
mettre les gaz	to step on the gas
perdre le nord	to lose one's bearings
faire fausse route	to go the wrong way
rebrousser chemin	to turn back
tomber en panne d'essence	to run out of petrol
aller à fond de train	to go at full speed

Rail transport

la buvette	refreshments bar
le train à vapeur	steam train
la tranchée	cutting
le talus	embankment
le remblai	embankment
la gare d'embranchement	junction
la veilleuse	night light *(in carriage)*
la soupape	valve
le butoir	buffer
la traverse	sleeper

Air transport

la place près de l'allée	aisle seat
la place côté hublot	window seat
le casque	headphones
l'avion à réaction (m)	jet plane
le manche à balai	joystick
le brevet de pilote	pilot's license
le piqué (m)	nose-dive
survoler	to fly over
le coffre à bagages	baggage compartment

l'excédent de bagages (m)	excess baggage
l'heure limite d'enregistrement (f)	check-in time
l'espace aérien (m)	air space

Shipping

le commissaire	purser
l'hydravion (m)	seaplane
le sous-marin	submarine
le porte-avions	aircraft-carrier
le remorqueur	tug
le pétrolier	tanker
le chalutier	trawler
la péniche	barge
le chaland	barge
le porte-conteneurs	container ship
la proue	prow
la poupe	stern
la coque	hull
l'aviron (m)	oar
la pagaie	paddle
la rambarde	rail
la boussole	compass
amarrer	to moor
l'appontement (m)	wharf
le chenal	channel
l'écluse (f)	lock
la vanne	sluice
le chemin de halage	tow-path
le goulet	narrows
le naufrage	shipwreck
faire naufrage	to be shipwrecked

Level 3

General

long-courrier	long-distance
une étape non prévue	unscheduled stop
la franchise de bagages	baggage allowance
le tapis de livraison de bagages	baggage conveyor belt
le carrousel de livraison des bagages	baggage carousel
le retrait des bagages	baggage claim

le cahier de réclamations	complaints book
faire un devis	to quote a price
le fuseau horaire	time zone

Tourism

l'agence de voyages de discompte (f)	bucket shop
le billet bradé	discounted ticket
le billet famille nombreuse	family rail ticket

la carte Kiwi	family rail card
le billet Joker	saver rail ticket
la carte de fidélité	frequent user card
l'affréteur (m)	charterer
l'affrètement (m)	chartering
affréter	to charter
l'avion charter (m)	charter plane
l'autocariste (m/f)	coach tour operator
l'école hôtelière (f)	hotel school
l'emploi saisonnier (m)	seasonal work
le pâtissier/la pâtissière	pastry cook
le chef pâtissier	pastry chef
le plongeur/la plongeuse	dishwasher
la gouvernante générale	head housekeeper
le sommelier	wine waiter

Accommodation and facilities

le bon d'hôtel	hotel voucher
le bon d'hébergement	accommodation voucher
le service en chambre	room service
le service babyphone	baby-listening service
l'insonorisation (f)	soundproofing
la clé passe-partout	pass key
le détecteur de fumée	smoke detector

Entertainment

l'animation (f)	entertainment
l'animateur/ l'animatrice	entertainment officer
l'aire de pique-nique (m)	picnic site
l'aire de jeux (m)	play area
le sentier balisé	signposted footpath
le panier repas	packed lunch
le petit déjeuner à l'anglaise	cooked breakfast
le grill	carvery
le restaurant de poissons	fish restaurant, seafood restaurant
le buffet de salades	salad bar
le chariot de desserts	dessert trolley
le sous-bock	beermat
le droit de bouchon	corkage

la zone fumeurs	smoking area
la zone non-fumeurs	no-smoking area
le service de table	table service

Road transport

la familiale	estate car
la commerciale	estate car
le break	estate car
la voiture avec hayon arrière	hatchback
le cabriolet	convertible
la consommation du carburant	petrol consumption
les amortisseurs (m)	shock absorbers
le péage	toll
le poste de péage	toll-point
la bordure du trottoir	kerb
le kilométrage	mileage
l'embranchement (m)	junction
l'aire de stationnement (m)	lay-by
l'accotement (m)	grass verge
la bande médiane	central reservation
la bretelle d'accès	slip road
la bretelle de contournement	bypass

Air transport

accumuler des Aéropoints	to collect airmiles
la restauration aérienne	in-flight catering
l'avion-cargo (m)	freighter
l'avion-citerne (m)	air-tanker
l'hydravion (m)	seaplane
la vitesse de croisière	cruising speed
l'envergure (f)	wing-span
l'atterrissage forcé (m)	emergency landing
le trou d'air	air pocket
la base d'aviation	air base
le pirate aérien	hijacker
détourner	to hijack
le détournement	hijacking
faire des rase-mottes	to hedge-hop
capoter	to somersault
amerrir	to land on the sea
enlever les cales	to remove the chocks

Shipping

le ferry roulier	roll-on roll-off ferry
le lest	ballast
le carnet de bord	log-book
le pavillon	ensign
le mât	mast
le gréement	rigging
le sillage	wake
la bouée	buoy
le radeau	raft
la cheminée	funnel
la chambre des machines	engine room
le gouvernail	rudder, helm
l'hélice (f)	propeller
la ceinture de sauvetage	life-jacket
le hublot	porthole
la pirogue	rowing-boat
l'embarcadère (m)	jetty
le débarcadère	jetty
le mouillage	mooring
les amarres (f)	moorings
larguer les amarres	to cast off

Exercises

Level 1

1. Trouvez d'autres sens des mots suivants

la correspondance	le cours	le plan	l'indicateur	la consigne
le contrôle	le forfait	le circuit	la pension	la suite
l'interprète	la demeure	l'exposition	le complexe	la réserve
le coffre	le phare	le refuge	la rame	le vaisseau
le bateau	le port	la devise	le réservoir	le service

2. Classez les vaisseaux suivants ✓

frégate, pétrolier, péniche, bateau de croisière, corvette, navire porte-conteneurs, canot, sous-marin, skiff, cargo, porte-avions, kayak, dragueur de mines, catamaran, bateau-citerne, charbonnier, yacht, tramp, yole, cuirassé, bateaux-mouches, chaland

Bateaux de commerce	*Bateaux de plaisance*	*Bateaux de guerre*

3. Traduisez en anglais

la pièce de musée	la pièce de théâtre	la pièce d'artifice
la carte d'abonnement	la carte de lecteur	la carte de fidélité
le centre de documentation	le centre des impôts	le centre de tri
le chariot de caméra	le chariot élévateur	le Grand Chariot
le permis de construire	le permis poids lourd	le permis de travail
le parc automobile	le parc à bébé	le parc à moules

4. Composez des phrases qui feront ressortir les différences entre les mots suivants

le cheminot	le chemineau	la porte	la portière
l'équipage	l'équipe	l'aérogare	l'aéroport

5. Trouvez des synonymes des mots suivants

l'escale   le tarif   le billet   l'horaire   l'accueil   la caution

6. Dressez une liste des activités et des facilités qui attirent les touristes aux endroits suivants

Paris, Nice, une gîte en Bretagne, un camping dans les Alpes

7. Traduisez en français   ✓

1. When my ship comes in.
2. Everyone was trying to get on the gravy train.
3. We're all in the same boat.
4. They always push the boat out.
5. You have broken my train of thought.
6. Everything is shipshape.
7. Don't rock the boat.
8. It fell off the back of a lorry.

8. Traduisez en anglais

1. On n'est pas sorti de l'auberge.
2. Les chiens aboient, la caravane passe.
3. Elle n'a fait que survoler le sujet.
4. Les rats quittent le navire.
5. C'est l'auberge espagnole ici.
6. C'est un brevet de moralité.
7. Il y a de l'eau dans le gaz.
8. Ils mènent une vie de château.

9. Traduisez en français

to push the boat out	to rock the boat
to miss the boat	to run a tight ship
to set off a train of events	to come from the wrong side of the tracks

10. Complétez le tableau suivant   ✓

frein, guichets, château(x), navette, croisière, bateau, voie

Locution	Signification	Registre
1. faire la _____		
2. s'écrouler comme un _____ de cartes		
3. mettre _____ à quelque chose		
4. trouver sa _____		
5. être du dernier _____		
6. bâtir des _____ en Espagne		
7. être dans la bonne _____		
8. ronger son _____		
9. préparer la _____		
10. jouer à _____ fermés		
11. monter un _____ à quelqu'un		
12. atteindre sa vitesse de _____		

11. Faux amis: complétez le tableau suivant

FRANÇAIS	ANGLAIS	ANGLAIS	FRANÇAIS
la pension		*pension*	
la caution		*caution*	
le forfait		*forfeit*	
le cargo		*cargo, freight*	
le vapeur		*vapour, steam*	

12. Traduisez en français ✓

1. If you have the correct change, you can buy your ticket at the vending machine.
2. It is unlikely that we'll be taking our winter holiday abroad this year. The exchange rate is too bad.
3. We can't make our minds up about the summer holidays. My mother-in law wants to go to a spa. My husband wants to go on a cycling holiday. The children really liked the seaside resort we went to last year. I think that a coachtour would make a change.
4. If you had put your student card into your money belt, you wouldn't have left it in the boarding house.
5. The region is an ideal base for a family holiday. It has at least a dozen camp-sites, two theme parks, a zoo, and a safari park. When the weather is bad, you can always spend a few hours in the transport or folk museum.
6. I hope that we don't have a puncture. There's a spare wheel in the boot, but I forgot to bring the jack and the spanners.
7. The intercity train was two hours late. As a result, she missed the last metro and had to take a taxi.
8. Her entire family are railway workers. Her two uncles are signalmen. Her husband is a guard and her mother works in the ticket office.
9. The ground staff had gone on strike and all flights had been cancelled until further notice.
10. When I was a child, the harbour was always full of cargo-ships and steamers. Nowadays, you only see the ferry and a few cabin-cruisers.

13. Traduisez en anglais

Sur l'ordre de Pellegrin, Georges dut convenir qu'il ne manquait pas un bouton au tableau de bord, nonobstant le cendrier au lieu de quoi débordaient des fils électriques rouges, bleus, verts. De même les organes essentiels du moteur, du circuit électrique et de la transmission paraissaient à leur place, les sièges étaient normaux une fois ôtées leurs housses immondes et sur la lunette arrière s'écaillait l'idée qu'Opel défie le temps.

L'homme en bleu actionna le démarreur puis cria un chiffre par-dessus les monstrueux battements de soupapes qui résonnaient comme un paquebot dans l'atelier. Georges cria que c'était cher en désignant vaguement l'absence de cendrier, le capot disjoint, le bruit, Pellegrin cria le même chiffre sans paraître avoir perçu l'objection, et plutôt comme si c'était Georges qui n'avait pas entendu la première fois; il secouait la tête sans sourire vers Georges, dans le tumulte, poussant sur l'accélérateur dément, il y eut subitement de l'urgence,

Georges tira de sa poche un carnet de chèques qu'il agita, d'abord pour que Pellegrin coupe le moteur.

L'Opel tirait un peu à gauche au freinage, au reste elle fonctionnait à peu près normalement et le bruit n'était pas si terrible. Georges rentra dans Paris par la porte de Choisy, rejoignit les maréchaux qu'il suivit vers le nord.

Jean Echenoz, *Cherokee*, pp. 189–90 (© Editions de Minuit, 1983)

Level 2

1. Trouvez d'autres sens des mots suivants

la restauration	la liseuse	la collation	la distraction
la bretelle	réviser	le commissaire	potable

2. Trouvez des synonymes des mots suivants

l'acompte	la randonnée	la rambarde
le chenal	l'appontement	le droit d'entrée

3. Trouvez le sens des mots suivants

_____	←	la couvée	la cuvée	→ _____
_____	←	la cabine	la cabane	→ _____
_____	←	un piqué	une pique	→ _____
_____	←	le chaland	le/la chalande	→ _____
_____	←	la pagaie	la pagaïe	→ _____
_____	←	le goulet	la goulée	→ _____

4. Trouvez des équivalents non-argotiques des mots suivants

le rafiot, le clou, la bagnole, l'esquif, l'hourque, le tacot, la nacelle, le teuf-teuf, la bécane, le tortillard, la petite reine

5. Traduisez en français

pirate radio ship	ghost ship	sister ship	slave ship
exercise bicycle	all-terrain bike	three-wheeler	tourer

6. Décrivez la fonction des objets et des véhicules suivants

le parcomètre, la boussole, la rambarde, l'aviron, le casque, le butoir, la veilleuse

7. Décrivez la fonction des véhicules et des vaisseaux suivants

la dépanneuse, la remorque, le chaland-citerne, le bateau-mouche, le bateau-phare, la voiture-poste, la voiture-balai

8. Donnez une définition des mots suivants

la carte-clé, l'écluse, le transatlantique, la rocade, le toboggan, la bretelle

9. Traduisez en anglais

1. dépanner quelqu'un
2. brûler ses vaisseaux
3. faire de la chaise longue
4. perdre la boussole

5. ouvrir les écluses
6. souffler sa veilleuse
7. mettre quelque chose en veilleuse
8. éteindre son gaz

9. lancer des vannes
10. se mettre en veilleuse
11. faire un petit dépannage à quelqu'un
12. marcher à pleins gaz

10. Traduisez en anglais

l'hôtel des impôts   l'hôtel de la Monnaie   l'hôtel particulier
l'hôtel de passe   l'hôtel des ventes   l'hôtel de ville
la cabine de conduite   la cabine d'aiguillage   la cabine de pilotage
la cabine de plage   la cabine de douche   la cabine d'essayage
la cabine de bain   la cabine téléphonique   la cabine de projection

11. Vous travaillez pour une agence de voyages. On vous a chargé de rédiger un questionnaire type que les clients rempliront à la fin de leurs vacances. Complétez le modèle suivant

		Rayez la mention inutile
Documentation	1. Avez-vous reçu assez de renseignements avant votre départ?	1.
	2.	2.
Transports	3.	3.
	4.	4.
Correspondances	5.	5.
	6.	6.
Hôtel	7.	7.
	8.	8.
Restauration	9.	9.
	10.	10.
Service	11.	11.
	12.	12.
Accueil	13.	13.
	14.	14.
Facilités	15.	15.
	16.	16.
Animation	17.	17.
	18.	18.
Livraison des bagages/ Assurances etc.	19.	19.
	20.	20.

12. Traduisez en français   ✓

1. Transit passengers should proceed immediately to the reception desk to pick up their hotel and meal vouchers.
2. When she arrived she was suffering from jet-lag. So she had a light meal and went to bed early.
3. Before you set out, I want you to check the tyre pressure and fill the petrol tank.
4. If he had dimmed his lights, the driver of the van would have seen the ice and would not have skidded.
5. This model holds the road even when you are travelling at full speed.
6. He has been a train-spotter since he was a boy. Since he retired, he spends his afternoons in the refreshments bar watching the trains arrive and depart. Last week he was lucky enough to see a well-preserved steam train.
7. When I first met him, he had just got his pilot's licence.
8. The tugs were waiting for the tanker at the entrance to the channel.
9. The man you met is a former ship's purser. He lives on a converted barge which is moored beside the wharf.
10. The pilot's headphones were not working and, when the plane took a nose-dive, he could not respond to the air traffic controller's instructions.

13. Traduction orale

> Le Parc Palace du Lac se trouve au milieu d'une étendue boisée bordant une ample nappe d'eau douce, sur laquelle un bateau plat promène parfois les pensionnaires. Cet établissement d'une vingtaine de chambres et suites met à la disposition de ses hôtes un restaurant, deux bars, trois salles de conférence ainsi qu'un service de blanchissage et de nettoyage à sec. Les salaires d'un personnel très qualifié de cuisiniers, bagagistes, téléphonistes, caméristes et autres chasseurs y justifient le coût d'une nuit. Hors du circuit des hôtels habituels, le Parc Palace est une résidence calme et retirée, souvent fréquentée par des clients incognito, trop riches et trop puissants de toute façon pour être connus du grand public. Il n'est inscrit dans aucun guide.
>
> Le secrétaire général Vital Veber se trouve quant à lui dans une automobile Peugeot automatique, laquelle vient de s'engager dans l'allée privée menant au Parc Palace du Lac. Cet homme d'une soixantaine d'années se déplace avec son chiffreur, deux mallettes de dossiers, trois valises de vêtements ainsi qu'un appareil de transmission par ondes courtes.
>
> Jean Echenoz, *Lac*, p. 65 (© Editions de minuit, 1989)

Level 3

1. Trouvez d'autres sens des mots suivants

la franchise	le fuseau	le service	l'envergure
détourner	la cale	le flotteur	la bretelle

2. Trouvez des synonymes des mots suivants

brader   contourner   capoter   baliser

3. Traduisez les expressions suivantes

le long métrage	la longue-vue	à longue portée
le tapis de billard	le tapis de couloir	le tapis d'Orient
le bon de livraison	le bon de caisse	le bon de commande
le carnet de commandes	le carnet de timbres	le carnet à souches
la base de départ	la base de lancement	la base de ravitaillement
le trou d'obus	le trou d'aération	le trou de souris
le poste de commandement	le poste d'incendie	le poste de secours
le détecteur de mensonges	le détecteur de mines	le détecteur de faux billets

4. Trouvez le sens des mots suivants

_____	← le cabriolet	la cabriole	→	_____
_____	← le capot	la capote	→	_____
_____	← l'amortisseur	l'amortissement	→	_____
_____	← le sillage	le sillon	→	_____
_____	← le remorqueur	la remorque	→	_____
_____	← le radeau	la rade	→	_____
_____	← le devis	la devise	→	_____
_____	← amerrir	amarrer	→	_____

5. Trouvez des équivalents non-argotiques des mots suivants

le moulin   les hublots   la tinette   le tortillard   les gommes

6. Composez des phrases qui feront ressortir le sens figuré/abstrait des mots suivants

larguer   ancrer   atterrir   capoter

7. Expliquez le sens des expressions suivantes

prendre la barre	donner un coup de barre
abandonner le gouvernail	jeter du lest
baisser pavillon devant quelqu'un	être dans le sillage de quelqu'un

8. Classez les mots suivants   ✓

phare antibrouillard, jante, barre, rayon, lave-glace, mât, guidon, gouvernail, clignotant, pare-choc, cheminée, pédale, timbre, hublot, dérailleur, selle, porte étanche, chaîne, pare-brise, beaupré, essuie-glace, garde-boue, hélice, feu de stationnement, passerelle.

Parties d'une bicyclette	
Parties d'une voiture	
Parties d'un bateau	

9. Traduisez en français   ✓

1. If you want advice about your holidays, you should ask Anne. Her father is a coach tour operator; her brother runs a bucket shop and she studied at the hotel school.

2. I want a hotel which has smoke detectors, a baby-listening service and a play area for the children.
3. The complaints book was full of comments about the quality of the in-flight catering and the faulty conveyor belt.
4. If you spot a layby or a picnic site, we can stop for half an hour so that you can rest a little.
5. The hijacker told the pilot to make an emergency landing.
6. There was a raft in front of the porthole. So we could see very little. It's the last time I go on a cruise.
7. I don't like roll-on roll-off ferries. There's always someone who forgets to put the handbrake on or who stalls their engine.
8. She said that when she had collected enough airmiles, she would go to Brazil.

10. Rédaction

Vous êtes chargé d'écrire une brochure pour un festival des arts qui aura lieu dans votre ville (réelle ou imaginaire). Rédigez le calendrier du festival en vous servant des rubriques suivantes et en y attachant de brefs commentaires:

Musique	Expositions	Conférences
Randonnées musicales dans les environs	Nouvelles impressions d'Inde: exposition photographique	Les espaces verts de la région
Apéro-concert au Centre de Musique baroque	Histoire de la Vidéothèque	Pèlerinages littéraires dans le vieux quartier
Soirée de musique arabe	Sculptures au vert: exposition bucolique dans le jardin des plantes	Histoire du jardin à la française
Ateliers-rencontres de Jazz	L'Art brut du Cameroun, Musée des Arts d'Afrique et d'Océanie	Le café-théâtre et les Impressionnistes
Théâtre et Danse	**Cinéma**	**En Famille**
Festival du Théâtre de l'absurde	Festival du cinéma avant-garde	Visite guidée du Centre ornithologique
Le Songe d'une nuit d'été de William Shakespeare	Festival du cinéma de l'épouvante	Musée de la Cire
Festival de la danse folklorique écossaise	Festival Quentin Tarantino	Histoire des poupées gigognes, Musée de la Poupée

11. Traduisez en anglais

1. Toutes les activités d'une grande station de montagne: ski d'été (sous réserve d'enneigement), ski sur herbe, escalade, luge, parapente et centre de forme.
2. A votre disposition: 3 grandes piscines découvertes, un bassin pour enfants, espaces verts avec transats, snack, télévision câblée payante et jardin d'aventure.
3. Activités proposées: beach-volley, pêche à la mouche, nuit en refuge, cyclotourisme, découverte nature, stretching, réveil musculaire, rafting, tournois de jeux de société, soirées dansantes à thème.

4. Cette résidence toute récente est située en bordure d'un bras de mer.

5. Villégiature de nombreux peintres et sculpteurs, l'île est baignée d'une mer d'une bleu inimitable.

6. L'arrière-pays est plein de contrastes: beaux villages aux ruelles marchandes piétonnières entrecoupées d'arcades, un folklore très vivace, sentiers pédestres jalonnés, chapelles, calvaires et fontaines.

7. Les plages de sable doré s'étendent à perte de vue et invitent au farniente.

8. Les appartements sont équipés: séjour avec 1 canapé-lit 2 personnes ou un lit gigogne 2 personnes, 1 chambrette avec couchage 2 personnes, kitchenette avec four ou rôtissoire, salle de bain ou salle d'eau avec douche, jardinet ou terrasse pour les rez de chaussée, balcon ou loggia pour les appartements en étage.

9. Une équipe importante est à la disposition des vacanciers pour encadrer et animer les différentes activités sportives et culturelles.

10. Tous les plaisirs sont réunis dans cette station ravissante qui vit toute l'année: fêtes locales, promenades en mer, thalassothérapie, pêche côtière, animations diurnes et nocturnes.

12. **Rédigez un résumé (100 mots) du texte suivant**

Visiter Paris en souris

Le menu de ce titre, copieux et astucieux, offre une information culturelle très commode sur différents itinéraires de la capitale
LE tourisme sur ordinateur a-t-il réellement un avenir? Dans la masse des guides, panoramas et itinéraires virtuels qui se disputent les faveurs des touristes sédentaires, le CD-ROM Paris, découverte interactive de la ville à travers les siècles, avait fort à faire pour s'imposer. Une ville à parcourir, à découvrir, à comprendre, sans impasse mais en marge du balisage convenu des circuits des tour-opérateurs ... Difficile d'éviter les nombreux pièges, depuis l'érudition pesante jusqu'au survol hâtif. Ce CD-ROM y parvient, d'abord grâce à la solidité et à la lisibilité qui siéent à une encyclopédie sérieuse. Les plans, sobres, permettent une navigation efficace, avec stations de métro et mesures des déplacements (à vol d'oiseau), et offrent une information culturelle très commode. L'entrée, 'chronologie', qui présente les hommes, les sites, les liaisons thématiques et les plans historiques, est claire et efficace. Mais c'est le menu copieux et astucieux des itinéraires qui fait le prix de ce titre. On choisit entre l'approche historique (de l'avant-Lutèce au Paris post-mitterrandien) ou thématique ('Côté jardins', 'Lieux de savoir', 'Vie de café, vie d'artiste', 'Paris art nouveau', 'Architectures et utopies'), ou encore une promenade dans les cimetières, les passages et galeries. Toutes ces invitations sont sonorisées, avec discrétion. A noter également un fichier de cartes postales que l'on peut adresser, via Internet, à ses correspondants. Le 'cachet de la poste' est prévu pour authentifier l'envoi vers les boîtes aux lettres électroniques. En revanche, les applications les plus spectaculaires laissent à désirer. La douzaine de monuments représentés en trois dimensions, que l'on peut survoler ou faire pivoter, sont en définition médiocre et le choix est maigre. Quant aux panoramas photographiques sur 360 degrés, sélectionnés des hauteurs les plus spectaculaires de la capitale (tours de Notre-Dame, arche de la Défense, jardins du Sacré-Coeur, etc.), ils ne retiennent que distraitement l'attention. Malgré l'échec relatif des options 'sensationnelles', ce parcours parisien à travers le temps et l'espace est l'un des plus sûrs dont puisse rêver le candidat au tourisme sur écran.

Philippe-Jean Catinchi, *Le Monde*, semaine du 7 juillet 1997 (© *Le Monde*)

Unit 13

Family, birth, death and marriage

Level 1

The family unit

les parents (m)	parents, relatives
la vie de famille	family life
le foyer	household
fonder un foyer	to set up home
la cellule familiale	family unit
le chef de famille	head of the family
l'aîné(e)	oldest
le cadet, la cadette	youngest
le veuf	widower
la veuve	widow
le veuvage	widowhood
la mère	mother
la mère de famille	mother, housewife
la mère adoptive	adoptive mother
la grand-mère	grandmother
maternel	maternal
le père	father
le père de famille	head of the household
le père adoptif	adoptive father
le grand-père	grandfather
paternel	paternal
le frère	brother
fraternel	fraternal
le demi-frère	half-brother
la soeur	sister
la demi-soeur	half-sister
sororal	sisterly
la tante	aunt
tantine ①	aunty
la grand-tante	great-aunt
l'oncle (m)	uncle
tonton ①	uncle
le grand-oncle	great-uncle

le neveu	nephew
la nièce	niece
avunculaire	avuncular
le cousin germain	first cousin
des cousins éloignés	distant cousins
la belle-famille	in-laws
la belle-mère	mother-in-law, stepmother
le beau-père	father-in-law, stepfather
le beau-fils	son-in-law, stepson
le gendre	son-in-law
la belle-fille	daughter-in-law, stepdaughter
le beau-frère	stepbrother
la belle-soeur	stepsister

Birth

le taux de natalité	birth rate
enceinte	pregnant
la grossesse	pregnancy
le test de grossesse	pregnancy test
la future maman	expectant mother
être enceinte de six mois	to be six months pregnant
l'accouchement(m)	childbirth
les douleurs d'accouchement (f)	labour pains
accoucher de	to give birth to
prématuré	premature
le nouveau-né	new-born
l'acte de naissance (m)	birth certificate
le baptême	baptism
avorter	to abort
se faire avorter	to have an abortion

faire une fausse couche	to miscarry	les noces d'argent (f)	silver wedding
		les noces d'or (f)	golden wedding
		les noces de diamant (f)	diamond wedding
Marriage			
l'agence matrimoniale (f)	marriage bureau	les noces de platine (f)	platinum wedding
le marieur	matchmaker	cohabiter	to cohabit
le mariage civil	civil wedding, registry office wedding	vivre en concubinage	to cohabit
		la concubine	common-law wife
le mariage religieux	church wedding	le concubin	common-law husband
la liste de mariage	wedding list	le mariage forcé	shotgun wedding
l'alliance (f)	wedding ring	le témoin	witness
le lunch de mariage	wedding breakfast	l'adultère (m)	adultery
le cadeau de mariage	wedding present	adultère	adulterous
les nouveaux mariés	newly weds	l'annulation (f)	annulment
la lune de miel	honeymoon	le divorce	divorce
la robe de mariée	wedding dress		
le voile	veil	*Death*	
le bouquet	bouquet	le décès	death
le trousseau	trousseau	décéder	to pass away
les fiançailles (f)	engagement	la mort cérébrale	brain-death
la mariée	bride	la mort clinique	clinical death
le mari	groom, husband	feu	late
l'époux	husband, spouse	le deuil	grief, mourning
l'épouse	wife, spouse	être en deuil	to be in mourning
le conjoint/la conjointe	husband, wife	porter le deuil	to wear mourning

Level 2

General		être parrain	to stand godfather
l'arbre généalogique (m)	family tree	être marraine	to stand godmother
		le filleul/la filleule	godchild
les ancêtres (m)	ancestors	la mère porteuse	surrogate mother
les aïeux (m)	ancestors	l'orphelin(e)	orphan
la progéniture	offspring	l'orphelinat	orphanage
l'héritage (m)	inheritance	la banque du sperme	sperm bank
l'héritier/l'héritière	heir, heiress		
		Marriage/divorce	
Birth		le garçon d'honneur	best man
mettre au monde	to bring into the world	la demoiselle d'honneur	bridesmaid
donner le jour à	to bring into the world	faire sa déclaration	to propose
le premier-né	first born	conduire sa fille à l'autel	to give one's daughter away
les triplets	triplets		
l'extrait de naissance (m)	birth certificate	mener sa fille à l'autel	to give one's daughter away
la fille-mère	unmarried mother		

être bien assortis	to be well matched	les obsèques (f)	funeral
être mal assortis	to be badly matched	l'embaumement (m)	embalming
la fidélité conjugale	marital fidelity	ensevelir	to bury
le devoir conjugal	marital duty	l'entrepreneur des	undertaker
un mariage brisé	broken marriage	pompes funèbres	
se briser	to break up	(m)	
une séparation à	amicable separation	le cercueil	coffin
l'amiable		le cadavre	corpse
une séparation à l'essai	trial separation	le défunt(e)	deceased
un tiers	third party	défunt	late
se remarier	to remarry	les derniers	the last rites
		sacrements	

Death

l'inhumation (f)	burial	le testament	will

Level 3

General

le soutien de famille	breadwinner	la couche	nappy
la cagnotte	nest egg	le nourrisson	infant
la personne à charge	dependant	allaiter	to breast-feed, to
la lignée	lineage		suckle
le fossé des	the generation gap	nourrir au sein	to breast-feed
générations		téter	to suck
le foyer nourricier	foster family, foster	sucer le pouce	to suck one's thumb
	home	allaiter au biberon	to bottle-feed
être pris en charge	to be placed in care	la tétine	comforter, dummy
		la nourrice	nanny
Birth		confier un enfant	to give a child up for
accoucher par	to deliver by caesarean	pour l'adoption	adoption
césarienne	section	être placé	to be in care
les douleurs	labour pains	le tuteur	guardian
d'accouchement		une grossesse non	unwanted pregnancy
(f)		désirée	
avoir **un** polichinelle	to have a bun in the		
dans le tiroir ①	oven	*Marriage/divorce*	
les services de	family planning	l'accord prénuptial	prenuptial agreement
planning familial		enterrer sa vie de	to have a stag party
(m)		garçon	
la mère adolescente	teenage mother	publier les bans	to publish the banns
le bébé-éprouvette	test-tube baby	la dot	dowry
l'eugénisme	eugenics	les voeux de mariage	marriage vows
un enfant mort-né	stillborn child	(m)	
la poussette	pushchair	se briser de façon	to break down
le porte-bébé	baby-sling	irrémédiable	irretrievably
la voiture d'enfant	pram	le jugement de	decree nisi
le biberon	bottle	divorce	
		conditionnel	

le jugement de divorce définitif	decree absolute	les funérailles nationales (f)	state funeral
la pension alimentaire	alimony	le linceul	shroud
l'ordonnance de garde (f)	custody order	le suaire	shroud
		le corbillard	hearse
obtenir la garde	to obtain custody	la couronne	wreath
les droits de visite (m)	access	la gerbe	spray
		le mausolée	mausoleum

Death

la dépouille mortelle	(mortal) remains	la pierre tombale	tombstone
être entre la vie et la mort	to be at death's door	la dalle	tombstone
		le crématorium	crematorium
être à l'article de la mort	to be at death's door	le crématoire	crematorium
		la crémation	cremation
être sur son lit de mort	to be on one's death-bed	l'incinération (f)	cremation
		prendre le deuil	to go into mourning
rendre son dernier soupir	to breath one's last	tenir les cordons du poêle	to be a pallbearer
faire le grand voyage	to pass away	le drapeau en berne	the flag at half-mast
fermer les yeux	to pass away	sonner le glas	to toll the bell
la veillée funèbre	wake	le legs	inheritance, legacy
le convoi	funeral procession, mourners	la succession	estate
		les droits de succession (m)	death duties
le cortège funèbre	funeral procession, mourners		

Religion

Level 1

General

le paganisme	paganism	le Christianisme	Christianity
le païen/la païenne	pagan	le Christ	Christ
le totémisme	totemism	le christ	figure of Christ
le chamanisme	shamanism		
l'islamisme (m)	Islam	le chrétien/ la chrétienne	Christian
le/la musulman (e)	Muslim		
le bouddhisme	Buddhism	le chrétienté	Christendom
le/la bouddhiste	Buddhist	le catholicisme	Catholicism
le Bouddha	Buddha	le/la catholique	Catholic
le brahmanisme	Brahmanism	le protestantisme	Protestantism
l'hindouisme	Hinduism	le protestant/ la protestante	Protestant
l'hindouiste	Hindu		
le judaïsme	Judaism	le mormon/ la mormone	Mormon
le juif/la juive	Jew		
le Sionisme	Zionism	mormon/mormone	Mormon
le/la Sioniste	Zionist	la bigoterie	bigotry
		le bigot/la bigote	bigot

le/la novice	novice	aller à l'office	to go to church
le/la mystique	mystic	**le** dogme	dogma
le mysticisme	mysticism	le commandement	commandment
laïc/laïque	lay	les pratiques	religious practices
les laïcs (m)	laity	religieuses (f)	
le laïcisme	secularism	la confession	confession
laïciser	to secularise	la confirmation	confirmation
séculier, –ière	secular	la communion	communion
l'intégrisme	fundamentalism	la table de communion	communion table
l'intégriste (m/f)	fundamentalist	l'ordination (f)	ordination
le papisme	popery	le chant de Noël	Christmas carol
la Sainte Bible	Holy Bible	bénir	to bless
la Ville Sainte	Holy City	la bénédiction	blessing
la Sainte Terre	Holy Land	le jour du dernier	Judgement Day,
l'Ecriture Sainte	Scripture	jugement	Doomsday
le Saint-Père	the Lord	prêcher l'Evangile	to preach the Gospel
le Saint-Esprit	Holy Ghost	sacré	sacred
la Sainte Trinité	Holy Trinity	le sacrement	sacrament
la Sainte Communion	Holy Communion	**le** sacre	consecration
le paradis	paradise	**le** sacrifice	sacrifice
le Paradis Terrestre	Garden of Eden	sacrifier	to sacrifice
le purgatoire	purgatory	**le** sacrilège	sacrilege
l'enfer (m)	hell	sacrilège	sacrilegious
infernal	hellish	**le** blasphème	blasphemy
la paroisse	parish	blasphématoire	blasphemous
le paroissien/	parishioner	le/la blasphémateur/	blasphemer
la paroissienne		–trice	
la mission	mission	pieux, –ieuse	pious
la confession	denomination	la piété	piety
la secte	sect	dévot	devout
		la dévotion	devotion
		fervent	devout
Belief and worship		dire la messe	to say mass
l'adoration (f)	worship	le service	service
la vénération	worship	la liturgie	liturgy
le culte	worship	la prière	prayer
changer de culte	to change one's	bénir	to bless
	religion	la bénédiction	blessing
christianiser	to convert to	le tabou	taboo
	Christianity		
le rite	rite, ritual	***Clergy***	
la foi	faith	le Pape	Pope
les fidèles (m)	faithful	le Pontife	Pontiff
l'adepte (m/f)	follower	l'évangélisateur/	evangelist, gospeller
la congrégation	congregation	l'évangélisatrice	
la croyance	belief	l'ecclésiastique (m)	ecclesiastic
le croyant/la croyante	believer	l'archevêque (m)	archbishop
le pratiquant/la	practising church-goer	l'évêque (m)	bishop
pratiquante			

le pasteur	minister	la chapelle	chapel
le prédicateur	preacher	**le** cloître	cloister
l'ordre(m)	order	la clôture	enclosure
le moine	monk	**le** presbytère	vicarage, rectory
monacal	monastic	la synagogue	synagogue
monastique	monastic	le confessionnal	confessional box
l'abbé/l'abbesse	abbot		
la religieuse	nun		

Religious festivals

le missionaire	missionary
le confesseur	confessor

Le Carême	Lent
faire carême	to observe/keep Lent
Le Mercredi des Cendres	Ash Wednesday

Religious buildings

la cathédrale	cathedral
le temple	temple
le couvent	convent
le monastère	monastery
l'abbaye (f)	abbey

Mardi Gras	Shrove Tuesday
le Vendredi Saint	Good Friday
la Pentecôte	Whitsun
la Toussaint	All Saints' Day
Noël	Christmas

Level 2

Belief and worship

les sept péchés capitaux	seven deadly sins
le pécheur/la pécheresse	sinner
se signer	to cross oneself
s'agenouiller	to kneel
se repentir	to repent
la pénitence	penitence
le péché mortel	deadly sin
expier ses péchés	to atone for one's sins
l'expiation (f)	expiation
expiatoire	expiatory
faire acte de pénitence pour	to do penance for
se confesser	to confess
administrer les derniers sacrements	to give last rites
répandre la bonne parole	to spread the good word
la quête	collection
le pèlerin	pilgrim
le pèlerinage	pilgrimage
le martyr/la martyre	martyr
le martyre	martyrdom
le jeûne	fasting
l'office du matin (**m**)	matins
l'office du soir (**m**)	evensong

l'office de communion (**m**)	Eucharist
la grand-messe	high mass
les vêpres (f)	vespers
la salut	benediction
l'oraison dominicale (f)	Lord's prayer
l'oraison funèbre (f)	funeral oration
le déluge	the Flood
l'exode (m)	exodus
le lieu saint	shrine
le sanctuaire	sanctuary
faire une quête	to take a collection
l'encens (m)	incense

Clergy

le séminariste	seminarist
le père prieur	prior
la mère prieure	prioress
le prieuré	priory
le chanoine	canon
la chanoinesse	canoness
l'ermite (m)	hermit
le rabbin	rabbi
l'ayatollah (m)	ayatollah
le mollah	mullah
l'imam (m)	imam
le gourou	guru

Level 3

General

la papauté	papacy
les ouailles (f)	the flock
la guérison par la foi	faith healing
former une église dissidente	to form a breakaway church
l'enfer sur terre (m)	hell on earth
la liberté de culte	freedom of worship

Worship

l'hostie (f)	host
le cantique	hymn
le livre des cantiques	hymnal
la psalmodie	chant
le chant funèbre	dirge
psalmodier	to chant
la cène	Holy Communion
la Cène	Last Supper
l'homélie (f)	homily
l'article de foi (m)	article of faith

Religious architecture

le parvis	square (in front of church)
le portail	main door
le tympan	tympanum
la porche	porch
les bas-reliefs (m)	bas-relief
le campanile	bell-tower
le clocher	bell-tower
la flèche	spire
la sacristie	vestry
l'abbatiale (f)	abbey
le baptistère	baptistery
la tribune	gallery
le préau	inner courtyard
le déambulatoire	deambulatory
l'allée centrale (f)	aisle
la chapelle commémorative	commemorative chapel
le maître-autel	high altar
le retable	altarpiece
la plaque	plaque
le banc (d'église)	pew
la chaire	pulpit
l'autel (m)	altar

le lutrin	lectern
les fonts baptismaux (m)	font
les bas côtés (m)	aisles
le choeur	choir
la nef	nave
le transept	transept
la collatérale	side aisle
la rosace	rose-window
le vitrail	stained-glasswindow
l'arc-boutant (m)	flying buttress
l'abside (f)	apse
la tribune de l'orgue	organ-loft
la gargouille	gargoyle

Holy orders

entrer dans les ordres	to take holy orders
le voeu de pauvreté	vow of poverty
le voeu de chasteté	vow of chastity
le voeu d'obéissance	vow of obedience
le monachisme	monasticism
le Bénédictin	Benedictine monk
le Trappiste	Trappist monk
le Cistercien	Cistercian monk
le Franciscain	Franciscan friar
le Carme	Carmelite friar, white friar
la Carmélite	Carmelite nun

Vestments and ceremonial objects

la clochette liturgique	altar bells
le prie-Dieu	kneeler
le calice	chalice
l'encensoir (m)	censer
le surplis	surplice
la soutane	cassock
prendre la soutane	to enter the church
le col de pasteur	clerical collar
l'étole (f)	stole
l'habit de religieuse (m)	nun's habit
la coule	cowl
le capuchon	cowl
la cagoule	cowl, hood

la chape	cope	
le cilice	hair shirt	
la guimpe	wimple	
la calotte	skull–cap	
le foulard	headscarf	
le litham	yashmak	
le tapis de prière	prayer mat	
le chapelet	rosary	
l'ostensoir (m)	monstrance	
l'eau bénite (f)	holy water	
le tronc	offertory box	
le bénitier	stoup, font	
la châsse	reliquary, shrine	
le reliquaire	reliquary	

Various

le postulant/la postulante	postulant
le sacristain	verger
l'enfant de choeur	choir-boy
le fossoyeur	gravedigger
l'évangéliste de carrefour (m/f)	Bible thumper
la visite pontificale	papal visit
le porteur de croix	cross-bearer
la croix de procession	processional cross
oindre	to anoint
la parabole	parable
la mise à l'index	blacklisting
défroquer	to unfrock
renier Dieu	to renounce God

Exercises

Level 1

1. Donnez des équivalents non familiers des mots suivants

le frangin	le pépé	le pépère	le beauf
la mamie	la mémé	la mémère	la belle-frangine

2. Trouvez d'autres sens des mots suivants

le foyer	la cellule	la couche	l'alliance
sacrifier	le pasteur	la clôture	le trousseau

3. Traduisez en anglais

1. C'est le mariage de la carpe et du lapin.
2. Ce n'est pas la mort !
3. Il ne craint ni Dieu ni diable.
4. On doit laver son linge sale en famille.
5. Fermé pour cause de décès.
6. Son frère a conduit le deuil.

4. Traduisez en anglais

1. être bien marié
2. être dans le secret des dieux
3. être fâché à mort
4. se retourner dans sa tombe
5. mourir de sa belle mort
6. faire son deuil de quelque chose
7. rester muet comme une tombe
8. rouler à tombeau ouvert

5. Composez des phrases qui feront ressortir les différences entre les mots suivants

la grossesse	la grosseur	séculier	séculaire
sacrer	sacraliser	la dévotion	le dévouement
la prédiction	la prédication	le presbytère	la presbytie

6. Composez des phrases qui feront ressortir le sens figuré/abstrait des mots et des expressions suivants

le baptême   accoucher de   avorter   la lune de miel   divorcer

7. Expliquez le sens des mots et des expressions suivants

lunettes à double foyer	foyer de placement	une tante à la mode de Bretagne
un mariage blanc	les sept familles	des querelles de paroisse
le benjamin	un fils de famille	la mère patrie
le faux frère	une âme soeur	endeuiller
toute la sainte journée	une sainte nitouche	jusqu'à la saint glinglin
avec tout le saint frusquin	le prêchi-prêcha	le paradis fiscal
sans foi ni loi	en foi de quoi	digne de foi
un sujet tabou	une face de Carême	le mont-de-piété

8. Traduisez en anglais

1. Ça tient de famille.
2. Le roi n'est pas son cousin.
3. Elle est assez noceuse.
4. Ce n'est pas parole d'évangile.
5. Il faut avoir la foi!
6. On lui donnerait le bon Dieu sans confession.
7. Mieux vaut s'adresser à Dieu qu'à ses saints.
8. Il a dû me bénir.
9. Ils sont un peu cousins.
10. Je n'étais pas à la noce.
11. Et ta soeur?
12. Il conduit à une allure infernale.
13. L'enfer est pavé de bonnes intentions.
14. Je ne répète pas la messe pour les sourds.
15. L'homme propose, Dieu dispose.
16. Ne fais pas ta sainte nitouche!

9. Vérifiez le sens des expressions suivantes

le faux dévot	le faux bruit	le faux départ
les faux frais	le faux-fuyant	le faux jeton
la fausse piste	le faux pli	le faux problème
la fausse pudeur	faire faux semblant	le faux sens
le faux témoignage	le faux col	le faux-filet

10. Complétez le tableau suivant   ✓

culte, mars, air, purgatoire, messes, foi, père, mort, mariée, deuil, noce, désert, saint, religion, converti, exemple, enfer

Locution	Signification	Registre
1. vivre en bon _____ de famille		
2. faire la _____		
3. se plaindre que la _____ est trop belle		
4. faire son _____ de quelque chose		
5. prêcher un_____		
6. avoir un _____ de famille		
7. éclairer la _____ de quelqu'un		
8. se faire une _____ de quelque chose		
9. prêcher dans le _____		

10. avoir la _____ dans l'âme
11. prêcher pour son _____
12. respecter la _____ jurée
13. prêcher d' _____
14. jouer un jeu d' _____
15. avoir le _____ de l'argent
16. faire son _____ sur terre
17. ne pas savoir à quel _____ se vouer
18. être de mauvaise _____
19. arriver comme _____ en Carême
20. faire des _____ basses

11. Traduisez en français

close-knit family   family entertainment   family heirloom
middle-income family   one-parent family   family solicitor
family butcher   immediate family   family feud

12. Rédaction

Ecrivez une composition sur un des sujets suivants
• La sexualité et la société moderne
• La pornographie et la censure
• L'avortement sélectif
• Le divorce et la délinquance
• La discrimination positive en faveur des femmes.

13. Traduisez en français   ✓

1. The newly weds left shortly after the wedding breakfast; they are going to spend their honeymoon in Provence.
2. Although they have been living together for two years, she wants a white wedding.
3. Given her age and her medical history, her family is afraid that she might miscarry.
4. It was a shotgun wedding. It's hardly surprising that they ended up getting divorced.
5. My mother insisted that the whole family be invited to the wedding, including a great-aunt whom I had never met, a second cousin who had been living in Australia for the previous ten years, even her half-brother with whom she had fallen out five years before.
6. Although he has been a widower for over five years, his youngest daughter does not want him to remarry until she leaves home.
7. He said that many religious practices have their origin in dogma and superstition. That is why he is no longer a practising church-goer.
8. The congregation was made up of members of the sect and people who wanted to change their religion.

14. Traduction orale

Mots pour mots

Toute tribu a son langage. Celui des protestants se singularise par un rejet du vocabulaire catholique traditionnel. Ainsi ne dit-on jamais qu'on se rend à l'église le dimanche, mais au temple, car on n'assiste pas à la messe, mais au culte. On ne risque pas de parler de la Sainte Vierge, ni de la Vierge tout court, mais de Marie, à laquelle on ne se réfère d'ailleurs jamais. Pas question, évidemment, de diocèses ni de conférence épiscopale: il n'y a que des régions et des synodes. De même, il n'y a pas de presbytère mais un appartement du pasteur, pas de diacres mais des conseillers presbytéraux, pas de louveteaux ou de jeannettes mais des éclaireurs et des éclaireuses unionistes, pas de 'bonnes soeurs' mais des diaconesses, pas d'eucharistie mais une communion, pas de fidèles mais des paroissiens, pas de choeur mais une chorale, pas de vocation mais un ministère, pas de voeux prononcés mais une intronisation, pas d'homélie mais un sermon, pas de saint Matthieu ou de saint Luc mais Matthieu ou Luc, pas d'hostie mais du pain, pas de calice mais une coupe, etc. Tout porte la marque d'une farouche volonté de désacralisation. Le catéchisme s'appelle 'école du dimanche', et le credo, 'symbole des apôtres'. Banies également, toutes les expressions latines et toutes les formules populaires qui utilisent des métaphores bibliques. Un bon protestant n'utilisera jamais dans la conversation courante les mots suivants: 'pain bénit', 'sanctuaire', 'enfant de choeur', 'faire un miracle', 'aller au diable', 'beau comme un dieu', 'être comme saint Thomas', 'se faire sermonner' et surtout 'nom de Dieu!'

Christian Makarian, 'La Grande Revanche des protestants', *Le Point*,
27 janvier 1996, p. 52 (© *Le Point*)

Level 2

1. Trouvez d'autres sens des mots suivants

la quête   le séminaire   l'alliance   l'office   le salut

2. Complétez

_____ ← le pèlerin   la pèlerine → _____
_____ ← le pécheur   le pêcheur → _____
_____ ← la prière   le prieuré → _____
_____ ← inhumer   humer → _____
_____ ← l'héritage   l'hérédité → _____

3. Complétez le tableau suivant   ✓

campagne, crimes, pénitence, sacrement, déluge, enterrement, garçon, martyr, encensoir, sainteté

Locution	Signification	Registre
1. expier ses _____		
2. manier l' _____		
3. remonter au _____		
4. s'enterrer à la _____		
5. rester comme un _____		
6. se donner des airs de _____		
7. tenir quelque chose comme le saint _____		
8. enterrer sa vie de _____		
9. mettre un enfant en _____		
10. faire une tête d'_____		

4. Traduisez en anglais

1. C'est une histoire enterrée.
2. Il défend la veuve et l'orphelin.
3. Ça n'embaume pas.
4. Le chocolat, c'est mon péché mignon.

5. Expliquez le sens des expressions suivantes

un enfant martyr	l'exode rural	à jeun
le baptême du feu	le pêcheur d'hommes	l'héritage spirituel
avec une tête d'enterrement	le saint suaire	la Saint-Jean

6. Trouvez des synonymes des mots suivants

la pénitence	l'expiation	le martyre	l'oraison
le sanctuaire	l'héritage	l'inhumation	le cadavre

7. Composez des phrases qui feront ressortir le sens figuré/abstrait des mots suivants

l'enterrement	faire avorter	le déluge	l'héritier

8. Trouvez des équivalents non-argotiques des mots et des expressions suivants

le calotin	s'en aller les pieds devant	le conjungo
le lardon	le croque-mort	le refroidi

9. Traduisez en français

to play devil's advocate	to do something out of sheer devilment
to think one is God's gift	to put the fear of God into someone
to practise what one preaches	to have the patience of a saint

10. Dressez une liste des sept péchés mortels

_____   _____   _____   _____

_____   _____   _____

11. Traduisez en français   ✓

1. She wants the surrogate mother to be godmother, but her in-laws are against it.
2. This generation has made the family tree very complicated. The whole family has divorced and remarried. Most of them have children from both marriages.
3. A trial separation might help you to sort out your problems, especially if you go to discuss them with a marriage counsellor.
4. An amicable separation would have caused them less pain and would have allowed them to avoid a costly divorce.
5. I cannot believe that the heirs turned up at the funeral. They hadn't visited their uncle in years.
6. When his parents discovered that his fiancée was an unmarried mother, they changed their will in favour of their elder daughter.
7. She crossed herself every time she went past the cathedral, went to matins and evensong every day and went on pilgrimage once a year.
8. Although the cloisters are closed during high mass, he was able to visit the hermit's sanctuary.

12. Traduisez en anglais

La cathédrale est de l'autre côté de la place avec la grande façade nue sans portail sans tympan, ouverte seulement dans le dernier tiers pour la rosace que pour le moment on voit toute petite. On va traverser la place, longer la cathédrale, passer devant les petites statues de l'idole gallo-romaine, sculptées à même le mur latéral. On ne peut pas avancer à cause de la foule qui marche dans le même sens. On fait quelques pas et on s'arrête. La grande porte de la cathédrale qui se trouve sur le côté est maintenant ouverte. Les pierres sont en grès rouge, on les voit jusqu'en haut quand on lève la tête faire un bloc. La cathédrale a l'aspect d'une forteresse. On entend des voix qui chantent en latin, bien avant d'arriver à la hauteur de la porte. On traîne les pieds par terre. On reste sur place. On entre lentement. On est enveloppé par le froid de la cathédrale, par les voix qui sont dispersées inégalement. On les entend comme se répéter partout depuis le choeur, s'étaler dans le transept, se prolonger dans la nef, buter contre les grosses colonnes. La muraille qui, en face du choeur, ferme la cathédrale à la place du parvis, les renvoie, ce qui fait que les chants de la chorale qui éclatent comme donnés par une voix unique se décomposent aussitôt, sont bus comme par des trous d'air ou des échos qui les répètent, qui les multiplient partout dans la cathédrale. L'acoustique est mauvaise. On entend que les voix luttent contre la dispersion.

Monique Wittig, *L'Opoponax*, pp. 205–6 (© Editions de Minuit, 1964)

13. Ecrivez une composition en prenant une des citations suivantes comme point de départ

1. 'Le grand mariage (aristocratique ou bourgeois) répond à la fonction ancestrale et exotique de la noce: il est à la fois potlatch entre les deux familles et spectacle de ce potlatch aux yeux de la foule qui entoure la consumption des richesses.' (Roland Barthes, *Mythologies*)
2. 'Le mot d'euthanasie est appliqué, désormais, à des pratiques diverses. Certaines de ces pratiques amèneraient le médecin à délivrer de la vie, dans un sentiment de pitié, et par l'administration d'une dose toxique de quelque drogue calmante, les malades considérés comme perdus. Or les médecins, qui doivent garder toute leur liberté de mouvement dans l'exercice de leur ministère, se trouvent d'accord pour refuser un privilège que répudie notre vieille civilisation.' (Georges Duhamel, *Manuel du protestataire*)
3. 'L'ironie n'est pas médiocre de voir les grands esprits rejeter la religion, sans pouvoir se défaire de la morale.' (André Suarès, *Trois hommes*, «*Ibsen*»)

14. Etude de texte

Judaïsme: Les liens sacrés du mariage

Dans le judaïsme, sexualité et mariage ne vont pas l'un sans l'autre. Toute la codification religieuse étudie la sexualité uniquement dans le cadre du mariage. Mais ceux qui convolent ont l'obligation de pratiquer la sexualité, et ce, bien sûr, à des fins de procréation. C'est toute la raison d'être de leur rencontre. La sexualité est le fondement de l'amour, ce qui est très explicite dans la Genèse. A propos de l'union d'Isaac et de Rebecca, on peut lire: '*Isaac prit Rebecca pour femme et il l'aima.*'

Toutefois, il ne s'agit pas d'une reproduction tous azimuts. La maîtrise de sa libido est bien plus contraignante, du reste, pour l'homme que pour la femme. Le judaïsme impose à l'homme d'accomplir son devoir sexuel, qui est un droit pour la femme. Cette codification implique que l'acte soit consenti, et ne peut donc en aucun cas être imposé à l'épouse sans son consentement.

La sexualité vécue exclusivement à travers le mariage implique la condamnation de toutes les autres formes de sexualité: zoophilie, masturbation et homosexualité.

Face au sida, à l'IVG et à la contraception, quelles sont les dispositions rabbiniques? Elles peuvent être divergentes, car depuis la deuxième diaspora (70 ap. J.-C.) aucun concile rabbinique n'a autorité pour trancher collectivement. Concernant les IVG, on a l'habitude de se référer au Talmud, qui précise que la santé psychologique et physique de la mère prévaut en tout état de cause sur l'embryon ou le bébé. Même en cours d'accouchement, si la vie de la mère est en danger, c'est elle qui doit être sauvée. Quant à la contraception moderne, le grand rabbin Chouchena précise que seule la pilule qui empêche l'ovulation est acceptée.

Bien évidemment, le sida, qui a trait le plus souvent à homosexualité et qui met en danger la vie, pose le double problème de l'acceptation de l'homosexualité et de la sauvegarde du principe fondamental du judaïsme: la vie. Pour le grand rabbin Chouchena, '*c'est un devoir d'organiser sa sexualité pour protéger ceux qu'on aime*'. Il est clair que le principe de sauvegarde de la vie prime. Mais aucun rabbin ne recommandera l'utilisation du préservatif, puisque cela reviendrait à admettre l'homosexualité ou toute forme de sexualité extraconjugale. C'est pourquoi le grand rabbin Sitruk s'est prononcé contre l'usage du préservatif.

Anne-Paule Derczansky, *Le Point*, 30 mars 1996, p. 55 (© *Le Point*)

1. *Donnez des synonymes des mots suivants*
   convoler, procréation, contraignant, trancher, habitude, prévaloir, primer
2. *Composez des phrases en vous servant des expressions suivantes*
   'ne vont pas l'un sans l'autre' • 'dans le cadre de' • 'à des fins de' • 'du reste' • 'impliquer que' • 'avoir trait à' • 'poser le double problème de' • revenir à admettre que' • 'se prononcer contre'
3. *Expliquez la différence entre*

le fondement	et	le fond
le cadre	et	le cadrage
divers	et	divergent
le code	et	la codification
le droit	et	la droiture
le concile	et	le conciliabule
la sauvegarde	et	le sauvetage

4. *Donnez le genre des substantifs suivants*
   rencontre, forme, libido, acte, usage
5. *Donnez des définitions des mots suivants*
   la zoophilie, la disposition, la diaspora, l'embryon, l'ovulation
6. *Traduisez en anglais*
   'Toutefois … son consentement'

Level 3

1. Trouvez d'autres sens des mots suivants

l'ordonnance	la gerbe	la couronne	la tribune	la chaire
le tronc	le chapelet	la calotte	la parabole	la plaque

2. Vérifiez le sens des mots suivants

le faste   la défroque   la fonte   le gargouillis

3. Décrivez les objets suivants

le prie-Dieu   l'arc-boutant   la gargouille   les fonts

4. Complétez

_____ ← la dot	la dotation	→ _____
_____ ← la dépouille	le dépouillement	→ _____
_____ ← la veille	la veillée	→ _____
_____ ← l'auréole	l'aura	→ _____
_____ ← le vitrail	le vitrage	→ _____
_____ ← la chaire	la chair	→ _____
_____ ← le lutrin	le lutin	→ _____

5. Expliquez le sens des mots et des expressions suivants

la vie contemplative   afficher les bans   le chrétien régénéré
la religiosité   le télévangeliste   la guérison par la foi

6. Complétez le tableau suivant   ✓

clocher, calice, pipe, chapelet, voile, polichinelle, âme, kyrielle, voyage, yeux, bagages

Locution	Signification	Registre
1. faire le grand _____		
2. boire le _____ jusqu'à la lie		
3. plier _____		
4. dévider son _____		
5. avoir un _____ dans le tiroir		
6. fermer les _____		
7. prendre le _____		
8. rendre l' _____		
9. lancer une _____ d'injures		
10. revoir son _____		
11. errer comme une _____ en peine		
12. casser sa _____		

7. Traduisez en français

to be in the seventh heaven   to move heaven and earth
to stink to high heaven   to do something for the hell of it
to give someone hell   to go through hell

8. Donnez une définition des mots suivants

un bas-relief   un campanile   un cloître   un déambulatoire
une chaire   un autel   un lutrin   une gargouille

9. Associez le mot à la définition qui correspond ✓

ostensoir, reliquat, chapelet, cierge, fresque, châsse, calice, chapiteau, retable, bougie, abside, bénitier, encensoir, cilice, tympan, rosace, calisson

_____	récipient destiné à contenir l'eau bénite
_____	boîte où l'on garde les reliques d'un saint
_____	objet de dévotion qu'on tient et fait glisser entre ses mains lorsqu'on dit ses prières
_____	peinture qui décore un autel
_____	partie de l'Eglise située derrière le choeur
_____	récipient dans lequel on verse le vin et l'eau pendant la messe
_____	chemise faite de crin que porte un pénitent
_____	vitrail circulaire
_____	chandelle dont on se sert dans une église
_____	partie d'un portail

10. Traduisez en français ✓

1. Although he has several other dependants, he obtained custody of his two children.
2. She breastfed her first child, but had to bottle-feed the twins.
3. She was given the pram by her parents; her in-laws gave her the pushchair, feeding-bottles and nappies.
4. Even at death's door he was worrying about the death duties which his heirs would have to pay.
5. Nowadays many people think that the prenuptual agreement is as important as the marriage vows.
6. Although the stained-glass windows are modern, the gothic cloister is very well preserved.
7. You ought to visit the commemorative chapel. The inscription on the plaque is very moving.
8. I believe in freedom of worship, but I cannot suffer people thrusting their beliefs down my throat.
9. I do not accept that the church has the right to blacklist books.
10. If you want to contribute to the rebuilding of the baptistery and the restoration of the font, you should put some money into the offertory box.

11. Rédigez une composition en prenant une des citations suivantes comme point de départ

1. 'Comme les philosophies, les religions répondent aux besoins spéculatifs de l'humanité. Comme les mythologies, elles renferment une large part d'exercice spontané et irréfléchi des facultés humaines.' (Ernest Renan, _L'Avenir de la science_)
2. 'Les hommes sont extrêmement portés à espérer et à craindre, et une religion qui n'aurait ni enfer, ni paradis, ne saurait guère leur plaire.' (Montesquieu, _L'Esprit des lois_)
3. 'Je pense qu'une certaine mise en scène est nécessaire à tout homme pour transformer les apparences de son existence de telle sorte qu'elle lui paraisse valoir la peine d'être vécue. La sanctification, l'aide d'un code quelconque de l'honneur ou de la morale, d'accessoires par ailleurs futiles, arrive à conférer aux actes la dignité indispensable pour parvenir sur le plan de la tragédie.' (Claude Simon, _La Corde raide_, p. 32)

12. Travail de groupe: Traduction écrite

L'encyclopédie du « Meilleur des mondes » de l'après-Dolly

C'EST UN TEXTE drôle autant que terrible que publiera, sous la signature du professeur Jean-Claude Kaplan, le prochain numéro du mensuel franco-québécois Médecine-Sciences. Ce professeur à la faculté de médecine Cochin (Paris) et spécialiste reconnu de génétique moléculaire s'est amusé à écrire une «petite encyclopédie de la reproduction biologiquement correcte». A la manière d'Aldous Huxley et de son *Meilleur des mondes*, il y décrit ce que risque d'être le quotidien des générations à venir, ces générations d'humains qui n'auront jamais connu l'ère «BD». Autrement dit, en anglais: Before Dolly, c'est-à-dire avant 1997, début de l'ère post-darwinienne et année du clonage d'une brebis adulte et écossaise. On se souvient que le Britannique Aldous Huxley avait inventé un monde horriblement parfait où la société avait totalement dissocié, à des fins eugénistes et productivistes, la sexualité de la procréation. Or n'est-ce pas précisément ce qu'autorisera la mise en oeuvre de la technique du clonage dans l'espèce humaine ? Pour le professeur Kaplan, après Dolly, il faudra, pour être « biologiquement correct », ne plus parler d'« accouchement ». Un terme daté, écrit-il, qui correspondait jadis chez Homo sapiens à "l'enfantement à la mode animale au terme d'une gestation intra-utérine de neuf mois, acte dangereux pour la mère et pour l'enfant et non remboursé par la Sécurité sociale sauf cas particuliers ». L'« accouchement » aura, alors, été supplanté par la PTM (Procréation totalement maîtrisée), terme biologiquement correct désignant « l'ensemble des procédures contrôlées de procréatique conduisant à l'obtention d'un individu conforme aux nouvelles normes Bio Iso 9001, comportant notamment une reproduction asexuée suivie de gestation ex-vivo, seule technique remboursée par la Sécurité sociale si elle fait partie d'un protocole de PTM et si elle est pratiquée par l'une des entreprises privées agrées » ! Dolly, clonage et modernité aidant, il sera alors désuet de voir dans les comités nationaux d'éthique des « assemblées de sages chargés de préciser la frontière entre l'acceptable et l'inacceptable en matière de biologie ». Désormais, la mission de ces assemblées ne sera plus que « de préciser quand et comment l'on peut céder à la pression sociale ». Mieux encore, compte tenu de l'évolution rapide des mentalités et des progrès de la science, « les comités seront consultés de plus en plus souvent et siégeront en permanence (24 heures sur 24) et statueront directement sur le Web . » Après Dolly, la Déclaration universelle des droits de l'homme aura été remplacée par la Convention universelle des copyrights de l'homme. On aura alors compris l'essentiel, qu'Adam était le « premier donneur de noyau diploïde pour clonage », qu'Eve avait été «le premier individu créé par clonage », l'opération conduisant chez elle à la perte du chromosome Y, et que Dionysos n'était, quant à lui, que le fruit d'une reproduction sexuée avec gestation extra-utérine (au sein de la cuisse) chez le père (Jupiter). Dans la petite encyclopédie douce-amère du professeur Kaplan, plus de Darwin, plus de coup de foudre ; mais la libération de la femme grace à la maîtrise absolue de la procréation. Dans ce futur immédiat, le terme « inacceptable » aura une nouvelle définition: « demain acceptable ».

Jean-Yves Nau, *Le Monde*, 20 mai 1997 (© *Le Monde*)

Unit 14

Education

Level 1

General

l'éducation	education
éducatif	educative
instruire	to educate, instruct
enseigner	to teach
le/la spécialiste des sciences de l'éducation	educationalist
l'enseignement mixte (m)	co-education
l'enseignement professionnel (m)	professional training/ instruction
l'enseignement technique (m)	technical education
devenir mixte	to go co-ed
non-mixte	single sex
l'enseignement supérieur (m)	higher education
l'éducation continue (f)	continuous education
l'éducation postscolaire (f)	further education
l'enseignement professionnel	further education
les cours du soir (m)	evening classes
le cours par correspondance	correspondence course
la formation permanente	adult education
l'enseignement à distance (m)	distance learning
l'université d'été	summer school
la faculté de médecine	medical school
l'école de commerce	business school
l'école privée avec internat	boarding school
l'éducation préscolaire (f)	pre-school education
le centre d'éducation des adultes	continuing education centre
le centre de documentation et d'information	learning resources centre
le centre de formation	training centre
la formation pédagogique	teacher training
la maternelle	kindergarten
l'éducation classique	liberal studies
l'école du dimanche	Sunday school
être dans l'enseignement	to be a teacher
les vacances scolaires (f)	school holidays
la note	mark
le devoir	homework
la discipline	discipline, subject
la discipline secondaire	secondary subject
pluridisciplinaire	multidisciplinary, cross-disciplinary
la bourse	grant
le boursier/la boursière	grant-holder
la bourse de recherche	research grant
l'année scolaire (f)	school year

Types of classes

les classes supérieures (f)	senior school

les petites classes (f)	junior school
le cours préparatoire	infant class
la classe d'accueil	welcoming class
l'éducation sexuelle	sex-education
faire cours	to teach
faire un cours sur	to give a class on, to run a course on

Curriculum

le programme	curriculum
le programme fondamental	core curriculum
le tronc commun	core curriculum

Subjects

les langues vivantes (f)	modern languages
les lettres classiques (f)	classics
les cours commerciaux (m)	secretarial studies
l'informatique (f)	computer studies
l'enseignement artistique (m)	art education
les arts plastiques (m)	art
la musique	music
le dessin	drawing
les travaux manuels (m)	handicrafts
la menuiserie	woodwork
l'enseignement ménager (m)	domestic science
l'enseignement religieux (m)	religious education
les études bibliques (f)	biblical studies
les études de droit (f)	law
les lettres (f)	French literature
la faculté de lettres	arts faculty
l'étudiant(e) en lettres	arts student
la faculté des sciences	science faculty
abandonner une matière	to drop a subject

Buildings

la cour	schoolyard
le terrain de jeux	playground
le gymnase	gymnasium
le laboratoire	laboratory

le réfectoire	refectory
le dortoir	dormitory

Staff and pupils

le directeur/la directrice	headmaster
l'instituteur/ institutrice	primary school teacher
le professeur en stage pratique	probationary teacher
l'enseignant(e)	teacher
le personnel enseignant	staff
le corps enseignant	teaching profession
le syndicat enseignant	teaching union
l'enseignant stagiaire	student teacher
le/la remplaçant(e)	substitute teacher
le/la suppléant(e)	substitute teacher
le poste d'enseignant à l'université	lecturing post
le maître-assistant	lecturer
le directeur d'études	director of studies
le maître de conférences	senior lecturer
le professeur d'Université	professor
la chaire	chair, professorship
la femme de service	dinner lady
l'externe (m/f)	day boy/girl
le/la pensionnaire	boarder
le candidat/la candidate	candidate
l'examinateur/-trice	examiner

Educational materials

le livre de classe	school book
le livre de lecture	reading book
le dictionnaire	dictionary
la grammaire	grammar book
le manuel	manual
le cahier	exercise book
le cahier de brouillon	rough book
le cahier de devoirs	homework book
le cahier de travaux pratiques	lab book
le carnet	note-book
le calepin	note-book
les notes de cours (f)	lecture notes

le calque	tracing paper
le papier de brouillon	rough paper
le papier quadrillé	squared paper
le surligneur	highlighter
le stylomine	propelling-pencil
l'équerre (f)	set-square
le signet	bookmark
le marque-page	bookmark
la mappemonde	map of the world, globe
la carte	map
le stylo-bille	ball-point
le stylo à encre	fountain pen
le stylo à réservoir	fountain pen
le bic	biro
le feutre	felt-tip
la craie	chalk
le chiffon	duster
le plumier	pencil box
la gomme	glue, eraser
gommer	to erase
le buvard	blotting-paper
la colle	paste
le compas	compasses
le cartable	satchel, schoolbag
le pupitre	lectern
polycopier	to duplicate
les polycopiés	duplicated notes

Assessment and qualifications

le concours	competitive exam
le concours d'entrée	competitive entrance exam
le concurrent/la concurrente	candidate
l'écrit (m)	written work, written exam
l'oral (m)	oral exam
l'interrogation (f)	test
corriger	to mark
le corrigé	fair copy
l'épreuve (f)	test
le test d'aptitudes	aptitude test
la dissertation	essay, paper
le diplôme	certificate, diploma
le diplôme d'enseignement	teaching qualification
le diplôme d'infirmière	nursing qualification
le/la diplômé(e)	graduate
la licence	degree
la maîtrise	master's degree
la thèse	thesis
le doctorat	doctorate

Fees

les droits d'inscription (m)	inscription/ registration fee
les droits de scolarité (m)	tuition fee
les frais de scolarité (m)	school fees

Level 2

General

le troisième cycle	postgraduate studies
l'école d'interprétariat	interpreting school
pendant les heures de classe	in school hours
l'âge de fin de scolarité (m)	school-leaving age
'autobus de ramassage scolaire (m)	school bus
le point de ramassage	pick-up point
le/la contractuel (le)	school-crossing patrol
sans instruction	uneducated
le mot d'excuse	absence note, sick note
la sortie éducative	field trip
le voyage d'études	field trip
confessionnel	denominational
laïque	non-denominational
non-sélectif	comprehensive
obligatoire	compulsory
le dossier d'inscription	registration form
la sélection sur dossier	written application form
la distribution des prix	prize-giving
l'âge de fin de scolarité	school-leaving age

l'étudiant(e) d'échange	exchange student
le professeur invité	invited speaker, visiting professor
le séminaire	seminar
les travaux pratiques (m)	seminar

Training

la formation de base	basic training
la formation de reclassement	retraining
la formation professionnelle	vocational training
la formation en cours d'emploi	in-service training
le lycée agricole	agricultural college
la situation d'apprentissage	learning situation
la stratégie d'apprentissage	learning strategy
la leçon particulière	private tuition

Curriculum

le développement currriculaire	curriculum development
la matière commune	core course
la matière à option	optional course
la matière obligatoire	compulsory course
l'agent de formation (m)	training officer
le conseiller/la conseillère d'orientation professionnelle	careers adviser
l'orienteur/ l'orienteuse	careers adviser

Educational materials

le matériel didactique	educational aids
le matériel d'enseignement	teaching materials
les supports audiovisuels (m)	audio-visual aids
l'apprentissage des langues assisté par ordinateur	computer-assisted language learning
l'aide-mémoire (m)	crib

la baguette	pointer
le diagramme	diagram, chart, graph
le diagramme-bloc	flow chart
l'organigramme (m)	flow chart
le graphique	graph
la calculette	pocket calculator
le calculateur de poche	pocket calculator
le lexique	vocabulary, glossary
le glossaire	glossary
le tableau à feuilles mobiles	flipchart
le rétroprojecteur	overhead projector
le projecteur	projector
la diapositive	slide
le transparent	transparency
l'écran (m)	screen
le didacticiel	education software, courseware
la liste d'ouvrages recommandés	reading list
le livre d'auto-éducation	self-study book
la bibliothèque de prêt	lending library
le bibliobus	mobile library
le catalogue	catalogue
la fiche	index-card
la cote	classification number, shelf mark, serial number

Assessment

la copie	exercise, script
l'exercice d'entraînement (m)	drill
les solutions (f)	answers
le brouillon	rough copy
le papier brouillon	rough paper
l'examen d'entrée (m)	entrance examination
l'examen blanc (m)	mock exam
l'observation (f)	comment, remark
la notation (f)	marking, grading
le bulletin scolaire	school report
le dossier de l'élève	school record
l'étude de cas (f)	case study
l'auto-évaluation (f)	self-assessment
les travaux en cours (m)	work in progress
le travail en groupe	group work

le travail en équipe	group work	l'exposé (m)	presentation, talk
le jeu de rôle	role-play	la table ronde	round table
le schéma de cours	course outline	**le colloque**	symposium
le programme	syllabus, course outline	l'atelier (m)	workshop
		le groupe de travail	working group
l'unité de valeur (f)	credit	l'intervenant(e)	speaker
la capacité	ability		
les capacités intellectuelles (f)	intellectual abilities	*Discipline*	
		la retenue	detention
la capacité d'analyse	analytical ability	le châtiment corporel	caning
le niveau de lecture	reading age	le renvoi	expulsion
avoir une base solide en	to have a good grounding in	renvoyer	to expel
		le pensum	imposition
avoir de solides connaissances en	to have a good grounding in	le devoir supplémentaire	imposition
avoir de grandes aptitudes	to be very gifted/ talented	*Bullying*	
l'enfant surdoué	gifted child	la petite brute	bully
l'enfant inadapté	maladjusted child	le brutal	bully
les difficultés d'apprentissage scolaire	special needs, learning difficulties	brutaliser	to bully
		brimer	to rag, bully
		la brimade	ragging, bullying
		la psychologie scolaire	educational psychology
Delivery methods			
le cours magistral	lecture	la psycho-pédagogie	educational psychology

Level 3

General		l'ancien/l'ancienne élève	alumnus
l'école pour aveugles (f)	school for the blind		
		l'ancien étudiant, l'anciene étudiante	alumnus
l'école pour non-voyants (f)	school for the sight-impaired	la boîte à bac	crammer *(establishment)*
l'école pour les sourds (f)	school for the deaf		
		l'antisèche (f)	crammer *(book, aid)*
l'école pour les malentendants (f)	school for the hearing- impaired	le registre des absences	attendance register
l'établissement médico-éducatif pour enfants handicapés (m)	special school	l'enfer scolaire	blackboard jungle
		la répartition par niveaux	streaming
l'école militaire (f)	cadet school	la surveillance au réfectoire	dinner duty
l'école de religieuses (f)	convent school	le secteur	catchment area
l'intendance (f)	administration	la courbe d'apprentissage	learning curve
la salle d'études	prep room	généralisé	broad-based
		l'admis(e)	successful candidate

la revue savante	journal
la communication	paper
faire une communication	to give a paper
la liste d'appels	attendance list

Staff and teaching

l'intendante(e)	bursar
le chargé de cours	part-time lecturer
l'enseignement correctif (m)	remedial education
l'enseignement de rattrapage (m)	remedial education
rattraper un candidat	to let a candidate scrape through
repêcher un candidat	to let a candidate scrape through
l'enseignement en équipe (m)	team teaching
la démarche pédagogique	teaching approach
la démarche d'apprentissage	learning procedure
la démarche évaluative	assessment procedure
l'évaluation de l'enseignement (f)	evaluation of teaching
l'effectif d'une classe (m)	class size
l'effectif enseignant (m)	teaching staff
le rapport élève-maître (m)	pupil-teacher ratio
l'absent(e)	absentee
l'absentéisme (m)	absenteeism
le groupe de recherche	research group
la titularisation	tenure
titularisé	tenured

Courses and qualifications

la filière	course of study
suivre une filière littéraire	to study arts
le cours à unité	credit course
le cours facultatif	optional course
le cours au choix	optional course
le cours à option	optional course

le cours préalable	prerequisite course
le cours intensif	intensive course
le cours de spécialité	specialised course
le cours de recyclage	refresher course
le cours de rattrapage	remedial course
recycler	to retrain, send on a refresher course
se recycler	to go on a refresher course
l'apprentissage par le jeu	play-centred learning
le brevet de secourisme	first-aid certificate
breveté	qualified
le thésard ①	Ph.D. student

Delivery and assessment

la cible d'acquisition	attainment target
le tronc commun	core curriculum
la matière du tronc commun	core subject
l'évaluation continue (f)	continuous assessment
les annales (f)	back papers
la commission d'examen (f)	board of examiners
la dispense	exemption
dispenser	to exempt
l'examen à correction objective (m)	multiple choice exam
le questionnaire à choix multiples	multiple choice exam
l'examen à développement (m)	essay exam
le barème de correction	marking scale
le recueil de corrigés de problèmes	key/answer book
le relevé de notes	transcript of marks
relever des copies	to take in exercises
le livret scolaire	school report book
l'attestation d'études (f)	certificate of studies
la colle ①	mock oral exam
la note d'admission	pass mark
la moyenne	average
se faire coller à un examen ①	to be failed

être recalé à un examen ①	to be failed	avoir des défaillances en	to have weaknesses in
être reçu à un examen	to pass an examination	redoubler	to repeat a year
surveiller un examen	to invigilate	le redoublant	repeater
l'acquis (m)	experience, knowledge	l'absence non autorisée (f)	truancy
harmoniser les résultats	to moderate	le mot d'excuse	absence note
le coefficient	coefficient, weighting factor	sécher les cours ①	to cut classes
		faire l'école buissonnière	to play truant

Problems

abandonner ses études	to drop out	apprendre lentement	to be a slow learner
		arriéré	retarded
le décroché/la décrochée	dropout	sous-performant	under-performing
		sous-scolarisé	educationally deprived
décrocher	to drop out, fall by the wayside	le cancre ①	dunce
		le bachotage ①	cramming
		bachoter ①	to cram

Science

Level 1

General

le chercheur/la chercheuse	researcher
le/la scientifique	scientist
la recherche appliquée	applied research
novateur, -trice	innovative
perfectionner	to refine
la percée	breakthrough
repousser une frontier frontière	to push back a frontier
les sciences pures (f)	pure sciences
les sciences expérimentales (f)	experimental sciences
les sciences naturelles (f)	natural sciences
les sciences humaines	human sciences
les sciences appliquées (f)	applied sciences
les sciences exactes (f)	exact sciences
la science de la Terre	earth science
la science de l'espace	space science
la spatiologie	space science
les sciences du comportement	behavioural sciences

les sciences de la communication	communication sciences
l'informatique (f)	computing science
la diététique	food science
le parc scientifique	science park

Mathematics

le mathématicien/la mathématicienne	mathematician
l'arithmétique (f)	arithmetic
l'arithméticien/-nne	arithmetician
l'algèbre (f)	algebra
la géométrie plane	plane geometry
la géométrie dans l'espace	solid geometry
la géométrie sphérique	spherical geometry
la géométrie descriptive	descriptive geometry
la trigonométrie	trigonometry
le calcul	calculus
le calcul intégral	integral calculus
le calcul différentiel	differential calculus
effectuer un calcul	to make a calculation
la règle à calcul	slide rule

la table de logarithmes	logarithms table
le théorème	theorem
le raisonnement déductif	deductive reasoning

Physical sciences

la physique	physics
le physicien/la physicienne	physicist
l'acoustique (f)	acoustics
l'aérodynamique (f)	aerodynamics
l'électricité (f)	electricity
l'électronique (f)	electronics
l'hydraulique (f)	hydraulics
la mécanique	mechanics
l'optique (f)	optics
le corps	body
la force	force
la gravité	gravity
le centre de gravité	centre of gravity
la pesanteur	gravity

l'action de la pesanteur (f)	the pull of gravity
la pression	pressure
le frottement	friction
la chimie	chemistry
le/la chimiste	chemist
la chimie organique	organic chemistry
la chimie minérale	inorganic chemistry
la matière radioactive	radioactive material
l'atome (**m**)	atom
la particule	particle

Ecology

l'écosystème (**m**)	ecosystem
rompre l'équilibre naturel	to disturb the natural balance
polluer	to pollute
le polluant	contaminant
provoquer des ravages	to wreak damage
l'effet de serre (m)	greenhouse effect
le réchauffement de la planète	global warming

Level 2

General

ouvrir la voie à	to pave the way for
d'une portée considérable	with far-reaching implications
mettre au point	to develop
l'astronaute (m/f)	astronaut
le vaisseau spatial	space ship
le réservoir de carburant	fuel tank
le scaphandre spatial	spacesuit
le cratère	crater
le tampon d'atterrissage	landing pad
l'amarrage (m)	docking
le trou noir	black hole

Mathematics

le carré	square
le triangle	triangle
le rectangle	rectangle
le trapèze	trapezium
le losange	rhombus

le cube	cube
le cylindre	cylinder
la pyramide	pyramid
le prisme	prism
la parallèle	parallel
sphérique	spherical
aigu	acute
droit	right
obtus	obtuse
isocèle	isosceles
le plan	plane
le point	point

Physical sciences

l'onde sonore (f)	sound-wave
l'onde lumineuse (f)	light-wave
le rayonnement	radiation
le champ de gravitation	magnetic field
le spectre	spectrum
les couleurs du spectre (f)	the colours of the spectrum

le point d'ébullition	boiling point
le point de congélation	freezing point
le produit chimique	chemical
l'alcool (m)	white spirit
l'azote (m)	nitrogen
le chlore	chlorine
l'iode (m)	iodine
le mercure	mercury
le phosphate	phosphate
le soufre	sulphur
l'éther (m)	ether
la résine	resin
le butane	butane
le carbone	carbon
l'acétate (**m**)	acetate
l'ammoniac (m)	ammonia
l'octane (**m**)	octane

le méthane	methane
le propane	propane
le nitrate	nitrate
l'amiante (**m**)	asbestos
l'asbeste (f)	asbestos
la magnésie	magnesium
centrifuge	centrifugal
centripète	centripetal

Scientific instruments

la balance	scale
le filtre	filter
la lentille	lens
la loupe	magnifying glass
la pile	battery
le microscope	microscope
le thermomètre	thermometer

Level 3

General

mettre à la masse	to earth
mettre à la terre	to earth
être aux avant-postes de l'innovation	to be at the forefront of innovation
être le fer de lance de	to spearhead

Mathematics

la puissance	power
la racine carrée	square root
le rayon	radius
le diamètre	diameter
le compas	compasses
le vecteur	vector

Scientific instruments

les appareils de laboratoire (m)	laboratory apparatus
le trépied	tripod
l'aiguille (f)	pointer
le tube à essai	test-tube
le support de tubes à essai	test-tube rack
la conduite d'alimentation	supply pipe

la pompe aspirante	suction pump
le réacteur	reactor
le bec Bunsen	Bunsen burner
l'agitateur (m)	stirrer
l'herbier (m)	herbarium
le ballon	flask
le creuset	crucible
l'électro-aimant (m)	electro-magnet
le té	T-square
la soupape	valve
l'appareil de mesure d'irradiation (m)	radiation detector
le bec	spout
le bec verseur	pouring spout
le papier tournesol	litmus paper
la réaction au tournesol	litmus test
le conduit	pipe, conduit
canaliser	to channel
le levier	lever
la sonde	probe
l'entonnoir (m)	funnel
le photomètre	light meter
la manivelle	crank
le laser	laser

Exercises

Level 1

1. Trouvez d'autres sens des mots suivants

le cours	la cour	le calque	le feutre	la colle
le pupitre	la note	quadriller	la percée	le calcul
la gravité	la pression	la mécanique	l'optique	la pesanteur

2. Expliquez les différences de sens entre les mots suivants

surligner	souligner	novateur	rénovateur
le réchauffement	le réchauffage	le frottement	le frottis

3. Quelles sont les fonctions des établissements suivants

l'école de l'air	l'auto-école	l'école de dessin
l'école hôtelière	l'école normale	l'école de secrétariat

4. Traduisez en anglais

prendre le chemin des écoliers	faire l'école buissonnière
un nom à particule	avoir le compas dans l'oeil
ne pas avoir un atome de bon sens	avoir des atomes crochus avec quelqu'un
agiter un chiffon rouge devant quelqu'un	mettre toute la gomme
faire un portrait en trois coups de crayon	avoir un bon coup de crayon

5. Associez la fonction et l'outil   ✓

mettre en relief • tracer un angle droit • effacer ce qu'on a écrit • faire la première rédaction de quelque chose • reproduire fidèlement un dessin ou une image • marquer les pages d'un livre • écrire au tableau noir • tracer une circonférence • sécher des caractères écrits à l'encre

un buvard   _____
une équerre   _____
un compas   _____
la craie   _____
le papier de brouillon   _____
un signet   _____
un surligneur   _____
un calque   _____
une gomme   _____

6. Composez des phrases qui feront ressortir le sens des expressions suivantes

être de la vieille école	aller à l'école de la vie
donner matière à des critiques	donner matière à réflexion
donner un satisfecit à quelqu'un	poser une colle à quelqu'un

7. Trouvez des équivalents non-argotiques des mots suivants

le pion   potache   bizuth   potasser   le caïd

8. Expliquez les expressions suivantes

le premier cycle, le deuxième cycle, le troisième cycle

9. Traduisez en anglais

La cloche a sonné. Au rez-de-chaussée, tu as demandé aux quatrième d'inscrire leur nom sur un plan de la salle, date de naissance, adresse, la profession de leurs parents, puis après les conseils d'usage, tu leur as parlé de Marco Polo, tu leur as lu la description de Cambaluc, aujourd'hui Pékin,

'c'est au milieu de ces murailles, qu'est le palais du grand Sire . . . ',

tu leur as raconté les périples de Diaz, de Vasco de Gama et surtout de Christophe Colomb,

leçon que tu avais préparée avec soin en pensant que la semaine suivante tu nous la referais avec plus de précisions et de commentaires, parce que tu avais l'intention de te servir de cette heure-là comme de pivot pour cet essai de description dont tu avais parlé à Micheline Pavin.

Deux étages plus haut, sous la verrière, M. Martin:

'Vous êtes pourtant l'âge à comprendre que l'on ne peut faire de dessin sans une feuille de papier et sans un carton pour l'appuyer. Je félicite ceux d'entre vous qui ont pensé à apporter ces instruments indispensables; je veux que tous les autres en soient munis pour lundi prochain sous peine de colle. Pour aujourd'hui, nous nous contenterons d'une petite esquisse. Je vais vous distribuer des quarts de feuilles de papier Ingres, que vous pourrez poser sur des cahiers. Nous allons essayer, cette année, de dessiner des visages. Voyez cette tête de plâtre, c'est un des portraits de César, vous allez en faire des croquis, et ensuite vous la reprendrez grandeur nature. Notez bien vos places pour les retrouver lundi prochain.'

Première leçon de géographie: tu nous décrivais l'intérieur de la Terre, son noyau de nickel et de fer, dit-on, son enveloppe visqueuse de silice et de magnésium, sa croûte discontinue de silice et d'alumine; Michel Daval, tout en prenant assez soigneusement des notes sur son cahier encore propre, rajoutait quelques ombres sur le croquis qu'il avait fait au crayon de la tête de César.

Quelques salles plus loin, M. Bonnini regardait la nouvelle peinture de sa troisième.

Le lendemain matin, M. Bailly nous a dicté un passage d'une conférence de Coleridge sur *Jules César*.

Michel Butor, *Degrés*, p. 140 (© Editions de Minuit, 1960)

10. Traduisez en français   ✓

1. The continuing education centre runs evening classes for the unemployed.
2. She has been doing a correspondence course since October.
3. The secondary school which my daughter attends has a large sports ground, a well-equipped gym, two language laboratories and numerous computers.
4. The new annexe will have a large dormitory and a common room for boarders.
5. For his birthday, his older sister gave him a new pencil case, felt tip pens, highlighter pens, a propelling pencil and a fountain pen.
6. To do this calculation you will need a slide rule and a logarithms table.

7. The researchers are concerned about the damage caused to the ecosystem by pollutants and global warming.
8. He is working on an applied research project which aims to refine the disposal of radioactive waste.

11. Ecrivez une composition en prenant la citation suivante comme point de départ

> L'éducation ne se borne pas à l'enfance et à l'adolescence. L'enseignement ne se limite pas à l'école. Toute la vie, notre milieu est notre éducation, et un éducateur à la fois sévère et dangereux.
>
> (Paul Valéry, *Variété III*)

Level 2

1. Trouvez d'autres sens des mots suivants

la cote	la fiche	le concours	le dossier	le schéma
le discours	le colloque	la retenue	le renvoi	corriger
le tampon	le carré	le spectre	la pile	l'amarrage

2. Vérifiez le sens des mots suivants

le chiffon	chiffonner	chiffonné	le chiffonnier
le brouillon	brouillon	brouiller	la brouille
le carré	la carre	le carreau	carrémemt
le rayon	le rayonnement	rayonner	rayonnant
le tampon	tamponner	le tamponnement	la tamponneuse

3. Traduisez les expressions suivantes

le conseiller juridique	le conseiller matrimonial	le conseiller municipal
la matière grise	la matière grasse	la matière précieuse
le matériel de bureau	le matériel de pêche	le matériel roulant
le tampon à nettoyer	le tampon à récurer	l'état-tampon
le tampon encreur	le tampon de la poste	rouler en tampon

4. Quelles sont les différences entre les mots suivants

le matériel	la matière	la diapositive	le dispositif
le concours	la concurrence	une onde	une ondée
le graphique	le graphisme	la note	la notation

5. Expliquez le sens des expressions suivantes

la formation de reclassement, la stratégie d'apprentissage, les supports audiovisuels, le livre d'auto-éducation, l'examen blanc, le schéma de cours

6. Expliquez la fonction des objets suivants

le bibliobus, le rétroprojecteur, le projecteur, le lexique, le bulletin scolaire

7. Composez des phrases qui feront ressortir les differences entre les mots suivants

l'atelier   le cours magistral   le colloque   le groupe de travail

8. Traduisez en français ✓

1. The basic training includes secretarial studies and a modern language.
2. The careers advisor has suggested that he apply for a place on a vocational training programme.
3. She is very interested in curriculum development and is currently preparing the teaching material for the new programme of option courses which we shall be introducing next year.
4. The library catalogue has not been computerised and many of the serial numbers on the index-cards are wrong.
5. Visual aids are a useful means of keeping the audience's attention and of emphasizing the key points of a talk. I use slides, overheads and flipcharts. However you must check in advance that the slide-projector and overhead projector are working.
6. The launch of the rocket has had to be delayed three times: first, because one of the astronauts was unwell; second, because of a crack in the fuel tank; finally, because of a design fault in the landing pad.
7. You must be very careful not to let the liquid reach boiling point; when it evaporates, it gives off a poisonous gas.
8. You won't be able to see it with the naked eye. You'll need a powerful magnifying glass or a microscope.

9. Ecrivez une composition en prenant la citation suivante comme point de départ

'Toute instruction séparée d'un dressage – c'est-à-dire d'une méthode de développement des puissances de l'individu, aboutit à des animaux parlants.'

(Paul Valéry, *Cahiers*)

10. Traduisez en anglais

Peut-être vous reconnaîtrez-vous dans une de ces caricatures?

Les guides sont parfois ennuyeux. L'auteur a voulu que son *Guide pratique de la classe de seconde* soit attrayant et l'a parsemé d'encadrés qui, tout en permettant de se repérer dans cet univers un peu effrayant qu'est le lycée, autorisent un sourire. En témoigne sa typologie des élèves de seconde qui, toute 'caricaturale' soit-elle, n'en est pas moins riche d'effets de vérité. S'y reconnaître ne peut-il être aussi un moyen de se corriger?

1. *Le fumiste.* Il ne prend des notes que rarement et de manière décousue. Son classeur est un amas de feuilles où l'on ne retrouve jamais rien. Pendant les cours, il rêve, parfois chahute ou discute avec ses voisins. Ne lui parlez pas de prise de notes, car, de toute façon, il est allergique à l'école. Il vient au lycée pour retrouver ses copains . . .
2. *Le surdoué.* Il ne prend pas de notes, ou très peu, parce qu'il pense qu'il n'en a pas besoin. Il a une mémoire d'éléphant, il retient sans mal tout ce qu'il entend, sauf le jour du contrôle où il a tout oublié.
3. *Le maniaque.* Son stylo ne décroche pas le papier de l'heure de cours. Il prend tout, gratte sans arrêt, c'est presque une maladie. Il ferait sans doute bien d'apprendre la sténographie.
4. *L'angoissé.* C'est une variante du maniaque qui n'a pas son assurance. Il veut lui aussi en prendre le maximum mais n'y arrive pas. C'est pourquoi il n'arrête pas de se pencher sur l'épaule du voisin pour compléter sa prise de notes.

5. *Le vrai 'pro' de la prise de notes.* Il est très expérimenté, il sait écouter et écrire en même temps, il prend l'essentiel du cours sans jamais oublier le détail important. Son classeur est un vrai bijou où il ne se perd jamais, les titres sont bien soulignés, le texte est bien aéré et l'ensemble est vraiment agréable à voir. A la fin des cours, il subit les assauts des copains et copines qui se battent pour récupérer son cours et aller le faire photocopier... Evidemment, il écrit avec un stylo plume à encre noire.

6. *L'escargot.* Il s'applique beaucoup pour prendre des notes, mais il écrit lentement et n'arrive pas à suivre. Sans arrêt, il doit se tourner vers son voisin ou sa voisine pour essayer de recopier ce qu'il n'a pas eu le temps de noter, cela lui fait perdre encore plus de temps.

'Réussir la classe de seconde', Propos recueillis par Marc Coutty, *Le Monde de l'Education*, no 222, janvier 1995, p.72 (© *Le Monde*)

11. Traduisez en anglais

1. Cela concerne en premier lieu les doctorants qui, après un passage en DEA de troisième cycle, constituent le '*vivier naturel*' de recrutement des futurs enseignants. (Michel Delberghe, *Le Monde*, 21 mai 1994)

2. Les épreuves pratiques de certains baccalauréats technologiques, dont une partie se déroule sur dossier, nécessiteront un important travail de manutention pour acheminer les documents dans les centres d'examens. (*Le Monde de l'éducation*, janvier 1995)

3. Les difficultés des élèves viennent de ce qu'ils doivent travailler sur trois rythmes: quotidien (en langues), mensuel (pour les dissertations de français, philosophie et histoire) et trimestriel (pour les concours blancs qui nécessitent de nombreuses lectures). (*Le Monde de l'éducation*, février 1995)

4. L'AUDIOVISUEL, mal aimé, vitupéré, rogné, fait néanmoins une entrée remarquée dans les salles de la BNF-François Mitterrand. Sans doute d'importantes collections existaient-elles rue de Richelieu. Mais les chercheurs n'avaient droit qu'à 20 maigres places. Dès le 20 décembre, le grand public disposera d'une salle spéciale où il pourra pianoter sur 53 écrans. Au menu, 43 000 images fixes, 120 heures de films, 350 heures de documents sonores, 20 CD-ROM. (Emmanuel de Roux, *Le Monde*, 17 décembre 1996)

5. 'Le fait d'avoir adossé une bibliothèque grand public à une bibliothèque patrimoniale est très positif', estime Philippe Bélaval, qui table avec optimisme 'sur l'émergence d'un nouveau type de chercheurs, sur l'opportunité pour certains de passer d'une approche superficielle des textes à une lecture plus savante'. (Emmanuel de Roux, *Le Monde*, 17 décembre 1996)

6. Une salle entière est consacrée à l'*Encyclopédie* de d'Alembert et Diderot: 17 volumes de textes et 11 volumes de planches. L'accent est mis sur la confection pratique de cette oeuvre gigantesque, symbole de l'ère des Lumières, avec les sources des auteurs, les manuscrits préparatoires, les épreuves, les bons à tirer. (Dominique Dhombres, *Le Monde*, 17 décembre 1996)

7. Pour les industriels, c'est l'occasion rêvée de montrer aux enseignants, aux élèves et aux parents (consommateurs chez eux ou dans leur vie professionnelle), la pertinence de leurs solutions. L'occasion aussi de dynamiser l'enseignement actuel, de l'ouvrir aux nouvelles technologies, et d'assurer la formation de personnes qualifiées que ces firmes ont énormément de mal à trouver sur le marché du travail aujourd'hui. (Annie Kahn, *Le Monde*, semaine du 7 juillet 1997)

8. L'idée de 'montrer' les avatars divers de l'encyclopédisme à travers les siècles et les civilisations, en incluant le monde chinois et arabe, est elle-même passablement ambitieuse. Mais elle s'accorde fort bien avec l'entreprise quelque peu pharaonesque que constitue l'installation de la Bibliothèque François-Mitterrand dans les quatre tours de Tolbiac. C'est donc l'exposition 'Tous les savoirs du monde' qui marque l'ouverture au public de la Bibliothèque nationale nouvelle manière. (Emmanuel de Roux, *Le Monde*, 17 décembre 1996)

Level 3

1. Trouvez d'autres sens des mots suivants

le remplaçant	l'intendant	la démarche	le rapport
la commission	le recueil	la défaillance	relever
décrocher	redoubler	rattraper	repêcher
la masse	le tube	le support	le bec
l'agitateur	l'entonnoir	le creuset	la conduite

2. Vérifiez le sens des mots suivants

le relevé	la relève	le relèvement
la démarche	le démarchage	le démarcheur
le recueil	le recueillement	recueilli
le glossaire	gloser	la glose
la sonde	sonder	le sondage

3. Traduisez en anglais

le barème des tarifs, le barème des salaires le conduit lacrymal, le conduit de fumée
le ballon d'oxygène, le ballon d'eau chaude le bec de gaz, le bec à gaz

4. Donnez une définition des examens et épreuves suivants

l'examen à correction objective, l'examen à développement, l'examen blanc, l'examen de rattrapage, le test d'orientation, la colle

5. Décrivez la fonction des objets suivants

le trépied   l'herbier   le creuset   la soupape   le té

6. Complétez les sigles suivants

AFPA   _____
BEPC   _____
ENA   _____
ENSAM   _____
ENS   _____
EPS   _____
HEC   _____
BEP   _____
BTS   _____
CET   _____

7. Rédigez un court paragraphe sur les établissements suivants

la Polytechnique, la Sorbonne, l'Ecole nationale des ponts et chaussées, l'Ecole des Chartes, l'Ecole nationale supérieure des arts et métiers

8. Expliquez le sens des expressions suivantes

'mention passable', 'mention assez bien', 'mention bien', 'mention très bien', 'mention honorable', 'mention très honorable'

9. Expliquez la fonction du personnel suivant

le censeur, le surveillant, le directeur de thèse, le documentaliste, l'intendant, le moniteur

10. Donnez une définition des mots suivants

le repêchage   la prérentrée   la suppléance   le préapprentissage

11. Traduisez en français   ✓

1. Although he plays truant every other day, he is not a dunce.
2. If I were to cut my maths classes, I'd find it very difficult to catch up.
3. Whatever you think of streaming, it cannot be denied that the gifted child is a special case.
4. If he had put the test-tube in the rack, as I had told him, he would not have broken it.
5. It is essential that you turn off the Bunsen burner before you leave the laboratory.
6. Go and fetch the suction pump so that I can unblock the supply pipe.
7. You should not have put the stirrer into the flask. You have contaminated the solution, which means that we shall have to start the experiment from the beginning.
8. The pointer indicated such a high level of radiation that the laboratory apparatus had to be dismantled and destroyed.

12. Traduisez en anglais

> Ma mère de l'enfant Jésus surveille le cours de géologie. On fait une coupe de terrain qui présenterait à la fois les aspects les plus divers. On établit d'abord la légende, des lignes en quinconce pour représenter les couches sédimentaires, des points espacés pour désigner les régions sablonneuses, des petites croix espacées pour indiquer les roches cristallines des régions volcaniques, on fait du noir foncé avec de l'encre de Chine pour les roches volcaniques elles-mêmes, pour les endroits où les volcans peuvent reprendre leur activité. On ne comprend pas quelle différence il y a entre les roches cristallines et les roches volcaniques. On demande à ma mère de l'enfant Jésus s'il est nécessaire d'établir une différence entre les roches cristallines et les roches volcaniques puisque leur composition et leur origine semblent être les mêmes. Ma mère de l'enfant Jésus dit que c'est l'habitude en géologie de les représenter différemment peut-être parce que les roches cristallines quoique composées comme les laves de minerai de quartz et de mica se sont solidifiées à une époque antérieure tandis que les roches volcaniques sont encore magmatiques et proches de la lave.

> Monique Wittig, *L'Opoponax*, pp. 169–70 (© Editions de Minuit, 1964)

13. Résumé et étude de texte

Rédigez un résumé (300 mots) du texte suivant.

Rédigez le programme d'un Netday que vous organisez dans une école/un lycée/un collège local.

Dressez une liste de mots qui se trouvent dans le texte et qui se réfèrent à l'enseignement et à l'informatique.

Traduisez 'Les opérations sérieuses ... l'école'.

Rédigez un article (200 mots) sur un des sujets suivants pour les pages du site web de votre section de français: l'année à l'étranger, les activités du Cercle français, des conseils pour trouver un logement dans votre ville universitaire, une évaluation personnelle des cours que vous avez suivis.

Les Netdays aux Etats-Unis

S AMEDI 9 mars 1996, 8 h 30: des centaines de volontaires font la queue devant l'entrée de l'école à San Jose en Californie. Ce samedi n'est pas un jour comme les autres. Avant la fin de la journée, chaque classe sera câblée et reliée à Internet. On distribue badges et T-shirt. Dans la grande salle de conférences, le proviseur est déjà enthousiaste et congratule les participants à l'opération. Quelques orateurs se succèdent, des représentants d'industriels, ou des élus. On rit. L'ambiance est chaleureuse. C'est un peu la fête.

9 h 20. Les opérations sérieuses commencent. L'un des 'chefs d'équipe' (salarié d'une des entreprises ou bénévole ayant reçu une formation le samedi précédent) explique à un groupe d'autres bénévoles comment monter les prises, leurs emplacements. Les chefs d'équipe connaissent bien le terrain. Ils se sont déjà occupés des câblages lourds le week-end précédent. Parallèlement, des élèves mettent la dernière main aux pages du site web de l'école.

12 heures. Pause casse-croûte, les plats et les sandwichs circulent. Une bonne occasion de mieux se connaître entre voisins, parents d'élèves, enseignants ou professionnels des réseaux.

13 heures. Le travail a repris. Des testeurs passent dans les classes pour vérifier chaque connexion. Des entreprises spécialisées ont prêté le matériel.

14 h 30. Tous les postes sont connectés. Les élèves, ravis et fiers, présentent les pages de leur site. On coupe le gâteau pour fêter l'événement. L'un des responsables, hilare, lit un message de Bill Clinton envoyé ... par télécopie ! Celui d'Al Gore suit de peu, mais sur Internet cette fois.

Cette école est l'une des 100 établissements de la Silicon Valley qui ce 9 mars 1996 profita du premier Netday. L'initiative en revient à John Gage, directeur scientifique de Sun Microsystems, qui s'était rendu compte que dans cette région de haute technologie, les écoles étaient particulièrement mal loties. Il a donc créé une association, Smart Valley, regroupant toutes les bonnes volontés. Le but ? Connecter en une journée le maximum d'écoles à Internet. Pour cette première édition, 8 000 volontaires et 64 sociétés ont participé.

Le succès fut tel que le président Clinton décida d'étendre l'opération à l'ensemble du pays. Deux autres Netdays ont donc été organisés les 12 octobre et 26 avril 1997. Le prochain devrait se tenir le 25 octobre et coïncidera avec la clôture des Netdays européens.

Pour permettre à tous de participer à ces journées qui allient professionnalisme et ambiance bon enfant, les Netdays ont toujours lieu un samedi. Les gros équipements sont installés et testés à l'avance. 'Avant le jour J, j'appelle chaque école pour m'assurer qu'ils ont bien testé leur ligne Numéris et leur routeur', explique Lesley Saul, une jeune américaine diplômée de l'université de Stanford, qui gérait les opérations Netdays américaines. Embauchée en France, il y a quelques mois, par la société Arche (société de services, filiale de Siemens Nixdorf), elle a pour mission, entre autres, d'adapter le système américain pour l'association Netday.

'Chaque école devait avoir soumis un plan technique, incluant le nombre de prises prévues pour cinq ans, les applications envisagées, le budget d'investissement et d'exploitation, les mesures sécuritaires prévues, etc. Dans beaucoup d'écoles en Californie, les budgets étaient déjà bouclés. Mais on a dit aux recteurs que s'ils étaient prêts, on les aiderait, et beaucoup ont réaménagé leurs budgets.'

L'association Smart Valley valide ensuite le projet, lui applique sa méthodologie, forme le personnel bénévole et assure la supervision de l'ensemble des opérations. Elle se charge aussi de recruter les bénévoles avec la collaboration des écoles. 'Les écoles aiment bien cette événement, car, comme à San Jose par exemple, c'est une occasion pour les parents de rencontrer les enseignants', explique Lesley Saul.

Annie Kahn, *Le Monde*, semaine du 7 juillet 1997 (© *Le Monde*, 1964)

Unit 15

Agriculture

Level 1

Types of farming and farmers

l'agriculteur/ l'agricultrice	farmer
le cultivateur/la cultivatrice	farmer
l'horticulture (f)	horticulture
l'horticulteur/ l'horticultrice	horticulturist
le maraîcher/la maraîchère	market gardener
la viticulture	vine-growing
le viticulteur/la viticultrice	vine-grower
le métayer/la métayère	tenant farmer
l'éleveur de porcs	pig-farmer
la polyculture	mixed farming
l'agriculture mixte	mixed farming
la pisciculture	fish farming
le pisciculteur/la piscicultrice	fish farmer
des terres cultivées	farmland
la petite exploitation	smallholding
le petit exploitant	smallholder
l'exploitation collective (f)	co-operative
l'exploitation laitière (f)	dairy farm
la ferme d'élevage de boeufs	beef farm
la ferme d'élevage de moutons	sheep farm
la ferme d'élevage de porcs	pig farm
la ferme d'élevage de volaille	poultry farm
la ferme d'élevage industriel	factory farm

Farm buildings

l'exploitation agricole (f)	farm, farmstead
les dépendances (f)	outbuildings
l'étable (f)	cowshed
la vacherie	cowshed
la bergerie	sheepfold, sheep-pen
la porcherie	pig-sty
le poulailler	hen-house
la grange	barn
la basse-cour	poultry yard

Working the land

travailler la terre	to work the land
le matériel agricole	farm machinery
l'outillage agricole (m)	farm implements
labourer	to plough
le labour	ploughed field
le laboureur	ploughman
labourable	arable
le cheval de labour	plough horse
la charrue	plough
la moissonneuse-batteuse	combine-harvester
la trayeuse mécanique	milking machine
la récolte	harvest
les céréales (f)	cereals
le blé	wheat
l'orge (f)	barley
l'avoine (f)	oats
le seigle	rye
le maïs	maize
les plantes à racines (f)	root crops

la paille	straw	la jument	mare
le foin	hay	le poulain	foal
la meule de foin	haystack	la pouliche	filly
rentrer	to bring in (crops)	la poulinière	(brood) mare
le grain	grain	pouliner	to foal
la graine	seed	l'âne (m)	donkey
la semence	seed	le mulet/la mule	mule
		le taureau	bull
Livestock		la vache	cow
le cheptel	livestock	la génisse	heifer
l'élevage du bétail	breeding	le veau	calf
l'élevage semi-industrialisé	battery farming	le porc	pig
		la truie	sow
le vacher/la vachère	cowherd	le porcelet	piglet
le berger/la bergère	shepherd/shepherdess	la volaille	poultry
le gardeur/la gardeuse de chèvres	goatherd	la poule	hen
		le coq	cock
les ovins (m)	sheep	le poussin	chick
le bélier	ram	la poule pondeuse	laying hen
la brebis	ewe	la poule couveuse	brood hen
le mouton	sheep	le dindon	turkey
l'agneau (m)	lamb	la dinde	turkey
le bouc	billy goat	le canard	duck
la chèvre	nanny goat	le caneton	duckling
la bique ①	nanny goat	l'oie (f)	goose
le chevreau	kid	le jars	gander
le cheval	horse	l'oison (m)	gosling
l'étalon (m)	stallion		

Level 2

General		le fromager	cheesemaker, cheese-seller
l'industrie laitière (f)	dairy industry		
la culture biologique	organic farming	la fromagerie	dairy, cheese shop, cheese counter
la culture fruitière	fruit farming		
la culture maraîchère	market gardening	des produits laitiers (m)	dairy produce
la culture intensive	intensive farming		
l'aviculture (f)	poultry farming	les laitages (m)	dairy produce
l'aviculteur/l'avicultrice	poultry farmer	les reproducteurs	breeding stock
		l'institut agronomique	agricultural college
l'apiculture	apiculture, beekeeping		
l'apiculteur/l'apicultrice	apiarist, beekeeper		
		Farm buildings	
la collectivité rurale	farming community	la laiterie	dairy
le salon de l'agriculture	agricultural show	le grenier à foin	hayloft
		le bûcher	woodstore
l'industrie fromagère (f)	cheese industry	le clapier	rabbit hutch
		la ruche	beehive

Feeding and grazing

le silo à grains	grain silo
le silo à céréales	grain silo
le silo à fourrage	fodder silo
le râtelier	manger
la mangeoire	manger
l'auge (f)	trough
abreuver	to water
l'abreuvoir (m)	trough
la nourriture pour volaille	chicken feed
la clôture	fence
le pâturage	pasture, grazing
l'herbage (m)	pasture, grazing
pâturer	to graze

le pré	meadow
la prairie	meadow, grassland
le fossé	ditch
le fossé d'irrigation	irrigation channel

Crops

le froment	wheat
le sarrasin	buck-wheat
le blé noir	buck-wheat
le blé en herbe	corn on the blade
le blé d'Inde	corn
les primeurs (m)	early vegetables/ fruits
l'épouvantail (m)	scarecrow

Level 3

Working the land

en jachère	fallow
le fumier	dung
le purin	liquid manure
l'engrais (m)	fertiliser
l'épandeur de fumier (m)	muck-spreader
le distributeur d'engrais	muck-spreader
le sillon	rut
le chaume	stubble, thatch
le défrichement	land-clearing
le désherbage	weed-control
le désherbant	weedkiller
la motte	clod
calcaire	chalky
argileux	clayey
surexploiter	to overuse
alterner les cultures	to rotate crops
la culture fourragère	fodder crop
la culture de rente	staple crop
le dérivé	by-product
la truffe	truffle
engranger	to gather in
la culture vivrière	food crop
la culture commerciale	cash crop
la culture de rente	cash crop

Working with livestock and feeding

des boeufs de boucherie	beef cattle
la vache laitière	milk cow
la boîte à lait	milk can
l'heure de la traite	milking time
la fièvre aphteuse	foot and mouth disease
le haras	stud farm
le pacage	grazing land
le palefrenier	groom
le fer à cheval	horseshoe
la baratte	churn
baratter	to churn
la tonte	shearing
le fourrage	feed
l'ensilage (m)	silage
le tourteau	oil-cake
le granulé	pellet
la pâtée pour porcs	pigswill
abattre	to slaughter
l'abattoir (m)	slaughter-house
le verrat	boar
le pis	udder
le joug	yoke
incuber	to incubate
le gardien de bétail	stockman
le gardien de bestiaux	stockman

Crops

la rotation des cultures	crop rotation
la pulvérisation de pesticides	crop spraying
le pulvérisateur de pesticides	crop sprayer
l'avion de pulvérisation de pesticides	crop sprayer
la fenaison	haymaking
faucher	to mow, reap
la faucille	sickle
la faucheuse	reaper, mower
la fauchaison	mowing, reaping
le battage	threshing
la batteuse	threshing machine
mettre en balles	to bale
la mise en balles	baling
calibrer	to grade

le calibrage	grading
la gerbe	sheaf
l'épi	ear
les parasites (m)	pests
le chanvre	hemp
le colza	rape-seed
la vendange	grape-harvest
le vendangeur/-euse	grape-picker
le cru	vineyard, vintage
un grand cru	a great vintage
la cuvée	vintage
le grain de raisin	grape
la grappe de raisin	bunch of grapes
le cep	vine stock
la cuve	vat
le cuvage	fermentation
le pressoir	wine press
le tonneau	cask
la mise en bouteille	bottling
transvaser	to decant

Industry

Level 1

General

l'industrie nationalisée (f)	nationalised industry
l'industrie privée (f)	private sector industry
l'industrie lourde (f)	heavy industry
l'industrie légère (f)	light industry
industrialiser	to industrialise
l'industrialisation (f)	industrialisation
la marchandise	merchandise
le produit	product
le tissu industriel	industrial base
la base industrielle	industrial base
le secteur privé	private sector
le secteur public	public sector
le secteur primaire	primary sector
le secteur secondaire	manufacturing sector
le secteur manufacturier	manufacturing sector
le secteur en expansion	growth area
le secteur tertiaire	service industries

Industries

les industries de fabrication (f)	manufacturing industries
les nouvelles technologies (f)	new technologies
les technologies de pointe (f)	leading edge technologies
l'industrie automobile (f)	car industry
l'industrie textile (f)	textile industry
le secteur du textile	textile industry
l'industrie lainière (f)	wool industry
le commerce de la laine	wool trade
les industries houillères (f)	coal industries
l'industrie chimique (f)	chemical industry
la sidérurgie	iron and steel industry
la métallurgie	metal industry
le génie civil	civil engineering

la construction mécanique	mechanical engineering
l'électronique (f)	electronics
l'électrotechnique (f)	electrical engineering
l'industrie aérospatiale (f)	aerospace industry
la construction navale	shipbuilding
l'industrie du bâtiment (f)	building industry
l'industrie alimentaire (f)	food industry
l'industrie informatique (f)	computing industry
le secteur nucléaire	nuclear industry
le secteur pétrolier	oil industry
le secteur du tourisme	tourist industry
le tourisme	tourist industry
l'hôtellerie	hotel industry
l'industrie hôtelière (f)	hotel industry

Personnel

le fabricant	manufacturer
le manufacturier	manufacturer
l'industriel (m)	industrialist
le cadre	executive
l'employé(e) de bureau	white-collar worker
l'agent de maîtrise (m)	supervisor
le contremaître	foreman
le technicien/la technicienne	technician
l'ouvrier/l'ouvrière	worker
le travailleur manuel	manual worker
le manoeuvre	labourer
la main d'oeuvre	labour force

Premises and production

l'usine (f)	factory
usiner	to machine, manufacture
la fabrique	factory *(small)*
fabriquer	to manufacture
manufacturer	to manufacture
manufacturier/-ère	manufacturing
le produit fini	end product
le sous-produit	by-product
le dérivé	by-product
l'usine d'automobiles (f)	car factory

l'usine textile (f)	textile factory
l'usine atomique (f)	atomic plant
l'usine à gaz (f)	gasworks
l'usine métallurgique (f)	ironworks
l'usine sidérurgique (f)	steelworks
la fonderie	smelting works, foundry
la forge	ironworks
l'aciérie (f)	steelworks
le chantier naval	shipyard
la centrale électrique	electric power station
la centrale hydroélectrique	hydro-electric power station
la manufacture d'armes	munitions factory
la manufacture de porcelaine	porcelain factory
la manufacture de tabac	tobacco factory
le bassin houiller	coalfield
l'houillère (f)	colliery
la mine	mine
le charbon	coal
les charbonnages (m)	collieries, coal-mines
le gisement pétrolifère	oil field
la carrière	quarry
la fouille	excavation
le haut fourneau	blast-furnace
la raffinerie	refinery
raffiner	to refine
la filature de coton	cotton mill
filer	to spin
la distillerie	distillery
la brasserie	brewery
brasser	to brew
le brassage	brewing
la conserverie	cannery
conserver	to preserve
la poterie	pottery
la scierie	saw-mill
scier	to saw
la papeterie	paper-mill
la fabrique de papier	paper-mill

l'imprimerie (f)	printing press	la production	output
imprimer	to print	la surproduction	overproduction
les ateliers (m)	shop floor	perfectionner	to refine
manoeuvrer	to operate (a machine)	automatisé	automated
la fabrication en série	mass production	la cantine	canteen
la chaîne de montage	assembly line	**le** vestiaire	cloakroom

Level 2

General

l'industrie de luxe (f)	luxury goods industry
l'industrie du livre (f)	publishing industry
l'industrie des communications (f)	communications industry
l'industrie chocolatière (f)	chocolate industry
l'industrie pharmaceutique (f)	pharmaceuticals industry
l'industrie cinématographique (f)	film industry
l'industrie des loisirs (f)	leisure industry
l'industrie des médias (f)	media industry
l'industrie du fast-food (f)	fast food industry
l'industrie de la mode (f)	fashion industry
l'habillement (m)	clothing industry
la confection	clothing industry
l'industrie en pleine expansion (f)	growth industry
les frais de fonctionnement (m)	running costs
les charges d'exploitation (f)	operating costs
l'espionnage industriel (m)	industrial espionage
l'agrochimie (f)	agrochemical industry
l'industrie de l'armement (f)	armament industry
l'industrie auxiliaire (f)	ancillary industry
la ceinture industrielle	industrial belt

Personnel

le travailleur indépendant	self-employed worker
le travailleur intérimaire	temp
l'ouvrier qualifié	skilled worker
l'ouvrier spécialisé	semi-skilled worker
l'ouvrier non qualifié	unskilled worker
l'équipe de nuit(f)	night shift
l'équipe de jour (f)	day shift
l'ajusteur (m)	metal-worker
le monteur/la monteuse	fitter
le riveur (m)	riveter
le soudeur (m)	welder
le fondeur/la fondeuse	caster
le tourneur/la tourneuse	turner
le brasseur/la brasseuse	brewer
l'outilleur (m)	tool-maker
l'ingénieur électronicien (m)	electronics engineer
le finisseur/finisseuse	finisher
l'emballeur/l'embalteuse	packer
le conditonneur/la conditionneuse	packer
le contrôleur/la contrôleuse	checker
le vérificateur/la vérificatrice	checker
le magasinier/la magasinière	warehouseman, stockman

Premises, equipment and production

la biscuiterie	biscuit factory, biscuit trade

la chocolaterie	chocolate factory	brancher	to plug in, connect
la minoterie	flour mill	débrancher	to disconnect
la lainerie	woollen mill	la commande	manual control
l'usine de pâte à papier (f)	paper mill	manuelle	
		la prise	socket
l'usine de traitement des ordures (f)	sewage plant	la fiche	plug
		la fiche multiple	adapter
l'atelier d'assemblage (m)	assembly shop	l'ampoule (f)	bulb
		le cordon	flex
l'atelier de montage (m)	assembly shop	le câble	cable
		le circuit	circuit
la carrière de gravier	gravel pit	le court-circuit	short circuit
la sablière	sandpit	le conducteur	conductor
la cimenterie	cement-works	l'amplificateur (m)	amplifier
le poste de travail	work station	**le** filtre	filter
les ateliers d'usinage (m)	machine shop	le composant	component
		démonter	to take to pieces
les ateliers de finissage (m)	finishing shop	entretenir	to maintain
		graisser	to grease
les ateliers de peinture (m)	paint shop	huiler	to oil
		lubrifier	to lubricate
le bureau d'études	research unit	**le** liquide lubrifiant	lubricant
le laboratoire de recherche	research laboratory	réviser	to overhaul
		river	to rivet
l'emballage (m)	packaging	riveter	to rivet
l'expédition (f)	shipping	le rivet	rivet
l'entrepôt (m)	warehouse	la riveteuse	riveting machine
le magasin	stockroom	la finition	finishing
le matériel d'exploitation	plant	le finissage	finishing
		les mesures de sécurité (f)	safety measures
l'outillage (m)	equipment		
la machine-outil	machine tool	le dispositif de sécurité	safety device
le branchement	connection		
le raccordement	connection		

Level 3

General

le travail artisanal à domicile	cottage industry	l'industrie de transformation (f)	processing industry
l'industrie du spectacle (f)	entertainment industry	l'industire pétrochimique (f)	petrochemical industry
l'exploitation des forêts (f)	forestry	l'industrie d'avant-garde (f)	cutting edge industry
l'industrie de munitions (f)	munitions industry	les industries de pointe (f)	hi-tech industries
l'industrie de précision (f)	precision tool industry	l'industrie chapelière (f)	millinery industry

l'industrie de capitaux (f)	capital-intensive industry
le capital social	capital stock
l'industrie à forte valeur ajouté (f)	labour-intensive industry
l'heure de main-d'oeuvre (f)	man-hour
l'industrie de base	primary industry
l'industrie des services (f)	service industry
la conception industrielle	industrial design
le géant de l'industrie	industrial giant

Personnel

le lamineur/la lamineuse	rolling-mill operator
le tanneur/la tanneuse	tanner
le peigneur/la peigneuse	carder
le fileur/la fileuse	spinner
le tisserand/la tisserand	weaver

Machinery and tools

l'établi (m)	work-bench
la pièce	part
le puits	mineshaft
la benne	skip, tub; scoop (crane); dump truck, tipper
la bétonneuse	cement-mixer
la grue	crane
la poulie	pulley
le vérin hydraulique	hydraulic jack
le vérin pneumatique	pneumatic jack
la chaudière	boiler
le métier	loom
la machine à tisser	power loom
la machine à composer	typesetting machine
le laminoir	rolling mill
la fraiseuse	milling machine
l'étau (m)	vice
le biseau	bevel
le support	bracket
la bride	clamp
le tour	lathe

le foret	drill
la perceuse	drilling machine
la poinçonneuse	punch
la pompe	pump
le marteau-pilon	sledge-hammer
le chalumeau	welding torch
le treuil	windlass
le rouleau	roller
la tronçonneuse	chain-saw
le tournevis	screwdriver
la clé de serrage	wrench
les tenailles (f)	tongs
la manivelle	crank
le vilebrequin	crankshaft
le fer à souder	soldering iron
la jauge	gauge
les pinces (f)	pliers
la lime	file
la limaille	filings
la courroie	belt
le boulon	bolt
la dent d'engrenage	cog
la roue dentée	cogwheel
la collerette	flange
le cliquet	ratchet
le roulement à billes	ball bearing
le rouage	wheel, cog
les rouages (m)	works
l'essieu (m)	axle
le joint	gasket
boulonner	to bolt
l'écrou (m)	nut
la vis	screw
la rondelle	washer
visser	to screw
dévisser	to unscrew
la poutre	girder
alimenté par pile	battery-operated
alimenté par le secteur	mains-operated
l'alimentation pile-secteur	battery-mains operation
l'interrupteur (m)	switch
le commutateur	switch
le bouton-pression	press button
la commande à distance	remote control
le coupe-circuit	circuit-breaker

le disjoncteur	circuit-breaker	la tension	voltage
le fusible	fuse	allumer	to turn on
changer un fusible	to mend a fuse	éteindre	to turn off
la prise à trois broches	three–pin plug	l'électro-aimant (m)	electro-magnet

Activities

la conception du produit	product design	l'inventaire informatisé (**m**)	computerised stocktaking
le minage	blasting	facile à utiliser	user-friendly
exploiter un filon	to work a seam	la maquette	mock-up
le forage en mer	offshore drilling	le brevet d'invention	patent
le baril	barrel	faire breveter	to patent
le sablage au jet	sandblasting		
le moulage sous pression	diecasting	### Various	
la galvanoplastie	electroplating	le temps d'exécution	lead time
broyer	to grind	le crassier	slag-heap
fraiser	to mill	les combustibles fossiles (m)	fossil fuels
le fraisage	milling	le grisou	firedamp
couler	to cast	l'aérage (m)	ventilation
cribler	to sift	la lampe de sûreté	safety lamp
trier	to sort	l'alliage (m)	alloy
isoler	to insulate	le composé	compound
l'isolation (f)	insulation	le métal en fusion	molten metal
bloquer	to lock	métallisé	metallic
verrouiller	to lock	métalliser	to plate
desserrer	to loosen	plastifié	plastic-coated
desserré	loose	les copeaux (m)	cuttings
la buse	nozzle	l'usure (f)	wear and tear
précontraindre	to pre-stress	le lot	batch
		le conditionnement	packaging
		l'emballage (m)	wrapping
### Technology		sous emballage plastique	shrink-wrapped
les puces électroniques (f)	silicon chips	emballé(e) sous vide	vacuum-packed
le silicium	silicon	l'inventaire (m)	stocktaking
le modèle informatique	computer model	la fiche d'inventaire	stock sheet
		la rainure	groove
		rainuré	grooved

Exercises

Level 1

1. Trouvez d'autres sens des mots suivants

l'exploitation	labourer	le grain	la récolte	la meule
l'étalon	le mouton	le bouc	le poulet	le canard
fabriquer	le cadre	la fouille	la filature	la cantine

2. Ecrivez des phrases qui feront ressortir les différences entre les mots suivants

la fabrique	l'usine	la manufacture	l'atelier
l'agriculteur	le métayer	le paysan	le campagnard
rustique	rustre	rural	champêtre

3. Expliquez les différences entre les mots suivants

labourer	retourner	sillonner	défricher
débroussailler	biner	herser	serfouir

4. Trouvez des équivalents non-argotiques des mots suivants

le dada	la bique	la carne	le péquenaud	le cul-terreux
le canasson	le blé	le baudet	la cocotte	le plouc

5. Associez l'activité et la culture ✓

pommes, myrtilles, foin, orge, lavande, blé, houblon, avoine, raisins, pommes de terre, champignons, froment, mûres, arbres, olives, coton, céréales

moisson   _____

vendange   _____

cueillette   _____

fenaison   _____

coupe   _____

arrachage   _____

6. Complétez

_____	← le fourneau	la fournaise	→	_____
_____	← la fonderie	la fondrière	→	_____
_____	← la conserverie	le conservatoire	→	_____
_____	← la raffinerie	le raffinement	→	_____
_____	← le fabricant	le fabricateur	→	_____

7. Complétez

le moutonnement	moutonnière		chevalin		la chevauchée
_____		_____	_____		_____
↖	↗			↖	↗
	mouton			**cheval**	
↙	↘			↙	↘
moutonné		moutonner	le cavalier		la chevalière
_____					

la paillasse	le paillasson		la cotonnade		le cotonnier
_____		_____	_____		_____
↖	↗			↖	↗
	la paille			**coton**	
↙	↘			↙	↘
la paillote		la paillette	cotonnier		cotonneux
_____		_____	_____		_____

8. Associez le produit et l'entreprise   ✓

la pierre, le pétrole, la céramique, le bois de menuiserie, le marbre, les journaux, la terre cuite, le coton, la bière, le sucre, le fil, le charbon, le fer, les livres, le bois de charpente, la faïence

la houillère   _____

la poterie   _____

la carrière   _____

la forge   _____

la raffinerie   _____

la brasserie   _____

la scierie   _____

la filature   _____

l'imprimerie   _____

9. Vérifiez le sens des mots suivants

le contremaître   la contrefaçon   le contrepoids

le contre-pied   la contrepèterie   le contre-plaqué

la contre-plongée   le contrepoison   la contrebasse

10. Traduisez en anglais

1. Revenons à nos moutons.
2. Il fait un froid de canard.
3. Ils sont copains comme cochons.
4. Il lui a fait un coup vache.

5. Ce n'est pas la mort du petit cheval.

6. Quand les poules auront des dents.
7. Il va falloir changer de secteur.
8. Il a du blé!
9. T'as l'air d'une vache qui regarde passer un train.
10. A cheval donné on ne regarde pas les dents.

11. Choisissez le mot qui convient   ✓

vache être une vraie peau de cochon cheval	chevaux monter sur ses grands taureaux cochons
un canard être mouillé comme une poule une cane	une dinde marcher comme une oie un canard
un dindon être gros comme un taureau un porc	un cheval être fort comme un taureau une jument
le cochon ménager la brebis et le chou la chèvre	un coq être comme un cochon en pâte une dinde
la dinde être le dindon de la farce la poule	le coq se lever avec les poules les poulets

les boeufs mettre la charrue avant le cheval les chevaux	un cheval écrire comme un cochon une vache
la poule tuer le poulet aux oeufs d'or l'oie	une vache être bête comme un âne une oie

12. Composez des phrases qui feront ressortir le sens des expressions suivantes

les années de vaches maigres • un mouton à cinq pattes • une brebis égarée • une brebis galeuse • une oie blanche • un bouc émissaire • une jument de course • le coq du village • une poule de luxe • un canard boiteux • une veste en mouton retourné • une côte de mouton • un rôti de dindonneau • un poulet d'élevage • un poulet fermier • une poule au pot

13. Expliquez le sens des expressions suivantes

faire l'âne pour avoir du son   être comme l'âne de Buridan
manger de la vache enragée   être comme une poule qui a trouvé un couteau
pleurer comme un veau   tuer le veau gras

14. Trouvez le sens des expressions suivantes

l'huile vierge   l'huile de maïs   l'huile de tournesol
l'huile de paraffine   l'huile de lin   l'huile de foie de morue

15. Traduisez en anglais

Le foin est mûr. Je viens d'en examiner un brin, de tout près, d'un oeil de connaisseur. La fine tige verte, sa petite tête mauve et argent, fleurie comme une quenouille pleine. Je cueille l'herbe à dinde, le jargeau et la verge d'or, tout le long du chemin. J'en fais un gros bouquet, piqué de brins de foin, en guise de feuillage. Ma grand-mère reçoit mon bouquet et la nouvelle du foin mûr, prêt à être fauché, sans éclat apparent, seul son oeil vert semble planer au-dessus de toutes choses, acceptant et bénissant toutes choses, au-delà même de l'horizon.

Les femmes et les enfants suivent la faucheuse avec de grands râteaux de bois pour ramasser le foin à mesure. L'herbe fraîchement coupée pique sous mes pieds nus. Dans la charrette Olivia foule le foin d'un ample mouvement des jambes et des reins, à chaque fourchetée qui tombe. Mon oncle John a tranché en morceaux, avec sa faucheuse, une longue couleuvre verte. Quand le foin sera tout fauché, chez mon oncle John et chez mon père, il y aura un barn dance, dans l'odeur fraîche du foin nouveau. Cela se passera chez nous, car nous avons la plus grande des granges de Griffin Creek. Prions pour qu'il ne pleuve pas avant que tout le foin ne soit rentré.

Anne Hébert, *Les Fous de Bassan*, pp. 122-23 (© Editions du Seuil, 1982)

16. Traduisez en français   ✓

1. His family have been working the land for over one hundred and fifty years, but he wants to be a fish farmer.

2. He lost most of his agricultural machinery in the fire. Moreover, the combine-harvester and the milking machine were not insured.
3. They have had an awful year: the root crops were killed by the late frosts and they lost the wheat and the barley during the drought.
4. I find battery farming repugnant; on my grandfather's farm the hens and turkeys had free access to the farmyard and the outhouses and the pigs were housed in large sties.
5. The children love visiting the farm. The last time they were there, they saw some newly hatched chicks and ducklings. Last year they were allowed to watch a calf being born.
6. Most of the former nationalised industries have been privatised.
7. Automation and the slump have resulted in job-cuts in many of the manufacturing industries, including the car, textile and food industries.
8. The iron and steel industries have been badly hit by the decline in shipbuilding.
9. Since the demolition of the shipyards, the computing and tourist industries have been the only sectors to offer job opportunities to the young people of the area.
10. He works in the assembly shop in a car factory, but his ambition is to find a job in the printing works.

17. Rédigez en une page les arguments pour et contre

- l'élevage du bétail pour l'abattage
- l'agriculture biologique
- le développement de l'industrie forestière et ses effets sur le paysage

Level 2

1. Trouvez d'autres sens des mots suivants

le râtelier	le bûcher	la prairie	le fossé	le fromager
le monteur	la pointe	le monteur	le montage	la prise
la fiche	le circuit	démonter	réviser	la commande

2. Composez des phrases qui feront ressortir les différences entre les expressions suivantes

la collectivité nationale	la collectivité professionnelle	les collectivités locales
le Salon de l'auto	le Salon du livre	le Salon des arts ménagers

3. Expliquez les différences entre les mots suivants

la ruche	le ruché	le bûcher	le bûcheur
le pré	le préau	le fossé	la fosse
le sablier	la sablière	réviser	revisser
souder	soudoyer	le fondeur	le fondateur
la commande	le commandement	le raccord	le raccordement

4. Complétez

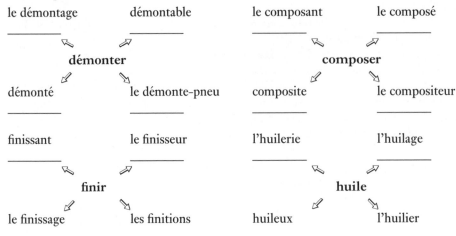

| le démontage | démontable | le composant | le composé |

démonter

démonté   le démonte-pneu   composite   le compositeur

finissant   le finisseur   l'huilerie   l'huilage

finir   **huile**

le finissage   les finitions   huileux   l'huilier

5. Expliquez le sens des expressions suivantes

abreuver quelqu'un d'injures   avoir la primeur d'une nouvelle
aller sur le pré   brandir l'épouvantail de
river son clou à quelqu'un   être hors circuit
tenir les cordons de la bourse   graisser la patte à quelqu'un
faire tache d'huile   jeter de l'huile sur le feu
exercer sa coupable industrie   ne pas se laisser démonter

6. Traduisez en anglais

1. Elle fait sa pâture de romans romantiques.
2. J'ai essayé de brancher la conversation sur un autre sujet.
3. Elle était rivée sur place.
4. Cela fond dans la bouche.
5. Cette ampoule est grillée. Est-ce que tu en as une autre?
6. Il est arrivé avant que la nouvelle ait pu filtrer.
7. C'est l'usine, ici!
8. A méchant ouvrier point de bon outil.

7. Expliquez le sens des locutions suivantes

une poule mouillée   mère poule   un succès boeuf
un cheval de bataille   un cheval de retour   le cheval d'arçons

8. Expliquez les différences entre les mots suivants

la gerbe	la botte	le faisceau	la brassée	le tas
la clôture	la haie	le grillage	le treillis	la palissade
le fossé	la douve	la rigole	la tranchée	la canalisation
la garrigue	la friche	la jachère	le maquis	la lande

9. Traduisez en français ✓

1. The dairy industry has suffered as a result of warnings about fatty foods. Many people have stopped eating dairy produce.
2. The farm has good grazing land, but you will need to renew the fences and dig irrigation channels.
3. The farm which they have bought is charming. They intend to turn the hayloft into a studio flat. The woodstore has already been converted into a workshop.
4. What characterises the region is the variety of its agricultural activities, including poultry farming, fruit farming, organic farming and market gardening.
5. The old stone trough and the well are very picturesque, but the grain and fodder silos, although practical, are an eyesore.
6. Although most of the big steelworks have been shut down, the precision tool industry is healthy.
7. His father would have liked him to become a fitter, but he has always wanted to be an electronics engineer. Even as a boy, he was fascinated by electricity and liked to play with switches, plugs and cables.
8. You should lubricate the machine every week and have it overhauled every six months.
9. I have had to change the bulbs three times this week; I reckon that there must be a short circuit in the system.
10. When I took it to pieces, I discovered that some of the components were incompatible.

10. Traduisez en anglais

Mes parents pensaient que j'allais conduire jusqu'à la fin de ma vie le tracteur, déterrer en novembre les betteraves pour les bêtes, m'occuper des champs comme d'une petite amie à laquelle on se dévoue. Je n'avais pas comme les autres le droit de m'endormir dans les meules de paille: elles étaient sacrées; elles représentaient notre fortune. La campagne, pour moi, n'était qu'un lieu de travail ininterrompu, harassant. Le lever du soleil, c'était le départ dans la brume vers les champs des Noyers ou des Eteintes. Chaque parcelle de terre portait un beau nom: l'Epouse, les Morilles, la Renardière, etc. . . . Tous ces champs éparpillés autour de la ferme nous tenaient en servitude. Je passais de l'un à l'autre sans répit. Il n'y en avait qu'un qui donnait, sans histoires, son blé ou ses pommes de terre, une bonne terre friable qui ne collait pas aux bottes, qui s'ouvrait comme par plaisir pour le soc, que la herse repeignait avec joie, dont les mottes ne devenaient pas dures comme des poings mais s'effondraient d'une pichenette. Et puis, sous son pommier, l'ombre sentait bon la compote au mois d'octobre, avec ses branches si lourdement chargées que chacune avait sa béquille pour ne pas casser. Un vieux copain sans malice; il supportait mal les oiseaux et les nids; il se faisait vieux, moussu, bonhomme. Au fond, je ne regrette que ce pommier. Son feuillage semblait toujours marmonner quelque chose.

Jean Cayrol, *Les Corps étrangers* (© Editions du Seuil, 1959)

11. Rédigez un résumé (250 mots) du texte suivant

La réduction à 10% du taux de jachère permettra d'augmenter la production de céréales

Cette année, les agriculteurs de l'Union européenne (UE) seront autorisés à semer davantage de blé, de maïs, d'orge et de colza: les ministres des Quinze, réunis lundi 25 septembre à Bruxelles, ont, en effet, décidé de réduire sensiblement le taux de jachère imposé depuis 1992 par la réglementation européenne afin d'éviter la surproduction de céréales et d'oléagineux.

En France, selon Philippe Vasseur, ministre de l'agriculture, les surfaces ainsi 'gelées' devraient diminuer de 40%. Pour l'ensemble de l'Union, on prévoit une progression d'environ 8 millions de tonnes de la production de céréales. L'UE s'adapte ainsi en souplesse à un marché mondial qui souffre d'une dramatique pénurie. Cet ajustement, conforme à l'esprit de la réforme de la politique agricole commune (PAC) adoptée en 1992, devrait permettre à la fois à l'Union de mieux assurer son propre approvisionnement, à des prix plus bas ce qui est vital pour les éleveurs, et de développer ses exportations.

Les producteurs français, qui veulent pouvoir produire et exporter, réclamaient la suppression complète de la jachère. La satisfaction manifestée par M. Vasseur était néanmoins parfaitement légitime, dans la mesure où les propositions de la Commission européenne étaient beaucoup plus restrictives et la majorité des Etats membres, en particulier l'Allemagne, étaient favorable à un allégement limité. Moins compétitifs que les Français, peu intéressés par l'exportation, ils sont moins préoccupés de développer la production que de maintenir des cours élevés et d'assurer ainsi un revenu très attractif à leurs paysans.

UN RÉSULTAT INESPÉRÉ

La réforme de la PAC de 1992 prévoyait un taux de 15% pour la 'jachère rotationnelle' (où la parcelle non cultivée change d'année en année) et de 20% pour la 'jachère libre' (où l'agriculteur choisit librement les terres 'gelées'), les petits producteurs étant dispensés de cette obligation. Ce gel fait l'objet d'indemnités compensatoires. L'an passé (campagne 1995–1996), déjà marqué, au niveau communautaire comme au niveau mondial, par une insuffisance de la production par rapport aux besoins, la 'jachère rotationnelle' avait été ramenée à 12% et la 'jachère libre' à 17%. Lundi, les ministres ont décidé un taux unique de jachère, fixé à 10 % pour la campagne à venir (1996–1997), dont les semis ont commencé. C'est donc une particulièrement bonne affaire pour les exploitants qui avaient choisi la 'jachère libre' ce qui est notamment le cas d'une grosse moitié des agriculteurs français.

Toutefois, si l'on constate à nouveau une menace d'excédents l'an prochain, le conseil aura la faculté de relever le taux de jachère, qui constitue une sorte d'instrument de régulation conjoncturelle.

La décision du conseil s'inscrit dans la logique de la 'nouvelle PAC', qui joue sur une baisse des prix des céréales, afin de rendre la production communautaire plus compétitive sur le marché intérieur et sur le marché mondial. La baisse programmée, de 29% sur les prix institutionnels, fixés chaque année par le conseil, ne s'est répercutée que partiellement sur les prix de marché.

Cette situation, où les paysans touchent à la fois des prix élevés et des indemnités destinées à compenser des baisses qui, en fait, ne se sont pas produites, convient aux partenaires de la France, qui, à part le Royaume-Uni, ne sont pas des exportateurs significatifs. Frantz Fischler, commissaire (autrichien) chargé des affaires agricoles, avait donc proposé de ramener la 'jachère rotationnelle' à 10% et la 'jachère fixe' à 15%, ouverture à la production que la plupart des délégations considéraient déjà comme un maximum. Un taux unique à 10% apparaît donc comme une aubaine, et il constitue un résultat inespéré pour les agriculteurs français.

Certes, si un ballon d'oxygène n'avait pas été donné à la production, les silos
de l'UE se seraient vidés au point d'obliger Bruxelles à instaurer des taxes à
l'exportation. Le bon sens économique l'a donc emporté. On ne s'en interroge
pas moins sur le tour que Philippe Vasseur avait dans son sac pour parvenir à y
rallier des partenaires au départ réticents!

Philippe Lemaître, *Le Monde*, 27 septembre 1995 p. 2 (© *Le Monde*)

Level 3

1. Trouvez d'autres sens des mots suivants

faucher	la truffe	la traite	la tonte	abattre
les parasites	la cuve	le tonneau	boulonner	la benne

2. Expliquez les différences entre les mots suivants

la charrue	la charrette	la cuvée	la couvée
le purin	la purée	le sillon	le sillage
le dérivé	la dérive	la baratte	la barrette
le tourteau	le tourtereau	le batteur	la batteuse
la presse	le pressoir	l'étable	l'établi
le cru	la crue	la buse	la bouse
le filon	la filière	galvaniser	galvauder

3. Décrivez les machines suivantes

le moteur d'appoint	le moteur à explosion	le moteur à réaction
le moteur hydraulique	le moteur à vapeur	le moteur-fusée
la pompe à eau	la pompe à essence	la pompe à vide

4. Traduisez en français

vintage car	muckraking	fallow period	cannon fodder	crop circle

5. Trouvez des synonymes des mots suivants

broyer	trier	bloquer	métalliser

6. Complétez le tableau suivant   ✓

un tonneau, le filon, le volet, rase-mottes, ses billes, pompe, du foin, la vis, crible, du battage

Locution	Signification
avoir du _____ dans ses bottes	
voler en_____	
faire _____ autour de quelque chose	
faire _____	
passer au _____	
faire _____	
trier sur _____	
trouver _____	
avoir un coup de _____	
serrer _____ à quelqu'un	
reprendre _____	

7. Traduisez en anglais

1. C'est un fumier.
2. C'est la paille et la poutre.
3. J'en ai plein les pompes.
4. Elle a raconté une histoire de son propre cru.
5. C'est un puits de science.
6. Il était criblé de dettes.
7. L'étau se resserre autour d'eux.
8. Elle reste des heures vissée sur sa chaise.

8. Complétez

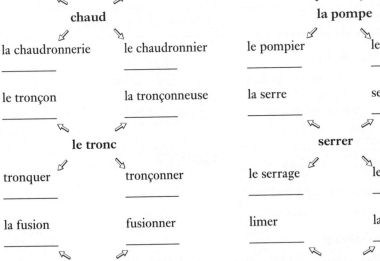

la chaudière   le chaudron

_____   _____

chaud

la chaudronnerie   le chaudronnier

_____   _____

le tronçon   la tronçonneuse

_____   _____

le tronc

tronquer   tronçonner

_____   _____

la fusion   fusionner

_____   _____

fuser

le fusible   le fusionnement

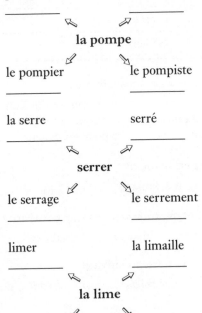

pomper   le pompage

_____   _____

la pompe

le pompier   le pompiste

_____   _____

la serre   serré

_____   _____

serrer

le serrage   le serrement

_____   _____

limer   la limaille

_____   _____

la lime

le limage   élimer

9. Traduisez en français ✓

1. The sickle is a thing of the past; it has been replaced by the mower.
2. My father had a large herd of beef cattle. I couldn't stand them being slaughtered. That's

why I gave up farming. I had no choice, because I didn't know anything about crop-farming.

3. Although she sold the farm after her uncle's death, she has kept a few reminders of her childhood, two horse-shoes which hang above the door and a churn which acts as a coal-scuttle.

4. We have plenty of silage, but I must order oil-cakes before the winter sets in.

5. Before you use the chain-saw, you should make sure that the circuit-breaker is working.

6. The nuts, bolts, screws and washers are on the workbench, but I couldn't find the screwdriver or the wrench when I arrived this morning.

7. The silicon chip has transformed the manufacturing industries. Computerised stocktaking saves labour and computer models have made product design much more precise.

8. Before you switch the power loom on, you will have to release the safety catch.

9. You'll not be able to raise the girder without a pulley or a hydraulic jack.

10. He ought to have patented his invention. The mock-up which he showed me was very impressive. I'm sure that he would have made a lot of money.

10. Rédigez un résumé (200 mots) du texte suivant

FRAMATOME/GEC-ALSTHOM
FUSION NUCLEAIRE

Le projet de fusion entre le fabricant de chaudières nucléaires Framatome et le groupe franco-anglais GEC-Alsthom (énergie, transport, équipements industriels et navals) va donner lieu à la plus grosse opération industrielle européenne de l'année. C'est la naissance d'un géant de l'énergie qui se profile, pesant 80 milliards de francs de chiffre d'affaires avec un effectif de 90 000 personnes, qui se situera au deuxième rang mondial du secteur, derrière l'helvético-suédois ABB.

L'idée de fusionner les deux groupes n'est pas vraiment nouvelle, mais elle s'est toujours heurtée à la volonté de l'actuel président de Framatome, Jean-Claude Lény, farouchement attaché à son indépendance, et jusqu'à présent soutenu par l'Etat français, son actionnaire majoritaire. Mais Lény s'en va à la fin de l'année et, entre-temps, un nouveau patron est arrivé à la tête d'Alcatel-Alsthom, Serge Tchuruk, qui a su trouver les bons arguments pour convaincre l'Etat de privatiser une entreprise considérée hier encore comme intouchable.

Pour les industries comme pour les spécialistes du secteur, la complémentarité des deux groupes ne fait pas de doute. Complémentarité industrielle et commerciale, tout d'abord: Framatome construit des centrales nucléaires. GEC-Alsthom, des centrales thermiques, les équipements indispensables à tout type de centrale, ainsi que les matériels de transport d'énergie. Or, les grands clients, notamment les pays émergents, veulent une solution globale, clé en main, et un partenaire unique. Ils le trouvent lorsqu'ils traitent avec ABB, General Electric ou Siemens; il l'auront désormais avec le groupe franco-britannique. Complémentarité géographique, ensuite: Framatome est bien implanté sur le marché nord-américain, et GEC-Alsthom, en Amérique du Sud et en Asie.

Mais le gouvernement assortit son accord d'une condition essentielle: que le nouvel ensemble reste sous contrôle français – Alcatel en détiendrait quelque 48%, l'Etat 13% et les Britanniques le reste – et que soit préservé, voir renforcé, le fonds de commerce de Framatome, c'est-à-dire la maîtrise de la technologie du nucléaire, malgré la période de vaches maigres qui s'ouvre pour la filière nucléaire pour les quinze ans à venir – au moins sur le marché français. Se renforcer, afin d'occuper, le jour venu, une position dominante, cela pourrait même aller, dit-on, jusqu'à récupérer l'activité 'réacteur' de l'américain Westinghouse, auquel on prête l'intention de se désengager du secteur . . .

Bien évidemment, Alcatel–Alsthom s'est empressé de préciser que ce dossier et celui de la privatisation de Thomson – il est candidat – déclaré – n'ont rien à voir. Sur le plan industriel, c'est certain. Sur le plan stratégique et financier les deux affaires sont, au contraire, intimement liées. En effet, au cas où le président de la République déciderait, le mois prochain, de céder Thomson à Matra, le concurrent d'Alcatel, l'opération Frametome/GEC apparaîtrait comme un lot de consolation pour un groupe qui aurait alors deux pôles majeurs, les télécommunications et l'énergie. Mais si Alcatel devait au contraire l'emporter, la fusion pourrait permettre à Alcatel, qui en aura besoin, de financer l'acquisition de Thomson, soit en pompant dans l'abondante trésorerie de Framatome, soit en cédant une partie de sa participation à son partenaire britannique, qui a manifesté son intention de monter dans le capital du nouvel ensemble. Mais là, Serge Tchuruk devra arbitrer entre ses différentes activités, sous peine d'être taxé de boulimie . . .

Hervé Bentégeat, *Le Point*, 7 septembre 1996, p. 24 (© *Le Point*)

Unit 16

Business and commerce

Level 1

General

le commerce	commerce, trade
le commerce intérieur	home trade
le commerce extérieur	foreign trade
le commerce de gros	wholesale trade
le commerce de détail	retail trade
les importations (f)	imports
les exportations (f)	exports
le marchand en gros	wholesaler
l'achat en gros (m)	bulk buying
le marchand en détail	retailer
le magasin de détail	retail outlet

The firm

la corporation	corporation
la multinationale	multinational
le consortium	consortium
la société	company
la société par actions	stock company
la société anonyme	stock company
la société à responsabilité limitée	limited company
la société mère	parent company
la société affiliée	affiliated company
la compagnie	company
la maison de commerce	firm
la firme	firm
l'entreprise (f)	firm
le siège social	head office
la succursale	branch
la filiale	subsidiary
le magasin à succursales multiples	chain store
l'entrepôt (m)	warehouse
privatiser	to privatise
se privatiser	to go private
l'association (f)	partnership
le contrat d'association	partnership agreement
la société de gestion	trust company

Ownership, management and personnel

le patronat	employers
l'industriel (m)	industrialist
l'actionnaire (m/f)	shareholder
l'associé(e)	partner
le/la partenaire	partner
l'associé(e) principal(e)	senior partner
le/la co-associé(e)	joint partner
la gestion	management
la direction	management
l'administration (f)	management
le comité de direction	management committee
le président directeur général	chief executive
le directeur général	managing director
le directeur régional	area manager
le sous-directeur	assistant manager
le comité d'entreprise	works' council
le président/la présidente	chairman/ chairwoman
le directeur commercial	marketing manager

les cadres supérieurs (m) senior staff
le recrutement du personnel staffing

pénétrer un marché to break into a market
monopoliser un marché to corner a market
inonder le marché to flood the market

Production and consumption

le produit product
le produit de qualité quality product
la gamme de produits range of products
le produit fini finished product
lancer un produit to launch a product
l'offre et la demande supply and demand
le producteur producer
le consommateur consumer
les biens de consommation (m) consumer goods
la protection du consommateur consumer protection
la société de consommation consumer society
la gamme de produits range of products
les marchandises (f) merchandise
la marque brand
les produits de marque (m) branded goods
l'image de marque (f) brand image
la matière première raw material

Marketing

la recherche de marché market research
l' étude de marché (f) market survey, market study
les tendances du marché (f) market trends
cibler un marché to target a market
viser un marché to aim at a market

Prices and profits

la gamme de prix price range
le prix coûtant cost price
le prix de revient cost price
le prix d'achat purchase price
le prix de vente selling price
le prix de détail retail price
le prix de gros resale price
le prix de fabrique factory price
le prix imposé regulation price
l'indice des prix (m) price index
l'éventail de prix (m) price range
le tarif des prix price list
le cartel des prix price ring
maintenir des prix bas to keep the prices down
le contrôle des prix price control
le bénéfice brut gross profit
le bénéfice net net profit
à but lucratif profit-making
à but non lucratif non-profit-making
la marge bénéficiaire profit margin
très risqué high risk
la perte loss
se rattraper de ses pertes to recoup losses

Selling

les soldes (f) sales
solder to sell off at sale prices
la liquidation clearing sale
la clientèle customers, clientele

Level 2

The firm

le conglomérat conglomerate
la société à responsabilité limitée limited company
la société mère parent company
la fusion merger

fusionner to merge
le rachat take-over
l'offre publique d'achat take-over bid
être racheté to be bought out
le comité de direction management board

le conseil d'administration	management board
le comité d'entreprise	works council
le groupe de travail	working party

Production and consumption

le programme de fabrication	production schedule
le produit haut de gamme	top-range product
le produit bas de gamme	bottom of the range product
le sous-produit	by-product
le comportement du consommateur	consumer behaviour
fabriqué sur demande	custom-made
personnalisé	customised

Personnel

les cadres moyens (m)	middle-management
le cadre stagiaire	management trainee
le directeur/la directrice régional(e)	regional manager
le directeur adjoint/ la directrice adjointe	assistant manager
le directeur/la directrice commercial(e)	sales director
le directeur/la directrice du personnel	personnel manager
le chef de rayon	departmental manager
le directeur financier/ la directrice financière	finance director
le chef hiérarchique	line manager
le supérieur hiérarchique	line manager
le chef du bureau	office manager
le conseiller/la conseillère de direction	management consultant
le secrétaire particulier/ la secrétaire particulière	personal assistant
le chef d'exploitation	operations manager

le chef de fabrication	production manager
le chef de vente	sales manager
l'apprenti (e)	apprentice
la base	rank and file
le/la juriste	company lawyer
le vérificateur/la vérificatrice	auditor
le fournisseur/la fournisseuse	supplier
le magasinier/la magasinière	storeman

Selling

le débouché	outlet, gap in the market
la vente porte-à-porte	door-to-door selling
les ventes par téléphone (f)	telesales
la campagne d'exportations	exports drive
la période creuse	slack period

Ordering

facturer	to invoice
la facture	invoice, bill
emballer	to pack
l'emballage (m)	packing
envelopper	to wrap
commander	to order
le carnet de commandes	order book
le bon de commande	order form
livrer	to deliver
la livraison	delivery
le bon de livraison	delivery slip
le livreur	delivery-man

Competition

le concurrent/la concurrente	competitor
la concurrence déloyale	unfair competition
la guerre des prix	price war
le monopole	monopoly

Departments

le service du personnel	personnel department

le service clientèle	customer services department
le service des ventes	sales department
le service après-vente	after sales service
le service des réclamations	complaints department
le service de comptabilité	accounts department
le service d'exportations	export department
le service d'informatique	computing department
le service de la facturation	accounts department
le service de création	design/creative department
le service des achats	buying department
le service d'entretien	maintenance department

le service des expéditions	dispatch department
le contrôle de qualité	quality control
la salle du courrier	mailroom

Transportation, exporting and importing

l'entreprise de transport routier (f)	haulage contractor
l'aire de chargement (m)	loading bay
la cargaison	shipment
franco de port	carriage free
le certificat de douane	customs clearance certificate
la déclaration de douane	customs declaration
les droits de douane (m)	customs duty
hors taxe	duty-free
les droits d'entrée	import duty

Level 3

The firm and management

immatriculer une société	to register a company
dissoudre une société	to dissolve a company
la participation des travailleurs	worker participation
présider un conseil	to chair a meeting
la politique de l'entreprise	company policy
la stratégie de l'entreprise	corporate strategy
la gestion des crises	crisis management
l'organisation du temps (f)	time management
l'organisation du bureau (f)	office management
le brainstorming	brainstorming
l'affairisme (m)	wheeling and dealing

Personnel

la formation des cadres	executive training
le chef direct	line manager
l'équipe de direction (f)	management team

le style managérial	management style
le chasseur de têtes	head-hunter
les sureffectifs (m)	overmanning
supprimer des emplois	to cut jobs
la compression de personnel	reduction in work-force, downsizing
dégraisser	to streamline
les départs volontaires	natural wastage
la capacité inutilisée	idle capacity

Agencies and franchising

l'agent exclusif (m)	sole agent
l'agent accrédité (m)	accredited agent
la commission de l'agent	agents commission
l'agence régionale (f)	area office
la franchise	franchise
le franchiseur	franchiser
la soustraitance	subcontracting

Production and consumption

les normes de qualité (f)	quality standards

le contrôle de la qualité	quality control
le test de produit	product testing
la conception du produit	product design
jetable	disposable
la société de gaspillage	throwaway society
le marché porteur	growth market
le marché à la baisse	buyer's market
le marché acheteur	buyer's market
le marché à la hausse	seller's market
le marché favorable au vendeur	seller's market
le leader du marché	market leader
la notoriété de la marque	brand awareness
la fidélité à la marque	brand loyalty
la date limite de vente	sell-by date
la date limite de consommation	use-by date

Marketing and sales

une part du marché	market share
le créneau commercial	market opportunity
la saturation du marché	market saturation
la braderie	discount centre, cut price stall
brader	to sell cut-price
le magasin de dégriffés	designer seconds shop
'prix sacrifiés'	'prices slashed'
'prix écrasés'	'rock-bottom prices'
la vente aggressive	hard sell
la promotion discrète	soft sell

Stock

la gestion des stocks	stock control
l'inventaire (**m**)	stocktaking
les marchandises en magasin (f)	stock in trade
les marchandises en stock (f)	stock in trade
le magasin	stockroom
la réserve	stockroom
bien achalandé	well-stocked, well patronised

Prices and profit

prix tout compris	all-in price
le prix de catalogue	list price
l'escompte de caisse (**m**)	cash price
le rabais	discount
la remise	discount
la livraison contre remboursement	cash on delivery
le prix concurrentiel	competitive price
l'offre de lancement (f)	introductory offer
le code barres	bar code
le lecteur de codes barres	bar-code reader

Ordering

le traitement de commandes	processing of orders
le devis	quote, estimate
l'avis d'expédition (m)	advice note
le bon de livraison	delivery note
les marchandises à l'essai (f)	goods on approval
l'échantillon (m)	sample

Accounts and costs

la tenue des livres	book-keeping
vérifier les comptes	to audit
l'exercice fiscal (m)	the accounting year
la comptabilité assouplie	creative accounting
le journal auxiliaire	ledger
les frais de fonctionnement (m)	running costs
les frais généraux (m)	overheads
les frais de déplacement (m)	travelling expenses
les frais de manutention (m)	handling charges
rentrer dans ses frais	to break even
le démantèlement de l'actif	asset-stripping
le système de participation aux bénéfices	profit-sharing scheme

le profiteur	profiteer	l'évaluation des coûts (f)	costing
le mercanti	profiteer, swindler	l'établissement des prix de revient (m)	costing
faire des bénéfices excessifs	to profiteer	l'analyse de risques (f)	risk-analysis
les coûts fixes (m)	fixed costs		
coûts variables (m)	variable costs		
les coûts marginaux (m)	marginal costs	*Various*	
les coûts d'établissement (m)	set-up costs	l'organigramme (m)	organisational chart
		le graphique à bâtons	bar chart
		le graphique circulaire	pie chart
les coûts de démarrage (m)	start-up costs	le graphique de circulation	flow chart
coût-efficace	cost-effective	le logotype	logo

Employment

Level 1

General

le marché de l'emploi	employment market
le plein emploi	full employment
gagner sa vie	to earn one's living
la population active	working population
créer des emplois	to create jobs
la création d'emplois	job-creation
la tension	stress
le/la camarade de travail	workmate
la cantine	canteen
la crèche	crèche
rétrograder	to demote
la rétrogradation	demotion

Application

les annonces classées (f)	classified advertisements, situations vacant
chercher un emploi	to look for a job
le demandeur d'emploi	job-seeker
l'agence de placement (f)	employment agency
le bureau d'orientation	careers advice centre
recruter	to recruit

le recrutement	recruitment
embaucher	to employ
la nomination	appointment
nommer quelqu'un à un poste	to appoint someone to a post
le profil du poste	job-description
la définition du poste	job-description
le candidat/la candidate	applicant
le postulant/la postulante	applicant
la candidature	application
le formulaire de candidat	application form
poser sa candidature pour	to apply for
la lettre de candidature	letter of application
les diplômes (m)	qualifications
les titres (m)	qualifications, credentials
le contrat de travail	contract of employment

Training

la période d'essai	probation
le stage	work placement

la formation	training	la double paie	double time
le programme de formation	training programme	l'horaire réduit (m)	short time
		l'horaire flexible (m)	flexi-time
le cours professionnel	training course	les heures variables (f)	flexi-time
le directeur/la directrice de formation	training officer	la satisfaction professionnelle	job satisfaction
		la sécurité de l'emploi	job security
le conseiller/la conseillère d'orientation	careers officer	le partage du travail	job-sharing
		la pause	break
		la pause café	coffee break
le/la stagiaire	trainee	la pause de midi	lunch break
la formation pratique	hands-on training	le jour de congé	day off
la formation des cadres	management training	le ticket restaurant	luncheon voucher
		le chèque repas	luncheon voucher
les cours du soir (m)	night school		
l'appréciation (f)	appraisal		

Termination of employment

renvoyer quelqu'un	to sack someone
le renvoi	dismissal
se faire renvoyer	to get the sack
renvoyer sans préavis	to dismiss without notice
congédier	to dismiss
mettre à la porte	to sack
licencier	to dismiss, lay off
le licenciement	termination of employment
le licenciement abusif	wrongful dismissal
des suppressions d'emploi (f)	job cuts
le chômage	unemployment
les chômeurs	the unemployed
être au chômage	to be unemployed
le taux du chômage	unemployment rate
les chiffres du chômage (m)	unemployment figures
l'allocation chômage (f)	unemployment benefit
la caisse de retraite	pension fund

Salary and conditions

les conditions de travail	working conditions
la paie	pay
le jour de paie	pay-day
le salaire	salary
le traitement	salary
le smic	minimum salary
le/la salarié(e)	wage-earner, salaried worker
le salaire net	take-home pay
le registre des salaires/ des employés	pay-roll
le bulletin de paie	pay-slip
l'échelle des salaires (f)	pay-scale
la révision des salaires	salary review
la prime	bonus
les cotisations syndicales (f)	union dues
le blocage des salaires	wage freeze
le gel des salaires	wage freeze
geler les salaires	to freeze wages
les charges de travail (f)	work load
l'indemnité de maladie (f)	sick pay
le congé de maternité	maternity leave
le congé de paternité	paternity leave
les heures de travail	working hours
les heures de bureau	office hours

Unions and industrial action

les rapports sociaux (m)	industrial relations
l'action syndicale (f)	industrial action
le syndicat	union
le syndicalisme	trade unionism
le/la syndicaliste	trade unionist
se syndiquer	to join a union
adhérer à un syndicat	to join a union

le/la syndiqué(e)	union member	le marchand/la marchande des quatres saisons	costermonger
la table des négociations	bargaining table		
la convention collective	collective agreement	le/la fleuriste	florist
		le confiseur/la confiseuse	confectioner
les négociations collectives (f)	collective bargaining	le boucher/la bouchère	butcher
le conflit	dispute		
l'agitation sociale (f)	industrial unrest	le boulanger/la boulangère	baker
l'impasse (f)	deadlock		
l'action syndicale (f)	union action	le laitier/la laitière	milkman
la revendication salariale	pay claim	le crémier/la crémière	dairyman/dairywoman
l'offre salariale (f)	pay offer	le facteur/la factrice	postman
la grève générale	general strike	le tailleur	tailor
la grève totale	all-out strike	le couturier/la couturière	dressmaker
le/la gréviste	striker		
se mettre en grève	to come out on strike	le cordonnier/la cordonnière	cobbler, shoe-repairer
le comité de grève	strike committee		
un arrêt de travail	stoppage	le teinturier/la teinturière	cleaner
la manifestation	demonstration		
le grief	grievance	le marchand/la marchande de journaux	newsagent
la doléance	grievance		
la discrimination raciale	racial discrimination		
		l'imprimeur (m)	printer
la discrimination sexuelle	sexual discrimination	le maçon	mason, builder
		le plombier	plumber
		l'électricien/ l'électricienne	electrician

Jobs and professions

le vendeur/la vendeuse	salesman/saleswoman	le menuisier	joiner
		le peintre en bâtiment	house-painter
le/la grossiste	wholesaler	le peintre-décorateur	painter and decorator
le détaillant/la détaillante	retailer	le gazier	gas-fitter
		le traiteur	caterer
un épicier/une épicière	grocer	le cuisinier/la cuisinière	cook
le marchand/la marchande de fromages	cheesemonger	le coiffeur/ la coiffeuse	hairdresser
		le garçon de café	waiter
le poissonnier/la poissonnière	fishmonger	le garçon d'ascenseur	lift attendant
		le brocanteur/la brocanteuse	second-hand dealer
le marchand/la marchande de poissons	fishmonger		
		le fripier/la fripière	second-hand clothes dealer
le fruitier/la fruitière	fruiterer	le/la libraire	bookseller
le marchand/la marchande de légumes	greengrocer	le marchand/la marchande de tableaux	art dealer

le bijoutier/la bijoutière	jeweller	le CRS	member of the riot police
le marchand/la marchande de biens	estate agent	le douanier/la douanière	customs officer
la femme de chambre	chamber-maid	l'agent de la douane	customs officer
le groom	bell boy	le médecin	doctor
le garçon de courses	errand-boy	l'infirmier/ l'infirmière	nurse
le garçon livreur	delivery man		
le garçon de bureau	office boy	l'ambulancier/ l'ambulancière	ambulance man
le garçon de ferme	farm hand		
le garçon d'écurie	stable lad	le/la pédicure	chiropodist
le caissier/la caissière	cashier	le/la généraliste	GP
l'inspecteur/ inspectrice	shopwalker	le pharmacien/ la pharmacienne	chemist
le voyageur de commerce	commercial traveller	l'oculiste (m/f)	optician
		le technicien/ la technicienne	technician
le/la sténodactylo	shorthand typist		
le/la comptable	accountant	l'éditeur/l'éditrice	publisher
l'employé(e) de banque	bank clerk	l'agent de voyages	travel agent
		l'agent immobilier	estate agent
le notaire	solicitor	le marin	sailor
l'avocat/ l'avocate	barrister	le matelot	sailor
		le soldat	soldier
l'agent de police (m)	policeman	la femme soldat	servicewoman
l'agent de la circulation	traffic policeman	le militaire	serviceman
		le travailleur immigré	guest worker
le gendarme	gendarme, policeman	le migrant/ la migrante	migrant worker
le gardien de la paix	police officer		

Level 2

Application

le/la répondant(e)	referee	toucher un rappel de salaire	to get some back pay
la référence	reference	le salaire de base	basic pay
fournir des références à quelqu'un	to act as referee for someone	indexé	index-linked
		le bulletin de salaire	payslip
fournir une attestation à quelqu'un	to act as referee for someone	les avantages en nature (m)	benefits in kind
		l'avantage social (m)	fringe benefit
donner quelqu'un en référence	to give someone's name as referee	la voiture de fonction	company car
		l'indemnité de déplacement (f)	travelling allowance
le stage préparatoire	induction course		
		les prestations maladie (f)	sickness benefit
### *Salary and conditions*			
la tranche de revenus	income bracket	le congé annuel	annual leave
le salaire garanti	guaranteed wage	les congés payés	paid leave
le rappel de salaire	back-pay	le congé de maternité	maternity leave

le congé de maladie	sick leave
le congé de formation	training leave
le congé de conversion	retraining leave
promouvoir	to promote
rétrograder	to demote
les perspectives de carrière (f)	career prospects
le travail posté	shift work
le travailleur posté	shift worker
travailler par équipes	to work in shifts
la mutation	transfer
muter	to transfer
réaffecter	to redeploy
la semaine réduite	short week
l'intérim (m)	temporary work
offrir des débouchés	to offer prospects
le risque du métier	occupational hazard

Termination of employment

le départ volontaire	voluntary redundancy
l'indemnité de licenciement (f)	redundancy payment, severance pay
la retraite anticipée	early retirement
la préretraite	early retirement
la prime de départ	golden handshake
la pension d'invalidité	invalidity pension
démissionner	to resign
le chômage partiel	short-time work
les sans-emploi	the jobless

Unions and industrial action

le chef syndicaliste	union leader
le/la délégué(e) syndical(e)	union representative
le monopole syndical	closed shop
l'occupation d'usine	work-in
la grève active	work-in
la grève du zèle	work to rule
la grève perlée	go-slow
la grève spontanée	unofficial strike
la grève sauvage	wildcat strike
la grève d'avertissement	token strike
la grève symbolique	token strike
la grève de protestation	protest strike

la grève surprise	lightning strike
la grève de solidarité	sympathy strike
la vague de grèves	rash of strikes
le débrayage	walk-out
débrayer	to walk out
la caisse de grève	strike funds
le piquet de grève	picket
franchir les piquets de grève	to cross the picket line
faire le blocus	to blockade
le barrage routier	road block
la banderole	banner
le défilé	march
le rassemblement	rally
recourir à l'arbitrage	to go to arbitration
le harcèlement	harassment

Jobs, trades and professions

l'intérimaire (m/f)	temp., locum
le/la responsable	supervisor
le contremaître	supervisor (factory)
le chef de chantier	site supervisor
le chef de rayon	shop supervisor
le/la bibliothécaire	librarian
le conservateur/la conservatrice de musée	curator
le/la gardien(ne) de musée	museum attendant
le/la documentaliste	information officer; researcher (television)
l'antiquaire (m/f)	antique dealer
le/la bouquiniste	second-hand book dealer
l'assistant(e) social(e)	social worker
le conseiller/la conseillère d'orientation	careers advisor
le conseiller/la conseillère matrimoniale	marriage guidance counsellor
le tapissier/la tapissière	upholsterer
le couvreur	roofer
le plâtrier/la plâtrière	plasterer
le soudeur/la soudeuse	welder

l'ouvrier-maçon (m)	bricklayer	le porteur/la porteuse	porter
le garde forestier	park ranger, forester	le vigile	night-watchman
le garde-chasse	gamekeeper	l'agent d'assurances	insurance agent
le/la gardien(ne) de prison	prison warder, wardress	l'agent commercial	sales representative
		l'agent de change	stockbroker
le garde du corps	bodyguard	l'agent de publicité	advertising agent
le/la pompiste	petrol-pump attendant	le kinésithérapeute	physiotherapist
le/la standardiste	telephone-operator	la sage-femme	midwife
l'étalagiste (m/f)	window dresser	l'aide-soignante (f)	nursing auxiliary
le routier	lorry-driver	le brancardier	stretcher-bearer
le cheminot	railway man	le marchand/la marchande de couleurs	ironmonger
le charbonnier/la charbonnière	coalman		
le laveur de carreaux	window-cleaner	le ferrailleur	scrap-merchant
le portier/la portière	doorman/doorwoman	le chiffonnier/la chiffonnière	rag and bone man
l'ouvreur/l'ouvreuse	usher/usherette		
le gardien/la gardienne de nuit	night porter	l'éboueur	dustman
		le balayeur municipal	street-sweeper

Level 3

General

l'excédent de main d'oeuvre (m)	labour surplus	le cours professionel à temps partiel	day release course
la pénurie de main d'oeuvre	labour shortage	donner les noms de personnes en référence	to give the names of referees
le travail au noir	moonlighting	fournir des attestations	to provide testimonials
travailler au noir	to moonlight		
faire avancer sa carrière	to further one's career	la formation sur le tas	on the job training
la maladie professionnelle	occupational illness	la formation sur le terrain	on the job training
fainéant	workshy	le test psychologique	personality test
le bourreau du travail	workaholic	le chasseur de têtes	head-hunter
		se reconvertir	to retrain
le/la drogué(e) de travail	workaholic	en détachement	on secondment
tirer au flanc	to shirk, swing the lead	## Conditions	
		le contrat de durée déterminée	fixed-term contract
le tire-au-flanc	shirker, skiver	travailler à son compte	to freelance
## Application and training			
les antécédents professionnels	career to date	l'employeur qui ne fait pas de discrimination	equal opportunities employer
la formation en entreprise	in-house training	la pointeuse	time-clock
		pointer	to clock in, clock out
le congé de formation	block release	la fiche de présence	time-card

la feuille d'heures	time-sheet	la période de préavis	notice period
la sirène	hooter	faire son temps de	to work out one's
le déménagement	relocation	préavis	notice
la réaffectation	redeployment	licencier sans préavis	to dismiss without
muter	to transfer		notice
faire une mutation	to make an internal	le régime de retraite	contributory pension
interne	appointment	avec retenues sur	scheme
l'ancienneté (f)	length of service	le salaire	
l'évaluation du	appraisal	le plan de préretraite	early retirement
personnel (f)			scheme
l'entretien	appraisal interview	la retraite	graduated pension
d'évaluation (m)		proportionnelle	
le programme de	incentive scheme	l'assurance chômage	unemployment
stimulants			insurance
salariaux		un conseil de	industrial tribunal
la prime	incentive bonus	prud'hommes	
d'encouragement			

Jobs, trades and professions

la prime	one-off bonus	l'orthophoniste (m/f)	speech therapist
exceptionnelle		le laborantin/la	laboratory technician
la prime forfaitaire	lump sum bonus	laborantine	
la prime de danger	danger money	l'arpenteur (m)	surveyor
la retenue sur salaire	stoppage on wages	le déménageur	furniture remover
l'absence autorisée	leave of absence	l'ébéniste (m/f)	cabinet maker
(f)		l'encadreur/	framer
le congé sans solde	unpaid leave of	l'encadreuse	
	absence	le moniteur/la	d'auto-école
une absence pour	compassionate leave	monitrice	driving instructor
convenances		le forgeron	blacksmith
personnelles		le sellier	saddler
le détachement	secondment	le serrurier	locksmith
		le carreleur/la	tiler
		carreleuse	

Industrial action

déposer les outils	to lay down tools	le ramoneur	chimney sweep
le conflit	demarcation dispute	le rétameur/la	tinker
d'attributions		rétameuse	
le comité de grève	strike committee	le potier/la potière	potter
le briseur de grève	strike-breaker	le vannier/la	basket-maker
le jaune ①	blackleg, scab	vannière	
le piquet mobile	flying picket	le brasseur/la	brewer
une allocation de	strike pay	brasseuse	
grève		le sommelier/la	wine-waiter
la commission	conciliation board	sommelière	
d'arbitrage		le plongeur/la	dishwasher
la base ouvrière	rank and file	plongeuse	
		le/la buraliste	tobacconist

Termination of employment

un préavis de	notice of dismissal	le démarcheur/la	door-to-door salesman
licenciement		démarcheuse	

le/la représentant(e) de commerce	sales representative	l'agent artistique (m)	theatrical agent
le fournisseur/la fournisseuse	supplier	le concepteur/la conceptrice	designer
le directeur/la directrice d'agence bancaire	bank manager	le dessinateur/la dessinatrice	designer
		le percepteur/la perceptrice	tax-collector
le courtier en devises	foreign exchange dealer	l'agent maritime (m)	shipping agent
l'assureur (m)	underwriter	l'agent de transmission (m)	dispatch rider, messenger
l'agent de change	stockbroker	l'agent technique	technician
l'aide–comptable (m/f)	bookkeeper	le gardien/la gardienne de musée	museum attendant
le/la commissaire aux comptes	auditor	le gardien/la gardienne de parking	car-park attendant
le chef de bureau	office-manager		
le promoteur/la promotrice immobilier/-ière	property manager	le gardien de phare/ la gardienne de phare	lighthouse attendant
l'expert(e)	surveyor	l'entrepreneur de pompes funèbres	undertaker
l'ingénieur-constructeur (m)	structural engineer	le fossoyeur	grave-digger

---

Exercises

Level 1

1. Trouvez d'autres sens des mots suivants

l'entreprise	la marque	viser	l'éventail
la cantine	le placement	les titres	le cadre
le traitement	le renvoi	la coiffeuse	la cuisinière

2. Composez des phrases qui feront ressortir les différences entre les mots et les expressions suivantes

1. le commerce de gros, le commerce de détail
2. l'actionnaire, l'associé(e)
3. les soldes, la liquidation
4. monopoliser un marché, inonder le marché
5. le formulaire, la lettre de candidature
6. le stage d'initiation, le stage de formation
7. la recherche de marché, l'étude de marché
8. la succursale, la filiale
9. le prix de détail, le prix de fabrique
10. la candidature officielle, la candidature spontanée
11. le salaire gros, le salaire net
12. les conventions salariales, la politique salariale

3. Composez des phrases qui feront ressortir les différences entre les mots suivants

la filiale	la filière	la filature
le formulaire	la formule	la formulation
le traitement	la traite	le traiteur
le serveur	le serviteur	le servant
nommer	nominer	dénommer

4. Expliquez les différences entre les mots suivants

la paie, le traitement, le paiement, les honoraires, la solde
le marchand, l'homme d'affaires, le négociant
le marin, le navigateur, le plaisancier
la femme de ménage, la femme de chambre, la domestique
le traiteur, le restaurateur, l'hôtelier, le gargotier
le bureau, le cabinet, le secrétariat
le patron, le responsable, le directeur, le président

5. Expliquez le sens des expressions suivantes

des idées d'épicier	le vendeur à la sauvette	le marin d'eau douce
le vendeur de rêve	le marchand de soupe	les ouvriers de la dernière heure
jouer au petit soldat	jouer à la marchande	se faire l'avocat du diable

6. Composez des phrases qui feront ressortir le sens des expressions suivantes

la vente au cadran	la vente aux enchères	la vente à la criée
la vente ambulante	la vente-débarras	la vente à prix fixe
la vente automatique	la vente promotionnelle	la vente au comptant
la vente à terme	la vente à l'essai	la vente sur saisie
la VPC	la vente forcée	la vente de biens de faillite

7. Trouvez des équivalents non-argotiques des mots suivants

le boulot	bosser	le taulier	la boîte
le troufion	la boulange	le cuistot	le bavard
le toubib	le mataf	le larbin	le grand manitou

8. Faux amis: complétez le tableau suivant

FRANÇAIS	ANGLAIS	FRANÇAIS	ANGLAIS
le stage			stage
l'appréciation			appreciation
la prime			prime
un grief			grief
licencier			to license
le libraire			library
le groom			groom

9. Trouvez des synonymes des mots suivants

la crèche   le licenciement   la doléance   les négociations

10. Complétez

1. Cette robe doit être nettoyée à sec. Je vais la porter chez le _____ cet après-midi.
2. Elle m'a offert une boîte de chocolats qu'elle a achetée chez le _____ .
3. Ils aiment les vieux meubles. Ils passent leur week-end chez les _____ du marché aux puces.
4. Mes chaussures sont éculées. Je dois les porter chez le _____.
5. Elle a soumis son recueil de poésie à plusieurs _____.

11. Faites une phrase avec chacun des groupes de mots suivants

1. les cadres supérieurs, les actionnaires, se rattraper, les pertes, la crise économique, faire face à
2. le prix de revient, la marge bénéficiaire, le prix de fabrique.
3. la recherche du marché, la gamme de produits, la clientèle, viser, lancer.
4. le profil du poste, la lettre de candidature, les diplômes.
5. le syndicat, la revendication, la grève totale, l'impasse.

12. Traduisez en anglais

1. C'est un vrai marchand de tapis.
2. Le marchand de sable est passé.
3. Recherchons vendeurs expérimentés.
4. Les cordonniers sont toujours les plus mal chaussés.
5. Un mauvais ouvrier a toujours de mauvais outils.

13. Traduisez en français   ✓

1. Since privatisation they have been closing about three branches a month.
2. When you launch a product, you must try to create a brand image which will guarantee consumer loyalty.
3. The market survey carried out last year suggests that our range of goods is too narrow and that we would have difficulty in breaking into the foreign markets.
4. If he is looking for a job, he should consult the situations vacant column. Or else he could make an appointment at the careers advice centre.
5. The job description did not match the contract which she had to sign when she was appointed.
6. The training officer is on maternity leave. The training programme will start in two months when she has come back.
7. He is going to get the sack if he carries on like that. He has already lost his Christmas bonus.
8. Although she is a trainee, her take-home pay meets her needs.

14. Traduisez en anglais

> Le Rantec, lorsque je le rencontrai en sortant du bureau de Saint-Ramé, donnait des signes d'agitation. Un moment, j'eus peur que l'entreprise mal et prématurément informée des troubles dont elle était le siège ne fût déjà bouleversée au point qu'il fût difficile de la reprendre en main. Mais non. Le Rantec parcourait les couloirs en soliloquant sur les questions du soja, de la

viande bovine et des relations économiques internationales. Il n'y connaissait vraiment pas grand-chose, mais il fallait être fin observateur pour s'en apercevoir.

- Vous avez vu ça? me dit-il, les taxes à l'importation sont rétablies sur la viande bovine! Le cacao et le cuivre montent! Nos matières premières vont être inabordables bientôt! J'ai l'intention d'organiser une réunion avec Abéraud et Sélis, et peut-être même d'y inviter le patron.

Voilà. Cet homme, incapable de commander un service ou une usine, qui n'avait pas la moindre idée des problèmes d'atelier, qui n'avait reçu aucune formation sérieuse d'économiste, qui avait appris dans des revues comment s'élaborait le budget de l'Etat, se proposait de réunir ses collègues pour débattre des conséquences sur notre entreprise de la hausse des matières premières. C'était l'époque où ceux qui ressemblaient à Le Rantec étaient légion. L'odeur pestilentielle du mépris sécrétée par les états-majors d'entreprises ou de ministères venait en grande partie d'eux. Ecrivains, artistes, chercheurs, artisans, techniciens, professeurs et instituteurs furent en ce temps-là moqués comme jamais ils ne le furent pour la raison qu'ils ne gagnaient pas d'argent.

René-Victor Pilhes, *L'Imprécateur*, pp. 80–81 (© Editions du Seuil, 1972)

Level 2

1. Trouvez d'autres sens des mots suivants

le rachat	le débouché	la facture	emballer	livrer	la caisse
le répondant	le rappel	la prestation	le congé	débrayer	le piquet

2. Trouvez le sens des expressions suivantes

le bon de caisse	le bon de garantie	le bon d'épargne
la salle d'exposition	la salle de rédaction	la salle des ventes
l'aire d'embarquement	l'aire de service	l'aire d'atterrissage
la déclaration d'impôts	la déclaration de faillite	la déclaration de principe
la prestation d'invalidité	la prestation de vieillesse	les prestations sociales

3. Traduisez en anglais

l'aide de cuisine	l'aide familiale
l'aide de laboratoire	l'aide-maçon
l'assistante sociale	l'assistante maternelle
l'assistant de production	l'assistant réalisateur
le gardien de but	la gardienne d'enfants
le gardien d'immeuble	le gardien de phare

4. Expliquez le sens des expressions suivantes

la grève totale	la grève du zèle	la grève perlée	la grève bouchon
la grève sauvage	la grève tournante	la grève sur le tas	la grève patronale

5. Complétez le tableau suivant   ✓

le couvreur	l'enseignant	le maçon	l'antiquaire	le marchand de couleurs
le plâtrier	le ferrailleur	le fripier	l'oculiste	le peintre-décorateur
le généraliste	le notaire	le chiffonnier	le menuisier	le pharmacien
le journaliste	l'électricien	le gazier	l'instituteur	le garçon de ferme
le brocanteur	le manoeuvre	le libraire	l'éboueur	le balayeur municipal
l'avocat	le soudeur	le juriconsulte	le buraliste	le bibliothécaire

Commerçants	
Ouvriers qualifiés	
Ouvriers non-qualifiés	
Professions libérales	

6. Traduisez en anglais

l'arbre creux	le chemin creux
les yeux creux	l'assiette creuse
le riz perlé	le coton perlé
le travail perlé	le rire perlé
la concurrence sauvage	l'immigration sauvage
la vente sauvage	la soie sauvage

7. Donnez des exemples typiques d'avantages en nature

_____   _____   _____

_____   _____   _____

8. Quelles sont les différences entre les métiers suivants

le vigile le gardien de nuit	le portier le porteur	le chiffonnier le ferrailleur	l'éboueur le balayeur municipal
le bibliothécaire le documentaliste	le conservateur de musée la gardien de musée	le bouquiniste l'antiquaire	le garde forestier le garde-chasse

9. Composez des phrases qui feront ressortir les différences entre les mots suivants

le congé, le jour férié, la fête, la permission, le pont
le rassemblement, le défilé, la réunion
la facture, l'addition, la note
le stage, l'apprentissage, la formation, l'entraînement
l'emballage, le remplissage, le conditionnement

10. Traduisez en français ✓

1. Because of the employment crisis, he was forced to take early retirement. However, the golden handshake was quite substantial.
2. My daughter likes her new job: although the basic pay is poor, the fringe benefits are good and she has eight weeks annual leave.
3. He opted for voluntary redundancy rather than demotion or retraining.
4. Her father is a social worker and her mother is a careers adviser. He stresses the importance of job satisfaction, but her mother wants her to get a job with good prospects of promotion.
5. The parent company was bought out by a conglomerate which has imposed a new production schedule.
6. According to the sales director, average consumer behaviour suggests that the custom-made product has no future.
7. In my opinion, door-to-door selling and tele-sales should be banned.
8. The storeman said that the delivery-man did not arrive on time and he had to wait half an hour in the loading bay.

11. Rédigez un résumé (200 mots) du texte suivant

La deuxième chance des saisonniers: L'association Bourse emploi-formation s'efforce de mieux informer, conseiller, voire orienter, les professionnels du tourisme

INFORMER les saisonniers en contrat à durée déterminée de leurs droits aux congés individuels de formation (CIF) et organiser des stages durant les intersaisons: tel est le but de l'association Bourse emploi-formation du tourisme d'Avignon, dont le domaine d'intervention recouvre les régions Rhône-Alpes, Provence – Alpes – Côte d'Azur (PACA) et Languedoc-Roussillon. La qualification est le meilleur moyen d'atténuer la précarité des travailleurs saisonniers du tourisme car, en étant mieux formés, ils accroissent leurs chances d'être repris par leur employeur la saison suivante. Forte de cette conviction, l'association réalise en outre des bilans de compétence, des études et diffuse des offres d'emplois en accord avec l'ANPE. La Bourse, qui emploie trois salariés, a bénéficié pour son démarrage d'aides des Fonds d'assurance-formation (industrie hôtelière) et Uniformation (tourisme social). Aujourd'hui, elle ne perçoit qu'une subvention annuelle de 270 000 francs provenant du ministère du tourisme, et aucune des trois régions ne verse le moindre centime.

'Chacune renvoie la balle vers l'autre, déplore Christian Juyaux, secrétaire de l'association. C'est étonnant, compte tenu de leurs prérogatives en matière de formation. Il est vrai que les saisonniers votent rarement là où ils travaillent.' En situation financière précaire, la Bourse s'attache néanmoins à continuer de rendre un service gratuit au public: en 1994, elle a délivré 820 informations personnalisées dont près de 600 concernaient la formation. Seuls soixante-huit travailleurs saisonniers ont finalement suivi une formation. La progression est cependant forte par rapport à 1993, où trente-deux personnes avaient suivi une formation.

Ouverte au public depuis 1992, cette association est née, l'année précédente, à l'initiative de saisonniers de stations de sports d'hiver, militants de la CFDT, qui avaient en tête de créer une bourse-emploi. Une étude de faisabilité financée par le ministère du travail en 1988 avait permis d'affiner le projet. Sur les régions Rhône-Alpes et PACA, 200 000 salariés travaillent dans le tourisme, dont plus de la moitié en contrat à durée déterminée (CDD). 40 000 sont mobiles et, six fois sur dix, changer d'employeur signifie pour eux aller vers des stations alpines dans la zone méditerranéenne. Autre caractéristique: 'Les saisonniers entrent dans le secteur du tourisme avant l'âge de vingt-cinq ans. Mais, au-delà de trente-cinq ans, il n'y a plus personne', souligne Christian Juyaux.

Enfin, les jeunes en insertion forment plus de 50 % du bataillon. 'Parmi eux, certains sont en échec scolaire et sans métier. D'autres ont une culture générale mais pas de formation technique', ajoute le secrétaire de l'association. D'où l'idée de construire avec eux des 'itinéraires emploi-formation' pour leur permettre de s'insérer et de se qualifier en vue d'une reconversion au-delà de trente-cinq ans.

CORRESPONDANTS LOCAUX

Fort opportunément, la loi du 12 juillet 1990 sur le droit des titulaires d'un CDD aux CIF a ouvert des horizons à ce public oublié jusqu'alors. Accessible après vingt-quatre mois d'activité salariée au cours des cinq dernières années, dont quatre mois en CDD au cours des douze derniers mois, le CIF-CDD permet aux salariés de se former durant l'intersaison et de bénéficier dans le même temps d'une rémunération. Un avantage non négligeable puisqu'ils peuvent rarement prétendre à des allocations chômage.

La plupart d'entre eux ignorent leurs droits et sont dispersés dans des entreprises qui, souvent, ne comptent que quatre ou cinq salariés. La Bourse emploi-formation a mis en place un moyen d'information original: une soixantaine de 'correspondants locaux' bénévoles, véritables relais de la structure d'Avignon, sont éparpillés sur les sites touristiques des trois régions, au plus près des salariés. Ce sont des saisonniers qui ont parfois eux-mêmes suivi une formation, des responsables de foyers-logements ou des syndicalistes, même si l'association n'est en aucun cas un syndicat, tiennent à souligner ses responsables.

'De toutes les régions, la demande est la même: les gens veulent être considérés dans leur travail, ce qui n'est pas souvent le cas, observe Michel Bernard,' conseiller en formation 'itinérant et salarié, qui, des montagnes aux plages, tient des permanences. Ils veulent aussi être informés et savoir où ils vont. Ceux qui viennent me voir ont en moyenne trente-cinq ans. Ils galèrent souvent depuis cinq ou dix ans, de saison en saison, se couchent à point d'heure pour se lever fatigués et constater qu'il ne leur reste pas grand-chose en poche à la fin du mois. Arrivés à un certain âge, ils se disent qu'ils ne peuvent plus continuer ainsi et cherchent à changer de vie.' Le rôle du conseiller consiste à les orienter soit vers des filières de formation, s'ils ont un projet précis, et à les aider à monter leur dossier CIF, soit vers un bilan de compétences.

Les problèmes posés lors de ces permanences débordent souvent du cadre de la formation. Ceux relatifs aux conditions de travail reviennent fréquemment, comme pour ces salariés d'un petit hôtel qui, le 24 janvier, n'avaient toujours pas perçu leur salaire de décembre. Face à ce genre de situation, Michel Bernard oriente les saisonniers vers les syndicats, l'inspection du travail, voire le conseil des prud'hommes. Mais les visiteurs parlent aussi de leurs conditions de vie, de leur logement, de la toxicomanie et du sida. 'On ne peut pas dissocier les problèmes, reconnaît le conseiller. A La Plagne, par exemple, dans certains foyers-logements, les chambres sont si exiguës que les saisonniers doivent mettre leur lit à la verticale pour faire sécher leur linge sur les montants. Comment peuvent-ils se reposer après quinze heures de travail ? Ils sont obligés de sortir tous les soirs, vont au bistrot ou en boîte, ce qui amène les plus fragiles à tomber dans un excès ou un autre.'

Beaucoup de travail reste à accomplir et pas seulement auprès des salariés. 'Les employeurs connaissent rarement les dispositifs de formation, déplore Françoise Dusserre, déléguée de la Bourse. Et, souvent, ce n'est pas leur souci.' De même, certains patrons ignorent qu'ils versent des cotisations aux fonds d'assurance-formation car c'est le comptable qui les règle. Il en est aussi qui estiment que ces cotisations sont du racket, raconte un responsable de centre de formation. 'Les entreprises ont pourtant intérêt à avoir un personnel formé si elles veulent freiner le taux de rotation qui est très élevé et rendre un meilleur service à la clientèle', insiste Françoise Dusserre. Les employeurs ont été sollicités pour entrer dans le conseil d'administration de la Bourse qui, dans l'esprit des militants de la CFDT, doit être une 'structure paritaire'. En vain, pour l'instant. Une chose en tout cas paraît certaine: sans amélioration des conditions de vie et de travail, la qualification ne suffira pas à réduire la précarité des travailleurs saisonniers.

Francine Aizicovici, *Le Monde*, 15 février 1995 (© *Le Monde*)

Level 3

1. Trouvez le mot qui n'est pas à sa place   ✓

1. le vannier, le potier, le fournisseur, l'ébéniste, le menuisier, le sellier
2. l'assureur, l'aide-comptable, le percepteur, l'orthophoniste, l'agent de change
3. la pointeuse, le lecteur de codes barres, la fiche de présence, la feuille d'heures, la sirène
4. des soldes, une remise, des dégriffés, un rabais, une ristourne, un escompte, une offre de lancement

2. Quelles sont les différences entre:

le démarcheur , le colporteur
les coûts d'établissement, les coûts de démarrage
l'infirmière, la sage-femme
la politique de l'entreprise, la stratégie de l'entreprise
l'agent exclusif, l'agent accrédité
l'inventaire, la gestion des stocks

l'échantillon, les marchandises à l'essai
les frais généraux, les frais de fonctionnement
la franchise, la sous-traitance
l'évaluation des coûts, l'établissement des prix de revient
le logotype, la devise
le courtier en devises, l'agent de change

3. Trouvez d'autres sens des mots suivants

le détachement   pointer   la sirène
la franchise   dégraisser   le créneau

4. Associez le marchand et la marchandise   ✓

les citrouilles, les sablés, les pendants d'oreilles, les pommades, les reines-claudes, les blaireaux, les piments doux, les broches, les gargarismes, les fèves, les épingles de cravate, les beignets, les limes, les grenades, les poireaux, les cakes, les alliances, les fusibles, les flans, les flageolets, les pastilles, les préservatifs, les bagues, les fortifiants, les chevalières, les boulons, les génoises, les panais, les gourmettes, les perceuses, les épinards, les écrous, les pendentifs, l'eau de toilette, les millefeuilles, les pinces, les pastèques, les boutons de manchette, les airelles, le papier verre, les chaussons aux pommes, les brugnons

le pâtissier	
le quincaillier	
le marchand des quatre saisons	
le droguiste	
le bijoutier	

5. Complétez le tableau suivant ✓

Produit	Artisan	Produit	Artisan
la dentelle		la poterie	
les meubles		le tissu	
les paniers		le cuir	
les cadres		les chaussures	
les fers à cheval		les selles	
les couteaux		les montres	

6. Dressez une liste des qualités personnelles nécessaires pour chacun/chacune des métiers/activités suivants

1. infirmière qui travaille dans une salle de traumatologie
2. professeur qui enseigne aux handicapés visuels
3. animateur de groupe de jeunes qui travaille dans un quartier déshérité
4. volontaire qui participe à un programme de co-opération technique à l'étranger
5. aide-soignante qui travaille dans un hospice pour incurables

7. Traduisez en français ✓

1. During her appraisal interview, her supervisor asked if she would like to participate in the in-house training programme in order to improve her computing skills.
2. He has been freelancing for the last two years; he was tired of fixed-term contracts.
3. She did not get the job which she applied for; because of the recession, the manager decided to make an internal appointment.
4. Many trades are disappearing; you hardly ever see a blacksmith or a saddler nowadays. It's virtually impossible to find a chimney sweep.
5. It was he who chaired the meeting where it was decided to dissolve the company. He said he had had enough of brainstorming, crisis management, buyer's markets and seller's markets. He just wanted to retire.

6. She buys all her clothes at a designer seconds shop. I prefer cut-price stalls and the flea-market.
7. The listed price is far too high. The sales manager normally gives me a discount of ten per cent on all the articles I purchase.
8. The bar code is on the side of the tin. The sell-by date is printed on the lid.

8. Traduisez en anglais

Trouver la bonne 'case'
Emplois stérilisés

QUATRE mois de trop ... Isabelle, née en février 1969, n'en revient pas. Après plusieurs mois de chômage, elle pense enfin avoir trouvé du travail: un poste d'attachée de communication dans une institution patronale, ce qui correspond parfaitement à sa formation et à ses deux ans d'expérience professionnelle. Les premiers entretiens avec celle qui doit devenir sa supérieure hiérarchique directe sont largement encourageants. Le courant est passé, l'embauche presque certaine. Dernière ligne droite à parcourir, l'accord du directeur, 'une formalité', lui dit-on ... Formalité qui devient en réalité un 'non' ferme. Isabelle a plus de vingt-six ans. Quatre mois de trop. Impossible, par conséquent, de la recruter en contrat de qualification, comme l'exige le directeur pour des raisons d'économies évidentes. 'Je sais qu'ils ont embauché quelqu'un de vingt-deux ans, mais qui n'avait jamais travaillé dans la communication. Le temps qu'ils vont consacrer à sa formation risque de leur coûter autant que mon embauche.'

Un cas isolé ? Vraiment pas. Dans les ANPE comme dans les missions locales, les responsables du terrain connaissent bien ce phénomène de 'cases' propre au traitement social, qui entraîne des dérives et des effets de substitution. 'Les entreprises recherchent le moindre coût et étudient précisément l'ensemble des mesures existantes, attendant même celles à venir ... ', témoigne cet agent de l'ANPE.

COMPTES

Le choix est large, il faut le dire, entre contrat de qualification, contrat d'adaptation, contrat d'apprentissage, CES, CRE et bientôt contrat initiative-emploi et contrat d'accès à l'emploi annoncés par Alain Juppé lors de son discours de politique générale. 'Nous gérons la pénurie d'emplois, constate ce directeur d'une mission locale. Les chômeurs sont donc sectorisés et, dès lors, vous vous trouvez face à des situations de concurrence malsaine. Mais nous ne voyons pas comment les éviter.' 'Les entreprises privées, les entreprises publiques, tout le monde maintenant fait ses comptes, commente ce responsable de la PAIO (permanence d'accueil, d'information et d'orientation des jeunes). Un patron m'interrogeait la semaine dernière sur l'opportunité de prendre un stagiaire en formation plutôt qu'un CES. Le jeune en question ne l'intéressait guère. Il voulait en revanche connaître la formule la plus avantageuse.'

L'arbitrage financier, devenu prioritaire pour beaucoup d'entreprises, entraîne des excès connus: jeunes qui acceptent des postes sous-qualifiés, licenciement de salariés en poste pour des raisons économiques, qui bénéficient en principe d'une priorité en cas de réembauche et qui sont remplacés par des jeunes moins chers. Et puis, phénomène encore plus inquiétant, la succession possible de stages, contrats payés à la moitié du SMIC, qui placent les jeunes, enchaînés dans un tel processus, dans une quasi-impossibilité de s'autonomiser, de bâtir une vie professionnelle et privée dans laquelle ils peuvent se retrouver.

'Le volume d'emplois aidés est en inflation constante, remarque Claire Villiers, de la CFDT-ANPE. Vous avez même des branches professionnelles qui ont adapté leurs politiques de formation et de recrutement aux mesures disponibles. Nous sentons bien que les dérives deviennent de plus en plus le lot quotidien.'

La fonction de contrôle de l'inspection du travail apparaît ici déterminante, 'mais nous savons, insiste Claire Villiers, que les effectifs sont insuffisants'. Certains acteurs du terrain préfèrent donc imaginer une refonte complète des mécanismes existants, se réunissent pour y réfléchir en commission et attendent d'être entendus.

Marie Béatrice Baudet, *Le Monde*, 14 juin 1995 (© *Le Monde*)

9. Rédigez le C.V. d'un des candidats suivants en vous servant des rubriques et des expressions suivantes

Candidat à un poste de . . . *secrétaire de direction, analyste marketing, responsable des achats pour un grand magasin, consultant en gestion, directeur de ressources humaines, traducteur français-anglais dans une compagnie d'assurance*

Rubriques: *Formation, Stages, Expérience professionnelle, Domaines de compétence, Activités sociales, Activités diverses*

Expressions utiles:
maîtrise de l'ordinateur ▭ formation en bureautique ▢ organisation des réunions ▭ rédaction des rapports ▢ organisation du programme de formation ▭ membre fondateur de ▢ connaissance pratique de ▭ connaissance directe de ▢ aptitude pour ▭ bonne capacité rédactionnelle ▢ esprit d'analyse ▭ esprit de synthèse ▢ expérience de dix ans dans la filière . . . ▭ expérience d'encadrement d'équipes importantes ▢ représentant de ▭ solide expérience de ▢ sens du tavail en équipe ▭ sens de la négociation et de la communication ▢ sens de l'anticipation ▭ contrôle des procédures de gestion ▢ contrôle des tableaux de bord ▭ ai établi des contrats avec ▢ ai coordonné l'activité d'un groupe de ▭ ai organisé les déplacements de ▢ ai assumé l'entière responsabilité de ▭ ai mené une étude sur ▢ ai démarré un programme de ▭ ai préparé des briefings à l'intention de ▢ ai l'habitude de donner des conférences sur ▭ ai assuré le suivi de ▢ parle couramment ▭ ai de bonnes connaissances de ▢ apprécie le travail en équipe

Unit 17

The office and computing

Level 1

Personnel

le personnel administratif	clerical staff
le personnel de bureau	office staff
le chef de bureau	office manager
l'employé de bureau (m/f)	office worker
le secrétariat	secretariat
le/la secrétaire	secretary
le/la secrétaire bilingue	bilingual secretary
l'audiotypiste (m/f)	audiotypist
le/la dactylo	copy typist
la dactylographie	typing
la sténographie	shorthand
sténographier	to take down in shorthand
le/la stagiaire	trainee
le programmeur/la programmeuse	programmer
l'informaticien/ l'informaticienne	computer expert
le garde	security guard

Offices

le bureau	office, desk
l'immeuble de bureaux (m)	office block
la salle d'attente	waiting room
la salle de conseil	board room
la salle de conférence	conference room
la salle d'exposition	exhibition hall
le bureau paysager	open plan office
le siège principal	head office
le siège social	head office
les locaux (m)	premises
la climatisation	air-conditioning
la cantine	canteen
les heures de bureau (f)	office hours

Office equipment and materials

le matériel du bureau	office equipment
les fournitures de bureau (f)	office supplies
les articles de bureau (m)	office supplies
le mobilier de bureau	office furniture
la chaise tournante	swivel chair
la corbeille à papier	waste-paper basket
le bac à correspondance	correspondence tray
le panneau d'affichage	notice board
le stylo	pen
le crayon	pencil
le taille-crayon	pencil sharpener
le stylo-feutre	felt-tip pen
le stylo à cartouche	cartridge pen
le stylo à réservoir	fountain pen
le marqueur	marker pen
le surligneur	highlighter
la gomme	eraser, glue
la colle	glue
le scotch ®	Scotch tape ®
les ciseaux (m)	scissors
le liquide correcteur	correcting fluid
la papeterie	stationery
l'encre (f)	toner
la cartouche	cartridge

le carbone	carbon copy
le ruban	ribbon
faire un double de	to duplicate
polycopier	to duplicate
en double exemplaire	in two copies
collationner	to collate
envoyer par fax	to fax
l'agrandissement (m)	enlargement
l'agenda de bureau (m)	desk diary
la lampe de bureau	desk lamp
le bloc-notes	desk pad
le livre de comptes	accounts book
le livre de caisse	cash book
le grand livre	ledger
le carnet de commandes	order book
le bulletin de commande	order form, order slip
l'interphone (m)	intercom
la calculatrice	calculator
le photocopieur	photocopier
le télécopieur	fax machine
la télécopie	fax
la machine à dicter	dictation machine

Computing and typing

l'informatique (f)	computing
le réseau	network
la station de travail	work-station
la programmation	programming
l'ordinateur de bureau (m)	desk-top computer
l'ordinateur portatif (m)	lap-top computer
le moniteur couleur	colour monitor

la machine de traitement de texte	word-processor
l'imprimante (f)	printer
l'imprimante laser (f)	laser printer
l'imprimante couleur (f)	colour printer
la machine à écrire à mémoire	memory typewriter
la programmation	programming
la mémoire d'ordinateur	computer memory
le courrier électronique	electronic mail
tomber en panne	to crash
le langage machine	computer language
lisible par ordinateur	machine-readable
la copie papier	hard copy
la fenêtre	window
le caractère	character
le caractère majuscule	capital letter
le caractère minuscule	lower-case letter
en caractères gras	in bold
en caractères italiques	in italics
le point	full stop
l'apostrophe (f)	apostrophe
la virgule	comma, decimal point
le point d'interrogation	question mark
le tiret	dash
le pointillé	dotted line
le soulignement	underlining
les guillemets (m)	quotes
la parenthèse	bracket
l'accolade (f)	curly bracket
la faute de frappe	keyboard error
le CD-ROM	CD-ROM
interactif	interactive

Level 2

Personnel

le/la claviste	keyboard operator
l'analyste en système (m/f)	systems analyst
l'intérimaire (m/f)	temp
travailler comme intérimaire	to temp

Office

le service d'inscriptions	admissions office
le bureau de location	booking office
le service des réservations	advanced booking office

le bureau de renseignements	information office
le bureau de l'Intendant	bursary
le service d'orientation professionnelle	careers office
le bureau de dessin industriel	drawing office
le cabinet légal	legal practice
le bureau des messageries	parcel office
le bureau des archives	records office
la baraque de chantier	site office
le bureau électronique	paperless office
la fête d'entreprise	office party
les intrigues de bureau (f)	office politics

Office equipment and materials

le répondeur	answering machine
les archives (f)	files
le classement	filing
l'archivage (m)	filing
la chemise	folder
le carton de classement	box-file
la boîte archive	box file
le fichier	card index
la boîte à fiches	card index box
le dossier	file
classer	to file
classer par sujet	to file by subject
classer par année	to file according to year
classer par client	to file according to client's name
archiver	to file
l'archivage électronique (m)	electronic filing
le classeur	filing cabinet
le système de classement	filing system
la méthode d'archivage	filing system
le trombone	paper-clip
l'agrafe (f)	staple
l'agrafeuse (f)	stapler

le perforateur	punch
le caoutchouc	rubber band
l'armoire à fournitures (f)	stationery cupboard
l'enveloppe gommée (f)	stick-down envelope
l'enveloppe auto-adhésive (f)	self-seal envelope
l'enveloppe auto-collante (f)	self-seal envelope
l'étiquette d'adresse (f)	address label
le pèse-lettres	letter scale
le papier buvard	blotting paper
le papier carbone	carbon paper
le papier à en-tête	headed notepaper
le papier à photocopieur	copy paper
le papier avion	airmail paper
la carte de visite	business card
la fiche de transmission	compliments slip
l'accusé de réception (m)	acknowledgement
le mémorandum	memo
la note de service	memo
la lettre d'accompagnement	covering letter
la lettre de réclamation	letter of complaint
la lettre d'excuse	letter of apology
la copie originale	top copy
le courrier reçu	in-tray
le courrier à expédier	out-tray
le cahier d'enregistrement du courrier	mail book
le tri postal	mail sorting
le brouillon	draft
le coupe-papier	paper knife
la petite caisse	petty cash

Computing and typing

la micro-édition	desk-top publishing
la mise sur ordinateur	computerisation
la bureautique	office automation
assisté par ordinateur	computer-assisted
le publipostage	mailmerge

la téléconférence	teleconference
le matériel	hardware
le hardware	hardware
le logiciel	software
le progiciel	programme package
le didacticiel	tutorial programme
le modem	modem
le bloc-notes électronique	notepad computer
l'agenda électronique (m)	personal organiser
le disque dur	hard disk
la disquette préformatée	preformatted disk
la boîte à disquettes	disk box
l'imprimante à bulles (f)	bubble-jet printer
le listing	printout
le traitement de données	data-processing
la banque de données	data bank
la base de données	data base
le traitement de texte	word-processing
initié à l'informatique	computer literate
convivial	user-friendly
la console de visualisation	VDU

l'écran (m)	screen
la disquette	disk
le fichier	file
le clavier	keyboard
la souris	mouse
le tapis de souris	mouse-pad
le curseur	cursor
l'indicatif (m)	prompt
amorcer	to boot up
enregistrer	to log
le mot de passe	password
charger un programme	to load a programme
formater	to format
transférer	to download
sauver	to save
effacer	to delete
abandonner	to abort
personnaliser	to customise
la copie de sauvegarde	back-up copy
le virus informatique	computer virus
le manuel de référence	reference manual
la rubrique	heading
le numéro de référence	reference number
la marge	margin

Level 3

Personnel

le coursier/la coursière	courier
le/la mécanographe	punchcard operator
le technicien de maintenance	service engineer
le convoyeur de fonds/la convoyeuse	security guard
le vérificateur/la vérificatrice	auditor
le/la responsable des relations publiques	PR manager

Office equipment and materials

la rame de papier	ream
faire une commande de	to requisition
mettre en balles	to bale paper

le papier à lettres de luxe	bonded paper
le papier à réglure fine	narrow feint paper
le papier non réglé	plain paper
le papier ministre	foolscap
le papier non blanchi	unbleached paper
le carton ondulé	corrugated paper
armorié	crested (stationery)
glacé	glossy (paper)
grenelé	granulated (paper)
parfumé	scented (paper)
personnalisé	personalised
le liseré	edging (on paper)
gaufré	embossed (paper)
le folio	folio
le papier Bible	India paper

le papier pelure	onionskin paper	**le** gestionnaire de	file manager
le conteneur de	paper bank	fichiers	
récupération de		le menu fichier	file menu
vieux papiers		le nom de fichier	file name
le crayon de couleur	crayon	**le** répertoire	directory
le carton de	box-file	le document actif	active document
classement		le document maître	master document
le classeur à anneaux	ring-binder	la recherche	search
le classeur à levier	lever-arch file	le saut de page	page break
le dossier suspendu	hanging file	la barre d'espacement	space bar
la fiche intercalaire	divider	la touche de	control key
l'intercalaire (**m**)	divider	commande	
la pochette	document cover	la touche de fonction	function key
la pochette matelassée	Jiffy bag ®	l'icône (f)	icon
l'enveloppe à fenêtre	window envelope	aide	help
(f)		**le** contrôle	spellcheck, proofing
l'organigramme (m)	organisation chart,	orthographique	tool
	flow chart	l'analyseur	grammar check, parser
le massicot	guillotine	syntaxique (m)	
le destructeur de	shredder	la coupe et insertion	cut and paste
documents		le lecteur de disquette	disk drive
la lacéreuse	shredder	la police des caractères	character font
la déchiqueteuse	shredder	la feuille de calcul	spreadsheet
broyer	to shred	électronique	
lacérer	to shred	le tri alphabétique	alphabetical sort,
la lacération	shredding		alphasort
le répertoire	trade directory	la barre d'outils	tool bar
d'entreprises		la règle	ruler
le bras porte-copies	document holder	la barre d'espacement	space bar
le stencil	stencil	la touche de direction	arrow key
cacheter	to seal	la sauvegarde	automatic save,
le timbre dateur	date stamp		autosave
l'affranchisseuse (f)	franking machine	altérer	to corrupt
la lettre type	form letter	commande erronée	bad command
le document type	proforma document	aperçu avant	print preview
la lettre de relance	follow-up letter	impression	
la griffe	signature stamp	faire défiler un texte	to scroll
parapher	to initial	remettre à zéro	to reset
le tampon encreur	ink pad	actualiser	to update
le procès-verbal	minutes	cliquer	to click
la copie recto-verso	double-sided	bicliquer	to double-click
	copying	chercher	to search
la passation d'écriture	entry	chercher suivant	to find next
		trouver et remplacer	find and replace
Computing and typing		saisir les données	to input data
l'octet (m)	byte	mettre en relief	to highlight
la capacité de	memory capacity	capturer au scanneur	to scan in
mémoire		charger en mémoire	to load

le crayon lumineux	light pen	**le** graphique	graphic
le clipart	clipart	le camembert	pie-chart
l'alimentation papier (f)	paper feed	l'histogramme (**m**)	bar-chart
		le bas de page	footer
le piratage informatique	hacking	la note de fin de document	endnote
accès refusé	access denied	la référence croisée	cross-reference
la manette de jeu	joystick	la marge du bas	bottom margin
le ludiciel	games software	l'alinéa négatif (m)	hanging indent
la banque d'images	image bank	le centrage	centring
le jargon informatique	computerese	justifié	justified
le blocage majuscule	caps lock	l'interligne (**m**)	line spacing
la boîte de dialogue	dialogue box	l'interlignage (m)	line spacing
le presse-papiers	clipboard	la table des symboles	symbols table
la commande 'défaire'	undo command	la tabulation	tab
le brouillon	draft	la barre oblique	slash
le calque	grid	l'ombrage (m)	shading
le graphe	graph		

Post and telecommunications

Level 1

Post

le Ministère des Postes et des Télécommunications	Ministry of Posts and Telecommunications	le numéro de télécopieur	fax number
		le coupon-réponse international	international reply coupon
le Ministre des Postes et des Télécommunications	Minister of Posts and Telecommunications	le mandat	postal order
		la boîte aux lettres	letter-box
le service des postes	postal services, post office	l'adresse (f)	address
		le code postal	post code
le bureau de poste	post office	le distributeur de timbres	stamp machine
la poste	post office	le tarif normal	first-class post
le receveur des postes	postmaster	le tarif réduit	second-class post
la receveuse des postes	postmistress	le courrier ordinaire	surface mail
le facteur	postman	le courrier aérien	airmail
la factrice	postwoman	le papier à lettres	writing paper
le sac postal	postbag	la lettre d'affaires	business letter
la carte postale	postcard	la lettre personnelle	personal letter
le paquet	package	le correspondant/la correspondante	correspondent
le colis	parcel		
le timbre-poste	postage stamp	confidentiel	confidential
les tarifs postaux (m)	postal rates	la signature	signature
la poste aérienne	air mail	le/la signataire	signatory
le télécopieur	fax machine	contresigner	to countersign
		ci-inclus	enclosed

ci-joint	enclosed
sous ce pli	herewith
comme suite à	following
en réponse à	in reply to

Telephone

le téléphone public	public telephone
le téléphone de voiture	car phone
le radiophone	mobile phone
le téléphone mobile	mobile phone
le visiophone	videophone
le téléphone à pièces	coin-operated phone
le téléphone à carte	card phone
le tarif réduit	cheap rate
le tarif maximal	peak rate
la télécarte	telephone card
la tonalité	dialling tone
les renseignements (m)	directory enquiries

la tonalité occupée	engaged tone
le standard	operator service
le/la standardiste	operator
le central	exchange
la cabine téléphonique	phone booth
l'annuaire (m)	telephone directory
composer le numéro	to dial the number
le combiné	receiver
décrocher	to lift the receiver
raccrocher	to replace the receiver
passer un coup de fil ①	to give someone a ring
rappeler	to call back
rester en ligne	to hold the line
passer quelqu'un	to put someone through
relier	to connect
couper	to disconnect
le faux numéro	wrong number
le dérangement	fault

Level 2

Post

franco	post-free
en franchise	post-free
franc de port	post-free
port payé	post paid
port dû	post due
la carte-lettre	letter card
la carte-réponse	reply card
par retour du courrier	by return of post
par le premier courrier	by the first post
la note de service	memo
le post-scriptum	postscript
la référence	reference
les frais de port et d'emballage (m)	post and packaging
l'envoi recommandé (m)	recorded delivery
le cachet de la poste	postmark
le papier d'emballage	wrapping paper
le papier gris	brown paper
la vente par correspondance	mail-order

le catalogue de vente par correspondance	mail-order catalogue
la maison de vente par correspondance	mail-order company
le/la destinataire	addressee
l'expéditeur/ l'expéditrice	sender
la réponse affirmative	affirmative reply
la réponse négative	negative reply
accuser réception de	to acknowledge receipt of

Telephone

être dans l'annuaire	to be on the phone, to be in the book
être abonné	to be on the phone, to be in the book
le numéro de poste	extension number
la communication urbaine	local call
l'appel interurbain (m)	long-distance call
le décalage horaire	time-lag, time difference

le fuseau horaire	time zone	le signal d'occupation	engaged tone
le téléscripteur	teleprinter	le bip	the pip
le répondeur automatique	answering machine	appeler par l'automatique	to dial direct
le message enregistré	recorded message	digital	digital
l'horloge parlante (f)	speaking clock		

Level 3

Post

la liste d'adresses	mailing list	la lettre de condoléances	letter of condolence
le fichier d'adresses	mailing list	les voeux de Nouvel An (m)	New Year greetings
le publipostage	mail-merge		
le mailing	mailing	les voeux de rétablissement (m)	get-well wishes
le courrier à deux vitesses	two-tier postal system	le CEDEX (courrier d'entreprise à distribution exceptionnelle)	Business Mail
la machine à affranchir	franking machine		
l'enveloppe affranchie (f)	prepaid envelope	l'en-tête (m)	letterhead
la fiche de transmission	compliments slip	la vedette	name and address of addressee
la demande de formulaire	request for an application form	la pièce jointe	enclosure
		le coupe-papier	letter opener
une lettre accusant réception	letter of acknowledgement	'qualité courrier'	letter quality
		la valeur déclarée	declared value
la lettre de rappel	reminder	la messagerie	courier service
la lettre de recommandation	letter of introduction	le train-poste	mail train
		le wagon-poste	mail van (rail transport)
la lettre de réclamation	letter of complaint		
la lettre d'invitation	letter of invitation	la camionnette de la poste	mail van (road transport)
la lettre de félicitations	letter of congratulations	la lettre piégée	letter bomb
		le colis piégé	mail bomb
la lettre de remerciements	thank-you letter	la case	box
		cocher	to tick
la lettre explicative	covering letter	Cochez la case adéquate	Tick the appropriate box
la lettre ouverte	open letter		
le faire-part	announcement (of birth, marriage, death)		

Telephone

le faire-part de mariage	wedding announcement, wedding invitation	appeler en PVC	to reverse the charges
		l'avertisseur de poche (m)	pager
le faire-part de naissance	birth announcement	la communication en PVC	reverse-charge call
le faire-part de décès	death announcement	la liste rouge	ex-directory

la friture	crackle	la téléconférence	teleconference
le prix d'accès au réseau	installation charge	la visioconférence	videoconference
		le cable à fibre optique	fibre optic cable
le programme à ligne ouverte	phone-in programme	la télématique	telematics
la touche 'secret'	mute key		
mettre un téléphone sur écoute	to tap a phone		

Exercises

Level 1

1. Trouvez d'autres sens des mots suivants

| le mandat | le dérangement | la tonalité | l'annuaire | décrocher |
| le liquide | la papeterie | la cartouche | le moniteur | l'apostrophe |

2. Complétez ←

_____	←le combiné	la combine →	_____
_____	←la cabine	le cabinet →	_____
_____	←le courrier	le coursier →	_____
_____	le central	la centrale →	_____

3. Donnez des exemples de matériel de bureau

_____   _____   _____

_____   _____   _____

4. Trouvez d'autres expressions qui sont formées avec 'matériel de', 'machine de' et 'machine à'

_____   _____   _____

_____   _____   _____

5. Expliquez la différence entre

un téléphone à cadran et un téléphone à touches   la parenthèse et l'accolade
le stylo à cartouche et le stylo à réservoir   la photocopieuse et le télécopieur
la dactylographie et la sténographie   le pointillé et le soulignement

6. Faites une phrase avec chacun des groupes de mots suivants

1. demander, faire un double de, le courrier ordinaire
2. décrocher, le standardiste, un dérangement
3. la cabine téléphonique, la télécarte, composer le numéro
4. polycopier, collationner, envoyer par fax, le chef de bureau, la dactylo
5. le réseau, le courrier électronique, l'interphone, la télécopie

7. Décrivez la fonction des objets suivants

le taille-crayon	le surligneur	la gomme
le scotch	le carbone	l'agenda de bureau
l'interphone	l'imprimante	la machine à dicter
la télécarte	le mandat	le coupon-réponse international

8. Traduisez en français

phone-in	Freephone	hot line	cordless telephone
bush telegraph	telegraph pole	telesales	telecommuter
desk job	desk-bound	rolldesk	newsdesk
office party	office politics	office hours	lawyer's office

9. Trouvez le mot qui n'est pas à sa place ✓

1. la tonalité, le standard, l'annuaire, la cartouche, le combiné, le dérangement
2. le taille-crayon, le stylo-feutre, le marqueur, le surligneur, le visiophone, le liquide correcteur
3. la fenêtre, le moniteur, le réseau, l'imprimante, la copie papier, la mémoire, l'accolade

10. Traduisez en français ✓

1. Electronic mail is much quicker and more efficient than faxing, so long as the network does not go down.
2. I need a bilingual secretary who can express herself well on the telephone.
3. This file is full of typos. You will have to ask one of the copy typists to redo it.
4. The open plan office allows the office manager to keep an eye on the office staff.
5. The new premises will be located in an office block in the centre of the city and will have an exhibition hall, two conference rooms and a large board room.
6. Put the felt-tip pens, highlighters and correction fluid in the top drawer. The scissors, glue, rubbers and toner go into the cupboard.
7. Since I have to commute between London and Manchester, a lap-top computer is more useful than a desk-top.
8. The title should be typed in bold and the subheading should be italicised.
9. Send the letters by airmail. You can send the parcel second class post.
10. I won't ask him to countersign it – his signature is illegible.
11. He has a car phone and a mobile phone. He has no excuse for not phoning back.
12. The operator told me that the line was engaged. I think that he must have forgotten to replace the receiver.

11. Rédigez un résumé (150 mots) du texte suivant

La Poste pourrait attribuer une adresse électronique à chaque Français

Le président de La Poste, Claude Bourmaud, souhaite que son entreprise participe activement au développement du courrier électronique. INTERNET ne semble guère être au coeur des préoccupations du gouvernement actuel. On peut donc se demander ce qu'il adviendra des dizaines d'actions pour accroître l'utilisation du réseau en France, proposées par Patrice Martin-Lalande dans son rapport publié le 30 avril. L'une d'entre elles, et non des moindres, pourrait néanmoins ne pas tarder à se réaliser : *'Les pouvoirs publics doivent réfléchir à attribuer une adresse électronique à tous les Français'*, préconisait le député RPR du Loir-et-Cher. Banco !, semble lui répondre La Poste, par la voix de son président, Claude Bourmaud. '*Si chaque Français doit être doté d'une adresse et d'une boîte aux lettres électroniques (qu'il soit on non équipé d'un terminal d'accès) [...], La Poste est sans doute l'opérateur le mieux placé pour assurer ce service, en collaboration avec les opérateurs de télécommunications et autres fournisseurs d'accès Internet*', écrit Claude Bourmaud dans le dernier numéro de *Médiation*, revue de l'Institut de recherches et prospectives postales (Irepp).

Pour le président de La Poste, cette entreprise de service public pourrait assurer plusieurs fonctions. Distribuer les adresses, mais aussi en assurer la publication, grâce à un '*annuaire universel (recensant les diverses adresses, physiques ou électroniques)*'. La Poste pourrait aussi améliorer la fiabilité du courrier en contribuant, entre autres, à l'adaptation électronique du service des lettres recommandées dotées ou non d'accusés de réception. Mais, pour Claude Bourmaud, La Poste a aussi un rôle important à jouer dans l'acheminement du courrier électronique aux personnes non équipées d'ordinateurs, grâce au '*courrier hybride*'. Son service Télépost propose d'acheminer des e-mail en en faisant une copie papier et en l'envoyant à l'adresse postale du destinataire non encore adepte du cyberespace. '*La distribution par La Poste de "e-mail" imprimés sur support papier ressuscitera, en quelque sorte, le télégramme !*' Enfin, les bureaux de poste pourraient aussi offrir des accès aux particuliers non connectés à leur domicile. '*C'est ainsi que La Poste remplira sa fonction de médiateur entre les citoyens et la technologie pour la démocratisation des usages (comme elle l'a déjà fait, historiquement, pour le téléphone et cet ancêtre du courrier électronique qu'a été le télégraphe).*'

La ville de Marly-le-Roi, à une dizaine de kilomètres à l'ouest de Paris, pourrait servir de site pilote pour la mise en place d'un tel '*service universel de courrier électronique*'. Dans le cadre du projet '*Marly-Cyber-le-Roi*', également décrit dans la revue de l'Irepp, il sera attribué une adresse électronique à chaque Marlichois, dont le maire, François-Henri de Virieu, est un fervent défenseur d'Internet. Selon Paul Soriano, président de l'Irepp, un partenariat est en cours de négociation entre la commune de Marly et La Poste. Le service pourrait démarrer cet automne.

Annie Kahn, *Le Monde*, semaine du 30 juin 1997 (© *Le Monde*)

Level 2

1. Trouvez d'autres sens des mots suivants

le cachet	l'agrafe	l'enveloppe	le disque
la console	l'indicatif	amorcer	le fuseau

2. Complétez

_____	←	le répondeur	le répondant	→ _____
_____	←	le clavier	le clavecin	→ _____
_____	←	le trombone	la trombone	→ _____
_____	←	l'annuaire	l'annulaire	→ _____
_____	←	le matériel	le matériau	→ _____

3. Expliquez le sens des expressions suivantes

le médecin intérimaire   la copie d'examen   la marge de manoeuvre

le directeur intérimaire   la copie étalon   la marge de réflexion
le gouvernement intérimaire   la copie d'exploitation   la marge d'erreur

4. Trouvez le mot qui correspond à la définition ✓

_____ couverture dans laquelle on peut mettre des documents

_____ meuble où on peut ranger des documents

_____ feuille de papier ou morceau de carton sur lequel on note des renseignements

_____ ensemble des documents concernant une affaire

_____ brève communication dans laquelle on attire l'attention de ses collègues à certaines informations

_____ ensemble des touches d'un instrument de musique, d'une machine à écrire, d'un ordinateur

_____ programme informatique

_____ tableau qui montre les services et les sections d'une entreprise ou d'une administration

_____ machine qui reproduit sur papier les textes mis en mémoire par un ordinateur

_____ document produit par un ordinateur

l'imprimante, le dossier, le listing, la fiche de transmission, le clavier, le classeur, la chemise, le clavecin, le carton de classement, la fiche, la note de service, l'organigramme, la télécopie, le logiciel, la console de visualisation, l'accusé de réception

5. Quelles sont les différences entre

le matériel	le logiciel
la machine à écrire	la machine de traitement de texte
la télécopie	la photocopie
le graphisme	la graphie
le perforateur	l'agrafeuse

6. Trouvez le mot qui n'est pas à sa place ✓

1. la souris, le clavier, le logiciel, le perforateur, l'imprimante
2. la chemise, le carton de classement, le classeur, la petite caisse, la boîte à archive, le dossier
3. le papier avion, le papier d'emballage, le papier à en-tête, le papier carbone, le papier absorbant
4. le claviste, le répondeur, le programmeur, l'analyste, l'opérateur

7. Expliquez la fonction des objets suivants

la carte-réponse	le répondeur automatique	la chemise
le trombone	le perforateur	le papier buvard
le modem	la disquette	le tapis de souris

8. Décrivez les objets suivants

l'enveloppe rembourrée	l'enveloppe autocollante	l'enveloppe de métal
le carton d'invitation	le carton-repas	le carton à dessin

9. Traduisez en anglais

1. Ça restera dans les archives!
2. C'est une affaire classée.
3. Il a fait son problème au brouillon.
4. Il a eu un bon classement.
5. C'était téléphoné.
6. Ecrivez en majuscules.

10. Complétez le tableau suivant

Locution

1. recevoir un carton jaune
2. dormir dans les cartons
3. faire un carton
4. prendre un carton
5. quitter son enveloppe mortelle
6. toucher une enveloppe
7. marcher à l'enveloppe
8. mettre sous enveloppe

Signification	*Registre*

11. Traduisez en français

1. The temp can reorganise and update the files. Correspondence must be filed alphabetically; bills must be filed according to client's name.
2. Electronic filing is more efficient than box files or card indexes.
3. Put the stapler into the stationery cupboard and bring me the punch.
4. Self-seal envelopes and address labels are useful, but mailmerge saves even more time.
5. We are short of headed paper and airmail paper.
6. Put the top copy of the letter in the Managing Director's tray and put the photocopy into the file. You can throw away the draft.
7. I spend less and less time in my office. I have a modem at home which lets me read and reply to my e-mail and my notepad computer allows me to work on the train.
8. The tutorial package which comes with the personal organiser is very user-friendly.
9. If you send the reply card by return of post, you'll avoid post and packaging charges.
10. The postmark had made the sender's address illegible.
11. The recorded message will give you her extension number. If she's not in, leave a message on her answering machine.
12. If you are phoning abroad, you'll need to take the time difference into account. The directory will give you information about the time zones.

12. Ecrivez une composition à partir d'une des citations suivantes

1. 'L'homme est ainsi fait que ni l'automobile ou le transistor, ni l'ordinateur ou le «gadget» ne suffisent à lui donner les raisons de vivre qu'il est contraint, quand ses dieux sont morts, de chercher désespérément.' (Sirius, in *le Monde*, 2 juillet 1968)
2. 'Qu'en est-il d'une partie d'échecs jouée sur ordinateur? Où est l'intensité propre aux échecs, où est le plaisir propre à l'ordinateur?' (Jean Baudrillard, *De la séduction*)

13. Traduisez en anglais

Comment choisir son ordinateur portable

Ne vous laissez pas obnubiler par la puissance du microprocesseur ou encore par la taille de la mémoire. Le type d'écran, lui aussi, est un critère fondamental dans le choix d'un ordinateur portable. **Il existe deux types d'écran couleur** (le noir et blanc a quasiment disparu). L'entrée de gamme est à matrice passive. Chaque écran est composé de points en cristaux liquides rétro-éclairés. Chaque ligne de points est gérée par un transistor. Leur faible coût cache des défauts: une lisibilité moyenne qui dépend dans une large mesure de l'éclairage ambiant. Deux bons choix: le **Compaq Armada 1100** (12 300 francs environ) et le **Toshiba 100 CS** (10 990 francs). A l'opposé, les écrans à matrice active garantissent un éclairage toujours parfait. Et pour cause: chaque point de l'écran est géré par trois petits transistors directement gravés sur le verre. Sur certains modèles, le prix de ce type d'écran représente plus de la moitié de la facture! Endommager l'écran d'un portable d'occasion est donc rédhibitoire, la réparation coûtant plus cher que l'ordinateur. Prémunissez-vous en souscrivant une garantie d'au moins trois ans. Deux bons choix: l'**IBM Thinkpad 365XD** (23 000 francs) et le **Toshiba Tena 730CDT** (48 500 francs).

Le changement du microprocesseur d'un portable étant souvent impossible, il est essentiel de bien réfléchir sur vos besoins futurs. L'idéal, pour des applications graphiques importantes, est de prendre un **Pentium 120** ou à **133 MHz** (à partir de 18 000 francs). Pour du traitement de texte ou de la base de données, un **Pentium 75** ou **90 MHz** est largement suffisant (moins de 10 000 francs). Un kit multimédia est de plus en plus souvent intégré en série (carte son, lecteur de CD-ROM). Très pratique, mais aussi très coûteux. Ceux qui souhaitent remettre à plus tard ce genre d'activité pourront se rabattre sur un kit d'extension indépendant comme le **TD 4100** proposé par **Toshiba** ou le **Slimstation** de **Twinhead**, sur lequel il suffit de poser ou de connecter son ordinateur (à partir de 2 500 francs).

Olivier Bruzek, *Le Point*, 9 novembre 1996, p. 43 (© *Le Point*)

Level 3

1. Trouvez d'autres sens des mots suivants

la rame	la griffe	le tampon	le procès-verbal
la touche	la manette	la case	la friture

2. Traduisez en anglais

la carte d'abonnement	la Carte Bleue	la carte d'électeur
la carte de lecteur	la carte à mémoire	la carte orange
la carte de séjour	la carte de travail	la carte des vins
le tampon buvard	le tampon à récurer	le tampon Jex ®
le menu du jour	le menu touristique	le menu gastronomique

3. Quelles sont les différences entre

le bouton et la touche	l'analyseur syntaxique et le contrôle orthographique
le massicot et le coupe-papier	le bas de page et la note de fin de document
le bloc et le carnet	le classeur à anneaux et le classeur à levier

4. Trouvez le mot qui n'est pas à sa place   ✓

1. le visiophone, la friture, la liste rouge, l'avertisseur de poche, la pointeuse
2. le presse-papiers, le crayon lumineux, la police des caractères, l'icône, le massicot, le camembert, un octet

3. le publipostage, le faire-part, l'intercalaire, l'en-tête, la pièce jointe, la pochette matelassée
4. l'envoi recommandé, le cachet de la poste, l'affranchisseuse, le timbre dateur, un organigramme, les frais de port et d'emballage, l'enveloppe à fenêtre

5. Trouvez des équivalents non-argotiques des mots suivants

aller au téléphone, le bigophone, la babillarde, le papelard, la paperasserie.

6. Décrivez la fonction des objets suivants

la machine à affranchir	l'avertisseur de poche	l'organigramme
la fiche de transmission	le faire-part	la pochette matelassée
le bras porte-copies	le stencil	le timbre dateur
la griffe	la lettre type	la lacéreuse

7. Expliquez les activités suivantes

la communication en PVC, le programme à ligne ouverte, la visioconférence, le remue-méninges, le démarchage par téléphone, le téléphone rose, la permanence téléphonique, le réveil téléphoné

8. Traduisez en français   ✓

1. The computer's memory capacity is insufficient for the tasks which you want it to do. You ought to contact the service engineer.
2. Put the disks and a hard copy into a Jiffy bag and give them to the security guard.
3. If you can't find the ink pad, you won't be able to use the signature stamp.
4. I need a manual which can explain to me how to use the parser.
5. If you had used the autosave, you would not have lost the document.
6. I can use the alphasort, but I have no idea how to set up a spreadsheet.
7. When you scroll through your text, you will see that it is not centred and that the line spacing is uneven.
8. I have had to convert the footers into endnotes. The bottom margins were too narrow.
9. Once you have learned how to use the symbols table and shading, you will be able to draw attention to the key points of the document.
10. If he had replied to the reminder, I wouldn't have had to write the letter of complaint.
11. The form is very straightforward. You simply need to tick the relevant boxes and append your signature.
12. I don't have time to dictate a covering letter. A compliments slip will do.

9. Travail de groupe

Vous êtes rédacteurs publicitaires et vous travaillez pour une compagnie de télécommunications. On vous a chargés de rédiger une nouvelle brochure publicitaire pour le lancement d'une gamme de services nouveaux. En vous servant du texte et du lexique suivants, préparez une maquette de brochure (texte, images et tableau de tarifs) détaillant les services téléphoniques offerts par votre compagnie.

Appeler New York au même tarif que Béziers, c'est possible! Sans attendre 1998, date à laquelle France Télécom ne sera plus l'opérateur exclusif. Il est, d'ores et déjà, possible de réduire considérablement sa facture de téléphone. Mode d'emploi.

Par Olivier Bruzek

C'est officiellement le 1er janvier 1998 que le marché des télécoms français sera entièrement ouvert. A compter de cette date, n'importe quel abonnné pourra, tout en gardant le même numéro de téléphone, faire appel à un autre opérateur* (*les mots accompagnés d'un astérisque sont explicités dans le lexique*) que France Télécom. Une révolution pour le consommateur qui s'accompagnera de fortes baisses sur le prix des communications téléphoniques.

Cette concurrence totale ne sera pas en vigueur avant dix-huit mois. Mais, d'ores et déjà, la déréglementation fait son chemin en France. Et le consommateur peut en profiter! Qui sait qu'un particulier peut désormais appeler New York ou n'importe quelle ville des Etats-Unis pour 1,82 franc la minute seulement, soit 60% de réduction par rapport au tarif officiel de France Télécom, soit encore quasiment le même prix qu'une minute de communication entre Strasbourg et Biarritz? Les entreprises peuvent même obtenir jusqu'à 50% de réduction du tarif officiel sur les communications nationales. Pour les mobiles, la facture peut être divisée par trois! *Le Point* vous livre les secrets de ces nouvelles manières d'utiliser son téléphone. Téléphoner moins cher, mode d'emploi.

> Téléphoner moins cher vers l'étranger

1,82 franc la minute pour appeler San Francisco de Paris ... C'est ce que vous proposent des intermédiaires dont le métier consiste à faire payer moins cher les communications internationales. Pour toutes les destinations, il y a de bonnes affaires à la clé: 40% de réduction pour apppeler la Grande-Bretagne, 62% pour le Japon, 24% pour l'Espagne ... Les destinations exotiques affichent des chiffres encore plus impressionnants: 83% pour Porto-Rico, l'Alaska et les îles Vierges, 69% pour le Soudan, 66% pour l'Australie, etc. Et tout cela le plus légalement du monde: depuis plusieurs mois, n'importe qui peut passer par un autre opérateur que France Télécom pour ses communications vers l'étranger. Deux méthodes sont en concurrence.

Le 'call-back' ('rappel téléphonique')

Le call-back* consiste à emprunter des lignes téléphoniques gérées par un intermédiaire qui facture moins cher que France Télécom. Ces 'call-backers' sont équipés de matériels informatique et téléphonique de très grande puissance. Ils passent leur temps à négocier aux meilleurs prix et en gros des liaisons internationales dans le monde entier. A charge pour eux de satisfaire les besoins de leurs clients en réalisant ensuite des liaisons sur mesure.

Si, par exemple, un Français souhaite appeler un numéro de téléphone à Hongkong, un call-backer va utiliser une ligne de téléphone qui sera facturée depuis les Etats-Unis vers la France (concurrence oblige, la communication coûte moins cher que dans le sens France-Etats-Unis), à laquelle se combinera une communication depuis les Etats-Unis vers Hongkong. L'opération est réalisée en quelques secondes, et l'économie est en moyenne de 55% sur le tarif France Télécom.

Cette nouvelle façon de téléphoner a été rendue possible par l'ouverture du marché américain à la concurrence. Grâce à elle, les Etats-Unis sont devenus la plaque tournante du marché mondial des liaisons téléphoniques. Les prix y sont tellement bas que, pour payer un coup de fil Paris-Londres moins cher, il suffit paradoxalement à un call-backer de faire passer la communication via les Etats-Unis ... et de la faire repartir en direction de la Grande-Bretagne!

L'opération, si surprenante soit-elle, est rentable: en téléphonie, les lignes les moins chères ne sont pas forcément les plus courtes. Et pour cause: les opérateurs privés de télécoms sont animés d'un souci de rentabilité de leur réseau souvent plus important que les opérateurs publics. Ils n'hésitent donc pas à 'brader' leurs excédents de capacité.

Passage par les Etats-Unis oblige, un client français qui souhaite téléphoner grâce au call-back se verra facturer ses communications en dollars via une carte de crédit internationale (Visa, MasterCard, etc.). Si ce moyen de paiement a un avantage – les factures sont exemptes de TVA – , il a deux défauts. Tout d'abord, le montant de la communication variera et dépendra largement du coût du dollar: plus celui-ci sera élevé, plus la différence avec la minute facturée par France Télécom sera faible. Autre problème: en cas de désaccord sur le montant des factures, l'affaire ne sera pas portée devant un tribunal français mais américain . . .

Ultime précision à connaître avant de se lancer: les tarifs du call-back sont constamment renégociés. Dans les premiers jours de septembre, de nouvelles baisses devraient intervenir. Avant de signer avec tel ou tel opérateur de call-back, il est donc important de vérifier si ses tarifs sont toujours les plus intéressants et de garder à l'esprit qu'il n'existe pas de call-backer qui soit systématiquement moins cher que les autres. La perle rare, ce n'est pas celui qui offre 80% de réduction sur des destinations lointaines, mais celui qui offre la réduction la plus importante sur la destination qui vous intéresse.

L'accès direct, ou 'reroutage'

Contrairement à ce qui se passe avec le call-back, un adepte du reroutage* n'a pas besoin d'appeler un centre téléphonique situé à l'étranger. Il lui suffit d'appeler un centre serveur* situé à proximité de son lieu d'appel. Après s'être connnecté, le client entend une nouvelle tonalité: il n'a plus qu'à composer le numéro de téléphone final. Plus besoin de raccrocher et d'attendre d'être rappelé!

Mais cette relative facilité d'utilisation se paie. Les réductions sont moins intéressantes qu'avec le call-back: 'seulement' 42% en moins, par exemple, pour une minute vers les Etats-Unis. L'utilisateur doit ajouter au prix apparent certains coûts supplémentaires que les rerouteurs précisent rarement dans leurs brochures. C'est le cas de la communication locale – soit 0,73 franc toutes les trois minutes – qui sert à appeler le serveur local du rerouteur. Cette unité France Télécom doit être acquittée même lorsque le correspondant est absent ou sa ligne occupée. Seul Eureka rembourse ses clients si la communication n'aboutit pas.

Le reroutage a pourtant des avantages. Les factures étant systématiquement éditées en francs, l'opération devient plus rentable pour les entreprises, qui peuvent récupérer la TVA – ce qui n'est pas le cas avec le call-back. Enfin, en cas de contestation entre un client et un opérateur de reroutage, ce sont les tribunaux français qui sont compétents.

> Téléphoner moins cher en France

Voilà un domaine réservé aux entreprises, auquel les particuliers n'ont pas encore accès: il leur faudra attendre jusqu'au 31 décembre 1997 à minuit pour bénéficier de tarifs autres que ceux de France Télécom – à l'exception, toutefois, des téléphones mobiles. Mais utiliser les services d'autres opérateurs pour leurs communications nationales est d'ores et déjà une aubaine pour les firmes. Un intermédiaire comme Eureka Télécom, basé à Nice et filiale de l'opérateur québecois Eureka Inc., propose ainsi des communications nationales à 1,41 franc la minute, contre 1,73 franc pour une minute standard facturée par France Télécom. Encore s'agit-il d'un tarif de base. Car si les communications des entreprises excèdent certains montants, les réductions peuvent aller jusqu'à 50%!

Déjà, British Telecom, présent en France depuis 1987, réalise grâce aux entreprises un chiffre d'affaires de plus de 520 millions de francs et connaît une croissance de 30% à 40% par an. Ses clients sont des sociétés prestigieuses, comme Christofle, Décathlon, Yves Rocher... Marché juteux oblige, chaque mois de nouveaux opérateurs font leur apparition sur un marché français estimé en 1995 à 72 milliards de francs. Après Siris, une filiale de la Générale des eaux, une filiale de Belgacom, l'opérateur public belge, devrait bientôt tenter de s'arroger une part du gâteau. Les entreprises sont des clients très intéressants pour les opérateurs. Elles réalisent plus de 50% des communications en France. En séduire une, c'est gagner à coup sûr la gestion d'un grand volume d'appels.

Pour s'adapter à cette nouvelle concurrence, France Télécom a développé une gamme de tarifs pour les entreprises. Baptisés 'Avantage' pour les PME, ces tarifs proposent par exemple des réductions de 10 à 15 % sur certains numéros appelés ou de 10 à 30% sur la durée de certains appels. Pour les grandes sociétés, dont les communications atteignent mensuellement plusieurs centaines de milliers de francs, les négociations se font au cas par cas. Les prix varient donc d'une entreprise à une autre.

> Téléphoner moins cher avec les mobiles

Dans de multiples occasions (accident, rendez-vous, etc.), posséder un téléphone mobile est très pratique. Seulement voilà, si s'équiper est de moins en moins onéreux (par le jeu des remises, on trouve désormais des appareils à moins de 400 francs), téléphoner se révèle parfois coûteux. Même si le prix des communications est en baisse régulière, le prix d'une minute reste élevé. En fonction des abonnements choisis, utiliser un téléphone mobile en France coûte ainsi jusqu'à 4,82 francs la minute avec les abonnements 'Déclic' de France Télécom et 'Proximité' de la SFR*. Chérot! Même problème lorsqu'on appelle un téléphone mobile: où qu'il se trouve, l'appelant doit payer 3,70 francs chaque minute.

Le call-back devient une alternative intéressante. Constatant que l'appel d'un téléphone mobile de l'étranger coûte le même prix que l'appel d'un téléphone classique, les opérateurs de call-back ont étendu leur méthode d'appel bon marché aux radio-téléphones. Et l'opération est rentable aussi bien pour le possesseur du téléphone mobile que pour ceux qui veulent l'appeler depuis le réseau filaire*.

La palme du tarif revient sans nul doute à Interworld, qui facture 1,96 franc TTC la minute ... Ce prix rivalise même avec les tarifs standards de France Télécom et de la SFR en heure pleine (respectivement 3,01 et 2,41 francs la minute). Hélas, il ne devrait pas durer longtemps: il est la conséquence d'un oubli de l'opérateur américain d'Interworld, qui ne prend pas en compte le cas particulier des mobiles ...

Mais le grand public français peut bénéficier, avec un téléphone mobile, de réductions sur les communications nationales, alors que, normalement, le cas n'était prévu qu'à partir du 1er janvier 1998. *'En fait, avec le call-back*, explique

Michel Lagardère, le patron d'Eureka France, *les appels transitent par l'étranger, ce qui rend l'opération non seulement possible, mais rentable.'*

Attention, cependant, avant d'opter pour un call-backer étranger dans le simple but d'optimiser le fonctionnement de votre mobile. Mieux vaut souvent choisir une formule d'abonnement franco-française adaptée à vos besoins. Avec les trois opérateurs présents sur le marché français, le client a le choix entre un très grand nombre de facturations possibles, certaines SCS* n'hésitant pas, pour fidéliser leurs clients, à mettre en place des offres ponctuelles. Débitel propose ainsi des minutes de communication en heure creuse à 0,96 franc. Avec Cellway, qui offre des forfaits sur ses abonnements GSM, une minute de communication nationale ne coûte que 2,29 francs en heure pleine, au lieu de 3,01 francs.

Avant de signer, il est donc toujours très important de comparer.

Lexique

Call-back: méthode consistant à téléphoner moins cher en utilisant des réseaux étrangers. La pratique la plus répandue consiste à appeler un centre serveur aux Etats-Unis qui rappelle aussitôt. La Grande-Bretagne commence à son tour à héberger de tels centres.

Filaire: nom générique donné aux téléphones classiques à fil. Ils s'opposent aux téléphones mobiles. On parle de réseau filaire.

Fournisseur d'accès: intermédiaire spécialisé dans les accès à Internet via les lignes téléphoniques. Il existe une trentaine de fournisseurs d'accès en France.

Opérateur: exploitant téléphonique qui dispose d'un serveur et de lignes qu'il loue ou sous-loue.

Reroutage: opération consistant à faire prendre en charge une communication téléphonique par un intermédiaire qui en facture ensuite le coût à un usager téléphonique. Par reroutage, on sous-entend donner à une communication téléphonique une route différente de celle qu'aurait attribuée France Télécom, par exemple.

SCS: société de commercialisation et de services. Intermédiaire chargé par France Télécom et la SFR de gérer des abonnés de téléphone mobile. Les SCS peuvent reproduire les tarifs standards des opérateurs, ou encore en créer de toutes pièces.

SFR: Société française du radiotéléphone. Filiale de la Générale des eaux. Premier concurrent historique de France Télécom, depuis lors rejoint par Bouygues Télécom. La SFR est opérateur de deux réseaux de téléphonie mobile en France.

Serveur: sorte de gros standard téléphonique capable de gérer et d'orienter des communications sur des câbles téléphoniques.

Le Point, 24 août 1996, 45–47 (© *Le Point*)

Unit 18

Law

Level 1

Crime

l'infraction (f)	offence
le délit	offence, crime
la contravention	fine, parking ticket
le criminel endurci	hardened criminal
l'agression (f)	attack, assault, mugging
un agresseur	assailant
agresser	to mug
poignarder	to stab
l'homicide involontaire (m)	manslaughter
le meurtre	murder
le meurtrier/la meurtrière	murderer
l'assassinat (m)	murder
l'assassin/l'assassine	murderer
le viol	rape
le violeur	rapist
enlever	to abduct
l'enlèvement (m)	kidnapping
le rapt	abduction
le kidnappeur/la kidnappeuse	kidnapper
le ravisseur/la ravisseuse	kidnapper
l'otage (m/f)	hostage
la rançon	ransom
le cambriolage	burglary
le cambrioleur	burglar
piller	to loot
mettre à sac	to loot
le hold-up (m)	hold up
le gangster	gangster
le vol avec violences	robbery

la corruption	bribery
corruptible	open to bribery
le pot de vin	bribe
le chantage	blackmail
faire chanter	to blackmail
soudoyer	to blackmail
l'extorsion (f)	extortion
la fraude	fraud
le trafic de drogues	drug trafficking
le revendeur de drogues	drug pusher

Police

le poste de police	police station
la police-secours	emergency services
les agents de circulation (m)	traffic police
le policier/la policière en civil	plain-clothes policeman
le chien policier	police dog
l'enquête (f)	inquiry, investigation
les recherches (f)	investigation
l'enquêteur/ l'enquêteuse or l'enquêtrice	investigator
l'interrogatoire (m)	interrogation
le détective privé	private detective
la pièce d'identité	identification
le bureau des objets trouvés	lost property office

Justice

le procès	trial
le procureur	public prosecutor
le magistrat	magistrate

le jury	jury	faire une déposition	to make a testimony
le/la juré(e)	juror	le constat	statement
le/la juriste	lawyer	l'aveu (m)	confession
l'avocat/l'avocate	lawyer	inculper	to charge
le notaire	solicitor	interjeter appel	to appeal
l'inculpation (f)	indictment	la cour d'appel	court of appeal
l'accusé(e)	defendant	la caution	bail
la preuve	proof	l'acquittement (m)	acquittal
les preuves (f)	evidence	acquitter	to acquit
le/la poursuivant(e)	plaintiff	relaxer	to discharge
le témoin	witness	être reconnu coupable	to be found guilty
plaider coupable	to plead guilty	la détention	detention
plaider non coupable	to plead not guilty	la grâce	pardon
faire une déclaration	to make a statement	l'incarcération (f)	imprisonment

Level 2

Crime

le casier judiciaire	criminal record
avoir un casier vierge	to have a clean record
le malfaiteur	law-breaker
le/la complice	accomplice
l'instigateur/ l'instigatrice	instigator
le/la délinquante juvénile	juvenile delinquent
le/la délinquante primaire	first offender
le vol à la tire	pocket-picking
le vol à l'étalage	shop-lifting
le vol à main armée	armed robbery
à bout portant	at point blank
le vol avec effraction	breaking and entry
entrer par effraction	to break in
le/la faussaire	forger
le maître-chanteur	blackmailer
le faux témoignage	perjury
le parjure	perjury
la fraude fiscale	tax evasion
le trafiquant d'armes	gun-runner
la contrebande	smuggling
l'évasion (f)	escape
l'évadé(e)	escaped prisoner
le fuyard	fugitive
la bagarre	scuffle
l'émeute (f)	riot
le voyou (m)	thug

l'incendie volontaire (m)	arson
l'incendiaire (m/f)	arsonist
le/la pyromane	arsonist
le détournement	hijacking

Police and investigation

le préfet de police	chief constable
le commissaire	superintendent
le mandat d'arrêt	arrest warrant
le mandat de perquisition	search warrant
le mandat de comparution	summons
le mandat d'expulsion	expulsion order
la perquisition	search
la rafle	raid
la descente de police	police raid
la saisie	seizure
la chasse à l'homme	manhunt
être sur la piste	to be on the trail
se livrer à la police	to give oneself up
le/la détenu(e)	prisoner
l'indicateur/ l'indicatrice	informer
la fausse identité	cover
une personne disparue	missing person
l'indice (m)	clue

le signalement	description, particulars	fixer la caution à	to set bail at
ne pas être de service	to be off-duty	se porter caution pour	to stand bail for
		mettre en détention provisoire	to remand in custody

Justice

le litige	litigation	le centre de détention	remand centre
l'audience (f)	hearing	remettre en liberté	to release
l'audition (f)	examination	la remise de peine	suspended sentence
le demandeur/la demandeuse	claimant, plaintiff	les circonstances atténuantes (f)	extenuating circumstances
une action civile	civil action	la circonstance aggravante	aggravation
porter plainte contre	to bring a charge against	la peine de mort	death penalty
engager des poursuites contre	to take legal action against	la pendaison	hanging
		la chaise électrique	electric chair
entamer des poursuites	to begin proceedings	demander des dommages	to sue for damages
intenter un procès	to bring action against	des dommages et intérêts	compensation
poursuivre quelqu'un en justice	to bring action against	le règlement à l'amiable	out-of-court settlement
procéder à des inculpations	to prefer charges	les honoraires (m)	fees
		les biens (m)	estate
abandonner les poursuites	to drop charges	la responsabilité	liability
		faire faillite	to go bankrupt
casser un jugement	to quash a judgement, set aside a judgement	le créancier/la créancière	creditor
être présenté au parquet	to appear before magistrates	le débiteur/la débitrice	debtor
		antidater	to backdate
relâcher sous caution	to release on bail	le point faible	loophole

Level 3

Crime

le/la récidiviste	habitual offender	le rôdeur	prowler
le repris de justice	persistent offender	le tapage nocturne	disturbance of the peace
la subornation	bribery	la rixe	affray
le détournement de fonds	embezzlement	le larcin	petty larceny
le délit d'initié	insider trading	le butin	loot
le fraudeur/la fraudeuse du fisc	tax-dodger	le recel	receiving
l'escroquerie (f)	swindle	le receleur/la receleuse	receiver
la contrefaçon	forgery	la contumace	defaulting
la mystification	hoax	le/la contumace	defaulter
la carambouille	scam	la pègre	underworld
le vagabondage	vagrancy	le Milieu	the mob
		le grand banditisme	organised crime

la mafia	Mafia
le parrain	godfather
le tueur à gages	hit-man
la canaille ①	rabble, riffraff
la racaille ①	rabble, riffraff
le meurtre sur commande	contract killing
le hors-la-loi	outlaw
balancer quelqu'un ①	to grass on someone
donner un tuyau ①	to tip off
tuyauter ①	to tip off
la zone interdite	no-go area
le règlement de comptes	settling of scores
régler son compte à	to settle a score with
la tuerie	mass murder
le bain de sang	blood bath
la fusillade	shoot out
le proxénétisme	procuring
le proxénète	procurer
le souteneur	procurer
le maquereau	procurer
l'argent repérable	marked money
le loubard/la loubarde ①	delinquent, hooligan
le loulou ①	thug
le braquage ①	hold-up
des coupures usagées	used notes
le casse ①	break-in
le casseur ①	burglar
forcer un coffre-fort	to crack a safe
crocheter une serrure	to pick a lock
la calomnie	slander, libel
violences sur enfants (f)	child molesting
le détournement de mineur	corruption of a minor
l'attentat à la pudeur (m)	indecency
braconner	to poach
le braconnier	poacher
brouiller les pistes	to cover one's tracks
fuir le pays	to skip the country
être en cavale ①	to be on the run

Police and investigation

la brigade criminelle	crime squad
la brigade des moeurs	vice squad

la brigade financière	fraud squad
le maître-chien	dog handler
le garde du corps	body guard
le limier	sleuth
le bouclier	riot shield
le casque	helmet
la matraque	truncheon
le gilet pare-balles	bullet-proof vest
les menottes (f)	handcuffs
le gaz lacrymogène	tear gas
la fourgonnette de police	police van
la reconstitution	reconstruction
surveiller	to stake out
faire la planque ①	to stake out
faire une descente ①	to swoop
perquisitionner	to search
les empreintes digitales (f)	fingerprints
les traces de pneu (f)	tyre-tracks
faire suivre	to put a tail on
être sur les talons de	to be in hot pursuit
installer un barrage	to put up a road-block
la voiture de patrouille	patrol car
la voiture banalisée	unmarked car
le portrait-robot	photofit picture
installer un micro	to bug
intercepter	to listen in on
la radio émetteur	two-wave radio
la flicaille ①	fuzz
le bleu ①	rookie
le spécialiste de médecine légale	forensic specialist
monter un coup	to frame
le coup monté	frame-up
déterminer la cause du décès	to determine the cause of death

Justice

l'huissier (m)	bailiff
le greffier/la greffière	clerk of the court
l'aide judiciaire (m)	legal aid
le témoin à charge	witness for the prosecution
le témoin à décharge	witness for the defence
le témoin oculaire	eye witness
la barre des témoins	witness box

la citation à comparaître	summons	le centre d'observation	assessment centre
des témoignages irrecevables	inadmissible evidence	la maison de redressement	reform school
des pièces à conviction (f)	incriminating evidence, exhibit	le centre de réadaptation	halfway house
des preuves recevables (f)	admissible evidence	la réclusion solitaire	solitary confinement
des preuves indirectes (f)	circumstantial evidence	**le** régime cellulaire	solitary confinement
		l'effet dissuasif (m)	deterrent effect
des preuves irrecevables (f)	inadmissable evidence	le recours en grâce	plea for clemency
		le délai de grâce	reprieve
à huis clos	in camera	le sursis à l'exécution	stay of execution
les minutes du procès (f)	trial transcripts	le bagne	penal colony
		le bagnard	convict
plaider la légitime défense	to plead self-defence	la taule ①	jail, clink
		le taulard ①	jailbird
la responsabilité atténuée	diminished responsibility	purger une peine de prison	to serve a prison sentence
l'aliénation mentale (f)	insanity	commuer une peine	to commute a sentence
		la remise de peine	remission
inapte à se défendre	unfit to plead	la résiliation de contrat	termination of contract
négocier une peine	to plea bargain		
le manque de preuve	lack of evidence	juridiquement contraignant	legally binding
témoigner contre ses complices	to turn state's evidence		
		la procuration	power of attorney
mettre en liberté surveillée	to put on probation	reprendre possession de	to repossess
l'agent de probation (m)	probation officer	la reprise de possession	repossession
le/la probationnaire	probationer	extrader	to extradite
mettre en liberté conditionnelle	to release on parole	l'extradition (f)	extradition
		le brevet d'invention	patent
écrouer	to jail	être radié d'une profession	to be struck off
la prison à vie	life imprisonment		

Finance

Level 1

General

la comptabilité	accounts	le taux d'inflation	inflation rate
l'autorisation (f)	authorisation	inflationniste	inflationary
le trésorier/la trésorière	treasurer	la dévaluation	devaluation
		dévaluer	to devalue
la déflation	deflation	la fluctuation	fluctuation
l'inflation (f)	inflation	la récession	recession
		le krach	crash

le financement	funding
le financier/la financière	financier
le capital	capital
les capitaux (m)	capital
l'excédent (m)	surplus
le déficit	deficit

Money

les espèces (f)	cash
le liquide	cash
le numéraire	cash
la coupure	denomination
le billet de banque	banknote
les devises étrangères (f)	foreign currency
la fausse monnaie	counterfeit money
la pièce	coin
pile	tails
face	heads
la monnaie	change, currency
la menue monnaie	small change
mettre en circulation	to put into circulation
retirer de la circulation	to withdraw from circulation

Payment and purchasing

payer au comptant	to pay cash
le paiement comptant	cash payment
le paiement en espèces	cash payment
le règlement par chèque	payment by cheque
le paiement intégral	payment in full
l'achat au comptant	cash purchase
acheter à crédit	to buy on credit
différer le paiement	to defer payment
le pouvoir d'achat	purchasing power

Profit and loss

la rentabilité	profitability
rentable	profitable
la marge bénéficiaire	profit margin
équilibrer son budget	to balance one's budget
réaliser des bénéfices	to make a profit
les bénéfices gros (m)	gross profits
les bénéfices nets (m)	net profits

le taux de rendement	rate of return
la perte	loss
subir une perte	to make a loss
la perte nette	net loss
la perte sèche	dead loss
déficitaire	loss-making
la solvabilité	solvency
solvable	solvent
insolvable	insolvent
faire faillite	to go bankrupt
déposer son bilan	to declare oneself bankrupt
la banqueroute	bankruptcy

Banks and bank staff

le secteur bancaire	banking industry
la banque	bank
le banquier/la banquière	banker
la banque centrale	central bank
la banque commerciale	commercial bank
la banque d'affaires	merchant bank
la banque de dépôt	deposit bank
la banque consortiale	consortium bank
la banque étrangère	foreign bank
la banque d'épargne	savings bank
la caisse d'épargne	savings bank
le banquier/la banquière d'affaires	merchant banker
la banque postale	Girobank
le directeur/la directrice de banque	bank manager
l'agence (f)	branch
le directeur/la directrice d'agence	branch manager
le guichet	counter
le hall des guichets	banking hall
le guichetier/la guichetière	teller
les guichetiers	counter-staff
l'employé(e) de banque	bank clerk

Bank services and transactions

les services bancaires (m)	banking services
les transactions bancaires (f)	banking transactions

les opérations de caisse (f)	counter transactions	la carte de retrait	cashcard
les services de caisse (m)	counter services	le distributeur automatique de billet	cashpoint machine
les frais de banque (m)	bank charges	le point argent	cashpoint
les frais bancaires (m)	bank charges	le compte sur livret	deposit account
le compte	account	**le** change	foreign exchange
le numéro de compte	account number	le taux de change	exchange rate
avoir un compte en banque à	to have an account with		
ouvrir un compte	to open an account	***Borrowing and lending***	
fermer un compte	to close an account	l'emprunt (m)	loan
le chèque	cheque	le prêt	loan
toucher un chèque	to cash a cheque	le prêteur/la prêteuse	lender
déposer un chèque	to pay in a cheque	l'emprunteur/ l'emprunteuse	borrower
le versement	deposit		
faire un versement	to make a deposit	emprunter sur	to borrow against
verser une somme à un compte	to pay a sum into an account	demander un prêt	to apply for a loan
		la dette	debt
le retrait	withdrawal	s'endetter	to get into debt
les fonds (m)	funds	endetté	in debt
le transfert de fonds	transfer of funds		
le carnet de chèques	cheque-book	***Taxation***	
le chéquier	cheque-book	les services du fisc (m)	Inland Revenue
le compte chèque postal	giro account	le receveur/la receveuse	tax-collector
le mandat postal	postal order, money order	le percepteur	tax-inspector
		perceptible	taxable
encaisser	to cash	imposable	taxable
être à découvert	to be overdrawn	l'impôt (m)	tax
le découvert autorisé	authorised overdraft	payer des impôts	to pay taxes
le carnet d'épargne	savings book	le/la contribuable	tax-payer
le plan d'épargne	savings plan	la contribution	levy
le timbre-épargne	savings stamp		
l'épargnant/ l'épargnante	saver	***Insurance***	
le petit épargnant	small saver	la compagnie d'assurances	insurance company
les économies (f)	savings	la police d'assurance	insurance policy
faire des économies	to save	l'assurance tous risques (f)	all-risk insurance
économiser de l'argent	to save	l'assurance multirisque (f)	comprehensive insurance
mettre de côté	to put by		
investir	to invest	l'assurance automobile (f)	car insurance
placer	to invest		
le livret de banque	bankbook	l'assurance incendie (f)	fire insurance
le relevé de compte	bank statement		
la carte d'identité bancaire	banker's card	l'assurance habitation (f)	house insurance

l'assurance mobilier habitation (f)	contents insurance	l'assuré(e)	insured party
		le conseiller assurances	insurance adviser, insurance consultant
l'assurance vie (f)	life insurance		
l'assurance voyage (f)	travel insurance		
l'assurance des cartes de crédit (f)	credit card insurance	l'annuité (f)	annuity

Level 2

General

la devise forte	hard currency	la liquidation	liquidation
avoir cours	to be legal tender	la liquidation judiciaire	compulsory liquidation
l'argent liquide (m)	cash		
les liquidités (f)	liquid assets	mettre une compagnie en liquidation	to put a company into liquidation
les réserves monétaires (f)	monetary reserves		
		placer une entreprise dans les mains d'un liquidateur	to put a company into receivership
le forfait	lump sum		
la somme forfaitaire	lump sum		
l'année comptable (f)	accounting year	la valeur liquidative	market value
l'aide-comptable (m/f)	accounts clerk	le liquidateur/la liquidatrice	liquidator, receiver
la lettre d'avis	notification, advice note	le liquidateur judiciaire/la liquidatrice judiciaire	official receiver
le montant dû	amount payable		
indemniser	to compensate	l'arbitre (m)	arbitrator
le/la signataire	signatory	arbitrer	to arbitrate
le/la cosignataire	co-signatory	rassembler des capitaux	to raise capital
l'exercice fiscal (m)	financial year		
les frais généraux (m)	overheads		
coter	to quote	## Pricing	
la cotation	quotation	la majoration des prix	price increase
		la fourchette de prix	price range
		la gamme des prix	price range
## Profit and loss		fixer des prix	to fix prices
une perte sèche	dead loss	la fixation des prix	price fixing
fermer boutique	to fold	les variations des prix (f)	price fluctuations, price variations
péricliter	to be on the decline		
être à court de liquidités	to be cash-strapped		
		## Purchasing	
la société en faillite	bankrupt company	le bordereau d'achat	purchase note
le/la failli(e)	bankrupt	la carte de clientèle	charge card
le banqueroutier/la banqueroutière	bankrupt	l'acompte (m)	downpayment
		le versement	instalment
un failli réhabilité	discharged bankrupt	le marché financier	financial market
liquider une société	to sell off a company, to liquidate a company	la société financière	finance company
		les services financiers (m)	financial services
liquider ses intérêts	to sell off interests		

le secteur des services financiers	financial services industry
le conseiller financier/ la conseillère financière	financial adviser
l'aide financière	financial aid
le rythme de croissance	growth rate
le montant brut	gross amount
les recettes brutes (f)	gross revenue

The market

la bourse	stock exchange
l'économie de marché (f)	market economy
au cours du marché	at the market price
la valeur boursière	market value
la valeur marchande	market value
le marché immobilier	property market
jouer en bourse	to play the market
l'analyste boursier/ l'analyste boursière	stock analyst

Credit and debt

le créancier/la créancière	creditor
le débiteur/la débitrice	debtor
le crédit à la consommation	consumer credit
la convention de crédit	credit agreement
l'avis de crédit	credit advice
le/la garant(e)	guarantor
garantir	to guarantee
la garantie	guarantee
le cautionnement	surety
couvrir un déficit	to cover a loss
couvrir un découvert	to cover an overdraft
l'insolvabilité (f)	insolvency
impayé	outstanding
la limite de découvert	overdraft limit
tirer à découvert	to overdraw
passer en découvert	to go into overdraft
la limite d'endettement	borrowing limit
s'acquitter d'une dette	to clear a debt
amortir une dette	to clear a debt

octroyer un prêt	to grant a loan
le taux d'emprunt	borrowing rate
l'emprunt-logement (m)	mortgage
les remboursements de prêt hypothécaire	mortgage repayments
le débiteur/la débitrice hypothécaire	mortgagee
le créancier/la créancière hypothécaire	mortgagor
purger une hypothèque	to pay off a mortgage
le bien hypothéqué	mortgaged property
contracter des dettes	to incur debts
le crédit disponible	available credit
le crédit auto	car loan
le prêt sans intérêt	interest-free loan

Banking and investment

le banquier/la banquière d'affaires	merchant banker
la banque de placement	investment bank
la caisse d'épargne-logement	building society
le service des prêts	loan department
la gestion de portefeuilles	portfolio management
le conseiller/la conseillère en placement	investment adviser
l'investisseur/ l'investisseuse	investor
l'investissement à l'étranger	overseas investment
l'investisseur étranger	overseas investor
la société d'investissement	investment company
l'investissement sûr	safe investment
sans risque	risk-free
la banque à distance	direct banking
la banque à domicile	home banking
la bancatique	electronic banking
la banque électronique	electronic banking

la monnaie électronique	electronic cash
la traite bancaire	bank draft
retirer des espèces	to withdraw cash
le chèque barré	crossed cheque
le chèque en blanc	blank cheque
le chèque au porteur	bearer cheque
le chèque de voyage	traveller's cheque
le chèque certifié	certified cheque
tirer un chèque sur	to draw a cheque on
le virement bancaire	Bank Giro
le compte chèques postal	Giro cheque account
endosser	to endorse
à l'ordre de	payable to
le bénéficiaire	payee
le tireur/la tireuse	drawee
le compte courant	current account
le compte joint	joint account
le compte d'épargne	savings account
le compte de dépôt	deposit account
le dépôt	deposit
le déposant/la déposante	depositor
le mot de passe	password
le code confidentiel	PIN number
le coffret de nuit	night safe
le lock box	safety deposit box
les capitaux disponibles (m)	available capital
la trésorerie	cash-flow
des difficultés de trésorerie (f)	cash-flow problems
l'action (f)	share
l'actionnaire (m/f)	shareholder
le placement	investment
le dividende	dividend
une SICAV	unit trust
les titres (m)	securities
le régime de retraite	pension plan
le système de retraite	pension scheme
la caisse de retraite	pension fund
la spéculation foncière	land speculation
la rente	income *(from property, shares)*
l'appréciation (f)	appreciation
la dépréciation	depreciation
à haut rendement	high-yield

à haut risque	high-risk
subir une perte	to incur a loss
encourir des frais	to incur costs
faire flotter	to float
les frais d'administration (m)	administration fee
la commission de change	exchange commission
le taux flottant	floating rate
le revenu fixe	fixed income
l'intérêt fixe (m)	fixed interest
le taux d'intérêt fixe	fixed rate of interest
les intérêts bruts (m)	gross interest
le rendement garanti	guaranteed yield
indexé	index-linked
enregistrer une perte	show a loss

Taxation

la déclaration d'impôts	tax return
remplir sa déclaration d'impôts	to fill in one's tax return
le revenu de travail	earned income
le revenu de placement	investment income
le dégrèvement fiscal	tax relief
l'impôt sur le revenu (m)	income tax
la taxe sur la valeur ajoutée	VAT
les droits de succession (m)	death duty
exonéré(e) d'impôt	tax-free
le conseiller/la conseillère fiscal(e)	tax accountant

Insurance

l'assureur (m)	insurer
l'agent d'assurances (m/f)	insurance agent
le courtier/la courtière en assurances	insurance broker
la prime d'assurance	insurance premium
le régime d'assurances	insurance scheme
la commission d'assurance	insurance commission

travailler à la commission	to work on commission	l'assurance-bagages (f)	luggage insurance
s'assurer sur la vie	to take out life insurance	l'assurance-chômage (f)	unemployment insurance
se faire assurer sur la vie	to take out life insurance	l'assurance-maladie (f)	health insurance

Level 3

General

la politique monétaire	monetary policy
le fonds monétaire international	International Monetary Fund
la banque mondiale	World Bank
le produit national brut	gross national product
le seuil de rentabilité	break-even point
les fonds bloqués (m)	frozen assets
la mise de fonds	outlay
les fonds propres (m)	equity
le capital de départ	seed capital
le mouvement des capitaux	movement of capital
le mouvement des fonds	movement of funds
les capitaux inactifs (m)	idle capital
la société holding	holding company
le/la commanditaire	financial backer
la cotisation	subscription
le contrôle de comptes	audit
l'apurement (m)	auditing
apurer	to audit
l'auditeur/l'auditrice	auditor
le contrôleur	auditor
le contrôle interne	internal audit
la vérification à rebours	audit-trail
la clause d'annulation	cancellation clause
le crédit de caisse	cash advance
le déficit de trésorerie	cash deficit
anti-inflationniste	anti-inflationary
l'effet de change (m)	bill of exchange
l'encaisse (f)	cash in till
le blanchiment	laundering
le fonds de réserve	reserve funds

le loyer de l'argent	the cost of money
les coûts cachés	hidden costs
se couvrir contre	to hedge against
le manque à gagner potentiel	opportunity loss
l'étude du risque (f)	risk analysis
frapper de la monnaie	to mint
le filigrane	watermark

Purchasing and payment

l'opération scripturale (f)	cash transaction
les transactions immédiates (f)	cash dealings
le prix au comptant	cash price
l'escompte au comptant (m)	cash discount
le taux d'escompte	discount rate
à mettre aux frais de	chargeable to
la date limite de paiement	deadline for payment
la remise au comptant	cash discount
troquer	to barter
le troc	barter

Business finance

boucler une affaire	to clinch a deal
brasser les affaires	to wheel and deal
le capital actif	assets
le calcul du prix de revient	costing
l'évaluation des coûts (f)	costing
se serrer la ceinture	to tighten one's belt
rentrer dans ses frais	to break even
faire recette	to sell well
qui rapporte gros	money-making, profitable

à but non lucratif	non-profit-making
le démembrement	asset-stripping
démembrer	to asset-strip
le récupérateur d'entreprises	asset-stripper

The market

la place monétaire	money market
le marché monétaire	money market
le marché des devises	currency market
le marché primaire	primary market
le marché porteur	buoyant market
la bourse des actions	equity market
la bourse des marchandises	commodity market
la valeur faciale	face value
se déclasser	to fall in value
l'émission d'actions en bourse (f)	flotation (of shares)
l'introduction en bourse (f)	flotation (of a company)
la liquidation des biens	liquidation of assets
l'étalon or (m)	gold standard
les capitaux flottants (m)	hot money
la date de clôture	closing date
le cours de clôture	closing price
le courtier/la courtière	broker
l'agent de change (m/f)	broker
la maison de courtage	brokers' firm
le courtage	brokerage
le droit de courtage	brokerage fee
l'indice de la bourse (m)	share index
le post-marché	after-hours trading
la clôture	close of trading
la clôture du marché	market close
boursicoter	to dabble on the stock market
le boursicotier/la boursicotière	dabbler
l'option de vente (f)	option
l'option d'achat (f)	option
le bloc d'actions	block of shares
le certificat d'action	share certificate

le tassement des actions	fall in share prices
le tassement de l'activité économique	downturn in economic activity
la chute libre	free fall
le délit d'initié	insider trading
le/la cambiste	currency dealer
le mécanisme de change	exchange rate mechanism
le contrôle des changes	exchange control
la réglementation du change	exchange control regulations
soutenir une monnaie	to prop up a currency
le cours du jour	daily rate
le cours d'ouverture	opening price
le cours de clôture	closing price
le prix de référence	benchmark
accaparer le marché	to corner the market

Banking

la banque off shore	offshore bank
la compensation de chèques	cheque clearing
le système de compensation	clearing system
la banque compensatrice	clearing bank
la chambre de compensation	clearing house
compenser	to clear
la compensation	clearance
le chèque compensé	cleared cheque
le placement offshore	off-shore investment
le compte à intérêts élevés	high-interest account
le virement bancaire	bank giro credit
le virement automatique	standing order
le prélèvement automatique	direct debit
l'autorisation de prélèvement (f)	direct debit mandate
le/la titulaire de compte	account holder
la commission de compte	account commission

le compte sans mouvement	dormant account	libeller un chèque	to make a cheque out
la situation de compte	bank balance	libellé à l'ordre de	made out to
être créditeur	to be in credit	faire opposition au paiement d'un chèque	to stop a cheque
le code banque	bank sort code		
le code client	customer reference number		

Borrowing and lending

l'ordre de virement (m)	bank giro slip	l'avance de fonds (f)	advance
		le prêt relais	bridging loan
le billet à ordre	promissory note	le taux d'emprunt	lending rate
le report de solde	balance brought forward	le taux de crédit immobilier	mortgage rate
le porteur (m)	bearer	la créance douteuse	bad debt
le chèque au porteur	bearer's cheque	le failli réhabilité	discharged bankrupt
rapporter des intérêts	to carry interest	le nantissement	collateral
payer des intérêts	to pay interest	servir de gage	to stand as collateral
percevoir des intérêts	to charge interest	les conditions du crédit (f)	credit terms
les intérêts composés (m)	compound interest		
		le plafond du crédit	credit ceiling
les intérêts échus (m)	accrued interest	le crédit bloqué	frozen credit
le taux de base bancaire	bank base rate	la réputation de solvabilité	credit rating
le taux en vigueur	going rate	interrompre un crédit	to foreclose on a loan
l'action gratuite (f)	bonus share	tomber en impayé	to default
les valeurs cotées	listed stock	le débiteur/la débiteuse défaillant(e)	defaulter
le plan d'épargne en action personnel	equity plan		
		le recouvrement de créances	debt collection
l'obligation (f)	bond		
le placement obligatoire	bond investment	l'agent de recouvrement	debt collector
l'obligation d'état (f)	government bond	le financement par endettement	debt financing
la valeur vedette	blue chip stock		
la gestion de fonds	fund management	l'usurier/l'usurière	loan shark
le gérant de portefeuille	fund manager	le taux usuraire	extortionate rate
le portefeuille diversifié	mixed portfolio	### Taxation	
la rente viagère	income for life	l'imposition indirecte (f)	indirect taxation
l'émission (f)	issue		
l'or en barres (m)	bullion	l'abattement (m)	allowance against tax
la plus-value	capital gain	l'abattement personnel (m)	personal allowance
la moins-value	capital loss		
le décompte d'agios	breakdown of charges	l'allégement fiscal (m)	tax rebate
le convoyeur de fonds	security escort	l'incitation fiscale (f)	tax incentive
le bordereau de remise	pay-in slip	la tranche d'imposition	tax bracket
le talon	counterfoil		
la souche	counterfoil	le dégrèvement hypothécaire	mortgage relief
la signature falsifiée	forged signature		

sujet(te) à dégrèvements d'impôts	tax-deductible	l'assurance-crédit (f)	credit insurance
		l'assurance invalidité-vieillesse (f)	disability insurance
la fraude fiscale	tax evasion	l'assurance contre les accidents du travail (f)	industrial injury insurance
le fraudeur/la fraudeuse du fisc	tax fraud, tax dodger		
le paradis fiscal	tax haven	l'assurance agricole (f)	crop insurance
la zone franche	tax-free zone	l'échéance (f)	maturity
l'impôt foncier (m)	property tax	la date d'échéance	maturity date
la taxe sur le transfert de capitaux	capital transfer tax	la valeur à l'échéance	value at maturity
		garantir un risque	to underwrite a risk
l'impôt sur les sociétés (m)	corporation tax	la responsabilité illimitée	unlimited liability
l'impôt sur les bénéfices (m)	profits tax	la responsabilité civile	third party liability
		les dommages-intérêts (m)	damages
déductible des impôts	tax-deductible		
prélever	to deduct at source	les dommages matériels (m)	material damage
la retenue à la source	deduction at source		
le prélèvement direct	pay-as-you-earn	le dommage corporel	physical injury
		le préjudice corporel	physical injury
Insurance		être en tort	to be at fault
la mutuelle	mutual company	poursuivre en dommages-intérêts	to sue for damages
le réassureur	underwriter		
le placier/la placière	canvasser	accorder des dommages-intérêts	to award damages
le/la bénéficiaire d'une assurance	insurance beneficiary		
		la déclaration de sinistre	insurance claim
l'assurance à capital différé	endowment insurance		
		le service des sinistres	claims unit
l'assurance immobilière (f)	property insurance	le règlement forfaitaire	lump sum payment
l'assurance au tiers (f)	third-party insurance	la rente à vie	life annuity
l'assurance responsabilité-civile (f)	third-party insurance	l'expert en assurances	loss adjuster
		les petits caractères (m)	small print

Exercises

Level 1

1. Composez des phrases qui feront ressortir les différences entre les mots suivants

1. le crime, la contravention, le forfait
2. le constat, l'aveu, la confession
3. le droit, la loi, l'arrêté
4. le témoin oculaire, le témoin de moralité, le témoin à charge

2. Trouvez des synonymes des mots suivants

l'excédent	les espèces	le bénéfice	les frais
le versement	les économies	la dette	l'annuité
inculper	acquitter	relaxer	incarcérer

3. Traduisez en anglais les expressions suivantes

en flagrant délit	le délit de fuite	le délit d'initié
dresser une contravention à	le relevé de gaz	la banque d'organes
faire le bilan	le bilan de santé	pour petits budgets

4. Trouvez des équivalents non-argotiques des mots suivants

le poulet • pincer • le casse • le fric • gratter • le matelas • se sucrer

5. Trouvez d'autres sens des mots suivants

le retrait	encaisser	le chéquier	verser	le livret
la corruption	l'enquête	la preuve	la grâce	l'acquittement
la coupure	la devise	différer	verser	le retrait

6. Complétez

_____	←	le viol	la violation	→	_____
_____	←	le chantage	le chant	→	_____
_____	←	le constat	la constatation	→	_____
_____	←	trafiquer	traficoter	→	_____
_____	←	l'interrogatoire	l'interrogation	→	_____
_____	←	le banque	le banc	→	_____
_____	←	le virement	le virage	→	_____
_____	←	une somme	un somme	→	_____
_____	←	le retrait	la retraite	→	_____
_____	←	le relevé	la relève	→	_____
_____	←	le change	le changement	→	_____
_____	←	le capital	la capitale	→	_____
_____	←	dévaler	dévaluer	→	_____
_____	←	le juré	le juriste	→	_____

7. Traduisez en français

debt-ridden	moral bankruptcy
to be a hostage to fortune	to cost a king's ransom
to be up to the eyes in debt	to lend an ear
to be as safe as the Bank of England	to break the bank

8. Expliquez le sens des expressions suivantes

un trésor de renseignements	en pure perte
sous les espèces de	en petites coupures
des économies de bouts de chandelle	le mauvais payeur
sans autre forme de procès	de faux frais

9. Composez des définitions pour les mots croisés

```
          Q
          U
          I           F                   C
  N O T E T           A         M         H O L D - U P
          T           C         O         A
          A D D I T I O N                 P E G R E
          N           U         N         A
          C           R         N         R         E
          E           E         A         D         S
      M           D E V I S E S           C
  B A N D I T         E         R         R         R
      F               V                   O
      I               A                   Q
      O       G   V O L E U R             U
      S       A       I                   E
      O       N       S U B T I L I S E R
              G       E
          C A S S E U R
              T
      T U E U R
              R
```

10. Complétez le tableau suivant   ✓

monnaie, délit, profits, preuve, capital, tranche, budget, dette, économie, grâce, fonds, pertes, tête, coupure, faux, trésorerie, pièce, vrai, frais

Locution	Signification	Registre
1. avoir un joli _____		
2. connaître la _____		
3. rentrer dans ses _____		
4. rendre à quelqu'un la _____ de sa _____		
5. avoir des difficultés de _____		
6. être _____ courante		
7. en être pour ses _____		
8. se mettre en _____		
9. être en _____		
10. avoir le sens de _____		
11. faire quelque chose de bonne _____		
12. démontrer _____ en main		
13. croire une chose jusqu'à _____ du contraire		
14. faire _____ de		

15. plaider le _____ pour savoir le _____		
16. faire les _____		
17. payer sa _____ à la justice		
18. prendre quelqu'un en flagrant _____		
19. porter le coup de _____ à quelqu'un		
20. donner la _____ à quelqu'un		
21. se payer la _____ de quelqu'un		
22. boucler son _____		
23. passer une chose aux _____ et _____		
24. s'en payer une _____		
25. rentrer en _____ auprès de quelqu'un		

11. Expliquez les différences entre les mots suivants

le nombre   le numéraire   le numéro   le numéral
le procès   le processus   la procédure   le procédé
le bénéfice   le bienfait   la bienfaisance   le bénévolat

12. Composez des phrases qui feront ressortir le sens figuré/abstrait des mots suivants

des fonds   la rançon   investir   encaisser   la dette   le procès

13. Traduisez en français   ✓

1. It's his wife who lays down the law.
2. My daughter is studying law.
3. He has the law on his side.
4. No-one ought to be above the law.
5. She is a law unto herself.
6. The cashier refused to let me make a withdrawal; she said that I was overdrawn by three hundred pounds.
7. At the rate at which he is spending, he'll never have any savings.
8. He'll tell me if he can afford it when he receives his bank statement.
9. I have been waiting for a new cashcard for three weeks.
10. If you had paid cash, you would have had a discount.

14. Rédigez un résumé (250 mots) du texte suivant

Le projet de loi pour la sécurité
Cinq missions prioritaires pour la police

'Je vous couvre en cas de coup dur', disait Charles Pasqua aux policiers lors de la première cohabitation. *'Je vous dote et je vous modernise'*, leur dit aujourd'hui le ministre de l'intérieur, chaussant ainsi les bottes du plus illustre de ses prédécesseurs socialistes, Pierre Joxe, qui s'était assuré une large estime dans la police nationale grâce à son plan pluriannuel de modernisation voté en 1985.

    La 'loi d'orientation et de programmation relative à la sécurité' de Charles Pasqua prévoit un effort de programmation comparable au plan Joxe pour les investissements (matériels, équipements, immobilier), tout en assurant un recrutement de personnels administratifs et une enveloppe de mesures catégorielles plus importants.

Pour les cinq années à venir, le gouvernement assigne à la police cinq 'missions prioritaires': la sécurité des personnes et des biens, la maîtrise des flux migratoires et la lutte contre le travail clandestin, la lutte contre la grande délinquance et la drogue, la protection contre *la menace extérieure et le terrorisme*', le maintien de l'ordre public. Le message adressé par Charles Pasqua à 'sa' police est donc limpide: dans ces cinq secteurs prioritaires, les policiers devront obtenir des résultats à la hauteur de l'effort consenti, en période de restriction budgétaire, pour la politique gouvernementale de sécurité.

'Obligation' de coopérer

Le projet de loi, fort de vingt-six articles, est accompagné de deux annexes qui définissent les orientations de la politique gouvernementale de sécurité et la programmation des moyens de la police nationale pour les années 1995 à 1999.

- **La police, la gendarmerie, les douanes.** – Compétentes sur l'ensemble du territoire, la police et la gendarmerie ont *'obligation'* de coopérer en matière d'équipement, de police technique et scientifique, de création et d'utilisation de fichiers et d'échanges de l'information. Le projet leur fixe aussi une *'obligation de répartition des attributions entre elles et de rationalisation des implantations géographiques'*. La douane voit son rôle reconnu dans la lutte contre les trafics, notamment de stupéfiants, et contre l'immigration et le travail clandestin, sans que les douaniers deviennent officiers de police judiciaire (OPJ). Enfin, une *'situation de réserve'* est prévue pour les appelés ayant fait leur service national dans la police: ils seront recrutés grâce à la mise en place d'un concours spécifique.
- **Les pouvoirs des préfets.** – Pour mieux coordonner l'action des services déconcentrés et des forces dépendant de l'Etat, les représentants de l'Etat reçoivent une compétence générale d'animation de la prévention de la délinquance. A Paris, le préfet de police coordonne l'action des préfets de l'Ile-de-france afin de *'prévenir ou faire face aux événements troublant l'ordre public lorsqu'ils intéressent Paris et d'autres départements de la région'*.
- **Les polices municipales et les entreprises de sécurité.** – Le concours apporté par les maires à *'la mission de sécurité publique'* est reconnu par le projet. Les missions des polices municipales sont limitées *'aux attributions qui relèvent de la compétence du maire'*. Un projet de loi propre aux polices municipales sera proposé *'d'ici l'été'*. Un autre projet de loi précisera le cadre juridique et les missions des entreprises de gardiennage ou de transports de fonds, ainsi que des agences de recherche.
- **La police des manifestations.** – Afin de protéger les fonctionnaires chargés du maintien de l'ordre, il est proposé d' *'interdire le port et le transport de matériels pouvant mettre en cause la sécurité des personnes et des biens à l'occasion des manifestations'*, ainsi que de prescrire *'la fouille des véhicules et la saisie de ces matériels'*. Est également envisagée *'une peine complémentaire d'interdiction de participer à une manifestation sur les mêmes lieux aux personnes qui se sont déjà rendues coupables de violences lors de manifestations précédentes'*.
- **La vidéo-surveillance et les dispositifs de sécurité.** – Un cadre juridique sera élaboré pour l'usage des caméras de surveillance sur la voie publique et dans les lieux (magasin, gares) ouverts au public. Le principe général, selon lequel les *'aspects de sécurité'* doivent être pris en compte dans les lois et les règlements *'quel que soit l'objet traité'*, est posé: les gros programmes d'aménagement et de construction (stades, cités HLM) devront ainsi intégrer la dimension sécuritaire.

- **Le statut spécial des policiers.** – Outre la création de trois corps de policiers, le ministre a confirmé qu'un *'statut spécial'* sera reconnu aux fonctionnaires de police (*le Monde* du 30 avril*)*. La qualité d'OPJ est reconnue aux officiers et aux commandants de la police nationale, ce qui va dans le sens de la fusion de la 'tenue' et des 'civils'.
- **Dix milliards de francs sur cinq ans.** – Sept milliards de francs sont consacrés aux équipements et matériels de la police (+71% par rapport à 1990–1994). Cela permettra, assure M. Pasqua, de doubler l'effort consacré aux transmissions et à l'informatique, à l'immobilier et au logement, tout en augmentant (+30%) les crédits destinés à l'armement, à l'habillement et aux moyens de protection. En outre, 5 000 postes d'agents administratifs et techniques vont être créés dans la police d'ici à 1999 (1,9 milliards de francs). Les mesures en faveur des personnels (1,15 milliard sur cinq ans) concernant notamment la création d'une prime accordée à *'environ 30 à 35 000 fonctionnaires en poste dans les zones difficiles'* du SGAP de Paris et de circonscriptions relevant d'un contrat de ville.

Erich Inciyan, *Le Monde*, samedi 21 mai 1994, p. 11 (© *Le Monde*)

Level 2

1. Expliquez le sens des expressions suivantes

l'effraction informatique	le bureau de placement
un chèque en bois	hypothéquer l'avenir

2. Trouvez d'autres sens des mots suivants

le casier	le commissaire	l'indicateur	la remise
une action	endosser	le règlement	l'audition
foncier	la traite	le montant	l'arbitre
la bourse	l'avis	amortir	détourner

3. Expliquez les différences entre les expressions suivantes

le complice par instigation	le complice par assistance
le mandat de comparution	le mandat d'arrêt
les honoraires	les appointements
les biens	les capitaux
l'acompte	le versement
le mot de passe	le code confidentiel
le coffret de nuit	le lock box
l'impôt sur le revenu	la taxe sur la valeur ajoutée

4. Complétez

_____	← l'audience	l'audition	→ _____
_____	← la cotation	la citation	→ _____
_____	← la saisie	le saisissement	→ _____
_____	← la faillite	la défaillance	→ _____
_____	← la fourchette	la fourche	→ _____
_____	← le bordereau	la bordure	→ _____
_____	← le règlement	le réglage	→ _____

5. Complétez le tableau suivant   ✓

recette, complice, rentier, portefeuille, garant, cote, crédit prix

Locution	Signification	Registre
1. être _____ de quelque chose		
2. jouir d'une _____ élevée		
3. faire _____ d'ami à quelqu'un		
4. avoir un _____ bien garni		
5. faire _____		
6. jouir d'un grand _____ auprès de quelqu'un		
7. avoir bonne _____		
8. se porter _____ de quelque chose		
9. être hors de _____		
10. avoir le coeur à gauche et le _____ à droite		
11. donner du _____ à quelque chose		
12. mener une vie de _____		

6. Expliquez les différences entre les mots suivants

le compte courant	le compte d'épargne	le compte de dépôt
le revenu de travail	le revenu de placement	la rente
l'intérêt	le dividende	l'annuité
le détenu	l'accusé	le prisonnier
la perquisition	la rafle	la saisie

7. Composez des phrases qui feront ressortir les différences entre les mots suivants

le signal	le signalement	la signalisation
le compte	l'acompte	le décompte
la faillite	la faille	la faillibilité
la recette	le reçu	la réception
l'amortissement	l'amortisseur	l'amorti

8. Expliquez le sens des mots et des expressions suivants

le crédit-bail   le crédit-formation   le crédit-relais   le crédit municipal

9. Trouvez des équivalents non-argotiques des mots suivants

la taule	boucler	le perroquet	la cogne	la flingue
le balanceur	la came	l'arnaque	le laveur	les bracelets
le malfaiteur	le loubard	la bagarre	l'indicateur	l'indice
dépanner	taper	le blé	la neige	la ferraille

10. Traduisez en français

1. Although his accomplice had a clean record, he had already been convicted for shop-lifting and breaking and entry.

2. The main industry of the region is gun-running and smuggling. Most of the adults look like fugitives or gangsters.
3. The raid was a fiasco, because the police had not obtained a search warrant.
4. The informer told the superintendent that the escaped prisoner had assumed a false identity and that he had committed an armed robbery since his escape.
5. If her brother-in-law had not stood bail for her, she would have been remanded in custody.
6. After the crash, he had cash flow problems and was unable to raise the capital he needed. As a result he was forced to sell off the company.
7. Even after she had cleared her debt, she found it difficult to obtain a charge card and she was refused a car loan.
8. My financial advisor told me that it would be impossible to find a high-yield investment which would be safe. A deposit account would be risk-free, but the rate of interest was low. A unit trust was more risky, but the long-term yield would be better.
9. The administration fee is deducted before the capital is invested. Therefore, if you want to withdraw it before the end of the first year, your statement will probably show a loss.
10. It takes me hours to fill in my tax return. If I could afford it, I would have it done by a tax accountant.

11. **Traduisez en anglais**

Récupérer son épargne sans pénalité avant le 30 septembre

Mieux vaut le savoir, certaines mesures de déblocage anticipé de l'épargne prendront fin le 30 septembre. Elles permettent aux épargnants de retirer les sommes investies sur certains placements sans subir de pénalités fiscales. Voici les principales opportunités

- Plan d'épargne-logement (PEL): possibilité d'effectuer un retrait anticipé sans perte des avantages liés au PEL (prime d'Etat, droits à prêt). Le PEL doit avoir été ouvert depuis au moins deux ans et six mois à la date du retrait. Retrait minimal: 3 000 francs. Maximum: 100 000 francs par ménage. Les sommes retirées doivent être affectées au financement de travaux d'entretien ou d'amélioration de la résidence principale ou à l'acquisition de biens d'équipement.
- Plan d'épargne populaire (PEP): possibilité pour les personnes imposables à l'impôt sur le revenu de retirer tout ou partie des sommes déposées sur un PEP sans subir de pénalité fiscale. Pour pouvoir bénéficier de cette disposition, le plan devra avoir été ouvert avant le 20 décembre 1995.
- Sicav monétaires de capitalisation: possibilité de bénéficier de l'exonération des plus-values quand le montant global de cession de ces titres ne dépasse pas 100 000 francs.

Conditions à respecter: les sommes recueillies doivent servir à financer la réalisation de certains travaux d'entretien ou d'amélioration dans la résidence principale ou secondaire de l'investisseur. Et le réinvestissement du produit de la cession doit être effectué au plus tard le 31 octobre 1996. L'exonération des plus-values s'applique aussi lorsque les sommes récupérées servent à acquérir des meubles, de la literie et aussi du matériel électroménager, des ordinateurs ...

Autre solution pour bénéficier de cette mesure: acheter une voiture neuve. Le produit de la cession devra alors être réinvesti sous un délai d'un mois. A noter que l'exonération peut se cumuler avec l'attribution de la prime à la qualité automobile versée par l'Etat – 5 000 francs ou 7 000 francs selon le modèle choisi -, un dispositif qui prendra également fin le 30 septembre.

- Epargne salariale: possibilité de débloquer par anticipation les fonds issus de la participation aux résultats de l'entreprise et/ou ceux versés sur un plan d'épargne-entreprise sous réserve d'un accord de l'entreprise. Les sommes qui peuvent être récupérées à titre exceptionnel sans pénalité fiscale sont celles qui auraient été normalement disponibles en 1997 et 1998.

Laurent Edelmann, *Le Monde*, 15–16 septembre 1996, p. 14 (© *Le Monde*)

Level 3

1. Décrivez les 'professions' suivantes

le proxénète	l'auditeur	le faussaire
le contrebandier	le courtier	le récupérateur d'entreprises
le receleur	le boursicotier	le parrain
le tueur à gages	l'usurier	le gérant de portefeuille
le maître-chien	le détective privé	le convoyeur de fonds

2. Trouvez d'autres sens des mots suivants

l'abattement	brasser	l'allégement	foncier
la souche	le tassement	imposer	le tuyau

3. Complétez

_____	← apurer	épurer	→	_____
_____	← le report	le reportage	→	_____
_____	← le gage	l'engagement	→	_____
_____	← la tranche	la tranchée	→	_____
_____	← la créance	la croyance	→	_____
_____	← le fonds	le fond	→	_____
_____	← le placier	le placeur	→	_____
_____	← le préjudice	le préjugé	→	_____

4. Traduisez en anglais

le brevet de pilote	le brevet de capitaine
le seuil de tolérance	le seuil de pauvreté
la tranche d'âge	la tranche de salaires
le bordereau de salaire	le bordereau de livraison
le fonds de secours	le fonds de solidarité

5. Trouvez le sens des expressions suivantes

en filigrane	la copie étalon	à titre viager	faire bourse commune
un faux jeton	à longue échéance	un fin limier	préjudice de la vérité

6. Traduisez en français

cash on delivery	hard cash	cash and carry	cash cow
cash on shipment	petty cash	cash crop	cash prize

7. Trouvez des synonymes des mots suivants

la descente	le tuyau	balancer	le butin
l'escroquerie	le rapt	le vagabond	la tuerie

8. Traduisez en anglais

le gorille	le requin	le truand
la Marie-Jeanne	le sucre	le jules
le grabuge	le badaboum	la corrida
le casseur	le chapardeur	l'arnaqueur

9. Trouvez des équivalents non-argotiques des mots suivants

le panier à salade	le flingueur	le chambard
cracher le morceau	barboteur	le macchabée
la planque	la filouterie	du toc
trouver le filon	faire sa pelote	le tapeur

10. Donnez une définition des mots suivants

le brevet   la radio émetteur   le portrait-robot   les menottes

11. Expliquez le sens des expressions suivantes

les frais d'annulation	les frais d'expédition	les frais de port
les frais bancaires	les frais de déplacement	les frais divers
les frais généraux	les frais d'exploitation	les frais de représentation
les frais d'inscription	les frais réels	les frais de scolarité

12. Traduisez en français ✓

1. He is a habitual offender. He has been convicted for embezzlement, tax dodging and insider trading.
2. She was watched for months by a prowler. He even left his finger-prints on her bedroom window. After he had been arrested, the police told her she had been lucky: he had convictions for rape, child molesting and indecency.
3. As soon as I am put on parole, I shall settle a score with my cousin. It was he who grassed on me. The police arrived just as I was about to pick the lock.
4. He belongs to the mob. All his friends are thugs, gangsters and hit-men. The area where he lives is a no-go area because of the hold-ups and shoot-outs which take place almost every weekend.
5. None of the witnesses for the defence were reliable. They all had criminal records and most of their evidence was inadmissible.
6. You will need to find someone who is willing to lend you the seed capital.
7. A mixed portfolio will allow you to dabble on the stockmarket without running too many risks.
8. Because he was a discharged bankrupt, he was unable to obtain a bridging loan when he was buying his house.
9. Although the personal allowance has gone up, the reduction of the mortgage relief and the increase in indirect taxation mean that I am still badly off.
10. My brother-in-law is an insurance canvasser. All he ever talks about is insurance: endowment insurance, property insurance, disability insurance. Last week he tried to persuade me to take out a credit insurance policy.

13. Etude de texte

La 'pieuvre' mafieuse prolifère à Wall Street

WASHINGTON

de notre correspondant

Le marché aux poissons de Fulton et le marché des sociétés de petite capitalisation, à Wall Street, ne sont séparés que par quelques 'blocs', dans le bas de Manhattan. Ils ont en commun d'être victimes de la même gangrène mafieuse. Le maire de New York a porté de rudes coups à Fulton, réussissant à éradiquer en grande partie le racket et la corruption organisés par la 'famille' Genovese. Mais contre Wall Street, Rudolph Giuliani ne peut rien. Il n'est pas le seul: la SEC (la Commission des opérations de Bourse américaine), le FBI, ainsi que la National Association of Securities Dealers (NASD, Association des teneurs de marché) sont largement désarmés.

A l'issue d'une longue enquête, le magazine *Business Week* s'est récemment livré à une analyse détaillée du réseau tissé à Wall Street par quatre 'familles' new-yorkaises et par la mafia russe. 'The Mob' (le 'gang') contrôlerait une vingtaine de maisons de courtage, exerçant ainsi son emprise sur une part non négligeable du marché hors cote et du marché électronique Nasdaq. A quelques exceptions près, comme Philip Abramo, Alphone Malangone, Roy Ageloff et John Franzese, ses 'parrains' réussissent à se dissimuler derrière des hommes de paille.

Les techniques utilisées sont nombreuses, à la fois sophistiquées et brutales: des agents de change mafieux contrôlent le prix de certains titres – après avoir écarté la concurrence par l'intimidation, la corruption, voire la violence – qu'ils revendent à un cours artificiellement élevé; d'autres profitent de la législation sur les investisseurs étrangers pour acheter illégalement, *via* des comptes bancaires ouverts dans des paradis fiscaux, des actions à bas prix revendues ensuite avec un fort bénéfice: d'autres enfin se débarrassent d'actions surévaluées promises à des augmentations de capital de sociétés qu'ils contrôlent.

Parfois, du marché de Fulton à l'univers électronique de Wall Street, les méthodes ne diffèrent guère: telle 'famille' offre sa 'protection' à d'honnêtes maisons de courtage menacées par les offensives boursières d'un clan adverse. Des investisseurs institutionnels sont soumis à un démarchage agressif de la part de courtiers véreux. Dans d'autres cas, la 'pieuvre' exige le versement de commissions pour ne pas procéder à une revente massive d'actions émises par des sociétés de petite capitalisation.

Les 'familles' Genovese, Colombo et Gambino sont réputées les plus actives à Wall Street où elles ont opéré avec succès une reconversion dans des activités plus respectables que la drogue et la prostitution. Ce qui n'a pas évité à plusiurs courtiers et agents de change qui refusaient de 'coopérer' d'être tabassés par des hommes de main dépêchés par le crime organisé. Rares sont cependant les victimes qui ont accepté de raconter les menaces, le chantage et les violences subies. Dans les rues de New York comme dans celles de Palerme, l'efficacité de l'*omerta*, la vieille loi du silence sicilienne, n'est plus à démontrer.

Laurent Zecchini, *Le Monde*, 3 janvier 1997, p. 20 (© *Le Monde*)

1. *Traduisez en anglais:*
   'sont largement désarmés' • 'A l'issue d'une longue enquête' • 'exerçant ainsi son

emprise sur une part non négligeable du marché' • 'après avoir écarté la concurrence'
• 'les méthodes ne diffèrent guère' • 'sont réputées les plus actives' • 'les violences
subies'

2. *Expliquez le sens des mots et des expressions suivantes:*
   la société de petite capitalisation • la maison de courtage • le marché hors
   cote • l'investisseur institutionnel • les offensives boursières • courtiers véreux

3. *Expliquez les images suivantes:* la pieuvre, la gangrène mafieuse

4. *Décrivez 'les métiers' suivants:*
   le teneur de marché   le parrain   l'homme de paille   l'homme de main

5. *En quoi consiste les crimes suivants?*
   le racket   la prostitution   le chantage

6. *Donnez les verbes qui correspondent aux noms suivants:*
   enquête   reconversion   concurrence   corruption

7. *Donnez des synonymes des mots suivants:*
   désarmés   advers   le versement   respectable   tabasser

8. *Rédigez un résumé (175 mots) du texte.*

Unit 19

Geography, history and war

Level 1

Geography

la géographie	geography
le/la géographe	geographer
géographique	geographical
le/la géographe	geographer
la géographie physique	physical geography
la géographie politique	political geography
la géographie humaine	human geography
la démographie	demography
démographique	demographic
le/la démographe	demographer
l'océanographie (f)	oceanography
océanographique	oceanographic
l'océanographe (m/f)	oceanographer
la cartographie	cartography
le/la cartographe	cartographer
la topographie	topography
le/la topographe	topographer
l'atlas	atlas
la carte	map
faire la carte de	to map
le climat	climate
climatique	climactic
la climatologie	climatology
le/la climatologiste	climatologist
l'hémisphère (m)	hemisphere
l'equateur (m)	the Equator
équatorial	equatorial
la latitude	latitude
la longitude	longitude
la boussole	compass
le compas	compass
les points cardinaux (m)	points of the compass
le territoire	territory
territorial	territorial
le continent	continent
continental	continental
le pays	country
la patrie	homeland, mother country
l'île (f)	island
l'îlot (m)	small island
insulaire	insular
l'archipel (m)	archipelago
l'océan (m)	ocean
océanique	oceanic
la mer	sea
l'Orient (m)	the East
l'Occident (m)	the West
le Proche Orient	the Near East
le Moyen Orient	the Middle East
l'Extrême-Orient	the Far East
occidentaliser	to westernise
s'occidentaliser	to become westernised
l'occidentalisation (f)	westernisation
le nord	the North
le Grand Nord	the Far North
le nord géographique	true north
polaire	polar
le pôle Nord	North Pole
le pôle Sud	South Pole
le cercle polaire arctique	the Arctic Polar Circle
le nord-ouest	north-west
le nord-est	north-east
le sud	the South

le sud-ouest	south-west	la Suède	Sweden
le sud-est	south-east	suédois	Swedish
le sud de la France	the South of France	la Belgique	Belgium
le Midi	the South of France	belge	Belgian
méridional	Southern French	les Pays-Bas (m)	the Netherlands
le Sud profond	the Deep South	la Hollande	Holland
l'Europe (f)	Europe	hollandais	Dutch
l'Europe continentale (f)	Continental Europe	néerlandais	Dutch
		l'Italie (f)	Italy
l'Europe de l'Ouest (f)	Western Europe	italien	Italian
l'Europe occidentale (f)	Western Europe	la Sicile	Sicily
		sicilien	Sicilian
l'Eurasie (f)	Eurasia	la Crète	Crete
eurasien	Eurasian	la Chypre	Cyprus
le Commonwealth	the Commonwealth	chypriote	Cypriot
les îles Britanniques (f)	the British Isles	la Malte	Malta
		maltais	Maltese
la Grande-Bretagne	Great Britain	la Sardaigne	Sardinia
le Royaume-Uni	United Kingdom	sarde	Sardinian
l'Angleterre (f)	England	la Péninsule ibérique	Iberian Peninsula
anglais	English	l'Espagne (f)	Spain
l'Ecosse (f)	Scotland	espagnol	Spanish
écossais	Scottish	le Portugal	Portugal
le Pays de Galles	Wales	portugais	Portuguese
l'Ulster (m)	Ulster	la Grèce	Greece
l'Irlande du Nord (f)	Northern Ireland	grec/grecque	Greek
d'Irlande du Nord	Northern Irish	la Suisse	Switzerland
l'Ulstérien/ l'Ulstérienne	Ulsterman/ Ulsterwoman	suisse	Swiss
		l'Autriche (f)	Austria
l'Irlande (f)	Ireland	autrichien	Austrian
irlandais	Irish	l'Allemagne (f)	Germany
la République d'Irlande	Eire, the Republic of Ireland	allemand	German
		la Russie	Russia
l'état libre d'Irlande	Irish Free State	russe	Russian
la France	France	la Tchécoslovaquie	Czechoslovakia
français	French	tchécoslovaque	Czechoslovakian
la Manche	English Channel	la République tchèque	the Czech Republic
le Groenland	Greenland	la République slovaque	the Slovak Republic
l'Islande (f)	Iceland		
islandais	Icelandic	la Pologne	Poland
la Scandinavie	Scandinavia	polonais	Polish
scandinave	Scandinavian	la Croatie	Croatia
la Finlande	Finland	croate	Croatian
finlandais	Finnish	la Bosnie	Bosnia
le Danemark	Denmark	bosniaque	Bosnian
danois	Danish	la Serbie	Serbia
la Norvège	Norway	serbe	Serbian
norvégien	Norwegian	la Hongrie	Hungary

hongrois	Hungarian	thaïlandais	Thai
la Bulgarie	Bulgaria	le Viêt-nam	Vietnam
bulgare	Bulgarian	vietnamien	Vietnamese
la Roumanie	Romania	la Chine	China
roumain	Romanian	chinois	Chinese
l'Albanie (f)	Albania	le Japon	Japan
albanais	Albanian	japonais	Japanese
la Turquie	Turkey	le Taiwan	Taiwan
turc	Turkish	taiwanais	Taiwanese
l'Afghanistan (m)	Afghanistan	la Corée du Nord	North Korea
afghan	Afghan	nord coréen	North Korean
l'Irak (m)	Iraq	la Corée du Sud	South Korea
irakien	Iraqi	sud coréen	South Korean
l'Iran (m)	Iran	la Birmanie	Burma
iranien	Iranian	birman	Burmese
la Jordanie	Jordan	la Malaisie	Malaysia
jordanien	Jordanian	malais	Malay
le Koweït	Kuwait	le Ceylan	Ceylon
koweïtien	Kuwaiti	le Sri Lanka	Sri Lanka
le Liban	Lebanon	sri-lankais	Sri Lankan
libanais	Lebanese	l'Afrique (f)	Africa
l'Arabie Saoudite (f)	Saudi Arabia	africain	African
saoudien	Saudi	l'Afrique du nord (f)	North Africa
la Syrie	Syria	le Maghreb	the Magreb
syrien	Syrian	maghrébin	North-African
la Palestine	Palestine	l'Algérie (f)	Algeria
palestinien	Palestinian	algérien	Algerian
les pays arabes (m)	the Arab nations	l'Egypte (f)	Egypt
arabe	Arab	égyptien	Egyptian
les Emirats arabes unis (m)	the United Arab Nations	la Libye	Libya
		libyen	Libyan
l'Etat d'Israël (m)	the State of Israel	le Maroc	Morocco
israélien	Israeli	marocain	Moroccan
le subcontinent des Indes	Indian Subcontinent	la Tunisie	Tunisia
		tunisien	Tunisian
l'Inde (f)	India	le Nigeria	Nigeria
indien	Indian	nigérien	Nigerian
le Pakistan	Pakistan	le Sénégal	Senegal
pakistanais	Pakistani	sénégalais	Senegalese
le Tibet	Tibet	la Somalie	Somalia
tibétain	Tibetan	somalien	Somali
le Népal	Nepal	le Congo	the Congo
népalais	Nepalese	congolais	Congolese
le Cachemire	Cashmere	l'Ethiopie (f)	Ethiopia
cachemirien	Cashmiri	éthiopien	Ethiopian
l'Indonésie (f)	Indonesia	**le** Zaïre	Zaire
indonésien	Indonesian	zaïrois	Zairian
la Thaïlande	Thailand	le Kenya	Kenya

kényan	Kenyan	mexicain	Mexican
la Tanzanie	Tanzania	le Panama	Panama
tanzanien	Tanzanian	le Nicaragua	Nicaragua
l'Ouganda (m)	Uganda	nicaraguayen	Nicaraguan
ougandais	Ugandan	le Costa Rica	Costa Rica
le Ghana	Ghana	costaricien	Costarican
ghanéen	Ghanaian	le Salvador	El Salvador
le Botswana	Botswana	le Guatemala	Guatemala
le Burundi	Burundi	guatémaltèque	Guatamalan
la Guinée	Guinea	l'Equateur (m)	Ecuador
la Côte d'Ivoire	Ivory Coast	équatorien	Ecuadorian
la Namibie	Namibia	la Colombie	Colombia
namibien	Namibian	colombien	Colombian
l'Angola (m)	Angola	le Paraguay	Paraguay
angolais	Angolan	paraguayen	Paraguayan
l'Afrique du Sud (f)	South Africa	le Pérou	Peru
le Zimbabwe	Zimbabwe	péruvien	Peruvian
zimbabwéen	Zimbabwean	l'Uruguay (m)	Uruguay
le Gabon	Gabon	uruguayen	Uruguayan
gabonais	Gabonese	l'Argentine (f)	Argentina
la Gambie	Gambia	argentin	Argentinian
gambien	Gambian	la Bolivie	Bolivia
l'Amérique du Nord (f)	North America	bolivien	Bolivian
		le Brésil	Brazil
américain	American	brésilien	Brazilian
afro-américain	Afro-American	le Chili	Chile
le Canada	Canada	chilien	Chilean
canadien	Canadian	le Venezuela	Venezuela
le Québec	Quebec	vénézuélien	Venezuelan
la Colombie britannique	British Columbia	l'Australie	Australia
		australien	Australian
la Terre-Neuve	Newfoundland	la Tasmanie	Tasmania
les Etats -Unis (m)	United States	tasmanien	Tasmanian
américaniser	to Americanise	la Nouvelle-Zélande	New Zealand
l'américanisation	Americanisation	la Hawaii	Hawaii
le Nouveau-Mexique	New Mexico	hawaïen	Hawaiian
les Antilles (f)	the West Indies	la Tahiti	Tahiti
antillais	West Indian	tahitien	Tahitian
les Bahamas (m)	the Bahamas	les Philippines (f)	Philippines
les Caraïbes (f)	Caribbean Islands	philippin	Philippine
la Jamaïque	Jamaica	la Nouvelle Calédonie	New Caledonia
jamaïcain	Jamaican		
les Bermudes (f)	Bermuda	les Malouines (f)	Falkland Islands
bermudien	Bermudan	l'Antarctique (m)	Antarctica
l'Amérique centrale (f)	Central America	les Chutes de Niagara (f)	the Niagara Falls
l'Amérique latine (f)	Latin America	l'Atlantique (m)	the Atlantic Ocean
le Mexique	Mexico	l'océan Atlantique	the Atlantic Ocean

le Pacifique	the Pacific Ocean
l'océan Pacifique (m)	the Pacific Ocean
l'océan Indien (m)	the Indian Ocean
l'océan Arctique (m)	the Arctic Ocean
l'océan Antarctique (m)	the Antarctic Ocean
la mer du Nord	the North Sea
la mer Adriatique	the Adriatic Sea
la mer Egée	the Aegean Sea
la mer Morte	the Dead Sea
la mer Noire	the Black Sea
la mer Baltique	the Baltic Sea
la mer de Chine	the China Sea
la mer des Antilles	the Caribbean
la mer des Caraïbes	the Caribbean

Historians and history

le historien/la historienne	historian
historique	historical
historiquement	historically
le/la spécialiste d'histoire sociale	social historian
le/la spécialiste d'histoire militaire	military historian
le/la spécialiste d'histoire de l'antiquité	ancient historian
l'historiographie (f)	historiography
le/la historiographe	historiographer
l'histoire de l'art	art history
l'historien de l'art	art historian
le chroniqueur/la chroniqueuse	chronicler
l'archéologue (m/f)	archaeologist
l'archéologie (f)	archaeology
l'égyptologie (f)	Egyptology
l'égyptologue (m/f)	Egyptologist
la période	period
l'époque (f)	period, epoch
l'ère (f)	era
la décennie	decade
le siècle	century
l'antiquité (f)	antiquity
les monuments antiques (m)	antiquities
la chute	fall
le déclin	decline

la décadence	decline, decadence, decay
la débâcle	rout, collapse
la ruine	ruin
le renversement	overthrow
l'apogée (m)	peak, apogee
antédiluvien	antediluvian
la préhistoire	prehistory
préhistorique	prehistoric
le fossile	fossil
fossilisé	fossilised

War

la guerre totale	all-out war
la guerre à outrance	all-out war
la guerre ouverte	open warfare
la guerre sainte	holy war
la guerre mondiale	World War
la guerre civile	civil war
la guerre nucléaire	nuclear war
la guerre des étoiles	star wars
la guerre chimique	chemical warfare
la guerre bactériologique	bacteriological warfare
la guerre biologique	biological warfare
la guerre des tranchées	trench warfare
la guerre d'embuscade	guerrilla warfare
la guerre éclair	blitzkrieg
la guerre froide	cold war
la guerre de succession	war of succession
le conflit	conflict
le conflit armé	armed conflict
le combat	fight, fighting
le combattant	combatant
combatif, -ve	ready to fight, in fighting spirit
des combats aériens (m)	air-battles
des combats navals (m)	naval action
le combat rapproché	close combat
la bataille	battle
mener la bataille contre	to wage war on
la guérilla	guerrilla warfare

la guérilla urbaine	urban guerrilla warfare	monter la garde	mount the guard
la lutte	struggle, fight	guerrier	warlike
la révolte	revolt		
le/la révolté	rebel		

Military personnel

les forces armées (f)	armed forces
l'armée (f)	army
l'armée de libération (f)	liberating army
l'armée de volontaires (f)	volunteer army
l'armée active (f)	regular army
l'armée régulière (f)	regular army
la marine militaire	navy
la marine de guerre	navy
la flotte	fleet
l'armée de l'air (f)	air force
la force de frappe	strikeforce
le militaire	serviceman
la milice	militia
le milicien/la milicienne	militia-man/militia-woman
le service militaire	military service
l'objecteur de conscience (m)	conscientious objector
le grade	rank
le gradé/la gradée	officer
le prisonnier/la prisonnière de guerre	prisoner of war
le/la mercenaire	mercenary
le légionnaire	legionnaire
le guerrier	warrior
l'ancien combattant (m)	veteran
l'engagé/l'engagée	enlisted man/woman
la recrue	recruit

Weapons

les armes (f)	arms
l'armement (m)	armament
la course aux armements	arms race
charger une arme	to load a weapon
prendre les armes	to take up arms
déposer les armes	to lay down arms
l'arme classique (f)	conventional weapon
l'arme nucléaire (f)	nuclear weapon
la bombe	bomb
l'obus (m)	shell

la révolution	revolution
le/la révolutionnaire	revolutionary
l'insurrection (f)	insurrection
le soulèvement	uprising
l'émeute (f)	riot, rabble
la sédition	sedition
la mutinerie	mutiny
la faction	faction
les hostilités (f)	hostilities
la campagne	campaign
la rencontre	skirmish, encounter, engagement
l'affrontement (m)	clash
la confrontation	clash, confrontation
le choc	clash
la défense	defence
l'allié (m)	ally
les renforts (m)	reinforcements
le bilan des victimes	human toll
entrer en guerre	to go to war
remporter la victoire	to win/carry the day
l'offensive (f)	offensive
la défaite	defeat
la déroute	rout
mettre en déroute	to rout
la débandade	flight, scattering
la fuite	flight
mettre en fuite	to put to flight
la victoire	victory
la retraite	retreat
la reddition	surrender
la capitulation	surrender
la fusillade	shooting
l'armistice (m)	armistice
le cessez-le-feu	cease-fire
la bataille	battle
l'attaque (f)	attack
le raid	raid
le raid de bombardement	bombing raid
la stratégie	strategy
la tactique	tactics
la manoeuvre	manoeuvre
le couvre-feu	curfew

le shrapnell	shrapnel	les blessés de guerre	war-wounded
le pistolet	pistol	les réparations de guerre (f)	war reparations
le revolver	revolver		
le fusil	rifle	les dépenses militaires (f)	defence spending
le canon	gun, cannon		
		le marché des armes	arms trade
Various		la vente des armes	arms sales
le crime de guerre	war crime	le désarmement	disarmament
le criminel/la criminelle de guerre	war criminal	la conscription	conscription
		l'appel (m)	call-up
le crime contre l'humanité	crime against humanity	le recrutement	recruitment
		l'engagement (m)	enlistment
l'hôpital militaire (m)	veteran hospital		

Level 2

Geography		la carte météorologique	weather map
la Corse	Corsica		
la Côte d'Azur	French Riviera	le plan des rues	street map
Douvres	Dover	le plan du métro	underground map
Londres	London	la latitude	latitude
Edinbourg	Edinburgh	la longitude	longitude
Copenhague	Copenhagen	le méridien	meridian
la Haye	the Hague	le parallèle	parallel
Anvers	Antwerp	l'hémisphère (m)	hemisphere
Bruxelles	Brussels	la sierra	sierra
Genève	Geneva	la source	source *(river)*
Vienne	Vienna	le bassin	basin
Francfort	Frankfurt	le cirque	cirque
Barcelone	Barcelona	le cratère	crater
Lisbonne	Lisbon	la dépression	depression
Venise	Venice	le volcan au repos	dormant volcano
Athènes	Athens	le volcan en activité	active volcano
Moscou	Moscow	la faille	fault
Varsovie	Warsaw	le plissement	fold
Cracovie	Cracow	le geyser	geyser
Bucarest	Bucharest	le glacier	glacier
Singapour	Singapore	la glaciation	glaciation
Baghdad	Baghdad	glaciaire	glacial
la Mecque	Mecca	la veine	seam
Téhéran	Teheran	la corniche	shelf
Damas	Damascus	le sédiment	sediment
Alger	Algiers	la sédimentation	sedimentation
Tanger	Tangiers	la strate	stratum
Le Caire	Cairo		
la carte routière	road map	*History*	
la carte touristique	tourist map	l'annaliste (m/f)	annalist

le/la mémorialiste	memorialist
l'archiviste (m/f)	archivist
les archives (f)	archives
le scribe	scribe
entrer dans l'histoire	to go down in history
chargé d'histoire	steeped in history
la féodalité	feudal system, feudalism
le féodal	feudal lord
féodal	feudal
les fouilles (f)	excavation
la déportation	deportation
les travaux forcés (m)	penal servitude
le pilori	pillory
plébéien/-ienne	plebeian
la plèbe	plebeians
les racoleurs (m)	press-gang
l'asile de pauvres	workhouse, almshouse

War

ouvrir les hostilités	to begin hostilities
cesser les hostilités	to cease hostilities
prendre d'assaut	to take by storm
gagner du terrain	to gain ground
céder du terrain	to lose ground
assiéger	to besiege
anéantir	to annihilate
la puissance de combat	combat power
le raid aérien	air raid
le blocus	blockade
le siège	siege
le champ de mines	minefield
poser une mine	lay a mine
heurter une mine	to hit a mine
le déminage	bomb disposal
l'accrochage (m)	skirmish
l'agitation (f)	unrest
l'état d'alerte (m)	state of emergency
couver	to simmer
déclencher	to trigger
décrisper	to defuse (situation), de-escalate

Weapons

l'armement léger (m)	light armament
l'armement lourd (m)	heavy armament
l'arme de destruction massive (f)	mass destruction weapon

l'arme à feu (f)	firearm
l'arme de service (f)	standard issue weapon
l'artillerie (f)	artillery
l'artillerie antiaérienne (f)	anti-aircraft guns
les munitions (f)	ammunition
la balle	bullet
la grenade	grenade
la grenade à main	hand grenade
la grenade fumigène	smoke grenade
le poignard	knife, dagger
la baïonnette	bayonet
la matraque	truncheon, cosh, cudgel
le colt	revolver
la gâchette	trigger
la carabine	rifle
le pistolet mitrailleur	submachine gun
le fusil mitrailleur	machine-gun
la mitrailleuse	machine-gun
la mitraillette	sub-machine gun
le lance-roquettes	rocket-launcher
le lance-flammes	flame-thrower
le lance-missiles	missile launcher
le missile guidé	guided missile
le missile de croisière	cruise missile
le missile longue portée	long-range missile
le torpilleur	torpedo boat
la torpille	torpedo
le char d'assaut	tank
blindé	armour-plated
le blindé	tank, armoured vehicle
l'engin (m)	device
l'engin balistique (m)	ballistic missile
l'engin explosif (m)	explosive device
l'engin incendiaire (m)	incendiary device
l'engin au plastic (m)	plastic explosives device
l'engin nucléaire (m)	nuclear device
le stock d'armes nucléaires	nuclear arms stockpile

Military personnel

l'unité (f)	unit
le contingent	contingent, unit
le bataillon	battalion
l'escadron (m)	squadron

la compagnie	company	le garnison	garrison
le peloton	platoon	la caserne	barracks
la patrouille	patrol	la chambrée	barrack-room
être de patrouille	to be on patrol	le cantonnement	billet
le détachement	detachment, patrol	cantonner	to billet
la colonne	column	la forteresse	fortress
le guérillero	guerrilla	les remparts (m)	ramparts
la guérilla	guerrilla warfare		
le démineur	bomb disposal expert	***Various***	
l'artificier (m)	bomb disposal expert	la tranchée	trench
l'artilleur (m)	gunner	le retranchement	entrenchment
le parachutiste	paratrooper	l'engagement (m)	enlistment
le/la télégraphiste	signalman	les civils (m)	civilians
le grenadier	grenadier	l'otage (m/f)	hostage
le soldat de réserve	reservist	l'espion/l'espionne	spy
le maréchal	field marshal	l'approvisionnement	supplies
le colonel	colonel	(m)	
le capitaine	captain	les vivres (m)	supplies
le lieutenant	lieutenant	la revue de détail	kit-inspection
le sous-lieutenant	second lieutenant	défiler	to parade
le sergent	sergeant	le défilé	parade
le sergent-major	sergeant major	marcher au pas	to march
le caporal	corporal	former les rangs	to fall in
le sous-officier	non-commissioned	rompre les rangs	to fall out
	officer	la course aux	arms race
le simple soldat	private	armements	
l'amiral (m)	admiral	démanteler	to dismantle
le vice-amiral	vice-admiral	désarmer	to decommission
les casques bleus (m)	peace-keeping forces	le désarmement	disarmament
le service de santé	medical corps	le désarmement	unilateral
		unilatéral	disarmament
		dénucléariser	denuclearise
Military accommodation		la zone dénucléarisée	nuclear-free zone
le quartier général	headquarters		

Level 3

Geography		le/la géochimiste	geochemist
la géologie	geology	les Orcades (f)	the Orkneys
le/la géologue	geologist	les îles Shetland (f)	the Shetlands
la géographie	geonomics	les Hébrides	Western Isles
économique		occidentales (f)	
la géopolitique	geopolitics	les îles anglo-	the Channel Islands
géopolitique	geopolitical	normandes (f)	
la géophysique	geophysics	les Sorlingues	the Scilly Isles
le/la géophysicien/la	geophysicist	la région des lacs	the Lake District
géophysicienne		Cornouailles (f)	Cornwall
la géochimie	geochemistry	flamand	Flemish

les Wallons	the Walloons	la roche ignée	igneous rock
la Tamise	the Thames		
le Rhin	the Rhine	**History**	
Lyon	Lyons	le dépouillement des	scrutiny of the
Marseille	Marseilles	documents	documents
Dunkerque	Dunkirk	le souci de la vérité	concern for truth
la Cisjordanie	the West Bank	la paléographie	palaeography
la Bande de Gaza	the Gaza Strip	le/la paléographe	palaeographer
le Canal de Suez	the Suez Canal	la téléologie	teleology
l'Himalaya (m)	the Himalayas	téléologique	teleological
le Far West	the Wild West	à travers les âges	through the ages
les Grandes Plaines	the Great Plains	à travers les siècles	through the ages
les Rocheuses	the Rockies	l'Age de la pierre polie	the Neolithic age
le golfe du Mexique	the Gulf of Mexico	néolithique	Neolithic
le canal de Panama	Panama Canal	l'Age de la pierre	the Palaeolithic age
la Grande Barrière de	the Great Barrier Reef	taillée	
Corail		paléolithique	Palaeolithic
les Grands Lacs	the Great Lakes	la paléontologie	palaeontology
le golfe Persique	the Persian Gulf	le/la paléontologiste	palaeontologist
le cercle polaire	Arctic Circle	l'homme de	Neanderthal Man
arctique		Néanderthal	
le cercle polaire	Antarctic Circle	l'Age de la Lumière	the Age of Reason
antarctique		le Siècle des Lumières	the Enlightenment
le tropique du	tropic of Capricorn	la période glaciaire	Ice Age
Capricorne		l'Age de pierre (m)	Stone Age
le tropique du Cancer	tropic of Cancer	l'Age de fer	Iron Age
la plate-forme	continental shelf	Toutankhamon	Tutankhamun
continentale		byzantin	Byzantine
le plateau continental	continental shelf	l'Empire d'Orient	Byzantine Empire
la ligne de	dateline	hellénique	Hellenic
changement de date		l'Empire Romain	Roman Empire
l'étude topographique	survey *(of land)*	l'ère chrétien	Christian era
l'étude	survey *(of sea-bed)*	le Moyen Age	Middle Ages
hydrographique		carolingien	Carolingian
la carte d'état-major	ordnance survey map	le bas Moyen Age	early middle ages
la carte hypsométrique	contour map	le haut Moyen Age	late middle ages
la courbe	contour line	médiéval	medieval
hypsométrique		le/la médiéviste	medievalist
la courbe de niveau	contour line	la croisade	crusade
la zone désertique	dustbowl	partir pour les	to go on the Crusades
la laisse	mud flat	croisades	
le point d'eau	water hole	le croisé	crusader
la ligne de partage	watershed	le Templier	Knight Templar
des eaux		l'héraldique (f)	heraldry
le niveau	water table	le baron pillard	robber baron
hydrostatique		le bûcher	stake
la voie navigable	waterway	être brûlé sur le	to be burnt at the stake
le substrat rocheux	bedrock	bûcher	

le Normand	Norman
la conquête normande	Norman Conquest
la guerre de Cent Ans	Hundred Years War
la Renaissance	Renaissance
la Réforme	Reformation
la Tête ronde	Roundhead
le baroque	the Baroque
la Conspiration des Poudres	Gunpowder Plot
les Pères Pèlerins	Pilgrim Fathers
la Guerre d'Indépendance	War of Independence
l'esclavage (m)	slavery
le commerce des esclaves	slave trading
le marchand d'esclaves	slave trader
la Côte des Esclaves	Slave Coast
le négrier	slaver
la Constitution (f) des Etats-Unis	the Bill of Rights
les Etats confédérés (d'Amérique)	the Confederacy
la guerre de sécession	American Civil War
l'abolitionnisme (m)	abolitionism
l'abolitionniste	abolitionist
la révolution industrielle	Industrial Revolution
la Première Guerre mondiale	First World War
la prohibition	prohibition
le prohibitionniste	prohibitionist
le prohibitionnisme	prohibitionism
la grande dépression	Great Depression
les marches de la faim (f)	Hunger March
le New Deal	New Deal
la grande guerre	the Great War
la guerre de quatorze	the 1914–18 War
l'entre-deux-guerres	inter-war period
la guerre d'Espagne	Spanish Civil War
la drôle de guerre	phoney war
le national-socialisme	National Socialism
la Chemise noire	Blackshirt
la Chemise brune	Brownshirt
les jeunesses hitlériennes (f)	Hitler Youth
les SS (m)	the SS

la Seconde Guerre mondiale	Second World War
la résistance	Resistance
le blitz	Blitz
l'holocauste (m)	Holocaust
la libération	Liberation
le pacte de Varsovie	Warsaw Pact
le rideau de fer	Iron Curtain
le bloc des pays de l'Est	The Eastern Block
la révolution culturelle	Cultural Revolution
la guerre du Viêt-nam	Vietnam War
l'affaire (f) de Suez	Suez Crisis
la guerre du Golfe	Gulf War
l'ère industrielle	industrial era
l'ère atomique	atomic era

War

les troupes de ligne	front-line troops
les troupes de choc	assault troops
les troupes de débarquement	landing troops
l'ordre de bataille (m)	battle formation
la bataille rangée	pitched battle
l'état de siège (m)	state of siege
l'escalade (f)	escalation
la désescalade	de-escalation
la trêve	truce
les retombées radioactives (f)	radioactive fallout
le repli	withdrawal
l'embuscade (f)	ambush
le guet-apens	ambush
l'échauffourée (f)	skirmish
l'ogive nucléaire (f)	nuclear warhead
la grenade lacrymogène	tear-gas grenade
la percée	breach, breakthrough
les représailles (f)	reprisals
les ravages (m)	devastation
le massacre	massacre
le feu nourri	heavy fire
le franc-tireur	irregular
le tireur isolé	sniper
tirer à vue	to shoot on sight
être à portée de tir	to be within shooting range
faire mouche	to hit the target

une escarmouche (f)	skirmish
l'échauffourée (f)	clash
la bataille rangée	pitched battle
la place forte	stronghold
le lieu sûr	safe haven
se replier	to fall back
le dégagement	withdrawal
le dégel	thaw
se déployer	to be deployed
dissuasif	deterrent

Weapons

le paquet piégé	a parcel bomb
la voiture piégée	car bomb
poser une bombe	to plant a bomb
le bombardier invisible	Stealth bomber
l'hélico ①	chopper
le gaz toxique	poison gas
le gaz paralysant	nerve gas
le défoliant	defoliant
le dragueur de mines	minesweeper
draguer	to sweep
le fusil antichar	anti-tank gun
le fusil à lunette	gun with telescopic sight
le fusil à répétition	repeater
la fusée éclairante	flare
la fusée antichar	anti-tank rocket
la fusée de signalisation	signal rocket
la fusée de détresse	distress rocket
la fusée asphyxiante	gas bomb
la fusée gigogne	multistage rocket
la fusée à étages	multistage rocket
la fusée intercontinentale	intercontinental ballistic missile
la fusée air-air	air-to-air missile
la fusée mer-air	sea-to-air missile
la fusée mer-mer	ship-to-ship missile
la fusée sol-air	surface-to-air missile
l'armure (f)	armour
la canonnade	cannonade, heavy gunfire
canonner	to shell, bombard
la canonnière	gunboat
la décharge	volley (of shots), salvo
décharger	to discharge, fire
la salve	salvo

la rafale	burst (of gunfire)
pilonner	to pound, shell, bombard
le pilonnage	pounding, shelling, bombardment

Military personnel

l'état-major (m)	staff
l'officier d'état-major (m)	staff officer
les hommes de troupe	rank and file
le dragon	dragoon
l'aumônier militaire (m)	chaplain, padre
le brancardier	stretcher-bearer
l'ordonnance (f)	orderly
la sentinelle	sentry
l'éclaireur	scout
le fantassin	infantryman
le soldat de l'infanterie	infantryman
le soldat du génie	engineer
le guet	watch
faire le guet	to be on watch
le guetteur	look-out
la garde d'honneur	guard of honour
l'estafette (f)	courier
le tireur d'élite	marksman
le canonnier	gunner
le peloton d'exécution	firing squad
le mutilé de guerre	disabled war veteran
le belliciste	warmonger
la force de frappe	strike force
la force de maintien de la paix	peacekeeping force
le fusilier	rifleman
le fusilier marin	marine
le fusilier mitrailleur	machine gunner
le pourvoyeur	server
le service des transmissions	signal corps
l'avant-garde (f)	vanguard
l'arrière-garde (f)	rearguard
le factionnaire	sentry, guard
la faction	guard duty
être en faction	to be on guard duty
le bleu ①	rookie, raw recruit
le briscard ③	veteran

Uniform

être en grand uniforme	to be in full dress
être en tenue de campagne	to be in battle dress
le casque	helmet
l'insigne (m)	badge
la cartouche	cartridge
la cartouchière	cartridge-belt
le galon	stripe
le chevron	stripe, chevron
chevronné	seasoned
l'épaulette (f)	epaulette
la médaille	medal
le pare-balles	bullet shield
le gilet pare-balles	bullet-proof jacket
le treillis	fatigues
la musette	haversack

Various

le congé	leave
la permission	leave
le conseil de révision	draft board
l'insoumission (f)	insubordination, draft evasion
partir sans permission	to go AWOL
la mutinerie	mutiny
cantonner	to billet
le champ de manoeuvres	parade ground

hisser les couleurs	to hoist the flag
former les rangs	to fall in
rompre les rangs	to fall out
la corvée	fatigue duty
le mirador	watchtower
la guérite	sentry box
la chair à canon	cannon-fodder
porté disparu	missing in action
couper les voies d'approvisionnement	to cut supply lines
a gamelle	mess-tin
lle bidon	canteen
les jumelles (f)	field glasses
le blockhaus	bunker
l'abri antiaérien (m)	bombshelter
l'abri antiatomique (m)	fall-out shelter
le gourbi	foxhole
le fil de fer barbelé	barbed wire
'entonnoir (m)	bomb crater
lla douille	cartridge, case
le compte à rebours	countdown
le conseil de révision	draft board
le monument aux morts	war memorial
hisser les couleurs	to hoist the flag
descendre les couleurs	to lower the flag
la zone d'exclusion aérienne	no fly zone

Exercises

Level 1

1. Trouvez d'autres sens des mots suivants

l'engin	la retraite	le raid	la garde
le choc	la défense	la fuite	l'engagement
le mortier	la bombe	le pistolet	torpiller

2. Expliquez les différences entre les expressions suivantes

la guerre civile	la guerre des étoiles	la guerre bactériologique
la guerre des tranchées	la guerre d'embuscade	la guerre froide
la guerre de succession	la guerre à outrance	la guerre psychologique

3. Donnez des synonymes des mots suivants

l'offensive   la reddition   les réparations
la conscription   l'embuscade   l'apogée

4. Expliquez les différences entre

1. l'historien, le chroniqueur, l'archéologue
2. la chute, le déclin, la décadence
3. la reddition, le cessez-le-feu, l'armistice
4. l'offensive, le raid, l'assaut

5. Completez

_____	←	le militaire	le militant	→	_____
_____	←	la militarisation	le militarisme	→	_____
_____	←	la tranche	la tranchée	→	_____
_____	←	bombarder	bomber	→	_____
_____	←	l'espionnage	l'espionnite	→	_____
_____	←	la conscription	la circonscription	→	_____
_____	←	l'affront	l'affrontement	→	_____

6. Trouvez le sens des mots et des expressions suivants

le canon à eau   le canon antiaérien   le canon antichar
le canon de marine   le fusil à canon scie   le fusil à deux canons
le fusil de chasse   le fusil à harpon   le fusil à pompe
le fusil sous-marin   le fusil à lunette   le fusil à deux coups

7. Traduisez en français

war-torn   war bride   war correspondent   war dance   war paint
battle-axe   battle cry   battle-scarred   battle royal   battlements

8. Composez des phrases qui feront ressortir les différences entre les mots suivants

le pays   la nation   la patrie   la contrée   la campagne

9. Traduisez en français

borderline   border dispute   border incident
border town   border guard   border collie

10. Complétez par à, au, aux ou dans   ✓

____ Ulster	____ le Yorkshire	____ Norvège
____ Philippines	____ Danemark	____ Pologne
____ Belgique	____ Russie	____ Iran
____ Etats–Unis	____ Maroc	____ la Jamaïque
____ Mozambique	____ Hongroie	____ Corse
____ Koweït	____ Cuba	____ Viêt–nam
____ Pérou	____ Malaisie	____ Brésil

11. Traduisez en anglais

1. A l'heure militaire!
2. A la guerre comme à la guerre.
3. De guerre lasse, il y a consenti.
4. C'est de bonne guerre!

5. La fuite des cerveaux.   7. Ce n'est pas ruineux.

6. Tout va à la débandade.   8. L'histoire se fera juge.

12. Nommez les pays limitrophes de l'Allemagne, de la Roumanie, du Chili, de la Thaïlande et du Nigéria

l'Allemagne   _____

la Roumanie   _____

le Chili   _____

la Thaïlande   _____

le Nigéria   _____

13. Complétez le tableau suivant   ✓

responsabilités, regard, histoire, armes, bombe, attaque, combat, manoeuvre, service, ruine, courage, bataille, déclin, assaut, guerre, apogée

Locution	Signification	Registre
1. être bon pour le _____		
2. vivre en _____ avec tout le monde		
3. fuir les _____		
4. être sur son _____		
5. atteindre son _____		
6. être au bord de la _____		
7. faire ses premières _____		
8. livrer _____ contre quelque chose		
9. être hors de _____		
10. laisser son nom dans l' _____		
11. porter son chapeau en _____		
12. passer quelqu'un par les _____		
13. être sur le pied de _____		
14. être d' _____		
15. s'armer de _____		
16. avoir les cheveux en _____		
17. arriver comme une _____		
18. fusiller du _____		
19. avoir toute liberté de _____		
20. prendre d' _____		

14. Traduisez en anglais

l'avant-guerre   l'après-guerre   l'entre-deux-guerres

un conflit d'intérêts   de haute lutte   le choc en retour

à grand renfort de   une arme à double tranchant   la chair à canon

15. Traduisez en français

1. The archaeologists have found weapons which suggest that the village was built on a battle-field.

2. The following decade was marked by the overthrow of the government, the decline of the Empire and by the loss of most of the colonies.
3. The civil war was followed by a world war.
4. The bombing raid destroyed the medieval city.
5. I am surprised that the cease-fire lasted a fortnight.
6. The curfew was imposed because of the riots.
7. After the surrender, all the prisoners-of-war were released.
8. If this strategy does not work, it will be very difficult to win the day.
9. When he was killed, the soldier was trying to reload his weapon.
10. The veteran was accused of crimes against humanity.

16. Etude de texte

NOTRE CONNAISSANCE DU PASSÉ EST SUSCEPTIBLE DE
REVISION. UN TRAVAIL INTELLECTUEL QUI N'A RIEN À VOIR
AVEC LE NÉGATIONNISME DES TRAFIQUANTS DU MÉMOIRE.

RÉVISIONNISME: une démarche d'historien. Nous ne savons jamais de quoi hier sera fait.

Lorsque Robert Faurisson et ses adeptes se sont eux-mêmes qualifiés de 'révisionnistes', les historiens n'ont pas marché: ceux qui niaient le fait avéré du génocide juif n'étaient pas des 'révisionnistes', mais des 'négationnistes', des gens qui ne veulent pas dire qu'il fait jour en plein soleil.

Le révisionnisme, lui, est inhérent au travail de l'historien. Et cela pour au moins deux raisons. La première tient aux sources de notre connaissance du passé. Pour les périodes anciennes principalement (Antiquité, Moyen Age . . .), ces sources sont lacunaires, fragmentaires, discontinues. Or, chaque année, le travail des archéologues, par exemple, enrichit ces traces du passé, qui peuvent modifier l'état d'une question. L'histoire de la Mésopotamie ou de l'Egypte ancienne n'est jamais que 'ce que nous pouvons savoir aujourd'hui' de la Mésopotamie ou de l'Egypte ancienne. Mais cela est aussi vrai de l'Union soviétique ou de la Chine populaire.

Pour les périodes les plus récentes, c'est souvent le problème inverse qui se pose à l'historien, celui de la surabondance des sources. Selon les tris et sondages qu'il exécute, celui-ci peut se voir contredit par un de ses collègues qui aura choisi de faire, à partir des mêmes sources, des tris et sondages différents. Une seconde raison du révisionnisme tient à l'interprétation des faits établis. Car l'histoire est inséparable de l'historien. Par lui-même, le passé n'existe pas. Ou plutôt le passé – tout comme le présent – est un fatras d'événements, de faits psychologiques, de coutumes, de croyances, de lois, de productions, d'échanges, une forêt vive minée à coups de serpes. L'histoire n'est pas une photographie, une cartographie, un relevé de géomètre. C'est une activité intellectuelle qui se fait au moyen d'un questionnaire renouvelable et variable selon le spécialiste (sa culture, son intelligence, sa méthode) et selon l'époque (les modes, les curiosités, les écoles). De sorte que l'on n'aura jamais achevé l'histoire de la IIIᵉ République ou celle de Weimar, à supposer même que nous disposions de toutes les sources nécessaires. Paul Valéry traitait l'histoire de '*petite science conjecturale*'. Il avait certainement raison, le mépris mis à part. Les historiens sont gens modestes, précisément parce qu'ils savent que leur travail est toujours susceptible de révision.

On comprend dès lors le danger: d'insister tellement sur le relativisme de leurs travaux que l'on puisse faire dire n'importe quoi au passé. Or ce que l'on appelle l'histoire est la justification principale des régimes politiques les plus tyranniques. George Orwell, dans son roman *1984*, montre superbement que la maîtrise de l'histoire (celle qui s'écrit et s'enseigne) est le socle du pouvoir. En Urss, on disait plaisamment sous Staline: 'Nous ne savons jamais de quoi hier sera fait.'

Il faut donc bien distinguer ce qui est acquis, démontré, indiscutable, de ce qui ne l'est pas, et peut-être ne le sera jamais. Au moyen d'artifices, de sophismes, on peut tenter de démontrer que Napoléon n'a jamais existé. Ce n'est qu'un jeu. Personne ne reviendra sur cette question. Il en va ainsi de la plupart des 'faits historiques' (je mets des guillemets car tout est histoire, et tous les faits sont historiques par définition, c'est bien là la difficulté!).

Une des fonctions de l'historien est donc de dire et de réaffirmer le vrai de ce qui est connu. Fonction d'expert, fonction d'huissier si l'on veut, mais dont la charge est de plus en plus lourde dans une société où les manipulations médiatiques sont devenues monnaie courante, grâce à des techniques raffinées et moyennant le cynisme des faiseurs d'opinion. La résonance du passé est agissante: il importe d'autant plus qu'elle ne soit pas impunément déformée par les trafiquants de la mémoire.

Michel Winock, *L'Evénement du jeudi*, 5–11 septembre 1996
(© *L'Evénement du jeudi*)

1. *Traduisez en anglais:*
   'ceux qui niaient le fait avéré du génocide juif' • 'des gens qui ne veulent pas dire qu'il fait jour en plein soleil' • 'enrichit ces traces du passé' • 'le mépris mis à part' • 'je mets des guillemets' • 'la résonance du passé est agissante'
2. *Donnez des synonymes des mots suivants:*
   adepte, lacunaire, discontinu, un fatras
3. *Donnez des antonymes des mots suivants:*
   une surabondance, modeste, raffiné
4. *Expliquez les différences entre*
   révisionniste   et   négationniste
   historien   et   archéologue
   tri   et   sondage
5. *Expliquez le sens des expressions suivantes:*
   'un relevé de géométrie' • 'le socle du pouvoir' • 'fonction d'huissier' • 'les manipulations médiatiques' • 'les faiseurs d'opinion'
6. *Traduisez en anglais*
   'C'est une activité intellectuelle ... écoles'

Level 2

1. Trouvez d'autres sens des mots suivants

la fouille   le contingent   l'engin   couver   décrisper

2. Complétez

_____	← l'armateur	l'armurier	→	_____
_____	← l'accrochage	l'accroche	→	_____
_____	← le défilé	le défilement	→	_____
_____	← le blocus	le blocage	→	_____
_____	← le casque	la casquette	→	_____
_____	← la carabine	le carabin	→	_____
_____	← la gâchette	le gâchis	→	_____
_____	← des jumelles	des jumeaux	→	_____
_____	← le contingent	la contingence	→	_____
_____	← le rang	la rangée	→	_____
_____	← le bombardement	le bombement	→	_____

3. Composez des phrases qui feront ressortir le sens figuré/abstrait des mots suivants

accrocher   miner   torpiller   démanteler
désarmer   la forteresse   la croisade   l'engagement

4. Traduisez en anglais

la balle traçante   la balle dum-dum   la balle perdue   la balle à blanc

5. Trouvez des équivalents non-argotiques des mots suivants

la flotte   le trouffion   canarder
le tromblon   le marsouin   le pompon rouge

6. Composez des phrases qui feront ressortir le sens des mots suivants

l'îlot directionnel   l'îlot de vente   l'îlotier

7. Composez des phrases qui feront ressortir le sens figuré des expressions suivantes

être assis sur un volcan   exploiter une veine   disposer d'une grande latitude

8. Trouvez le sens des expressions suivantes

à l'époque où nous sommes   le meuble d'époque
une époque révolue   la capsule témoin
à armes égales   à l'arme blanche
le conflit social   le conflit de générations

9. Complétez le tableau suivant ✓

carabiniers, rempart, fusil, arme, bombe, dos, bombardement, retranchements, bataille, époque, grenadier

Locution	Signification	Registre
1. être garé en_____		
2. faire _____		
3. poursuivre quelqu'un jusque dans ses derniers _____		
4. arriver comme les _____		

5. boire comme un _____
6. tomber comme une _____
7. être de son _____
8. se faire un _____ de quelque chose
9. passer l' _____ à gauche
10. entrer comme une _____
11. être soumis à un _____de critiques
12. poignarder quelqu'un dans le _____

10. Travail de groupe   ✓

Complétez et proposez des définitions

caserne, réfugié, fusil, panoplie, stratégique, canon, matraque, assaillant, déminage, Otan, militaire, sous-marin, paix, balle, sirène, bleu, lacrymogène, obus, colt, élite, stockage, mousse, inventaire, convoi, unité, site, blocus

11. Nommez la capitale des pays suivants

l'Ecosse	_____	la Belgique	_____
le Danemark	_____	l'Autriche	_____
la Suisse	_____	la Russie	_____
la Pologne	_____	la Roumanie	_____
l'Iraq	_____	l'Iran	_____
l'Algérie	_____	l'Egypte	_____

12. Traduisez en français   ✓

1. The archivist is looking for documents relating to the siege.
2. The signalman was killed during a skirmish with an enemy platoon.
3. Her husband is a bomb disposal expert and her son wants to become a gunner.
4. If the peace-keeping forces had not withdrawn, they would have been beseiged by the militia.
5. The squadron had to be billetted in the village, because the barracks were full.

6. The guerrillas forced the hostages to beg the government to agree to more time.
7. The second lieutenant discovered a plastic explosives device inside the garrison.
8. There will be a kit inspection before the parade.

13. Traduisez en anglais

1. Une des grandes vagues de l'histoire s'achève ainsi dans vos consciences, celle où le monde avait un centre, qui n'était pas seulement la terre au milieu des sphères de Ptolomée, mais Rome au centre de la terre, un centre qui s'est déplacé, qui a cherché à se fixer après l'écroulement de Rome à Byzance, puis beaucoup plus tard dans le Paris impérial, l'étoile noire des chemins de fer sur la France étant comme l'ombre de l'étoile des voies romaines. (Michel Butor, *La Modification*, Editions de Minuit, p. 277)
2. Vers huit heures, la laie commença à s'animer. Deux side-cars et une motocyclette passèrent, roulant à toute allure vers la frontière. Puis une voiture à fanion et un détachement du génie. (Julien Gracq, *Un balcon en forêt*)
3. Le tireur enlève et remet plusieurs fois le chargeur pour s'assurer que celui-ci n'est pas faussé. Pour le retirer, il repousse du plat de la main le haut du chargeur en avant et le fait basculer. Pour le remplacer, il tient le chargeur penché en avant de façon à engager sa base dans le cran ménagé comme une charnière au-dessus de l'ouverture de la culasse, puis enfonce sa partie arrière. (Claude Simon, *Leçon de choses*, Editions de Minuit, p. 47)
4. La photographie doit remonter au commencement de la guerre, à l'époque de la mobilisation générale ou aux premiers rappels de réservistes, peut-être même à une date antérieure: lors du service militaire, ou d'une brève période d'entraînement. Le grand attirail de soldat en campagne paraît cependant indiquer, plutôt, qu'il s'agit vraiment du début de la guerre, car un fantassin en permission ne vient pas chez lui dans un accoutrement si peu commode, en temps normal. (Alain Robbe-Grillet, *Dans le labyrinthe*, Editions de Minuit, p. 67)
5. Mon héros est un archéologue futur, à qui je fais découvrir de nouvelles inscriptions hiéroglyphiques ou cunéiformes, qui non seulement compléteraient celles que nous avons, mais infirmeraient un certain nombre des résultats que nous croyons avoir obtenus. (Michel Butor, *Passage de Milan*, Editions de Minuit, p. 145)

Level 3

1. Trouvez d'autres sens des mots suivants

la musette	le treillis	le galon	le mirador	l'escalade
l'ogive	l'entonnoir	la décharge	la rafale	le pourvoyeur
l'ordonnance	la guérite	le gourbi	la douille	draguer

2. Complétez

_____	← la décharge	le déchargement	→	_____
_____	← pilonner	piller	→	_____
_____	← la faction	la facture	→	_____
_____	← le galon	le gallon	→	_____
_____	← la médaille	le médaillon	→	_____

3. Composez des phrases qui feront ressortir le sens des mots suivants

la veine, la couture   le sédiment, la lie
le geyser, le chauffe-eau   le plissement, le pli
la faille, le défaut, la faute le cratère, l'entonnoir
la strate, la couche   les jumelles, le viseur

4. Associez les synonymes   ✓

le cessez-le-feu, le guet-apens, l'échauffourée, le courrier, le jerrycan, le servant, la poste d'observation, la retraite, la garde, la recrue, la sentinelle, la ficelle.

l'embuscade	_____	la trêve	_____
l'escarmouche	_____	le repli	_____
le guettier	_____	le bleu	_____
le galon	_____	l'estafette	_____
le mirador	_____	le factionnaire	_____
le bidon	_____	le pourvoyeur	_____

5. Définissez les mots suivants

le tire-au-flanc   le réfractaire   le mercenaire   le belliciste
le tireur d'élite   l'estafette   l'éclaireur   l'aumônier

6. Trouvez des équivalents non-argotiques des mots suivants

le galonné   se médailler   le vert-de-gris   le casse-pipes

7. Expliquez le sens des expressions suivantes

le revers de la médaille   la vieille garde   porté disparu

8. Composez des phrases qui feront ressortir le sens figuré/abstrait des mots suivants

se replier   une percée   des retombées   le franc-tireur

9. Trouvez le sens des mots suivants

le pare-balles, le pare-brise, le pare-étincelles, le pare-chocs, le pare-soleil, le pare-boue, le pare-feu

10. Trouvez le sens des mots suivants

la garde nationale	la garde mobile	la garde montante
la garde descendante	la garde rouge	la garde d'enfants
le garde champêtre	le garde forestier	le garde maritime
le Garde des Sceaux	le corps de garde	le garde du corps
le garde-barrière	le garde-chasse	le garde-fou
le garde-malade	le garde-manger	le garde-nappe
le garde-meuble	la garde-robe	le garde-port

11. Complétez le tableau suivant   ✓

gamelle, rang, fusil, galon, massacre, artillerie, ravages, éclaireur, querelles, cartouches, médaille

Locution	Signification	Registre
1. changer son _____ d'épaule		
2. faire trêve à des _____		
3. porter la _____		
4. être couché en chien de _____		
5. ramasser une _____		
6. faire un _____		
7. brûler ses dernières _____		
8. sortir la grosse _____		
9. prendre du _____		
10. mettre au _____ de quelqu'un/quelque chose		
11. faire des _____		
12. envoyer quelqu'un en _____		

12. Traduisez en français   ✓

1. Scrutiny of the documents revealed that the staff-officer had discussed the massacre with the chaplain.
2. The firing squad is composed of marksmen.
3. If the anti-tank guns do not arrive before night fall, we shall be forced to withdraw.
4. The scout reported that the stretcher-bearer and the orderly had been killed by a sniper.
5. The barracks was destroyed during the night by Stealth bombers.
6. The recruit went AWOL after he saw the photographs of the war-wounded in the newspaper.
7. I hope that you wear a bullet-proof vest even when you are on fatigue duty.
8. I left my mess-tin, canteen and field glasses in the bunker.

13. Rédigez un résumé (200 mots) du texte suivant

Les 'patrouilleurs de Cherbourg' font mouche dans le golfe Arabique

CHERBOURG

Drapeau bleu, blanc, rouge qui claque au vent sur l'horizon grisâtre, à gauche de la cale de lancement; pavillon rouge, vert et blanc du sultanat d'Oman, orné des deux sabres qui s'entrecroisent sur un poignard, à droite. Et, imperceptiblement, le navire, qui a hissé le grand pavois, glisse vers la mer, tandis que les musiciens de la circonscription militaire de Rennes, droits comme des mâts de radar, interprètent les hymnes nationaux. C'est jour de réjouissance, ce mardi 5 mars à Cherbourg, aux Constructions mécaniques de Normandie (CMN).

On baptise le troisième patrouilleur, dernière unité de la commande passée en septembre 1993 par le sultanat d'Oman, *Al Najah* ('La Réussite'), de 54 mètres et d'un déplacement de 450 tonnes à pleine charge qui sera équipé d'un canon de 76 mm Oto Melara. La cérémonie revêt un aspect très solennel: le secrétaire d'Etat aux affaires étrangères, Sayyed Haithman Bin Tarik Bin

Taïmur Al Said, a fait le voyage de Mascat, accompagné de son frère, l'amiral commandant de la Royal Navy du sultanat, de diplomates et d'une imposante délégation d'officiers supérieurs très british, aux uniformes rutilants, de la marine militaire de ce pays de la péninsule Arabique. Un imam en costume d'apparat et coiffé d'un turban, venu lui aussi en avion spécial, psalmodie la sourate du Coran: '*N'as-tu point vu que le vaisseau vogue sur la mer, par le bienfait d'Allah, afin qu'Il vous montre certains de Ses signes ... ?*', avant de prononcer une autre prière protectrice pour le bateau, ses équipages et ses missions.

Oman, un client sérieux

Dans un froid glacial, la bouteille traditionnelle s'est brisée sur l'étrave vert-de-gris du patrouilleur, mais l'eau de rose avait remplacé le champagne. Alors, les lamaneurs se sont employés à passer des amarres pour empêcher *Al Najah* d'aller heurter, le long du quai, les autres navires en finition. Rassemblé sous une tente blanche au toit pointu, l'aéropage de personnalités, parmi lesquelles l'amiral Jean-Charles Lefebvre, chef d'état-major de la marine nationale, a longuement applaudi.

Ce fut l'occasion pour les responsables civils des CMN de manifester une 'confiance raisonnable' dans l'avenir, qui contraste avec les inquiétudes du gigantesque voisin spécialisé dans les sous-marins, l'arsenal de Cherbourg (4 150 salariés) sous la tutelle de la Direction des constructions navales (DCN), et donc du ministère de la défense. Oman est un client sérieux: il pourrait, dans les deux ans à venir, commander d'autres navires comparables, '*entre trois et cinq unités en fonction des possibilités budgétaires du pays et de ses choix stratégiques*', a précisé le contrôleur général des armées (CR), André Ravier, PDG de l'entreprise. Mais contrairement à ce que le titre du 'patron' peut laisser croire, les CMN ne sont pas une société d'Etat dans le giron du ministère de la défense, même si son plan de charge est composé, à plus de 80%, de navires de surveillance et de combat, pour la marine nationale et des pays étrangers.

Ancien parachutiste au franc-parler, André Ravier s'est attaché depuis six ans à redonner espoir aux CMN, en pleine déconfiture à la fin de la décennie 80. Il a lui-même réuni un tour de table: aujourd'hui, la famille Safa de Beyrouth est propriétaire de 66% du capital. Avec un chiffre d'affaires de 500 millions de francs, les CMN ont dégagé en 1995, pour la première fois depuis cinq ans des bénéfices. L'origine des capitaux des CMN n'est pas pour rien dans les succès commerciaux à l'exportation, notamment dans les pays du Golfe. Dernier en date: André Ravier a conclu le 3 mars un contrat de quelque 35 millions de francs avec des acheteurs civils du Yémen pour la livraison de 6 vedettes très rapides (60 noeuds, soit 110 km/heure) de surveillance des côtes.

Contentieux avec le voisin

Pour l'heure, le contrat en cours avec le Koweït mobilise les 550 ouvriers et ingénieurs des bureaux d'études: l'émirat a commandé 8 patrouilleurs de 45 mètres qui seront équipés de missiles. Les CMN, qui étaient en compétition avec de redoutables concurrents, le britannique Vosper et l'allemand Lürsen, seront le maître d'oeuvre et l'ensemblier de tout le navire, y compris pour l'intégration des systèmes d'armes particulièrement délicats. André Ravier a constitué des filiales en Grande-Bretagne et aux Pays-Bas pour la logistique, la documentation, la formation des équipages et toute la coordination des équipements militaires à bord. Un accord existe aussi avec British Aerospace pour l'utilisation des petits missiles Sea Scua.

Cette vitalité n'est pas de nature à enchanter l'arsenal voisin de Cherbourg, même si les deux entreprises sont amenées à avoir des contacts techniques et commerciaux, notamment à propos du contrat pour le Koweït. Un contentieux envenime les rapports entre André Ravier et les dirigeants de l'arsenal. '*Selon un contrat écrit, la DCN me doit 100 000 de sous-traitance par an pendant quatre ans. Elle se dérobe! C'est fondamental pour mon plan de charge. Si elle ne respecte pas le contrat j'irai en justice, c'est malheureux d'en arriver là!*', affirme M. Ravier.

Pour le moment, c'est vers Jean Arthuis, ministre des finances, qu'il se tourne: pour emporter la construction d'un navire de recherche océanographique pour l'Indonésie, il faudrait que Bercy inscrive ce bateau dans le protocole financier prochainement signé avec Djakarta. '*Nous ne demandons aucune subvention ou aide à la construction navale. Nous voulons seulement que nos acheteurs indonésiens bénéficient de crédits favorables sur protocole. Est-ce excessif?*', demande-t-il. A la clé, un contrat de quelque 300 millions de francs.

François Grosrichard, Le Monde, 9 mars 1996, p. 15 (© Le Monde)

Unit 20

Politics and international relations

Level 1

General

le régime	regime
la démocratie	democracy
démocratique	democratic
la république	republic
la monarchie	monarchy
la Couronne	the Crown
la souveraineté	sovereignty
le souverain/la souveraine	sovereign
la nation souveraine	sovereign nation
l'empire (m)	empire
l'impérialisme (m)	imperialism
le totalitarisme	totalitarianism
l'autocratie (f)	autocracy
l'absolutisme(m)	absolutism
le despotisme	despotism
l'autocrate (m/f)	autocrat
le despote	despot
le dictateur	dictator
la dictature	dictatorship
la tyrannie	tyranny
le tyran	tyrant
la junte militaire	military junta
le pouvoir absolu	absolute power
l'abus du pouvoir (m)	abuse of power
le coup d'état	coup
les droits de l'homme (m)	human rights
les droits civiques (m)	civic rights
la liberté de parole	freedom of speech
la liberté de réunion	freedom to assemble
la liberté de la presse	freedom of the press
le civisme	public-spiritedness, civic responsibility
le clivage	rift
la dissolution	dissolution
dissoudre	to dissolve
la métropole	mainland France
les Dom-Tom (m)	overseas departments and territories
unanime	unanimous
autonome	autonomous
autosuffisant	self-sufficient
l'autarcie (f)	self-sufficiency
autarcique	self-sufficient
la superpuissance	super-power
le prisonnier politique	political prisoner
le prisonnier d'opinion	prisoner of conscience

Political unrest

la manifestation	demonstration
le manifestant/ la manifestante	demonstrator
le conflit armé	armed conflict
la guerre civile	civil war
le/la terroriste	terrorist
le terrorisme	terrorism
une vague de terrorisme	a wave of terrorism
antiterroriste	anti-terrorist

Political parties

le parti	party
le parti au pouvoir	the party in power, ruling party
le parti de l'opposition	opposition party
le parti dissident	splinter party

la faction	faction
l'esprit de faction (m)	factionalism
la ligne du parti	party line
le chef du parti	party leader
le congrès du parti	party conference
les membres du parti	party members
les militants (m)	militants
le militantisme	political activism
la cellule	cell
le schisme	schism
la scission	split
se fractionner	to splinter
la gauche	the left
le socialisme	socialism
le Parti travailliste	Labour Party
le Parti démocrate	Democrat Party
le Parti conservateur	Conservative Party
le conservatisme	conservatism

Elections

le parti	party
la campagne	campaign
le manifeste	manifesto
le discours	speech
la déclaration	statement
le programme électoral	platform
la circonscription	constituency
l'électorat (m)	electorate
les électeurs	electors, voters
le jour du vote	polling day
le scrutin	poll
le sondage	opinion poll
l'urne (f)	ballot box
le bulletin de vote	ballot paper
le bureau de vote	polling station
l'isoloir (m)	polling booth
le rassemblement	rally
le vote	vote
la voix	vote
mettre une question aux voix	to put a question to the vote
faire voter	to ballot
solliciter des suffrages	to canvass
l'agent électoral (m)	canvasser
le démarchage électoral	canvassing
le débat télévisé	televised debate

Political activity

la réunion au sommet	summit meeting
la politique	policy
le renversement de politique	policy turnaround
l'arrêté (m)	decree
le décret	decree
l'ordre du jour (m)	agenda
le/la politologue	political analyst
la députation	deputation
la commission	committee
l'audience (f)	interview
l'entretien (m)	interview
la conférence	lecture, conference
nommer	to nominate, appoint
démissionner	to resign
déléguer	to delegate
contresigner	to countersign
ratifier	to ratify
mettre en oeuvre	to implement
le réformateur	reformer
la réforme	reform
le programme de réformes	programme of reforms
la concertation	consultation, dialogue
se concerter	to consult
la conciliation	mediation
le conciliateur/la conciliatrice	mediator

Government

le député	Member of Parliament
le ministre	minister
le ministère	ministry
le gouvernement majoritaire	majority government
le gouvernement minoritaire	minority government
le gouvernement provisoire	provisional government
le titulaire d'un poste	the officeholder
le président	president
nommer un ministre	to appoint a minister
le Premier ministre	prime minister
le ministre	cabinet minister
le chancelier de l'Echiquier	Chancellor of the Exchequer

le ministre des Finances — Chancellor of the Exchequer
le ministre de l'Intérieur — Home Secretary
le ministre des Affaires Etrangères — Foreign Secretary
le ministre de la Défense — Defence Secretary
le ministre de la Santé — Health Secretary
le ministre de l'Education — Minister for Education
le ministre de l'Emploi — Minister for Employment
le ministre de l'Environnement — Minister for the Environment
le ministre de l'Agriculture — Minister for Agriculture
le ministre du Commerce et de l'Industrie — Trade and Industry Secretary
le conseil du cabinet — cabinet-meeting
le ministère des Affaires Etrangères — Foreign Office
le ministère de l'Education — Ministry of Education
le ministère de l'Intérieur — Home Office
le ministère de la Justice — Ministry of Justice
le garde des Sceaux — Lord Chancellor
le siège — seat
siéger — to be in session
le/la fonctionnaire — civil servant
le gouvernement local — local government
le maire — mayor
le conseil — council
le conseil municipal — town council
la mairie — town hall
l'hôtel de ville (m) — town hall
le conseiller/ la conseillère — councillor
le conseiller municipal — town councillor

International relations

les relations internationales (f) — international relations

la diplomatie — diplomacy
le corps diplomatique — diplomatic corps
le/la diplomate — diplomat
le consulat — consulate
le consul — consul
l'ambassade (f) — embassy
l'ambassadeur/ l'ambassadrice — ambassador
l'émissaire (m) — emissary
le délégué/ la déléguée — delegate
le traité — treaty
le pacte — pact
unilatéral — unilateral
bilatéral — bilateral
multilatéral — multilateral
rompre les relations — to break links with
la visite officielle — state visit

Immigration

un(e) immigré(e) — immigrant
un(e) immigrant(e) — immigrant
un(e) émigrant(e) — emigrant
un(e) émigré(e) — émigré
un(e) migrant(e) — migrant
l'immigration (f) — immigration
l'émigration (f) — emigration
la migration — migration
la migration saisonnière — seasonal migration
naturaliser — naturalise
la naturalisation — naturalisation
la citoyenneté — citizenship
le pays d'origine — country of origin
le pays de destination — country of destination
le visa de touriste — tourist visa
le visa temporaire — temporary visa
le visa d'entrée — entry visa
le visa d'étudiant — student visa
la politique de l'immigration — immigration policy
la loi sur l'immigration — immigration law
le colon (m) — settler
le clandestin/la clandestine — illegal immigrant
des faux papiers (m) — false documents

la carte de séjour	residence permit	la directive de la CE	EC directive
le permis de travail	work permit	l'eurochèque	Eurocheque
le travailleur immigré	guest worker	la carte eurochèque	Eurocheque card
		l'eurodollar (m)	Eurodollar
le racisme	racism	les eurodevises (f)	Eurocurrency
raciste	racist	la monnaie unique	single currency
la xénophobie	xenophobia	la monnaie commune	common currency
xénophobe	xenophobic	le système monétaire européen	European Monetary System
les relations raciales (f)	race relations	le budget communautaire	Community budget
l'émeute raciale (f)	race riot	✔ le marché unique	single market
le défilé anti-raciste	anti-racist demonstration	entrer dans le marché commun	to go into Europe, join the Common Market
une société multiraciale	multiracial society	l'état membre (m)	member state
		le membre associé	associate member

Spying

		le Parlement européen	European Parliament
l'espionnage (m)	spying	l'Union européenne	European Union
le contre-espionnnage	counter-espionage	la Commission européenne	European Commission
l'espion/l'espionne	spy	le Conseil de l'Europe	Council of Europe
l'espion double	double agent	la Cour européenne des droits de l'homme	European Court of Human Rights
l'agent secret	secret agent		
l'avion-espion	spy-plane	la Cour de justice européenne	European Court of Justice
✎ les renseignements (m)	intelligence	la Cour de justice des communautés européennes	European Court of Justice
✎ le contre-renseignement (m)	counter-intelligence	la législation européenne	European legislation
✎ la désinformation (f)	misinformation	la construction européenne	European construction
les documents secrets (m)	classified material	le supranationalisme	supranationalism
		supranationaliste	supranationalist
		intergouvernemental	intergovernmental

Eurospeak

		le partisan de l'Europe	Euro-supporter
l'Europe (f)	Europe	l'eurosceptique (m/f)	Eurosceptic
européen (-enne)	European	européaniser	to Europeanise
l'Europe centrale (f)	central Europe	l'européanisation	Europeanisation
l'Europe des Douze (f)	the Twelve (Common Market) countries	l'eurocommunisme (m)	Eurocommunism
✎ la communauté européenne	European Community		
✎ le marché commun	the Common Market		
la CE	the EC		
l'Europe communautaire (f)	the European community; the EC		
l'adhésion à la CE	EC membership		
✎ le/la député(e) européen	Euro MP		

Level 2

General

un état policier	police state
l'appareil d'état (m)	state apparatus
le complot	plot
comploter	to plot
renverser un gouvernement	to overthrow a government
s'emparer du pouvoir	to seize power
un état de siège	state of siege
partir en exil	to go into exile
envoyer en exil	to send into exile
persécuter	to persecute
pourchasser	to hunt down
réprimer	to repress
censurer	to censor
le génocide	genocide
le/la militant(e) des droits de l'homme	human rights activist
apparenté	closely allied
briguer	to make a bid for
brûlant	controversial
le décideur	decision-maker
faire défection	to defect
l'Etat-Providence	Welfare State
les ouvertures (f)	overtures
le partage du pouvoir	power-sharing
la passation des pouvoirs	transfer of power
le virage	change of policy

Political unrest

l'anarchie (f)	anarchy
le défilé	march
l'émeute (f)	disturbance, riot
l'agitation (f)	unrest
la sédition	sedition
piller	to loot
le pillard	looter
l'attentat (m)	bomb attack
l'alerte à la bombe (f)	bomb alert, scare
l'otage (m/f)	hostage
la prise d'otages	hostaging
le ravisseur	captor
renforcer la sécurité	to tighten security

Elections

les élections législatives (f)	general election
l'élection partielle (f)	by-election
le droit de vote	the right to vote, franchise
voter à main levée	to vote by a show of hands
le vote par correspondance	postal vote
le vote par procuration	proxy vote
le vote secret	secret ballot
le suffrage universel	universal suffrage
le suffrage restreint	restricted suffrage
la fonction élective	elective office
se présenter aux élections	to run for office
le siège sûr	safe seat
le siège disputé	marginal seat
disputer un siège	to contest a seat
avoir l'appui de	to have the support of
la campagne négative	negative campaign
la réunion électorale	campaign rally
l'étape électorale (f)	campaign stop
la fraude électorale	rigging
truquer des élections	to rig elections

The three estates

les trois pouvoirs	the three estates
le législatif	the legislative
l'exécutif (m)	the executive
le judiciaire	the judiciary
le corps exécutif	decision-making body
être responsable de	to be in charge of

Political activity

le cabinet fantôme	shadow cabinet
le gouvernement dissident	breakaway government
le mandat	term of office
la commission	committee
la commission permanente	standing committee
la commission temporaire	ad hoc committee

la commission interparlementaire	joint committee	l'apaisement (m)	appeasement
		reprendre les négociations	to resume negotiations
la commission d'arbitrage	arbitration committee	parvenir à un règlement	to reach a settlement
le porte-parole	spokesman	le communiqué commun	joint statement
le négociateur/la négociatrice	negotiator	la terre d'accueil	land of welcome
les pourparlers (m)	talks, negotiations	faire bloc	to join forces, unite
les marchandages (m)	bargaining	le blocus	blockade
la politique d'austérité	austerity policy	le chargé de mission	official representative
la politique d'expansion	expansionist policy	*Eurospeak*	
la politique extérieure	foreign policy	le Traité de Rome	Treaty of Rome
la fiscalité	tax-system	le Traité de Maastricht	Treaty of Maastricht
l'amendement (m)	amendment	l'Europe verte	European agriculture
le compte-rendu	minutes	l'union économique et monétaire	economic and monetary union
investir d'un pouvoir	to invest power in	l'intégration monétaire	monetary integration
la décentralisation	decentralisation, devolution	la libre circulation	free movement
rédiger un traité	to draft a treaty	supprimer les contrôles douaniers	to remove frontier controls
rédiger des lois	to draft laws		
passer des lois	to pass laws		
le véto	veto	la déréglementation	deregulation
opposer son véto à	to veto	libéraliser	to liberalise, ease restrictions
adoucir sa position	to soften one's stance		
durcir sa position	to toughen one's stance	l'eurocrate (m/f)	Eurocrat
		l'euromissile (m)	Euromissile
faire pression	to lobby	renoncer à la souveraineté	to surrender sovereignty
l'accommodement (m)	compromise, accommodation	le mécanisme des taux de change	the Exchange Rate Mechanism (ERM)
les agissements (m)	intrigue, scheming	adopter le mécanisme des taux de change	to join ERM
l'allocution (f)	speech		
International relations		une zone de libre-échange	free-trade zone
la reconnaissance diplomatique	diplomatic recognition	le quota	quota
le différend diplomatique	diplomatic wrangle		

Level 3

General

diriger par décrets	to rule by decree	l'attentisme (m)	wait-and-see policy, waiting game
sous le joug de	under the yoke of	attentiste	wait-and-see
le suppôt	henchman	la cabale	plot, faction
assermenter	to swear in	déborder	to outflank

le contreseing	counter-signature
le fief	stronghold
l'instance (f)	authority, power
l'enclavement (m)	isolation
l'infléchissement (m)	shift, reorientation
l'ingérence (f)	interference
la magouille ①	chicanery
le sectarisme	sectarianism
le tripotage	malpractice, fiddle, jiggery-pokery, skulduggery
l'aménagement du territoire (m)	town and country planning
le chiffre corrigé des variations saisonnières	seasonally adjusted figures
sur l'échiquier mondial	in the field of world affairs
le maroquin	portfolio
le tâcheron politique	political hack
l'appareil du parti (m)	party machinery
la vieille garde	old guard
la base	rank and file, grass roots
la caisse noire	slush fund
le dauphin	heir apparent
la lame de fond	groundswell
la langue de bois	officialese

Political unrest

la fronde	revolt, rebellion
l'incivisme (m)	lawlessness
la bombe à retardement	time bomb
l'engin au plastic	plastic explosive
la lettre piégée	letter bomb
le paquet piégé	parcel bomb
la voiture piégée	car bomb
le canular	hoax
le fauteur de trouble	trouble-maker, agitator

Elections

être en tête	to be in the lead
avoir X points d'avance	to have an X point lead
gagner de justesse	to win narrowly
le cahier d'émargement	voting register

le dépouillement du scrutin	counting the votes
le second décompte des voix	recount
voter par procuration	to vote by proxy
la voix prépondérante	casting vote
le membre de l'état-major	campaign worker
la campagne par lettres	direct mailing
faire du porte à porte	to canvass
le tribun	rabble-rouser
la tête brûlée	hothead
la loi de la rue	mob rule
le chahuteur/la chahuteuse	heckler
chahuter	to heckle
haranguer	to harangue, hector
la pancarte	placard
la banderole	banner
le clientélisme	vote-catching
le déplacement de voix	electoral swing
la dérobade	side-stepping, equivocation ducking the issue, concealment
des remous (m)	controversy, stir
le replâtrage	patching up

Political procedure

le remaniement ministériel	cabinet reshuffle
se désister	to stand down
révoquer	to remove from office
la motion de censure	censure motion
la question de confiance	vote of confidence
le renversement du gouvernement	overthrow of the government
la voie diplomatique	diplomatic channels
rompre les relations diplomatiques	to break off diplomatic relations
rétablir les relations diplomatiques	to re-establish diplomatic relations
la déclaration des droits	bill of rights
le médiateur	ombudsman

le document de travail	working paper
le rapport préliminaire	green paper
le livre blanc	white paper
le projet de loi	draft bill
présenter un projet de loi	to table a bill
l'article (m)	clause
la proposition	motion
la demande	petition
le vote blanc	straw vote
abroger	to repeal
avaliser	to endorse, ratify
désétatiser	to denationalise, privatise
la désétatisation	denationalisation
se désister	to stand down, withdraw
la destitution	dismissal, discharge, deposition
destituer	to dismiss, relieve of duties

Policy

✗ le dirigisme	government intervention
dirigiste	interventionist
faire une déclaration de principe	to make a policy statement
∅ l'état d'urgence (m)	state of emergency

National identity, expatriation and asylum

le ressortissant	national
un(e) autochtone	native
l'indépendantiste (m/f)	separatist
l'ethnie (f)	ethnic group
le/la réfugié(e)	refugee
le camp de réfugiés	refugee camp
demander le droit d'asile politique	to ask for political asylum
passer à l'Ouest	to defect to the West
passer à un autre parti	to defect to another party
l'expatrié(e)	expatriate
le rapatriement	repatriation

International relations

le protocole	protocol
la réunion protocolaire	formal meeting
la réunion de travail	working meeting, brainstorming meeting
la mission de bons offices	goodwill mission
le bain de foule	walkabout
le cortège officiel	motorcade
l'accord de réciprocité (m)	reciprocal agreement

Spying

la taupe	mole
le/la transfuge	defector, renegade
l'opération clandestine (f)	covert operation
le relais	safe house
planter un micro	to plant a bug
brouiller	to scramble
le brouilleur	scrambler
déchiffrer	to decipher
décrypter	to decipher
le décryptage	deciphering

Eurospeak

l'Europe politique	Europe as a single political entity
le membre de la Commission européenne	European commissioner
l'euro-action (f)	Euroequity
le crédit en eurodevises	Eurocredit
l'unité de compte européene (ECU)	European Currency Unit (ECU)
les paiements en écus (m)	ECU payments
l'euro-émission (f)	Euro-issue
l'euro-obligation (f)	Eurobond
l'eurofranc (m)	Eurofranc
l'état supra-européen (m)	European super-state
la décision européenne (f)	Euro-ruling
l'Association européenne de	European Free Trade

libre-échange	Association	la banque européenne pour la reconstruction et le développement (BERD)	European Bank for Reconstruction and Development (EBRD)
la politique agricole commune (PAC)	Common Agricultural Policy		
la Communauté européenne du charbon et de l'acier	European Coal and Steel Community	la banque européenne d'investissement (BEI)	European Investment Bank (EIB)
la Communauté européenne de défense	European Defence Community	l'Association européenne de libre-échange (AELE)	European Free Trade Association (EFTA)
la Communauté européenne de l'energie atomique	European Atomic Energy Community	les normes européennes (f)	European standard
l'Agence spatiale européenne	European Space Agency	l'Eurotunnel (m)	Eurotunnel
l'Europe de l'espace	the joint European space venture	l'eurostratégie (f)	Eurostrategy
		l'Eurovision (f)	Eurovision
		l'Euratom (m)	Euratom
la phobie de l'Europe	Europhobia	le prix d'intervention	intervention price
faire l'Europe	to build (the new) Europe	le prix de seuil	threshold price

Miscellaneous

s'européaniser	to become Europeanised
les européens	the European elections
eurocentrique	Eurocentric
l'eurocentrisme (m)	Eurocentrism
l'euromonnaie (f)	Eurocurrency
le marché des eurodevises	Eurocurrency market

la conjoncture économique	economic climate
les libertés publiques	civil rights
la donne politique	balance of power
l'esprit de clocher (m)	parochialism
politiser	to politicise, to turn into a political issue
le village terrestre	global village
le rebondissement	new development

Public services, social and environmental issues

Level 1

Social services

⊀ l'Etat-providence (m)	welfare state
la sécurité sociale	social security
les services sociaux (m)	social services
⋈ les services d'assistance sociale (m)	welfare services
⋎ l'assistance publique (f)	welfare services
⊰ l'aide sociale (f)	welfare benefits, social security

l'assistance sociale	social work
l'assistant(e) sociale(e)	social worker
le service de l'aide sociale	welfare department
les logements sociaux (m)	social housing
le logement provisoire	temporary accommodation
les logements ouvriers (m)	workers' housing

Poverty and homelessness

la dégradation urbaine	urban decay
les quartiers déshérités (m)	the inner city
le quartier déshérité	inner city area
le surpeuplement	overcrowding
✗ la surpopulation	overpopulation
le ghetto	ghetto
le terrain vague	waste ground
abandonné	derelict
ruiné	derelict
inoccupé	unoccupied
délabré	dilapidated
infesté de rats	rat-infested
l'humidité (f)	dampness
le risque pour la santé	health hazard
le squat	squat
le squatter	squatter
squatter	to squat
squattériser ①	to squat
ע une région en déclin	depressed area
les opprimés (m)	the oppressed
les défavorisés (m)	the disadvantaged, the underprivileged
une classe défavorisée	underclass
une zone défavorisée	disadvantaged area
à faible revenu	low-income
les sans-abri	homeless
sans domicile fixe	with no fixed abode
mendier	to beg
le mendiant/la mendiante	beggar
	substandard housing
insalubre	unfit for human habitation
le refuge	shelter

Alcohol and drugs

l'alcool	alcohol
l'alcoolisme	alcoholism
l'alcoolique (m/f)	alcoholic
la société d'entraide des alcooliques (f) anonymes	alcoholics anonymous
les drogues (f)	drugs
les stupéfiants (m)	drugs
les stups ①	drugs
les drogues dures (f)	hard drugs
les drogues douces (f)	soft drugs

la consommation de stupéfiants	drug abuse
le narcotique	narcotic
la pharmaco-dépendance	drug dependency
le/la drogué(e)	drug addict, drug abuser
le/la toxicomane	drug addict
la toxicomanie	drug addiction
le cannabis	cannabis
la marijuana	marijuana
les amphétamines (f)	amphetamines
le LSD	LSD
la cocaïne	cocaine
le/la cocaïnomane	cocaine addict
la ligne de cocaïne	line of cocaine
l'héroïne (f)	heroin
l'héroïnomane (m/f)	heroin addict
l'ecstasy (m)	ecstasy

Environment

le ministère de l'Environnement	Ministry of the Environment
le ministre de l'Environnement	Minister for the Environment
l'hygiène publique (f)	environmental health
l'inspecteur de l'Hygiène Publique	inspector of Environmental Health
le mouvement écologique	environmental/ green movement
les Verts	the Greens
l'écologiste (m/f)	environmentalist, Green
l'écolo ①	Green
écologique	environmental; environmentally friendly
la pollution	pollution
la pollution des eaux	water pollution
la pollution marine	marine pollution
la pollution des fleuves	river pollution
la pollution atmosphérique	air pollution
la pollution des sols	land pollution
la pollution sonore	noise pollution
les polluants (m)	pollutant
l'effluent (m)	effluent

les détritus (m)	litter	les déchets chimiques (m)	chemical waste
les déchets urbains (m)	municipal waste	les déchets industriels (m)	industrial waste
les déchets ménagers (m)	household waste	les déchets radioactifs (m)	radioactive waste
les déchets dangereux (m)	hazardous waste	les déchets nucléaires (m)	nuclear waste
les déchets toxiques (m)	toxic waste		

Level 2

Social services		le taudis	hovel, slum
vivre de l'aide sociale	to live on social security	les marginaux (m)	the marginal
		les exclus (m)	the outcasts
recevoir l'aide sociale	to receive benefits	la privation	hardship
le/la bénéficiaire de l'aide sociale	welfare recipient	le foyer d'accueil	shelter
		l'asile de nuit (f)	night shelter
le conseiller/la conseillère en matière d'aide sociale	welfare rights adviser	l'armée du salut (f)	Salvation Army
		l'organisation caritative (f)	charity, charitable organisation
		le travail bénévole	charitable work
les prestations sociales (f)	welfare benefits	le/la bénévole	charity worker
		les bonnes oeuvres (f)	charity work
les prestations de sécurité sociale (f)	welfare payments	le bénévolat	charity
		l'organisation humanitaire (f)	relief agency
les prestations familiales (f)	family allowance	le travail humanitaire	relief work
les allocations familiales (f)	child benefit	l'effort d'aide (m)	relief effort
		le fonds d'aide	relief fund
l'allocation chômage (f)	unemployment benefit	le vagabond	drifter, tramp
		le clochard	down-and-out
l'allocation de fin de droits (f)	income support	la clocharde	bag-lady
		clochardiser	to be reduced to vagrancy
l'allocation logement (f)	housing benefit	la clochardisation	*process by which someone is reduced to vagrancy*
l'allocation de maternité (f)	maternity benefit		
les allocations familiales (f)	family allowance	le cloche ①	down-and-out
		le clodo ①	down-and-out
le/la prestataire	benefits recipient	les nécessiteux (m)	the needy
		les démunis (m)	the dispossessed
Poverty and homelessness		le sans-papiers	illegal immigrant
le seuil de pauvreté	poverty line	vivre à la dure	to live rough
au-dessous du seuil de pauvreté	below the poverty line	dormir à la dure	to sleep rough
		la malnutrition	malnutrition
le bidonville	slums	la soupe populaire	soup kitchen
les bas-quartiers (m)	slums	le resto du coeur ①	soup kitchen

le ticket restaurant | meal ticket

Drugs

l'accoutumance à la drogue (f) | drug habit
créer une accoutumance | to be habit-forming
le revendeur de drogue | drug dealer
le narcotrafiquant | drug trafficker
le réseau de trafiquants de drogues | drugs ring
se déintoxiquer | to kick a habit
décrocher ① | to kick the habit
le centre de réinsertion pour toxicomanes | drug rehabilitation centre
la cure de désintoxication | drug therapy
le programme de déintoxication | drug-treatment programme
le test de dépistage de la drogue | drug-screening test
le groupe d'entraide | self-help group
la rechute | relapse
dépénaliser | to decriminalise
la dépénalisation | decriminalisation
la colle | glue
le sniffeur/la sniffeuse de colle | glue-sniffer
l'inhalation de colle (f) | glue-sniffing

Environment

la décharge | rubbish dump

la décharge municipale | municipal tip
le dépotoir | rubbish dump
la casse | scrap yard
le chantier de ferraille | scrap yard
le ramassage des ordures | rubbish collection
le traitement des déchets | waste disposal
la société de consommation | throwaway society
la société de gaspillage | throwaway society
le gaspillage | wastage
la déperdition | wastage (heat, energy)
recycler | to recycle
le recyclage | recycling
recyclable | recyclable
biodégradable | biodegradable
non dégradable | non biodegradable
les gaz d'échappement (m) | exhaust fumes
la loi anti-pollution | clean-air act
l'effet de serre (m) | greenhouse effect
la catastrophe écologique | environmental disaster
les conséquences sur l'environnement | effects on the environment
la marée noir | oil slick
la nappe de pétrole | oil slick
la fuite | leak
nettoyer | to clean up
le détergent | detergent
le dispersant | dispersing agent

Level 3

Social services

la doctrine de l'Etat-providence | welfarism
assisté | receiving benefit, on welfare
vivre en parasite | to freeload
le parasite | freeloader

Poverty and homelessness

une société à deux vitesses | a two-tier society

les nouveaux pauvres | the new poor
le niveau minimum pour vivre | subsistence level
le minimum vital | subsistence wage
la régression sociale | downward mobility
le salaire de misère | subsistence wage
être sans ressources | to be destitute
être indigent | to be destitute
le dénuement | destitution
l'indigence (f) | destitution
vivre dans l'indigence | to be destitute

dans la gêne	in straitened circumstances	la coke ①	coke
le chanteur/la chanteuse ambulant(e)	busker	le crack	crack
		l'opiat	opiate
le musicien/la musicienne ambulant(e)	busker	se shooter ①	to mainline
		se piquer ①	to mainline
		le shoot ①	fix
chanter dans la rue	to busk	la surdose	overdose
jouer dans la rue	to busk	priser	to snort
faire les poubelles	to scavenge	l'attirail (m)	paraphernalia
fouiller les poubelles	to scavenge	la seringue	syringe
taper une cigarette ①	to bum a cigarette	l'aiguille (f)	needle
taxer une cigarette ①	to bum a cigarette	le sévrage	cold turkey
vivre de la manche	to bum	s'abstenir de	to go cold turkey
vivre de la charité des autres	to live on handouts	être en manque	to be on cold turkey
		être défoncé à ①	to be high on
l'aumône (f)	handout	se défoncer ①	to get high
donner aux pauvres	to give to the poor	le trip ①	trip
les bas-fonds (m)	dregs	un trip d'acide ①	acid trip
la lie	dregs	faire un mauvais trip ①	to have a bad trip
les déchets de la société (m)	dregs of society	avoir un flip ①	to trip
		être flippé ①	to be tripped out
vivre de la mendicité	to beg for a living		
être réduit à la mendicité	to be reduced to begging		

Environment

le point verre	bottle bank
le réceptacle à verre	bottle bank
la compagnie des eaux	water authority
la station de pompage	waterworks
les eaux usées (f)	sewage
l'égout (m)	sewer
le réseau d'égout	sewage system
l'évacuation des eaux usées (f)	sewage disposal
le traitement des eaux usées	sewage treatment
le champ d'épandage	sewage works
délétère	toxic
le déversement accidentel	spillage
le rivage mazouté	shore covered with oil
l'oiseau mazouté (f)	bird covered with oil
la Commission pour la protection de l'environnement	Environmental Protection Agency

Drugs

des tests faits/ effectués au hasard	random testing
le numéro spécial SOS drogue	drugs hotline
le médicament inscrit au tableau B	controlled drug
la came ①	drugs
être camé ①	to be on drugs
le camé ①	junky
le chanvre indien	cannabis
l'herbe (f) ①	weed
le joint	joint
des amphés (f) ①	uppers
le speed ①	speed
l'hallucinogène (m)	hallucinogen
l'acide (m) ①	acid

mendigoter ①	to beg
le mendigot/la mendigote ①	beggar

Exercises

Level 1

1. Trouvez d'autres sens des mots suivants

le régime	la conférence	le siège	le bulletin
l'empire	le démarchage	le cabinet	la commission
le sondage	la naturalisation	le visa	le colon

2. Trouvez des synonymes des mots suivants

le clivage	la faction	le discours	le rassemblement	l'arrêté
l'autarcie	l'émissaire	le pacte	le conciliateur	la députation
déléguer	ratifier	siéger	dissident	autonome

3. Quelles sont les différences entre

l'audience	l'entretien	démissionner	prendre la retraite
la conférence	le colloque	le député	le délégué
la désinformation	le contre-renseignement	l'autonomie	l'autarcie
l'émigrant	l'émigré	le migrant	le migrateur

4. Complétez

_____	← le compromis	la compromission	→ _____
_____	← la réforme	la réformation	→ _____
_____	← le concert	la concertation	→ _____
_____	← le manifeste	la manifestation	→ _____
_____	← le chef d'état	l'homme d'état	→ _____

5. Expliquez le sens des mots et des expressions suivants

la souveraineté	l'autocratie	le coup d'état	le civisme
les Dom-Tom	le manifeste	l'ordre du jour	le démarchage électoral
présidentiable	ministrable	la raison d'état	la migration saisonnière
la chemise noire	la coalition	le caporalisme	le groupe de pression

6. Décrivez les activités/les métiers suivants

le militant	le politologue	l'agent électoral
le consul	l'émissaire	le Garde des Sceaux
l'espion	le terroriste	l'inspecteur de l'hygiène publique

7. Trouvez l'expression qui n'est pas à sa place   ✓

1. la carte de séjour, le permis de travail, le visa d'entrée, des faux papiers, le pacte
2. le sondage, le scrutin, l'urne, l'isoloir, le délégué, le démarchage électoral
3. le clivage, le schisme, la scission, le partage, la rupture

8. Traduisez en anglais   Traduisez en français

le député	deputy
le ministère	minister
l'adepte	adept at
s'adhérer à	to adhere to
l'assistance	aid
une allocation	allocation
la bribe	bribe
l'agenda	agenda
communal	communal
détenir	to detain

9. Traduisez en anglais

le bulletin nul   le bulletin blanc
le bulletin des cours   le bulletin de bagage
le bulletin de naissance   le bulletin de salaire
la commission d'enquête   la commission d'examen
la commission permanente   la commission militaire
la politique de l'autruche   la politique du pire
la politique de la chaise vide   la politique du moindre effort
la monnaie électronique   la monnaie locale
la monnaie plastique   la monnaie légale
la petite monnaie   une monnaie forte

10. Expliquez le sens des locutions suivantes

les coulisses du pouvoir   le visa de censure   le testament politique

11. Complétez les sigles suivants et donnez leur équivalent anglais   ✓

ONU   _____   _____
AELE   _____   _____
ALENA   _____   _____
OCDE   _____   _____
OTAN   _____   _____
OECE   _____   _____
OLP   _____   _____
OMS   _____   _____
OPEP   _____   _____

12. Rédaction

Développez en 400 mots les arguments pour et contre
• la décriminalisation des stupéfiants
• la culture du politiquement correct
• l'élargissement de l'Union européenne aux pays de l'Europe de l'Est

13. Traduisez en français   ✓

1. The militants disobeyed the party leader and gave a press conference.
2. The opinion polls suggest that the electorate is disillusioned and apathetic.
3. The viewing figures for the televised debate were very poor and many constituents have been hostile towards canvassers.
4. The spokesman for the consulate said that it would be impossible to re-establish diplomatic relations with the regime.
5. The Prime Minister refused to sign the treaty until a programme of reforms has been agreed.
6. The state visit was cancelled after the publication of a newspaper article accusing the party in power of corruption.
7. The jury heard that the guest workers did not speak French and had been tricked into buying false residence and invalid work permits.
8. After he died, it was discovered that he had been a spy during the Cold War.

14. Rédigez un résumé (250 mots) du texte suivant

L'Union européenne se donne un an pour rénover ses institutions

L'Emploi et la crise de la 'vache folle' s'ajoutent aux thèmes du sommet de Turin, qui ouvre la conférence intergouvernemental sur la révision du traité de Maastricht. L'évolution vers la monnaie unique pèsera sur les négociations.

BRUXELLES (Union Européenne)
de notre correspondant

La Conférence intergouvernementale (CIG) à laquelle les chefs d'Etat et de gouvernement donnent le coup d'envoi, vendredi 29 mars, à Turin, est essentielle pour l'avenir de la construction européenne. Mécanismes de décisions anachroniques, coopération en matière de politique étrangère et de sécurité intérieure à peine ébauchée: l'Union est comme paralysée dans ses actuelles institutions et réclame d'urgence un sérieux lifting. Une obligation qu'accroît encore la perspective d'un nouvel élargissement aux pays d'Europe centrale, à Malte et à Chypre.

Cette indispensable cure de jouvence impliquera, quelle qu'en soit la forme, des transferts de compétence: par une simplification abusive, on oppose souvent les mécanismes supranationaux à la coopération intergouvernementale, en oubliant que celle-ci, pour être efficace, suppose aussi des abandons de souveraineté. Or, ces pas supplémentaires vers une plus grande intégration, les Etats membres ne sont aujourd'hui pas capables de les accomplir. Pour y parvenir, ils ont besoin d'un stimulant qui n'est autre que la monnaie unique.

Sa mise en place, voulue par le traité de Maastricht, dominera totalement le paysage européen au cours des deux années à venir et influencera donc grandement le déroulement des négociations. Celles-ci risquent de se cantonner dans des bavardages diplomatiques sans grands résultats jusqu'à la fin de l'hiver prochain. Durant ces premiers mois, en dépit de l'engagement sans restriction souscrit à Madrid par la quasi-totalité des Quinze, l'incertitude, quant à la possibilité de respecter la date du 1er janvier 1999 pour le démarrage de l'Union monétaire, demeurera grande. Un premier tournant pourrait alors se dessiner. On saura en effet si la reprise de l'activité annoncée par les instituts de conjoncture pour le second semestre 1996 a été au rendez-vous et si son ampleur est suffisante pour que les performances voulues par le traité (les critères de convergence) aient une chance d'être atteintes ou, au moins, sérieusement approchées, par les pays les plus immédiatement candidats au passage à la monnaie unique. Le sentiment que la formidable mutation politique que représente la création d'une monnaie unique est à portée de main, modifierait radicalement l'atmosphère. Une négociation constructive pourrait alors s'engager.

OBSTRUCTION STERILE

Comment réagiraient les Britanniques, confrontés de plus près à une telle perspective, qu'aujourd'hui ils taxent d'irréaliste? Les travaux préparatoires ont montré qu'ils demeuraient hostiles aux aménagements du traité jugés nécessaires par leurs partenaires, en particulier à l'extension du vote majoritaire. Sauf s'ils avaient des élections anticipées, il n'y a pas de raison que cette situation évolue au cours de l'année à venir. Par souci de préserver l'avenir, les autres gouvernements ne chercheront pas, durant cette phase d'approche, à forcer le consentement de Londres. S'il devenait clair que l'Union est en passe de franchir avec succès une des étapes les plus importantes de son histoire, certains espèrent, à Bruxelles, que les partisans de l'Europe au sein du parti conservateur britannique reprendraient de la voix et dénonceraient l'obstruction stérile pratiquée par le gouvernement Major; que la crainte de rester hors du coup fasse réagir ceux qui aujourd'hui se taisent; que, peut-être, par ricochet, sans même attendre le gouvernement qui sortira des prochaines élections en Grande-Bretagne, elle donne un regain d'intérêt aux débats de la CIG. Ce qui ne signifierait pas pour autant que l'obstacle britannique serait surmonté . . .

La CIG est-elle condamnée à vivoter jusqu'à ce que survienne ce réveil? S'il paraît effectivement peu vraisemblable qu'on puisse progresser sur des questions telle l'extension du vote à la majorité qualifiée ou les 'coopérations renforcées' (c'est-à-dire la faculté pour un groupe de pays membres d'aller de l'avant, sans que ceux qui ne veulent pas ou ne peuvent pas les suivre aient la possibilité de les bloquer), l'irruption forte de la dimension sociale et de celle de l'emploi dans le débat européen pourrait sauver de l'insignifiance cette première phase de la Conférence.

En ce début de printemps, hormis la terreur de la 'vache folle', la scène européenne apparaît relativement calme. En France, la détermination manifestée par Jacques Chirac fait provisoirement taire la contestation. Mais quelques mauvais indices, un conflit social mal géré, peuvent, demain, brutalement, à nouveau tout faire basculer, jusqu'à remettre en cause une Union monétaire dont on sait pourtant qu'elle contribuera à la bonne insertion de l'Europe dans une économie mondialisée. Contre un tel péril, le meilleur antidote serait certainement de convaincre l'opinion publique que l'Europe n'ignore pas sa préoccupation profonde, qu'elle est décidée à faire de la lutte contre le chômage sa priorité.

C'est le sens de la Table ronde sur l'emploi proposée par Jacques Santer, président de la Commission de Bruxelles, qui se tiendra à la fin avril. C'est celui de la Conférence tripartite qui suivra. Cette mobilisation pour l'emploi, pour la défense d'un modèle social européen, qui est voulue par la grande majorité des Etats, ne rassurera l'opinion que si celle-ci la juge capable d'être suivie d'effets. Le pari est-il perdu d'avance? L'échec de la tentative du Livre blanc de Jacques Delors sur la croissance, la compétitivité et l'emploi ne peut-il que se répéter? Il reste aux institutions de l'Union – à la commission, au Conseil, au Parlement – à démontrer le contraire. L'idée d'associer étroitement à l'opération les partenaires sociaux pourrait devenir un gage de succès. Comme celle de concentrer l'attention sur l'aménagement du temps du travail afin de parvenir, si possible, à une grille de références approuvée au niveau européen.

L'action ainsi engagée sera, pour l'essentiel, entreprise hors la CIG. Mais, en contrepoint, celle-ci pourrait utilement valider les travaux accomplis, compléter le traité d'une manière qui atteste avec force cette volonté de préserver, en dépit des contraintes acceptées de la mondialisation, le modèle européen.

Philippe Lemaître, *Le Monde*, vendredi 29 mars 1996, p. 2 (© *Le Monde*)

Level 2

1. Trouvez d'autres sens des mots suivants

l'apaisement	la reconnaissance	l'agitation	le suffrage
le mandat	apparenté	piller	les prestations

2. Complétez:

_____ ← l'exécutif		l'exécutant → _____
_____ ← le marchandage		le marchandisage → _____
_____ ← le différend		la différence → _____
_____ ← le communiqué		la communication → _____
_____ ← le blocus		le blocage → _____
_____ ← l'allocution		la locution → _____
_____ ← le communiqué		la communication → _____
_____ ← l'émeute		la meute → _____

3. Trouvez des synonymes des mots et des expressions suivants

le complot	le soulèvement	l'amendement	l'accommodement
les pourparlers	l'arbitrage	le mandat	l'anarchie
envoyer en exil	réprimer	censurer	briguer

4. Décrivez les activités/les métiers suivants

le ravisseur	le pillard	le militant des droits de l'homme
le porte-parole	le marchandeur	le chargé de mission
le tâcheron politique	la colombe	le faucon

5. Expliquez la fonction des corps politiques suivants

le législatif	le judiciaire
le cabinet	le cabinet fantôme
la commission permanente	la commission temporaire
la commission interparlementaire	la commission d'arbitrage

6. Trouvez des équivalents non-argotiques des mots et des expressions suivants

le graissage de patte   le politicard   la politicaillerie
le micmac   la manif   la cuisine parlementaire
le limogeage   le cumulard   un dur à cuire

7. Expliquez le sens des mots et des expressions suivants

une élection partielle   le vote par procuration   un siège sûr
la campagne négative   la fraude électorale   les marchandages

8. Trouvez les substantifs qui correspondent aux verbes suivants:

réprimer, censurer, briguer, piller, rédiger, comploter, renverser

9. Traduisez en français

overseas aid, food aid, pump-priming aid, legal aid, development aid

10. Composez des phrases qui feront ressortir le sens des mots suivants:

l'anarchie, le défilé, l'émeute, l'agitation, la sédition

11. Traduisez en français   ✓

1. The joint statement made by the spokesmen of the two parties indicated that negotiations would be resumed at the earliest opportunity.
2. His recent speech suggests that he has softened his line on the question of appeasement.
3. I advised him against standing for election. Given that his son was accused of vote-rigging during the local elections, the opposition is bound to mount a negative campaign which would damage his reputation and his standing in the local community.
4. I perfectly understand his defection. The council is full of people who spend their time plotting and scheming. I intend to step down at the next election.
5. The human rights activists organised a demonstration against press-censorship, the repression of dissidents and the harsh treatment given to political prisoners. Several demonstrators were injured by the police and the march turned into a riot.
6. They have set up a joint committee to discuss a number of controversial issues, including power-sharing, proportional representation, devolution and the date of the by-election.
7. The party leader told the campaign workers that, although the town had been a safe seat at the last election, the polls showed that it had become a marginal seat.
8. So far Parliament has refused to accord diplomatic recognition to the breakaway government. However, the Foreign Secretary has indicated that the official representative hopes to reach an agreement by the end of the week.

12. Ecrivez une composition en prenant comme point de départ une des citations suivantes

1. 'Au dire de Freud (Moïse et le Monothéisme), un peu de différence mène au racisme. Mais beaucoup de différences en éloignent, irrémédiablement. Egaliser, démocratiser, massifier, tous ces efforts ne parviennent pas à expulser «la plus petite différence», germe de l'intolérance raciale. C'est pluraliser, subtiliser, qu'il faudrait, sans frein.' (Roland Barthes, *Roland Barthes par Roland Barthes*)
2. 'Je ne partage point la croyance à un progrès indéfini, quant aux Sociétés; je crois aux progrès de l'homme sur lui-même.' (Honoré de Balzac, *Avant-propos*)

13. Traduisez en anglais

Certains candidats-députés ornent d'un portrait leur prospectus électoral. C'est supposer à la photographie un pouvoir de conversion qu'il faut analyser. D'abord, l'effigie du candidat établit un lien personnel entre lui et les électeurs: le candidat ne donne pas à juger seulement un programme, il propose un climat physique, un ensemble de choix quotidiens exprimés dans une morphologie, un habillement, une pose. La photographie tend ainsi à rétablir le fond paternaliste des élections, leur nature 'représentative', déréglée par la proportionnelle et le règne des partis (la droite semble en faire plus d'usage que la gauche). Dans la mesure où la photographie est ellipse du langage et condensation de tout un 'ineffable' social, elle constitue une arme anti-intellectuelle, tend à escamoter la 'politique' (c'est-à-dire un corps de problèmes et de solutions) au profit d'une 'manière d'être', d'un statut socialo-moral. On sait que cette opposition est l'un des mythes majeurs du poujadisme (Poujade à la télévision: 'Regardez-moi: je suis comme vous').

La photographie électorale est donc avant tout reconnaissance d'une profondeur, d'un irrationnel extensif à la politique. Ce qui passe dans la photographie du candidat, ce ne sont pas ses projets, ces sont ses mobiles, toutes les circonstances familiales, mentales, voire érotiques, tout ce style d'être, dont il est à la fois le produit, l'exemple et l'appât. Il est manifeste que ce que la plupart de nos candidats donnent à lire dans leur effigie, c'est une assiette sociale, le confort spectaculaire de normes familiales, juridiques, religieuses, la propriété infuse de ces biens bourgeois que sont par exemple la messe du dimanche, la xénophobie, le bifteck-frites et le comique du cocuage, bref ce qu'on appelle une idéologie. Naturellement, l'usage de la photographie électorale suppose une complicité: la photo est miroir, elle donne à lire du familier, du connu, elle propose à l'électeur sa propre effigie, clarifiée, magnifiée, portée superbement à l'état de type. C'est d'ailleurs cette majoration qui définit très exactement la photogénie: l'électeur se trouve à la fois exprimé et héroïsé, il est invité à s'élire soi-même, à charger le mandat qu'il va donner d'un véritable transfert physique: il fait délégation de sa 'race'.

Roland Barthes, *Mythologies*, pp. 160–161 (© Editions du Seuil, 1957)

Level 3

1. Trouvez d'autres sens des mots suivants

l'instance   le replâtrage   le remous   déborder   le relais   la cabale

2. Expliquez la différence entre les mots suivants

le maroquin	le Marocain	le tribun	la tribune
épouiller	dépouiller	avaliser	avaler
le suppôt	le support	l'enclave	l'enclavement

3. Expliquez le sens des expressions suivantes

1. monter une cabale contre
2. museler la presse
3. faire du social
4. s'affranchir du joug
5. tenir les rênes du pouvoir
6. obtenir un maroquin
7. être dans la ligne de mire
8. mettre sur table d'écoute
9. travailler en coulisse
10. faire un voyage aux frais de la princesse

4. Donnez des définitions des mots suivants

le ballottage   la dérobade   l'attentisme
le clientélisme le dirigisme   le désenclavement

5. Expliquez les différences entre les mots suivants

le sectarisme   le ségrégationnisme
le racisme   la xénophobie
l'apaisement   le pacifisme

6. Expliquez le sens des expressions suivantes

la procédure couperet   la donne politique   la lame de fond
la langue de bois   la caisse noire   un vent de fronde
une société à deux vitesses   le village terrestre   la voix prépondérante

7. Décrivez les activités/les métiers suivants

le fauteur de trouble   le chahuteur   la taupe   le transfuge
l'orateur de carrefour   l'éminence grise   le tribun   le déchiffreur

8. Trouvez des synonymes des mots suivants

avaliser   désétatiser   se désister   l'ingérence   la magouille
le canular   le tripotage   le remaniement   le transfuge   le camouflet

9. Composez des phrases qui feront ressortir le sens des mots suivants:

l'enclave   l'ingérence   la désatisation   l'ethnie   le clientélisme

10. Donnez les substantifs qui correspondent aux verbes suivants:

révoquer   haranguer   abroger   avaliser

11. Traduisez en français

benevolent fund   solidarity fund   contigency fund   slush fund
spymaster   spy ring   spy plane   spy satellite

12. Traduisez en français   ✓

1. The cabinet members accused the Prime Minister of ruling by decree, of ignoring the principles of the manifesto and of sidestepping thorny questions.
2. The rally turned into a fiasco: although the hecklers confined themselves to haranguing the speakers, there were some violent scenes when the militants arrived.
3. The cabinet reshuffle gave the disgraced MP the opportunity to resign. Otherwise, he would have been removed from office.
4. By adopting a wait and see strategy, the government has allowed the situation to generate into a deadlock.
5. Those who argue for the repatriation of refugees and defectors must take responsibility for the results of such a policy.
6. The success of a goodwill mission depends very much on the choice of representatives and their familiarity with the protocol.
7. Security for the walkabout was very tight. The discovery of two letter bombs and a car-bomb had made the local authorities nervous.

8. Although the 'mole' had tapped his telephone, he was unable to decipher the coded messages.

13. Rédaction

1. Développez en une page les arguments pour et contre
- le démantèlement de l'Etat-Providence
- la représentation proportionnelle
2. Développez un commentaire sur le texte suivant

> Il y a deux patriotismes: il y en a un qui se compose de toutes les haines, de tous les préjugés, de toutes les grossières antipathies que les peuples abrutis par des gouvernements intéressés à les désunir nourrissent les uns contre les autres (. . .) Ce patriotisme coûte peu: il suffit d'ignorer, d'injurier et de haïr. Il en est un autre qui se compose au contraire de toutes les vérités, de toutes les facultés, de tous les droits que les peuples ont en commun, et qui, chérissant avant tout sa propre patrie, laisse déborder ses sympathies au delà des races, des langues, des frontières (. . .) C'est le patriotisme des religions, c'est celui des philosophes, c'est celui des plus grands hommes d'Etat; ce fut celui des hommes de 89 (. . .) celui qui, par la contagion des idées, a conquis plus d'influence à notre pays que les armées mêmes de notre époque impériale (. . .)

(Lamartine, *Discours, 10 mars 1842*, au banquet pour l'abolition de l'esclavage)

14. Jeu de rôle

Deux par deux, préparez un dialogue entre un candidat en campagne qui fait du démarchage électoral et un des suivants
- ancien soudeur qui est au chômage depuis quatre ans
- mère seule bénéficiant de l'aide sociale
- agent de probation retraité
- petit entrepreneur qui vient de faire faillite
- militant des droits des animaux

15. Travail de groupe: Traduction orale

Les manifestations du 1er mai dans le monde.

Trois personnes ont été tuées en Turquie. En Russie, les rassemblements ont servi de tribunes aux candidats de l'élection présidentielle.

Les défilés du 1er mai ont pris une signification particulière cette année en Russie où les rassemblements ont servi de tribunes aux protagonistes de l'élection présidentielle du 16 juin. Le président Boris Eltsine, s'adressant à quelque 10 000 manifestants à Moscou, a invité les Russes à faire '*le bon choix*'. Tenant trois roses roses à la main, il a parlé durant quinze minutes, avant de prendre un bain de foule. Le candidat du Parti communiste, Guennadi Ziouganov, s'adressant également à quelque 10 000 personnes, a affirmé que seule une annulation ou une falsification du scrutin pourrait l'empêcher d'accéder à la présidence. A Saint-Péterbourg, 25 000 manifestants, brandissant des portraits de Lénine, ont appelé à '*lutter pour le communisme*'. Des manifestations rivales ont également réuni 8 000 démocrates et 20 000 communistes à Minsk. En Ukraine, 8 000 personnes ont défilé à Simferopol, en

Crimée, pour réclamer une restauration de l'URSS.

A La Havane, la très officielle '*marche du peuple combattant*' a mobilisé des centaines de milliers de personnes, selon des estimations officielles, en présence du président Fidel Castro et des principaux dirigeants cubains. En revanche, à Varsovie, des étudiants ont tourné en dérision les anciens défilés officiels en arborant des portraits de Karl Marx et une pancarte sur laquelle on pouvait lire: '*Nous saluons le camarade Brejnev!*'. Au préalable, ces manifestants avaient jeté une nuée de pétards sur le cortège des anciennes formations communistes auquel participaient le général Jaruzelski et l'ex-premier ministre, Jozef Oleksy. A Belgrade, plusieurs centaines de personnes ont manifesté silencieusement avec pour slogan '*Pain, paix, démocratie*'.

En Europe de l'Ouest, les affrontements les plus remarqués se sont déroulés en Turquie où trois personnes ont été tuées et des dizaines d'autres blessées, dont une cinquantaine de policiers, lors d'une manifestation à Istanbul qui avait rassemblé quelque 50 000 personnes. En Allemagne dix-huit policiers ont été légèrement blessés au cours d'incidents à Berlin. Un policier a été légèrement blessé en Espagne et plusieurs sympathisants des indépendantistes basques ont été interpellés lors d'accrochages à Pampelune (Navarre).

En Belgique, plusieurs ministres socialistes du gouvernement ont été conspués, lors de différentes manifestations, par des enseignants protestant contre un plan de restructuration dans le secondaire francophone. A Rome, c'est sous le signe de la fête que les syndicats italiens ont organisé le 1er mai pour célébrer la victoire de la gauche aux élections législatives du 21 avril. Un concert de six heures, avec en vedette la rock star britannique Sting, a conclu le traditionnel défilé dans la capitale italienne.

En Asie, d'importantes manifestations ont notamment eu lieu au Japon où plus de deux millions de travailleurs ont participé à 1 100 rassemblements qui ont pris la forme d'une déclaration de guerre au chômage. Le premier ministre, Ryutaro Hashimoto, a pris la parole lors d'un rassemblement organisé à Tokyo sous la tutelle de la Confédération des syndicats japonais, une première au Japon. Autre première, en Afrique: au Swaziland, plus de 40 000 travailleurs se sont rassemblés pour célébrer le 1er mai, désormais jour férié mais non payé.

Le Monde, vendredi 3 mai 1996, p. 3 (© *Le Monde*)

Answers to the exercises

Unit 1 Towns and buildings, household and garden

Level 1

9.

palissade	clôture faite d'une rangée de planches et de pieux
grille	clôture faite de barreaux métalliques
caserne	bâtiment qui sert à loger des soldats
rempart	muraille qui entoure une forteresse
haie	clôture formée d'arbustes qui sert à limiter un jardin
bâtisse	très grand bâtiment
murette	mur bas

10.

1. être con comme un balai
2. être assis entre deux chaises
3. faire table rase
4. avoir une voix de casserole cassée
5. prendre un bon bol d'air
6. payer les pots cassés
7. se noyer dans un verre d'eau
8. dérouler le tapis rouge
9. passer à la casserole
10. avoir un grand coup de fourchette
11. être sourd comme un pot
12. mettre une affaire sur le tapis
13. s'en mettre pleine la lampe
14. jouer cartes sur table
15. découvrir le pot aux roses
16. ne pas être dans son assiette
17. arriver dans un fauteuil
18. être à ramasser à la petite cuiller
19. boire la tasse
20. en avoir ras le bol

13.

1. Vous devriez tondre, ratisser et sarcler votre pelouse tous les quinze jours.
2. Son jardin était composé de trois sections: une grande pelouse avec une bordure de plantes herbacées, des plates-bandes et une serre, une petite rocaille et un patio avec des corbeilles suspendues et des bacs.
3. Il préférait l'anonymat du libre-service et du supermarché aux longues queues des magasins du quartier.
4. A cause de la modernisation du centre-ville, les alentours de l'hôtel de ville et de la bibliothèque ressemblaient à un chantier.
5. Depuis que j'ai acheté mon appartement, j'ai dépensé la plus grande partie de mon salaire en appareils ménagers: le mois dernier, j'ai acheté un micro-ondes et maintenant je mets de l'argent de côté pour acheter un congélateur.

6. Le pavillon que mes beaux-parents viennent d'acheter a un patio, un grand potager et une serre.
7. A mon avis une moquette serait plus pratique, mais mon mari préférerait un parquet et des tapis orientaux.
8. Si vous mettez l'armoire à linges sur le palier et le chiffonnier dans la salle de bain, vous pourrez mettre la vitrine dans le coin et la bibliothèque dans la baie.
9. Le portemanteau occupe trop de place dans le vestibule/le hall; à mon avis on devrait faire aménager/encastrer une penderie.
10. Je cherche des rideaux et des coussins qui aillent bien avec le nouveau salon/mobilier de salon.

Level 2

8.

1. Le meuble hi-fi vidéo: dans un minimum d' **espace** il réunit votre téléviseur, **magnétoscope** et minichaîne. Tablette **amovible** et réglable 5 positions. Peu **encombrant** et facile à déplacer grâce à ses **roulettes** multidirectionnelles. Finition **laque**. Livré monté.
2. Le taille-haies électrique. Robuste mais léger. Sécurité absolue: frein de **lame, écran** protecteur. Fourreau de rangement. Garantie un an.
3. Le canapé fleuri convertible: structure en bois **massif**, coussins d'assise en **flocons** de mousse, recouvert d'un tissu fleuri, coussins **déhoussables**. Se transforme en lit de deux personnes.
4. Ce **robot** électronique râpe, hache, fouette et pétrit. Livré avec un **bol** un litre et un livre de recettes. Vitesse réglable. Couvercle **étanche**. Quatre pieds **ventouses**.

11.

1. Le quartier est très délabré/décrépit. Toutes les vitres des abris-bus sont cassées; les pavés sont inégaux et dangereux; le passage souterrain est toujours plein de clochards.
2. Pour accéder à la place, il faut prendre la première ruelle à gauche après le monument aux morts.
3. Cette maison manque d'espace de rangement. Notre appartement avait un débarras et un grand office. On n'aurait pas dû déménager.
4. On nous a donné le robot de cuisine et la friteuse lorsque nous nous sommes mariés; j'aurais préféré une batterie de cuisine.
5. Si vous voulez apprendre à faire des gâteaux, il faut acheter un grand bol à mélanger, un batteur à oeufs et un rouleau à pâtisserie; je peux vous prêter une boîte à gâteaux et une balance de cuisine.
6. Vous trouverez la crème antiseptique dans l'armoire pharmaceutique ou dans l'armoire de toilette.
7. J'aime les fleurs printanières: les perce-neige, les crocus et les jonquilles. Ma femme préfère les fleurs à fort parfum comme les pois de senteur, les giroflées et le chèvrefeuille.
8. Lorsque je rentrerai chez moi, les jacinthes des bois auront fleuri/seront en fleur.
9. Si vous aviez acheté un tapis antidérapant, comme je vous l'avais dit, vous n'auriez pas glissé.

10. Le chauffage central est pratique, mais une cheminée à foyer ouvert ou un poêle à bois est bien plus accueillant lorsqu'on rentre le soir.

Level 3

8.

1. raisonner comme une casserole
2. s'embrouiller les pinceaux
3. coincer la bulle
4. transformer quelqu'un en passoire
5. ramasser l'argent à la pelle
6. monter en graine
7. faire le pot à deux anses
8. passer au tamis
9. serrer la pince à quelqu'un
10. ramasser une louche
11. en prendre de la graine
12. tricoter des pinceaux

9.

robinet	appareil qui permet de régler le passage d'eau
gouttière	canal qui permet l'écoulement des eaux de pluie
ruisseau	caniveau qui reçoit les eaux qui coulent le long du trottoir
tuyau	conduit qui permet le passage d'un liquide ou d'un gaz
bonde	ouverture qui permet de vider l'eau d'une baignoire

10.

```
C  R  O  S  I  E  R        S  O  U  C  I
H           H              D  A           T
E  G  I  R  O  F  L  E  E  I  P           O
V  L     R           M  U  G  U  E  T     U
R  A  O  T              I  C  J           R
E  I  R  E        J        T  I  O  M     N
F  E  C  N        A        A  N  Y        E
E  U  H  S        C        L  E  Q  O     S
U  L  I  P  I  V  O  I  N  E     U  S     O
I     D  A        N              I  O     L
L     E  P  A  V  O  T           L  T
L     E           H  D  A  H     L  I     A
E     B  L  E  U  E  T           E  S
C  R  O  C  U  S  P  E  T  U  N  I  A
```

12.

1. J'ai trouvé toutes sortes de choses dans notre débarras: une table gigogne, un fer à souder, cinq ou six butoirs de porte et des housses extensibles rayées.
2. Il faut savoir où se trouve le robinet d'arrêt au cas où tu aurais une fuite d'eau.
3. Une table à abattants occuperait moins de place qu'une table à rallonges.
4. Je ne peux pas emménager avant que les réparations soient faites.
5. Je ne connais pas ses goûts, mais une ménagère et des dessous de plats sont des cadeaux utiles.

6. Je veux bien préparer le dîner, mais j'aurai besoin d'un moule à tarte, d'un hachoir, d'une planche à découper et d'une râpe.
7. Tu ne peux pas te servir de cette brosse. Les soies sont bien trop dures. Je vous prêterai un rouleau et un bac.
8. Ne laisse pas le passe-thé dans l'évier. Il/Ça laisse des taches. La dernière fois j'ai dû me servir d'un cure-casseroles pour les enlever.

Unit 2 The physical world, the animal world, the weather

Level 1

7.

1. se faire plus petit qu'une fourmi
2. courir le même lièvre que quelqu'un
3. envoyer quelqu'un ferrer les oiseaux
4. être triste comme un vieux hibou
5. se faire tirer comme des lapins
6. tourner comme un ours/un écureuil en cage
7. vivre comme chien et chat
8. vendre la peau de l'ours avant de l'avoir tué
9. être gros comme une baleine
10. manger comme un moineau
11. se glisser comme une couleuvre
12. être laid comme un singe
13. avoir des fourmis dans les jambes
14. avoir une cervelle de lièvre
15. être soûl comme une grive/un âne
16. se lever au chant de l'alouette
17. répéter comme un perroquet
18. avoir des yeux de hibou
19. être souple comme une couleuvre
20. avaler des couleuvres
21. vivre seul comme un hibou
22. marcher d'un pas de tortue
23. être bavard comme un perroquet
24. être gluant comme une limace
25. avoir une voix de rossignol
26. être agile comme un singe/un écureuil
27. courir comme un lièvre
28. poser un lapin à quelqu'un
29. noyer le poisson
30. payer en monnaie de singe

10.

1. Il a dit qu'il lui rendrait visite lorsque le temps se serait amélioré.
2. Elle veut qu'il pleuve afin qu'elle puisse rester chez elle.
3. Le courant est bien plus fort qu'il ne l'avait pensé.
4. Elle donnait à manger au renard depuis plusieurs mois.
5. La mer était houleuse et des vagues énormes se brisaient contre les rochers.
6. Il habite le promontoire. Si vous traversez la baie à marée basse, vous verrez le sentier.
7. Il a passé la nuit dans une grotte pas loin du col, mais il n'a pas dormi de la nuit à cause des chauves-souris qui entraient et sortaient.
8. Selon la météo/le bulletin météorologique, nous aurons une vague de chaleur ce week-end.
9. Le ciel a commencé à se couvrir vers midi.
10. J'adore la neige poudreuse, mais le dégel est vraiment désagréable.

Level 2

5.

1. Elle m'a fait un signe amical de la main.
2. Les supporters arrivaient par vagues.
3. Ils avaient les atomes crochus/étaient sur la même longueur d'ondes.
4. Au début du printemps, la ville a été victime d'une vague de criminalité.
5. Le village avait été bloqué par une tempête pendant huit heures.
6. La publication de son livre a provoqué une tempête/un ouragan.
7. Sa réplique lui a coupé l'herbe sous le pied.
8. Un malheur n'arrive jamais seul.

7.

1. faire une queue de poisson
2. chanter comme un rossignol
3. mettre la puce à l'oreille de quelqu'un
4. avoir un estomac d'autruche
5. secouer les puces à quelqu'un
6. vivre comme une taupe
7. pratiquer la politique de l'autruche
8. être myope comme une taupe
9. se fermer comme une huître
10. être heureux comme un poisson dans l'eau
11. souffler comme un phoque
12. engueuler quelqu'un comme du poisson pourri

8.

L	M	U	L	O	T							T	A	U	P	E			
O																H			
U			B	L	A	I	R	E	A	U						Y			
T	M	O	U	F	E	T	T	E				G	N	O	U	E			
R												E				N			
E			R	E	N	N	E					R				E			
S	I	N	G	E								B	E	L	E	T	T	E	
												O							
C	H	A	C	A	L	C	A	S	T	O	R	I							
												S	A	N	G	L	I	E	R
		G	U	E	P	A	R	D				E							

11.

1. Il y a une tourbière à cinq kilomètres du village.
2. Pour atteindre la ferme, il faut traverser le gué.
3. Le marais est plein d'oiseaux sauvages, surtout des échassiers, mais vous devrez vous lever/ il va falloir vous lever tôt si vous voulez les voir.

4. Le récif est très dangereux, mais on y trouve toutes sortes de crustacés/coquillages.
5. Le ravin était très profond, et il a eu du mal à en sortir.
6. Si tu t'étais arrêté de parler, tu aurais entendu le pivert.
7. On a trouvé l'enfant assis sur une souche au milieu du fourré.
8. Il y a une taupinière derrière la serre. Si vous avez de la chance vous verrez la taupe.

Level 3

3.

1. se précipiter dans la gueule du loup
2. se parer des plumes du paon
3. sortir comme des rats avant l'inondation
4. être paresseux comme un loir
5. se hérisser comme un porc-épic
6. suivre quelqu'un comme un caniche
7. être vaniteux comme un paon
8. prendre le loup par les oreilles
9. s'ennuyer comme un rat mort
10. courir comme un lévrier
11. dormir comme un loir
12. être bavard comme un geai
13. être gai comme un pinson
14. crier comme un putois
15. être malin comme une fouine

11.

1. Pendant la crue, les champs ressemblaient à un bourbier.
2. Le rivage était couvert de varech rejeté par la mer pendant la tempête.
3. Il y a un très beau saule au fond de notre jardin.
4. Je préfère les arbres à feuilles caduques aux arbres à feuilles persistantes.
5. On ne peut rien faire pousser sur terrain broussailleux. La terre est aride et crayeuse.
6. Je cherche une commode en palissandre. J'en ai trouvé une en ébène, mais je ne l'aime pas.
7. Nous aurions dû voir que le temps se gâtait. Nous avons été retenus par la tempête pendant trois jours.
8. Elle déteste les insectes. Elle fait toute une histoire si elle voit une araignée. Elle a même peur des tipules.

Unit 3 The human body and health, the health service and medicine

Level 1

6.

1. accepter quelque chose les yeux fermés
2. être dans les jambes de quelqu'un
3. regarder quelqu'un sous le nez
4. avoir les jambes comme coton
5. avoir toujours un pied en l'air
6. dégourdir ses jambes
7. avoir bon dos
8. avoir les reins solides
9. ne pas avoir les yeux en face des trous
10. avoir un verre dans le nez
11. être bien en chair
12. avoir les jambes en queues de sucette
13. marcher sur les pieds de quelqu'un
14. parler du nez
15. n'être ni chair ni poisson
16. ne pas se moucher du pied
17. être bien dans sa peau
18. se trouver nez à nez avec quelqu'un
19. avoir les jambes brisées
20. avoir la chair de poule

21. en avoir plein le dos
22. faire une belle jambe à quelqu'un
23. avoir le bras long

24. prendre ses jambes à son cou
25. jouer comme un pied

8.

1. faire la grasse matinée
2. jouer gros jeu
3. dans une large mesure
4. voir grand
5. être dans de beaux draps
6. voir quelqu'un venir avec ses gros sabots
7. maigre comme un clou

8. fréquenter du beau monde
9. être beau comme le jour
10. être rond en affaires
11. le gros légume
12. avoir des idées larges
13. le petit Poucet
14. faire maigre

9.

1. Les deux voitures se sont heurtées de face/de front; les conducteurs ont reçu des lésions internes sérieuses.
2. Elle ne remue pas le petit doigt, tandis que son frère se donne à tout ce qu'il fait corps et âme.
3. Leur nouveau salon a dû coûter les yeux de la tête.
4. Le sol était humide et elle est tombée à plat ventre/face contre terre.
5. Il était trempé jusqu'aux os lorsqu'il est rentré; je n'arrive pas à lui faire rentrer dans le crâne qu'il finira par attraper une pneumonie.
6. Elle a eu de la chance. Elle s'est foulé la cheville, mais elle aurait pu se fracturer la jambe.
7. La peau est très rouge. Tu auras des ampoules demain.
8. Il a une maladie du coeur. Une de ses artères est bloquée. Il a rendez-vous avec le cardiologue à la fin du mois.

Level 2

6.

1. vivre sur les nerfs
2. se casser les dents sur quelque chose
3. dormir à poings fermés
4. avoir les nerfs à vif
5. faire des pieds et des mains pour quelqu'un
6. percer ses dents
7. faire froid dans le dos
8. agir sous mains
9. se prendre pour le nombril du monde
10. mettre la dernière main à quelque chose
11. se laisser tondre la laine sur le dos
12. en venir aux mains
13. avoir les dents longues
14. lever le pied
15. faire bon marché de sa peau

16. être glacé jusqu'à la moelle des os
17. scier le dos de quelqu'un
18. ne pas faire de vieux os
19. avoir les nerfs en boule
20. avoir les mains vertes
21. tirer dans le dos de quelqu'un
22. agir dans le dos de quelqu'un
23. transformer quelqu'un en chair à pâté
24. avoir la dent dure
25. mettre les pieds dans le plat
26. être pris la main dans le sac
27. avoir le dos au mur
28. se dresser sur son séant
29. tomber sur un os
30. donner un coup de main/pied à quelqu'un

9.

1. Le médecin lui a dit qu'il avait un taux de cholestérol très élevé et qu'il faisait de l'hypertension.
2. J'ai pris rendez-vous avec l'opticien pour un contrôle de la vue. Je crois que je deviens un peu presbyte.
3. Il va se faire opérer des cordes vocales et des tympans.
4. Etant donné les antécédents familiaux, elle est très inquiète. Il est possible qu'il ait eu une attaque.
5. Elle s'est fait porter malade la semaine dernière. Je pensais qu'elle avait une intoxication alimentaire, mais son docteur a diagnostiqué une grippe intestinale.
6. Il est toujours dans un état critique. Il a fait une hémorragie pendant la nuit et on a dû lui faire une transfusion sanguine/de sang.
7. Le/la pathologiste a dit qu'il avait subi des lésions cérébrales et que s'il avait survécu à l'accident, il aurait été paraplégique.
8. A mon avis l'unité de soins intensifs et la salle d'urgence sont trop loin de la salle d'opération.

Level 3

4.

le fauteuil roulant, le déambulateur, **le défibrillateur**, la béquille, la civière, la canne
l'électrochoc, le respirateur artificiel, le rein artificiel, la couveuse, la pompe stomacale
la prothèse, la carie, l'appareil, **les lentilles**, le plombage
la crise cardiaque, l'angine de poitrine, **la cirrhose**, la greffe du coeur, l'attaque
le pédicure, le masseur, le kinésithérapeute, **le polype**, l'orthophoniste
le fortifiant, le gargarisme, la gélule, **le frottis**, le laxatif, le purgatif
le stérilet, **le collyre**, le préservatif, la pilule du lendemain, le diaphragme

12.

1. dilater sa rate
2. prendre des vessies pour des lanternes
3. ne pas arriver à la cheville de quelqu'un
4. être sur les talons de quelqu'un
5. faire toucher une chose du doigt
6. crever le tympan
7. se tourner les pouces
8. avoir l'estomac dans les talons
9. manger un morceau sur le pouce
10. se ronger les sangs
11. se faire des cheveux blancs
12. se mordre les doigts
13. se faire tirer l'oreille
14. donner un coup de pouce à
15. se faire taper sur les doigts
16. casser les pieds à quelqu'un
17. dormir sur deux oreilles
18. ne pas lever le petit doigt
19. savoir quelque chose sur le bout des doigts
20. se fourrer le doigt dans l'oeil

13.

1. Ses dents se chevauchent. L'orthodontiste lui a conseillé de porter un appareil.
2. Le spécialiste de chirurgie esthétique a trouvé son travail si déprimant qu'il a conseillé son fils de devenir gérontologue/gériatre.
3. L'hôpital n'a pas de service d'anesthésie-réanimation. Il va falloir la transférer. Autrement elle aura peu de chances de se rétablir.

4. Ses mains sont couvertes de cals et de verrues et il a un kyste au poignet gauche.
5. Le virologiste a nié que les cas de septicémie aient été causés par des seringues sales.
6. Elle s'en est sortie, mais elle souffre encore de névrose post-traumatique. On lui a donné des calmants mais elle a peur qu'ils ne créent une dépendance.
7. Au cours de sa carrière, le chirurgien a fait des centaines de pontages et des interventions à coeur ouvert.
8. La chirurgie endoscopique réduit le nombre de cas de surinfection et ne laisse que de très petites cicatrices.

14.

le scanner	appareil de radiographie
la perfusion	injection lente et continue
la seringue	petit instrument qu'on utilise pour injecter des médicaments
le bistouri	instrument de chirurgie
le spéculum	instrument qui permet d'examiner certaines cavités du corps
le stéthoscope	instrument qui permet d'écouter le sons du corps
le gaze	pansement très léger

Unit 4 Physical appearance, gesture and movement

Level 1

5.

1. glisser des mains de quelqu'un
2. remuer de vieux souvenirs
3. secouer les puces à quelqu'un
4. remuer l'or à la pelle
5. sauter à pieds joints par-dessus les difficultés
6. sauter à cloche-pied
7. reculer pour mieux sauter
8. secouer les préjugés
9. remuer le coeur
10. sauter au plafond
11. secouer le joug
12. glisser un mot dans l'oreille de quelqu'un
13. lancer des accusations
14. se bousculer au portillon
15. sauter comme une carpe
16. jeter le doute sur quelque chose
17. sauter son tour
18. bousculer les idées reçues
19. se lancer dans de longues explications
20. remuer l'ordure

11.

1. Il est de taille moyenne, mais il est solidement bâti.
2. Ses cheveux sont souples et soyeux, tandis que les miens sont secs et ternes.
3. Il n'a pas bonne mine. Il a le teint très jaune.
4. Mon frère se tient très mal. Il passe tout son temps penché sur ses livres.
5. Elle a un physique très agréable. Elle a des traits fins, une chevelure abondante et des jambes bien tournées.
6. J'aimerais que tu te tiennes en place. Arrête de t'agiter comme ça!
7. J'ai passé auprès de ta maison hier soir, mais je n'ai pas eu le temps de te rendre visite. La circulation était affreuse et j'ai dû rebrousser chemin.
8. La traversée aurait été très agréable, si je n'avais pas glissé sur le pont.

9. Nous nous dirigions vers l'école, lorsque je l'ai vu obliquer à gauche.
10. D'habitude elle me serre dans les bras/m'embrasse quand je la vois. Mais la dernière fois elle m'a donné une poignée de main.

Level 2

10.

1. Il boit trop. Il a un visage couperosé et des poches sous les yeux.
2. Elle a un teint de blonde et des cheveux de lin.
3. Elle avait les cheveux ramenés en arrière, ce qui faisait un peu sévère.
4. Lorsque j'aurai terminé mes examens, je vais me faire teindre les cheveux.
5. Son fils a l'air malingre. Il a des jambes comme des allumettes.
6. Le sol s'est affaissé par endroits. Si cela continue, la maison va s'écrouler.
7. C'est dommage que tu aies passé ton week-end vautré sur le canapé à regarder la télévision.
8. Il vaut mieux que tu le tiennes à bout de bras.

Level 3

13.

1. Lorsqu'il est revenu il était d'une maigreur squelettique, mais il commence à s'empâter.
2. Elle a un visage en lame de couteau et un nez crochu.
3. Quand j'étais jeune j'avais une peau veloutée, mais maintenant elle est marbrée et calleuse.
4. Lorsqu'il m'a regardé de ses yeux globuleux, j'ai eu peur.
5. J'ai eu du mal à me frayer un passage dans la foule pendant le défilé.
6. J'étais en train de pétrir la pâte, lorsqu'il a fait irruption dans la cuisine.
7. Je l'ai vu lui faire un croc-en-jambe. Puis il a saisi son sac à main.
8. Lorsque leur grand-mère est arrivée, les enfants cavalaient un peu partout dans le jardin.

Unit 5 Personality and human behaviour

Level 1

9.

1. C'est très aimable/gentil à vous/de votre part.
2. Le plus sage/le plus raisonnable serait de lui écrire.
3. Il a un sale caractère/il peut être méchant quand il est en colère.
4. Elle a éclaté.
5. Il n'est pas facile à vivre.
6. Je n'ai pas la conscience tranquille.
7. Ses remarques étaient très pénétrantes.
8. Il a beaucoup de confiance en sa secrétaire. Elle est très discrète.
9. Il m'a fait un sourire de dédain. J'aurais dû me méfier de lui.
10. Tu es vraiment très têtu. Après tout il a été assez arrangeant. Tu aurais pu accepter un compromis.

14.

Locution	Sens
être comblé, être dans la lune	être très heureux
être près de ses sous, être chiche	être avare
avoir soin de sa personne, ne penser qu'à sa pomme	être égoïste
agir en dessous, user de faux-fuyants	être rusé
avoir le cafard, broyer du noir	être déprimé
faire la moue, faire un nez	montrer du mécontentement
décharger sa bile, sortir de ses gonds	être en colère
faire le difficile, faire des embarras	être exigeant
lécher les bottes à quelqu'un, faire des courbettes à quelqu'un	être obséquieux

16.

1. être têtu comme un âne
2. être aimable comme une porte de prison
3. être doux comme un agneau
4. faire le généreux pour épater la galerie
5. être bon comme le bon pain
6. être méchant comme la gale
7. être plus bête que méchant
8. être avare comme un pou
9. être gai comme un bouvreuil
10. être content de sa petite personne
11. être sage comme une image
12. être rusé comme une fouine
13. être bête comme une cruche
14. être franc comme l'or
15. être bête comme un pied

Level 2

9.

A	B
avoir perdu la boussole	être bon pour la camisole
être au supplice	se faire de la bile
se balancer de	se contreficher de
garder une dent contre	garder à quelqu'un un chien de sa chienne
passer la main dans le dos à quelqu'un	faire du plat à quelqu'un
faire du chichi	faire du fla-fla
se payer la poire de	faire marcher quelqu'un
ne pas avoir froid aux yeux	avoir du sang dans les veines
couper les cheveux en quatre	chercher la petite bête

10.

1. Je respecte ses scrupules, mais je ne crois pas qu'il ait le droit d'être si moralisateur.
2. Elle est très dure pour son beau-fils. Elle a toujours été un peu ombrageuse/susceptible.
3. Lorsqu'elle est arrivée il avait l'air d'être en forme/en verve. Cela l'a rassurée, parce que la dernière fois qu'elle lui avait rendu visite, il avait été très abattu/dans un profond abattement.
4. Sa grand-mère s'est mise dans tous les états, lorsqu'il n'est pas rentré à l'heure. Bien qu'il soit très astucieux, il est aussi un peu casse-cou.
5. Je n'aime pas mon nouveau chef. Il est très suffisant/il fait le suffisant et s'attend à ce que ses employés soient obséquieux.
6. Elle a eu l'effronterie de lui dire qu'il était maniaque.
7. Si tu étais moins étourdi, elle serait moins exigeante.
8. Elle a toujours été très cachottière, mais elle n'a jamais été sournoise.

Level 3

9.

FRANÇAIS COURANT	FRANÇAIS FAMILIER
fou, dément, demeuré	sonné, déséquilibré, cinglé, marteau, fada
malin, astucieux, rusé	branché, dégourdi, débrouillard
paresseux, oisif	flemmard, frimeur, fumiste, fainéant
travailleur, zélé	bûcheur, piocheur
querelleur, combatif	gueulard, râleur, asticoteur
timide, lâche, peureux	foireux, trouillard, dégonflé
parcimonieux, avare	pingre, radin
vantard	crâneur, snob, bluffeur

11.

1. tirer la couverture à soi   être égoïste
2. avoir deux poids deux mesures   être inconsistant
3. avoir une araignée dans le plafond   être fou
4. scier le dos à quelqu'un   être médisant
5. être triste comme un bonnet de nuit   être ennuyeux
6. faire de l'esbroufe   être fanfaron
7. ne pas reculer d'une semelle   être intransigeant
8. se mettre martel en tête   être soucieux
9. faire de la frime   être trompeur
10. faire la sainte-nitouche   être hypocrite

13.

1. Si vous aviez respecté les bienséances, on ne vous aurait pas accusé de laxisme.
2. Elle a l'air sortable, mais ses voisins m'ont dit que c'est une dévergondée.
3. Son badinage me tape sur les nerfs. Tu ne trouves pas que sa conduite soit un peu lunatique?
4. Bien qu'il ait la réputation d'être un peu versatile, je l'ai trouvé assez traitable.
5. Sa mère est très collet monté/compassée/guindée. Elle se froisse pour un rien.
6. Si tu avais été moins procédurier, elle aurait été moins difficile à mener.
7. C'est un vrai rabat-joie. Il m'a parlé d'un ton vraiment hargneux.
8. J'espère que lorsqu'il reviendra, il sera plus dégourdi.

Unit 6 Clothes footwear and accessories and food and drink

Level 1

7.

1. avoir quelque chose en poche
2. se moquer d'une chose comme de sa première chemise
3. voir quelqu'un venir avec ses gros sabots
4. mettre sa langue dans sa poche
5. ne pas avoir les deux pieds dans le même soulier
6. traîner la savate
7. ne pas avoir les yeux dans sa poche
8. changer de quelque chose comme de chemise
9. venir pleurer dans le gilet de quelqu'un
10. ramasser une veste
11. trembler dans sa culotte
12. connaître quelque chose comme sa poche
13. être dans ses petits souliers
14. prendre quelque chose sous son bonnet
15. retourner sa veste
16. en avoir plein les bottes
17. se faire tirer la manche
18. jouer ses culottes
19. avoir quelqu'un dans sa poche
20. payer de sa poche
21. trouver chaussure à son pied
22. être vendu sous le manteau
23. s'asseoir en tailleur

12.

1. Pour l'interview elle avait choisi un tailleur vert olive, un corsage en soie blanc cassé et une paire d'escarpins noirs.
2. Au cours des années sa façon de s'habiller n'avait jamais changé: il portait toujours une veste en tweed, un pantalon de flanelle gris pâle et des chaussures de marche.
3. Dès que les soldes de l'hiver finissent les magasins commencent à s'approvisionner de vêtements d'été. Dès la fin de janvier il est presque impossible de trouver un chandail/un pull en laine.
4. Le repas a été un désastre: la soupe était froide; le bifteck/le steak était trop cuit et le dessert était trop sucré. Heureusement, elle avait acheté plusieurs sortes de fruits: des raisins, des figues, des cerises et des prunes.
5. Je préfère les brugnons aux pêches. Je n'aime pas les fruits qui ont une peau veloutée.
6. Tu aurais dû mettre du sucre dans la macédoine de fruits. Elle est bien trop aigre.
7. Elle a dû manger toutes les noisettes, mais il reste encore quelques pistaches.
8. J'en ai assez/marre du mouton et de la viande hachée. Ce que j'aimerais, c'est un bifteck bien cuit ou un ragoût/pot au feu.

13.

																I	
		C														N	
		O				O	R	A	N	G	E	A	D	E		F	
		T								C	H	I	P	S	P	U	
		E													R	S	
		L				C	A	M	O	M	I	L	E		U	I	
		E													N	O	
		T				V	I	A	N	D	E			N	E	N	
		T												O	A		
		E												I	U		C
	C	A	C	A	O	R	A	G	O	U	T	T	S	S			I
												I	I	E			T
		P	I	S	T	A	C	H	E			S	R	T	H	E	R
	C	I	T	R	O	N	N	A	D	E		A	O	T			O
	A		C	I	T	R	O	N				N	P	E			N
	S		A									E					
	S		F		A	R	A	C	H	I	D	E					
	I		E														
	S			L	E	N	T	I	L	L	E						

Level 2

3.

1. être dans les choux
2. tomber dans les pommes
3. être bon comme le pain
4. se vendre comme des petits pains
5. être haut comme trois pommes
6. faire ses choux gras
7. avoir du pain sur la planche
8. lire l'avenir dans le marc de café
9. mettre son grain de sel
10. couper les vivres à quelqu'un
11. avoir du sang de navet
12. s'y entendre comme à ramer des choux
13. mettre la main à la pâte
14. avoir les oreilles en chou-fleur
15. avoir le pépin pour quelqu'un
16. être jaune comme un citron
17. couper la poire en deux
18. faire le poireau
19. ne pas en ficher une datte
20. presser quelqu'un comme un citron
21. devenir rouge comme une tomate
22. garder une poire pour sa soif
23. trouver la fève au gâteau
24. piler du poivre

12.

1. La bonne santé dépend d'un régime équilibré. Je mange très peu de viande rouge, mais j'adore les légumes, surtout les choux rouges, les panais et les pommes de terre en robe de chambre.
2. Je n'aime pas les cubes de bouillon, mais j'ai découvert que les poivrons et les flageolets donnent du goût aux ragoûts et aux soupes/aux potages.
3. Chaque fois que je visite la France, je rapporte des pains et des pâtisseries – des baguettes, des pains de seigle, des chaussons aux pommes et des croissants aux amandes.
4. Il boit très peu – un verre de vin avec son repas, un porto à Noël et deux ou trois verres de bière blonde le week-end.
5. J'aime bien la couleur de la robe-manteau, mais les revers sont trop larges.
6. Le pull au col roulé est trop petit, mais celui à l'encolure V n'ira pas avec la jupe portefeuille.
7. Lorsque je vais à la piscine je porte toujours un maillot une pièce, mais je préfère un deux pièces lorsque je vais à la plage.
8. Ces chaussures sont mal finies. Les oeillets sont trop petits et les piqûres sont irrégulières.

Level 3

6.

1. rentrer dans le chou de quelqu'un
2. prendre de la brioche
3. ramener sa fraise
4. mettre quelqu'un à toutes les sauces
5. gagner sa croûte
6. sucrer les fraises
7. allonger la sauce
8. casser du sucre sur le dos de quelqu'un
9. tenir la dragée haute à quelqu'un
10. raconter des salades
11. prendre la sauce
12. ramasser une gaufre
13. tirer les marrons du feu
14. casser la croûte
15. en rester comme deux ronds de flan
16. se retourner comme une crêpe
17. être tout sucre tout miel
18. trouver un bon fromage

10.

1. Tu devrais mettre ta cagoule au lieu de ce fichu. Elle te tiendra beaucoup plus chaud.
2. Le tailleur-pantalon et la robe chasuble que ma fille a achetés me rappellent les vêtements que je portais pendant les années soixante.
3. La saharienne a de grandes poches plaquées, tandis que le blazer a des poches à rabat.
4. Les manches ballon et les manches chauve-souris ne me vont pas du tout. Mes épaules sont bien trop larges.
5. Il sera bien plus difficile de raccourcir la jupe au pli creux que celle au pli d'aisance.
6. Il est très friand de sucreries, mais s'il veut perdre du poids/maigrir, il devra arrêter de manger les chaussons aux pommes, les flans et les bonbons fourrés.
7. Je lui ai dit d'acheter des gaufres, mais elle a rapporté un paquet de boudoirs et quatre beignets.
8. Pour préparer la farce, tu auras besoin de viande hachée, de tomates, de romarin et de sauge.

Unit 7 Perception, colours and light materials and textures

Level 1

6.

la pluie, crépiter	le champagne, pétiller	le vent, siffler
une bombe, détonner	une porte, claquer	un timbre, sonner

7.

le feutre, doux	l'émeri, abrasif	la craie, poudreuse
le vernis, poli	le verre, cassant	l'éponge, spongieuse
la pâte à modeler, malléable	le scotch, collant	

15.

1. passer au rouge
2. voir tout en noir
3. être jaune comme un coing
4. être blanc comme un cachet d'aspirine
5. se mettre au vert
6. faire grise mine à quelqu'un
7. rire jaune
8. se faire des idées noires
9. être rouge comme un coq
10. donner feu rouge à quelque chose
11. être noir comme du jais
12. voir rouge
13. être bleu de froid
14. regarder quelqu'un d'un oeil noir
15. se fâcher tout rouge

16.

1. Autant vaut parler à un mur.
2. C'est une pâte molle entre ses mains.
3. Il faisait noir comme dans un four hier soir.
4. J'ai les jambes en coton.
5. Ils sont comme le jour et la nuit.
6. Elle a du cran.
7. Ça, c'est le comble.
8. Il n'a pas pigé.

17.

1. Elle le regardait du coin des yeux, peut-être parce qu'il portait un pardessus bleu canard.
2. Si elle commence à te regarder fixement, il vaut mieux détourner ton regard.
3. La radio marchait à plein volume, mais il regardait dans le vide. Je lui ai jeté un regard furieux.
4. Il sentait/puait le vin et le tabac, mais elle n'a pas d'odorat et ne s'en est pas aperçu.
5. Je cherche une veste vert bouteille qui aille avec ma robe en velours.
6. La surface de la table était polie comme un miroir, mais les dessous de plat étaient visqueux.
7. Bien qu'elle ait l'oreille fine, elle n'a pas entendu la détonation.
8. La chemise gris de perle irait bien avec le costume bleu ardoise mais je n'aime pas la cravate lilas.

Level 2

5.

1. L'armoire-penderie ultra-fonctionnelle. Dessus et côtés en panneaux de **particules mélaninés**, façade en **pin** massif.
2. Le sèche-linge. Tambour **inox** à rotation alternée. Système anti-froissage.
3. Le futon avec matelas **mousse**. Structure en mélèze. Housse **capitonnée**.
4. Le fauteuil rotin. En **canne** et moelle et éclisses de rotin. Teinté et **verni**.
5. Le jeté de lit réversible. 1 face **unie** 1 face **imprimée** petites fleurs.
6. La couverture mohair. Chaude, légère et **moelleuse**. En mohair 75% et **laine** 25%.
7. Le brise-bise **frangé** à poser. En maille **fantaisie**. **Finition** écaille.
8. Le lot de 6 torchons. En **éponge** pur coton. Peuvent bouillir. **Cordon** d'attache. Résistants et **absorbants**.

6.

1. être dur comme du fer
2. parler d'or
3. avoir la gueule de bois
4. nager comme un fer à repasser
5. prendre quelque chose pour argent comptant
6. avoir une santé de fer
7. faire flèche de tout bois
8. payer à prix d'or
9. avoir du coton dans les oreilles
10. toucher du bois
11. jeter l'argent par les fenêtres
12. rouler sur l'or
13. avoir de l'étoffe
14. avoir du plomb dans l'aile
15. faire des yeux de velours à quelqu'un
16. élever un enfant dans de l'ouate
17. en vouloir pour son argent
18. passer à travers les mailles
19. tanner le cuir à quelqu'un
20. tirer les cordes
21. faire patte de velours
22. filer un mauvais coton
23. avoir une volonté de fer
24. connaître les ficelles du métier

7.

1. Il regarda la serveuse droit dans les yeux et dit de sa voix tonitruante, 'Cette viande a un goût rance.'
2. Le satin et la mousseline sont très élégants, mais le coton satiné et le vichy sont bien plus pratiques pour l'été.

3. Elle portait un peignoir en tissu-éponge et des chaussures à semelles de liège. Elle passait ses après-midi assise dans un fauteuil d'osier à faire cliqueter les breloques de son bracelet.
4. J'ai horreur du similicuir et des fibres artificielles. Je veux que tu ne te serves que de matériaux naturels.
5. La popeline est très pratique, mais je préfère les tissus légers comme le créton de coton ou le calicot. La chemise en batiste est élégante, mais elle est bien trop chère et je ne sais pas si elle est lavable.
6. C'est dommage que tu n'aies pas acheté le manteau en poil de chameau. Il était beaucoup plus chic que la veste de tweed.
7. La vaisselle en porcelaine appartenait à ma grand-mère, mais le vase en grès est bien plus ancien.
8. Elle portait un affreux tailleur en bouclette et un corsage en satin. Elle aurait dû mettre la veste à chevrons.
9. Il vous faudra du bois au grain fin pour la marqueterie.
10. La toile émeri n'est pas assez abrasive. Une pierre ponce ferait peut-être l'affaire.

Level 3

9.

1. Quand tu vas à la quincaillerie, j'aimerais que tu achètes du bouche-pores et un pot d'apprêt.
2. Elle vient d'acheter un beau buffet/vaisselier en bois satiné de l'Inde.
3. J'adore l'odeur musqué du bois de santal.
4. Les couteaux sont argentés, mais les petites cuillers sont poinçonnées argent.
5. Je l'entendais tambouriner sur la porte avec ses poings.
6. Dans la chambre il y avait une affreuse odeur de renfermé.
7. Elle m'a donné une belle broche en nacre pour mon anniversaire. Je vais lui acheter un bracelet en émail cloisonné et une écharpe en cachemire.
8. Dès que je suis entré dans le débarras, j'ai senti l'odeur de pourri.
9. Elle est sortie il y a cinq minutes. J'ai entendu le bruissement de sa robe en taffetas lorsqu'elle descendait l'escalier.
10. Grand nombre des oeuvres de Miró sont peintes sur la toile à sac/le burlap.
11. Elle a acheté un écran de cheminée en métal repoussé à la brocante/au marché des puces/ aux puces.
12. La toile de bâche est sous la plaque de tôle ondulée.
13. Son copain est répugnant. Il fait des bruits de succion lorsqu'il mange et il sent la transpiration.
14. Je cherche un produit d'entretien qui nettoie l'inox et l'émail.

Unit 8 Shapes and patterns, size and quantity and containers

Level 1

4.

la zone disque
la zone d'environnement protégé
la surface de but
la zone de salaires
la zone franche
la zone d'activités
les espaces verts

l'aire d'atterrissage
l'aire de repos
la zone bleue
l'aire de battage
l'espace aérien
l'aire de service
la zone d'influence

7.

1. être du même tonneau
2. être ficelé comme un sac
3. mettre quelqu'un en boîte
4. mettre un bouchon à quelqu'un
5. mettre dans le même sac

6. ramasser un bouchon
7. vider son sac
8. faire un tonneau
9. mettre le paquet
10. boire la tasse

8.

1. faire les gros yeux à quelqu'un
2. prendre quelqu'un de haut
3. voir gros
4. viser haut
5. être aux petits soins pour quelqu'un
6. jouer gros jeu
7. en dire long
8. tirer à la courte paille
9. faire la grasse matinée
10. faire le gros dos

11. ne pas être dans les petits papiers de quelqu'un
12. avoir la langue épaisse
13. avoir le coeur gros
14. traiter quelqu'un de haut
15. prendre le large
16. avoir la grosse tête
17. se trouver court
18. voir les choses de haut
19. ne pas faire long feu
20. avoir les yeux gros de larmes

13.

1. Avez-vous cette robe à ma taille? Sinon, j'aimerais essayer le tailleur à rayures.
2. Si vous mettez la boîte dans le fourre-tout, vous aurez assez de place dans la valise pour votre sac de couchage.
3. J'ai cassé le dernier verre ce matin, mais vous trouverez des gobelets en papier sur le rayon dans l'office.
4. Elle a laissé son sac de voyage dans le taxi. Heureusement, son portefeuille et son porte-cartes étaient dans sa serviette.
5. Le pointillé délimite le périmètre de la vieille ville; la ligne sinueuse trace le cours de la rivière.
6. Il y a une croix celtique en pierre devant l'église. Tournez/Prenez à gauche à l'église et vous trouverez un sentier raide qui mène au bois.

7. Le corsage fleuri vous va bien, mais il n'ira pas avec la jupe à carreaux.
8. Lorsqu'elle a vidé son sac à main, elle a trouvé plusieurs morceaux de papier sur lesquels elle avait griffonné des numéros de téléphone, deux boîtes d'allumettes, un sac de bonbons, une trousse à maquillage, un jeu de clés et un paquet de cigarettes.
9. Je cherche une tasse à thé en porcelaine qui aille avec le service que ma mère m'a donné.
10. Il vous faudra une caisse d'emballage. Ces cartons ne sont pas assez solides et la serrure de la malle est rouillée.

Level 2

9.

1. Vouloir et réussir sont deux choses.
2. Un de perdu, dix de retrouvés.
3. Jamais un sans deux.
4. Je n'irai pas par quatre chemins.
5. Ne faire ni un ni deux.
6. L'amour et l'amitié, cela fait deux.
7. Il n'y a pas trente-six façons de le faire.
8. Il n'y a pas deux voix là-dessus.
9. Je vous le donne en mille.
10. Il est menteur comme pas un.
11. Il n'y a pas deux poids et deux mesures.
12. C'est clair comme deux et deux font quatre.

12.

1. Le modelé du visage n'est pas très convaincant. Le jeu des lumières et des ombres est inconsistant.
2. Le chat écaille est un bon chasseur, mais la petite chatte tigrée préfère jouer avec des bouts de ficelles et des cartons.
3. Le vieil homme avait passé la plupart de sa vie dans un hameau écarté. Ses goûts étaient simples et il avait amassé/accumulé une fortune considérable/une grosse fortune.
4. Les paniers à provisions sont trop encombrants. Je préfère les cabas ou un filet à provisions que je peux enrouler et mettre dans mon sac à main.
5. Mon fils dit que les cartables sont démodés. Il veut un sac reporter comme celui de son père.
6. Remettez la burette dans la remise lorsque vous aurez terminé/fini. Autrement je ne la retrouverai pas lorsque j'en aurai besoin.
7. Pour son anniversaire elle veut un plumier, une boîte de couleurs et un sac en bandoulière.
8. Le vieux vase de nuit est décoré d'un joli motif floral. Il ferait un cache-pot mignon.
9. Le panier à salade devrait être sur le rayon à côté de la boîte à pain.
10. La sculpture s'intitulait *Le Collectionneur* et elle consistait en/d'une vitrine qui était pleine de diverses sortes de bouteilles et de pots/bocaux/jarres: des bouteilles à bière, des bouteilles à vin, des flacons à parfum, des fioles, des jarres et des cruches en faïence.

Level 3

7.

1. être entre deux feux
2. dire à quelqu'un ses quatre vérités
3. se ficher du tiers comme du quart
4. tirer d'un sac deux moutures
5. manger comme quatre
6. ne rien faire de ses dix doigts

7. couper les cheveux en quatre
8. faire un travail en moins de deux
9. donner ses huit jours à quelqu'un
10. faire le diable à quatre
11. s'ennuyer à cent sous de l'heure
12. faire quelque chose à la six-quatre-deux
13. être tiré à quatre épingles
14. passer un mauvais quart d'heure
15. tous les trente-six du mois
16. tomber les quatre fers en l'air
17. jouer aux quatre coins
18. être comme les deux doigts de la main

19. se saigner aux quatre veines
20. se mettre sur son trente et un
21. se mettre en quatre pour quelqu'un
22. faire quelque chose en deux temps trois mouvements
23. voir trente-six chandelles
24. marcher à quatre pattes
25. ne faire qu'un avec quelqu'un
26. avoir dix dixièmes à chaque oeil
27. jouer deux jeux et la belle
28. dire les cinq lettres
29. descendre l'escalier quatre à quatre
30. faire les quatre cents coups

8.

1. Est-ce que tu as vu mon étui à lunettes? Je croyais l'avoir laissé dans la salle de bain à côté de ma trousse de toilette.
2. Une fois que j'aurai acheté une cuve de développement, je n'aurai plus besoin de porter mes photos à développer chez un photographe.
3. Le rez de chaussée de l'entrepôt était parsemé/couvert de cageots à fruits cassés et de tonneaux/barils rouillés.
4. Je ne pourrai pas jauger la taille sans un mètre à ruban.
5. Lorsqu'ils ont divisé les terres de leur père, leur oncle a insisté pour qu'ils consultent un arpenteur.
6. Il ne sera pas facile de faire de la place pour le bahut. Il est bien plus encombrant que je ne l'avais pensé.
7. Il a été surpris de découvrir que la borne était couverte de graffitis.
8. Elle portait un corsage en soie moirée et une jupe évasée en velours côtelé.
9. Pour l'en-tête je pense qu'on devrait se servir de la devise de la compagnie plutôt que du blason de la famille.
10. J'ai passé l'été dernier à calibrer des petits pois dans une conserverie. Cet été je vais travailler au Salon de l'Agriculture à dresser les tréteaux et à surveiller les étalages.

Unit 9 Visual and performing arts, media and popular culture

Level 1

7.

1. avoir plusieurs cordes à son arc
2. épater la galerie
3. jouer la comédie
4. ouvrir la danse
5. payer les violons
6. prendre une chose au tragique
7. connaître un peu la musique

8. tourner au tragique
9. aller dans les décors
10. allez plus vite que la musique
11. raisonner comme un tambour
12. pédaler en danseuse
13. avoir la danse de Saint-Guy
14. toucher la corde sensible

15. mener la danse
16. se donner en spectacle

17. avoir le ventre tendu comme un tambour
18. flanquer une contredanse à quelqu'un

9.

1. Etant donné que son père était marchand de tableaux et que son grand-père avait été collectionneur, il n'est peut-être pas surprenant qu'elle veuille devenir peintre.
2. Les activités des Nabis étaient très variées et comportaient la peinture de chevalet, la peinture murale, les panneaux décoratifs, l'illustration des livres et les décors théâtraux.
3. Bien qu'elle aime la peinture figurative – les paysages, les marines, les portraits, les tableaux de genre – elle prétend ne pas comprendre l'art abstrait.
4. Son orchestre de jazz cherche un bassiste qui puisse jouer samedi prochain.
5. Ses parents sont tous les deux hautboïstes, mais elle préfère la flûte à bec.
6. Pour mon anniversaire on m'a donné un coffret de disques de jazz.
7. Je préfère les films policiers aux films d'épouvante. J'aime les mystères. Le truquage/les effets spéciaux ne m'intéresse(nt) pas.
8. La répétition générale aura lieu lundi prochain.

Level 2

7.

1. Son interprétation a démontré qu'elle a beaucoup de talent.
2. Les indications scéniques n'étaient pas très claires et, bien qu'elle n'eût qu'un rôle de figurant, elle a mal joué.
3. Si vous voulez devenir membre de l'orchestre, il va falloir faire vos gammes.
4. Je cherche un recueil de chansons qui contienne diverses sortes de chansons: des romances/ des ballades, des chansons folkloriques, des chansons de marins et des chansons de marche.
5. Dans grand nombre des peintures de ballet de Degas, la rampe projette des ombres peu flatteurs sur les visages des danseuses/ballerines.
6. Le réalisateur a voulu tourner la scène en extérieur, mais le producteur a insisté pour qu'elle soit tournée en studio à cause des problèmes que posaient les effets spéciaux.
7. Etant donné que les indications scéniques ne sont pas très claires, je pense qu'on devrait choisir une toile de fond abstraite.
8. Elle part en tournée la semaine prochaine et elle passe la plus grande partie de ses journées à faire des gammes.

10.

1. mettre en relief
2. défrayer la chronique
3. battre quelqu'un comme plâtre
4. faire une scène à quelqu'un
5. recevoir une tournée

6. essuyer les plâtres
7. occuper le devant de la scène
8. s'ennuyer en choeur
9. fredonner un air
10. offrir une tournée générale

Level 3

8.

1. Les plans éloignés étaient spectaculaires, mais je ne pense pas que les plans rapprochés aient beaucoup contribué au drame psychologique.
2. La plongée est souvent utilisée pour suggérer un sentiment d'impuissance, tandis que la contre-plongée tend à suggérer la menace.
3. Bien qu'il ait chargé l'appareil, il avait oublié que le compteur d'images ne marchait pas; par conséquent les trois premières poses ont été perdues.
4. Je cherche un étui à appareil-photo qui ne soit pas trop encombrant.
5. J'ai mis/inséré une petite annonce dans le journal pour quelqu'un qui puisse me donner des leçons de français.
6. A mon avis la fidélité à la marque est bien plus importante que des trucs publicitaires.
7. Il y a plusieurs façons de lancer un produit: l'affichage, les échantillons gratuits, le publipostage, les spots publicitaires, les bons de réduction.
8. Je serai obligé de rendre ces épreuves au pigiste; elles sont pleines de coquilles.
9. Il est probable qu'une antenne parabolique éliminerait/supprimerait les parasites.
10. Si vous jouez quelques mesures, je vous dirai si je reconnais la mélodie.

Unit 10 Literature and literary criticism, speaking, reading and writing

Level 1

8.

figure de rhétorique qui consiste à prendre la partie pour le tout	la synecdoque
substitution analogique	la métaphore
mot qui imite phonétiquement la chose dénommée	l'onomatopée
quelque chose qui heurte l'opinion communément admise ou qui va à l'encontre du bon sens	le paradoxe
opposition de deux expressions ou de deux idées	l'antithèse

15.

1. Lorsqu'il aura terminé le recueil de nouvelles, il commencera son prochain roman.
2. Elle tient un journal intime depuis vingt-cinq ans. Son éditeur veut qu'elle le publie.
3. Il est en train d'écrire/préparer une thèse sur le roman courtois.
4. Le professeur lui a demandé d'expliquer la différence entre une strophe et un vers.
5. Le narrateur de cette histoire de revenants est un petit garçon qui a lu beaucoup de contes de fée et qui se laisse emporter par son imagination.
6. Elle est biographe et essayiste, mais les droits d'auteur qu'elle a reçus pour son dernier livre vont lui permettre de publier ses poèmes en prose.
7. L'intrigue est plutôt invraisemblable, mais les thèmes sous-jacents du livre sont très intéressants.
8. Elle a écrit la préface et le dernier chapitre en quatre jours. C'est pour cela que les citations sont pleines d'erreurs.

Level 2

9.

1. Le fil narratif est très confus. Il y a trop de retours en arrière et de rebondissements inattendus.
2. L'intrigue secondaire est plus cohérente que l'action centrale et la peinture des personnages n'est pas convaincante.
3. La narratrice fait un récit coloré de ses aventures mais son analyse des conséquences de ses actions est très sommaire/peu fouillée.
4. Bien que le mystère ait été expliqué à la fin du roman, le détective privé n'a pas réussi à éclairer les motifs du témoin.
5. Le roman s'inspire de la réalité. C'est pour ça que la couleur locale est si importante dans le texte.
6. Ils se sont engueulés la semaine dernière. Il adore rouspéter et elle ne veut jamais se dédire.
7. Elle m'a donné à entendre qu'elle allait lui donner/lâcher son paquet.
8. Il n'a pas mâché ses mots. Il lui a dit que son brouillon était plein de fautes d'orthographe et de coquilles.
9. Je veux que vous m'expliquiez la différence entre le point-virgule et les deux points.
10. Tu aurais dû mettre un point d'interrogation à la fin de la phrase.

Level 3

12.

1. s'amuser à des balivernes
2. faire la parlote avec quelqu'un
3. chercher la petite bête
4. faire du remplissage
5. répondre du tac au tac
6. river son clou à quelqu'un
7. manger le morceau
8. vider son sac
9. vendre la mèche
10. se mettre un bouchon
11. donner une leçon de morale à quelqu'un
12. tailler une bavette
13. dire le mot et la chose
14. dire ses quatre vérités à quelqu'un
15. mettre la puce à l'oreille de quelqu'un
16. parler français comme une vache espagnole
17. tirer les vers du nez à quelqu'un
18. tailler un bout de gras
19. en être à ses premiers balbutiements
20. se mettre à table
21. rendre à quelqu'un la monnaie de sa pièce
22. avoir un cheveu sur la langue
23. tirer sa fermeture éclair
24. expliquer par le menu
25. dire la bonne aventure
26. dire son fait à quelqu'un
27. mettre le holà
28. parler en l'air
29. tirer les conclusions qui s'imposent
30. demander la lune

13.

1. Bien que son style soit un peu trop maniéré, il sait bien tramer une intrigue.
2. L'histoire est un peu forcée, mais le style est lapidaire et piquant. J'aimerais que tu la lises.
3. Je m'étonne que son discours ait soulevé des controverses. A mon avis ce qu'il disait était plein de lieux communs/banalités.
4. Il m'a fait tout un sermon. C'est un vieux rabâcheur.
5. Ça ne vaut pas la peine de le baratiner/lui faire du baratin. La dernière fois il m'a rembarré.

6. Ses lettres sont d'incompréhensibles grimoires. Tu auras du mal à les déchiffrer.
7. C'est un vrai rat de bibliothèque. Elle passe tout son temps à bouquiner.
8. Bien qu'il ait passé du coq à l'âne, il a réussi à donner une vue d'ensemble.

Unit 11 Leisure and sport

Level 1

3.

1. tricoter des jambes
2. broder sur un sujet
3. être le jouet du hasard
4. envoyer quelqu'un à la balançoire
5. faire la foire
6. cacher son jeu à quelqu'un
7. pédaler dans la semoule
8. pêcher en eau trouble
9. examiner quelque chose sous toutes les coutures
10. avoir beau jeu
11. être en foire
12. battre quelqu'un à plates coutures

13. faire son cirque
14. jongler avec les difficultés
15. faire le clown
16. être pris à son propre jeu
17. mettre les voiles
18. se piquer au jeu
19. nager entre deux eaux
20. plonger ses yeux dans quelque chose
21. avoir le vent en poupe

22. avoir du vent dans les voiles
23. entrer dans le jeu de quelqu'un
24. faire le cirque

9.

le bricolage	le marteau, le tournevis, le rabot, la clé, la perceuse, le ciseau
la poterie	le four, la terre glaise, le tour, la moule
la couture	le mannequin, l'aiguille, le patron, le dé, des épingles, le coton
le jardinage	le râteau, l'arrosoir, la bêche, le déplantoir, la tondeuse
la marche	la carte, la canne, le compas

11.

1. Je déteste les cirques: il est affreux que l'homme exploite les animaux de cette façon.
2. Bien qu'elle ait presque quatre-vingts ans, ma grand-mère est très habile de ses doigts et passe son temps à tricoter, à coudre ou à crocheter.
3. Après sa crise cardiaque, son médecin a recommandé des passe-temps actifs: le bricolage, le jardinage, la marche à pied, la natation, etc.
4. Je ne crois pas que les enfants préfèrent les jeux de vidéo aux jeux et aux jouets traditionnels: la boîte à jouets de ma fille est pleine de voitures, de poupées, de jeux de cartes et de jeux de société.
5. Pour Noël, on lui a donné un train électrique, un jeu de dames, un maillot de football et une balançoire; son père a dû passer le lendemain de Noël à monter la balançoire dans le jardin.
6. Les gagnants du match retour joueront dans le championnat.
7. S'ils n'avaient pas gagné la coupe l'entraîneur aurait démissionné.
8. Depuis six mois je fais de la culture physique/de la gymnastique au moins deux fois par semaine.
9. Les puristes refusent d'accepter que la danse sur glace soit un sport.

10. Je n'arrive pas à comprendre pourquoi vous aimez la boxe; c'est un sport barbare et elle devrait être interdite.

Level 2

4.

1. faire des pitreries
2. attirer quelqu'un dans ses filets
3. avoir un bandeau sur les yeux
4. bien mener sa barque
5. être en passe de faire quelque chose
6. travailler sans filets
7. être au-dessus de la mêlée
8. allonger le tir
9. avoir des jambes comme des poteaux
10. avoir les yeux en boules de loto
11. être dans une mauvaise passe
12. se mettre en boule
13. être à bout de course
14. prendre le relais de quelqu'un
15. mener quelqu'un en barque

9.

1. On trouve toutes sortes de jouets chez les brocanteurs: des poupées de porcelaine, des soldats de plomb, des billes de verre, des machines à sous des années soixante.
2. Elle a interdit à ses petits-enfants de jouer au flipper et a insisté pour qu'ils passent l'après-midi dans la pataugeoire.
3. Tu n'aurais pas dû manger cette barbe à papa avant de faire un tour sur le manège.
4. Le funambule le rendait nerveux, donc il a décidé d'aller à la buvette jusqu'à ce que les voltigeurs entrent en piste.
5. Le relais a été une fiasque; Jean a laissé tomber le témoin deux fois.
6. Il a été second dans la course de haies, mais il s'est fait coiffer au poteau dans le sprint.
7. Il cherche un joueur qui sache marquer des buts, mais il est tout aussi important qu'il ait l'esprit d'équipe et qu'il ne monopolise pas le ballon/la balle.
8. Sa femme veut qu'il abandonne l'escalade; cela l'inquiète qu'il puisse avoir un accident sérieux.
9. Bien qu'il s'entraînât/s'entraîne depuis des semaines, ses forces l'ont abandonné et il s'est écroulé à quelques mètres du poteau d'arrivée.
10. Il a toujours été un peu casse-cou. Ça ne m'étonne pas qu'il fasse du vol libre. Quant à moi, je préfère les boules.

Level 3

3.

1. tenir en harnais
2. couper les légumes en dés
3. faire des moulinets avec les bras
4. prendre le mors aux dents
5. avoir les jambes en cerceaux
6. tenir la bride haute à quelqu'un
7. mettre quelqu'un en selle
8. avoir le pied à l'étrier
9. mordre à l'hameçon
10. pousser le bouchon un peu loin
11. boire le coup de l'étrier
12. être en pétard
13. mettre un travail sur le métier
14. tirer son épingle du jeu
15. annoncer la couleur
16. être ficelé comme l'as de pique

17. avoir les as
18. laisser la bride sur le cou de quelqu'un

19. aller à bride abattue
20. se ranger sous la bannière de quelqu'un

7.

l'équitation	la bombe, la selle, les rênes
le billard	la queue, le tapis vert
la natation	le tuba, les palmes, les lunettes de plongée
le ski	le bâton, le télésiège
la pêche	l'hameçon, l'appât, les cuissardes
le hockey	le palet, la crosse
la gymnastique	la poutre, le cheval d'arçons, le justaucorps
le tennis	le filet, la raquette

11.

1. Le pull/Le tricot n'était pas mettable, parce qu'elle avait sauté/laissé tomber/laissé échapper plusieurs mailles et il était plein de trous.
2. Je cherche un modèle de robe qui ne soit pas trop difficile pour une débutante/une novice.
3. Tu devrais toujours faire attention lorsqu'il bat et distribue les cartes – son ami nie qu'il soit tricheur, mais je suis sûr de l'avoir vu marquer/maquiller les as et les figures/les honneurs.
4. Pendant la foire, le village était plein d'individus étranges/bizarres – des cracheurs de feu musculeux, des colporteurs qui vendaient de la camelote, des ventriloques dont les pantins injuriaient les passants, des illusionnistes/prestidigitateurs/escamoteurs qui ressemblaient plutôt à des voleurs à la tire.
5. Je ne crois pas que le saut à l'élastique et le parapent soient plus dangereux que le rugby ou la luge.
6. Pensez-vous que le culturisme améliore ou bien déforme le corps?
7. Quel que soit le score, il faut que nous évitions une raclée.
8. Le résultat de l'épreuve contre la montre a été encourageant, d'autant plus qu'il a réussi à améliorer son meilleur temps et à réduire l'écart entre lui et le favori.
9. Le but égalisateur aurait été refusé, si l'arbitre avait vu la faute.
10. Un entraînement quotidien améliorera votre jeu, pourvu que vous preniez garde d'éviter l'usure.

Unit 12 Tourism, travel and transport

Level 1

2.

Bateaux de commerce	pétrolier, péniche, navire porte-conteneurs, cargo, bateau-citerne, tramp, charbonnier, chaland
Bateaux de plaisance	bateau de croisière, canot, skiff, kayak, yole, catamaran, yacht, bateaux-mouches
Bateaux de guerre	frégate, corvette, sous-marin, porte-avions, dragueur de mines, cuirassé

7.

1. Quand la fortune me sourira.
2. Tout le monde essayait de trouver une belle planque.
3. Nous sommes tous logés à la même auberge/à la même enseigne//Nous sommes tous dans la même galère.
4. Ils font toujours les choses en grand.
5. Tu as interrompu le fil de ma pensée/mes pensées.
6. Tout est en ordre/bien rangé.
7. Ne fais pas de vagues!
8. C'est tombé du ciel.

10.

1. faire la navette
2. s'écrouler comme un château de cartes
3. mettre frein à quelque chose
4. trouver sa voie
5. être du dernier bateau
6. bâtir des châteaux en Espagne
7. être dans la bonne voie
8. ronger son frein
9. préparer la voie
10. jouer à guichets fermés
11. monter un bateau à quelqu'un
12. atteindre sa vitesse de croisière

12.

1. Si vous avez de la monnaie/les pièces qu'il faut, vous pouvez acheter votre billet à la billetterie automatique.
2. Il est peu probable que nous prenions nos vacances d'hiver à l'étranger cette année. Le taux de change/le change est trop bas.
3. Je ne sais pas encore ce qu'on va faire cet été. Ma belle-mère veut aller à une ville thermale. Mon mari veut faire du cyclotourisme. Les enfants ont beaucoup aimé la station balnéaire où nous sommes allés l'année dernière. Moi, je pense qu'un voyage en autocar nous ferait un changement agréable.
4. Si vous aviez mis votre carte d'étudiant dans votre pochette/ceinture porte-monnaie, vous ne l'auriez pas laissée dans/à la pension.
5. La région est idéale/parfaite pour des vacances de/en famille. Elle a au moins douze campings, deux parcs à thème, un zoo et une réserve d'animaux sauvages. Lorsqu'il fait mauvais, on peut toujours passer quelques heures dans le musée des transports ou le musée folklorique.
6. J'espère que nous n'aurons pas une crevaison/de crevaison/n'allons pas crever. Il y a une roue de secours dans le coffre, mais j'ai oublié d'apporter le cric et les clés.
7. Le train interurbain a eu deux heures de retard. Par conséquent, elle a raté le dernier métro et elle a dû prendre un taxi.
8. Toute sa famille sont cheminots/employés de chemin de fer. Ses deux oncles sont aiguilleurs. Son mari est chef de train et sa mère est guichetière.
9. Le personnel du sol faisait la grève et tous les vols avaient été annulés jusqu'à nouvel ordre.
10. Lorsque j'étais enfant, le port étaient toujours plein de cargos et de vapeurs. De nos jours, on n'y voit que le bac et quelques yachts de croisière.

Level 2

12.

1. Les passagers en transit doivent se rendre/se présenter à la réception pour prendre leurs bons d'hôtels et leurs chèques de restaurant.
2. Lorsqu'elle est arrivée, elle souffrait du décalage horaire. Donc elle a pris une collation et elle s'est couchée tôt.
3. Avant que vous vous mettiez en route, je veux que vous vérifiiez la pression des pneus et que vous fassiez le plein.
4. S'il avait mis les phares en code, le conducteur de la camionnette aurait vu le verglas et n'aurait pas dérapé.
5. Ce modèle tient la route même lorsqu'on va à fond de train/roule à grande vitesse.
6. Il observe et répertorie les trains depuis son enfance. Depuis qu'il a pris sa retraite, il passe ses après-midi dans la buvette à regarder arriver et partir les trains. La semaine dernière il a eu la chance de voir un train à vapeur.
7. Lorsque j'ai fait sa connaissance, il venait d'obtenir son brevet de pilote.
8. Les remorqueurs attendaient le pétrolier/bateau-citerne à l'entrée du chenal.
9. Celui que vous avez rencontré est un ancien commissaire du bord. Il habite une péniche aménagée qui est amarrée à côté de la jetée.
10. Le casque du pilote ne marchait pas et lorsque l'avion a fait un piqué, il ne pouvait pas répondre aux instructions des aiguilleurs.

Level 3

8.

Parties d'une bicyclette	jante, rayon, guidon, pédale, timbre, dérailleur, selle, chaîne, essuie-glace, garde-boue
Parties d'une voiture	phare antibrouillard, lave-glace, pare-choc, pare-brise, feu de stationnement
Parties d'un bateau	barre, mât, gouvernail, clignotant, cheminée, hublot, porte étanche, beaupré, hélice, passerelle

9.

1. Si vous voulez des conseils concernant vos voyages vous devriez en demander à Anne. Son père est autocariste; son frère travaille dans une agence de voyages d'escompte et elle a fait ses études à l'école hôtelière.
2. Je cherche un hôtel qui ait des détecteurs de fumée, un service babyphone et une aire de jeux pour les enfants.
3. Le cahier de réclamations était plein de commentaires concernant la qualité de la restauration aérienne et le tapis de livraison de bagages défectueux.
4. Si tu vois une aire de stationnement ou de pique-nique, nous pourrons arrêter une demi-heure afin que tu puisses te reposer un peu.
5. Le pirate aérien a contraint le pilote à faire un atterrissage forcé.

6. Il y avait un radeau devant le hublot. Donc, on a vu très peu. C'est la dernière fois que je pars en croisière.
7. Je n'aime pas les ferries rouliers. Il y a toujours quelqu'un qui oublie de bien serrer le frein à main ou qui cale son moteur.
8. Elle a dit que quand elle aurait accumulé assez d'Aéropoints, elle irait au Brésil.

Unit 13 Family, birth, death and marriage and religion

Level 1

10.

1. vivre en bon père de famille
2. faire la noce
3. se plaindre que la mariée est trop belle
4. faire son deuil de quelque chose
5. prêcher un converti
6. avoir un air de famille
7. éclairer la religion de quelqu'un
8. se faire une religion de quelque chose
9. prêcher dans le désert
10. avoir la mort dans l'âme
11. prêcher pour son saint
12. respecter la foi jurée
13. prêcher d'exemple
14. jouer un jeu d'enfer
15. avoir le culte de l'argent
16. faire son purgatoire sur terre
17. ne pas savoir à quel saint se vouer
18. être de mauvaise foi
19. arriver comme mars en Carême
20. faire des messes basses

13.

1. Les nouveaux mariés sont partis peu de temps après le lunch de mariage; ils vont passer leur lune de miel en Provence.
2. Bien qu'ils cohabitent depuis deux ans, elle veut un mariage en blanc.
3. Etant donné son âge et son passé médical, sa famille a peur qu'elle fasse une fausse couche.
4. C'était un mariage forcé. Il n'est guère surprenant qu'ils aient fini par se divorcer.
5. Ma mère a insisté pour qu'on invite toute la famille au mariage, y compris une grand-tante que je n'avais jamais rencontrée, un cousin germain qui habitait en Australie depuis dix ans, même son demi-frère avec qui elle s'était brouillée il y avait cinq ans.
6. Bien qu'il soit veuf depuis plus de cinq ans, sa fille cadette ne veut pas qu'il se remarie avant qu'elle ne quitte la maison.
7. Il a dit que beaucoup de pratiques religieuses ont leur origine dans le dogme et dans la superstition. Voilà pourquoi il n'est plus pratiquant.
8. La congrégation était composée de membres de la secte et de gens qui voulaient changer de religion.

Level 2

3.

1. expier ses crimes
2. manier l'encensoir
3. remonter au déluge
4. s'enterrer à la campagne
5. rester comme un martyr
6. se donner des airs de sainteté
7. tenir quelque chose comme le saint sacrement

8. enterrer sa vie de garçon   10. faire une tête d'enterrement
9. mettre un enfant en pénitence

11.

1. Elle veut que la mère porteuse soit marraine, mais ses beaux-parents sont contre.
2. Cette génération a rendu l'arbre généalogique très compliqué. Presque toute la famille a divorcé et s'est remariée. La plupart ont des enfants des deux mariages.
3. Il se peut qu'une séparation à l'essai vous aide à résoudre vos problèmes, surtout si vous allez voir un conseiller conjugal.
4. Une séparation à l'amiable leur aurait fait moins de peine/leur aurait été moins pénible et leur aurait permis d'éviter un divorce coûteux.
5. Je n'arrive pas à croire que les héritiers se soient amenés aux obsèques. Ils n'avaient pas rendu visite à leur oncle depuis des années.
6. Lorsque ses parents ont découvert que sa fiancée était mère célibataire, ils ont changé leur testament en faveur de leur fille aînée.
7. Elle se signait chaque fois qu'elle passait devant la cathédrale, assistait aux offices du soir et du matin chaque jour et faisait un pèlerinage une fois par an.
8. Bien que les cloîtres soient fermés pendant la grand-messe, il a pu visiter le sanctuaire de l'ermite.

Level 3

6.

1. faire le grand voyage   7. prendre le voile
2. boire le calice jusqu'à la lie   8. rendre l'âme
3. plier bagages   9. lancer une kyrielle d'injures
4. dévider son chapelet   10. revoir son clocher
5. avoir un polichinelle dans le tiroir   11. errer comme une âme en peine
6. fermer les yeux   12. casser sa pipe

9.

bénitier	récipient destiné à contenir l'eau bénite
châsse	boîte où l'on garde les reliques d'un saint
chapelet	objet de dévotion qu'on tient et fait glisser entre ses mains lorsqu'on dit ses prières
retable	peinture qui décore un autel
abside	partie de l'Eglise située derrière le choeur
calice	récipient dans lequel on verse le vin et l'eau pendant la messe
cilice	chemise faite de crin que porte un pénitent
rosace	vitrail circulaire
cierge	chandelle dont on se sert dans une église
tympan	partie d'un portail

10.

1. Bien qu'il ait plusieurs autres personnes à charge, il a la garde de ses deux enfants.
2. Elle a nourri son premier-né au sein, mais elle a dû allaiter les jumeaux au biberon.

3. Ses parents lui ont donné la voiture d'enfant; ses beaux-parents lui ont donné la poussette, les biberons et les couches.
4. Même à l'article de la mort il s'inquiétait à cause des droits de succession que ses héritiers auraient à payer.
5. De nos jours beaucoup de gens pensent que l'accord prénuptial est aussi important que les voeux de mariage.
6. Quoique les vitraux soient modernes, le cloître gothique est en très bon état de conservation.
7. Vous devriez visiter la chapelle commémorative. L'inscription sur la plaque est très émouvante.
8. Je crois à la liberté de culte, mais je ne supporte pas que les gens m'imposent leurs croyances/me rebattent les oreilles avec leurs croyances.
9. Je n'accepte pas que l'église ait le droit de mettre des livres à l'index.
10. Si vous voulez contribuer à la reconstruction du baptistère et à la restauration des fonts, vous devriez mettre de l'argent dans le tronc.

Unit 14 Education and science

Level 1

5.

un buvard	*sécher des caractères écrits à l'encre*
une équerre	*tracer un angle droit*
un compas	*tracer une circonférence*
la craie	*écrire au tableau noir*
le papier de brouillon	*faire la première rédaction de quelque chose*
un signet	*marquer les pages d'un livre*
un surligneur	*mettre en relief*
un calque	*reproduire fidèlement un dessin ou une image*
une gomme	*effacer ce qu'on a écrit*

10.
1. Le centre d'éducation des adultes offre des cours du soir pour les sans-emploi.
2. Elle suit un cours par correspondance depuis octobre.
3. Le lycée où va ma fille a un grand terrain de sport, un gymnase bien équipé, deux laboratoires de langue et de nombreux ordinateurs.
4. L'annexe aura un grand dortoir et une salle commune pour les pensionnaires.
5. Pour son anniversaire sa soeur aînée lui a donné un plumier, des feutres, des surligneurs, un stylo mine et un stylo à encre.
6. Pour effectuer ce calcul vous aurez besoin d'une règle à calcul et d'une table de logarithmes.
7. Les chercheurs s'inquiètent des dégâts infligés à l'écosystème par les polluants et le réchauffement de la planète.
8. Il travaille sur un projet de recherche appliquée qui a pour objet de perfectionner la destruction des déchets radioactifs.

Level 2

8.

1. La formation de base comporte les cours commerciaux et une langue moderne.
2. Le conseiller d'orientation professionnelle a suggéré qu'il fasse une demande d'inscription à un cours de formation professionnelle.
3. Le développement currriculaire l'intéresse beaucoup et elle est en train de préparer le matériel d'enseignement pour le nouveau programme de matières à option que nous allons introduire l'année prochaine.
4. Le catalogue de la bibliothèque n'a pas été mis sur ordinateur et grand nombre des cotes sur les fiches sont mauvaises/fausses.
5. Les supports visuels sont un moyen utile de garder l'attention des auditeurs et de mettre en relief les points capitaux/essentiels d'un exposé. J'utilise des diapositives, des transparences et des tableaux à feuilles mobiles. Cependant, il faut vérifier à l'avance que le projecteur et le rétroprojecteur marchent bien.
6. Le lancement de la fusée a dû être retardé/remis trois fois: d'abord, parce qu'un des astronautes était malade; deuxièmement, à cause d'une fissure dans le réservoir de carburant; enfin, à cause d'un défaut de conception/un vice caché du tampon d'atterrissage.
7. Il faut se garder de laisser le liquide atteindre le point d'ébullition; lorsqu'il s'évapore, il émet un gaz toxique.
8. Tu ne le verras pas à l'oeil nu. Tu auras besoin d'une loupe puissante ou d'un microscope.

Level 3

11.

1. Bien qu'il fasse l'école buissonnière tous les deux jours, ce n'est pas un cancre.
2. Si je séchais mes cours de maths, je trouverais difficile de rattraper.
3. Quel(le) que soit son avis sur/opinion de la répartition des élèves par niveaux, on ne peut pas nier que l'enfant surdoué soit un cas spécial.
4. S'il avait mis l'éprouvette/le tube à essai dans le support, comme je le lui avais dit, il ne l'aurait pas cassé(e).
5. Il faut absolument que tu fermes le bec Bunsen avant de quitter le laboratoire.
6. Va chercher la pompe aspirante afin que je puisse débloquer le conduit d'alimentation.
7. Tu n'aurais pas dû mettre l'agitateur dans le ballon. Tu as contaminé la solution, ce qui fait que nous serons obligés de recommencer l'expérience/l'essai.
8. L'aiguille indiquait un niveau de radiation tellement élevé qu'il fallait démonter et détruire les appareils de laboratoire.

Unit 15 Agriculture and industry

Level 1

5.

| moisson | l'orge, le blé, l'avoine, le froment, les céréales |
| vendange | les raisins |

cueillette	les pommes, les champignons, les myrtilles, les mûres, le houblon, le coton, les olives
fenaison	le foin
coupe	la lavande, les arbres
arrachage	les pommes de terre

8.

la houillère	le charbon
la poterie	la céramique, la terre cuite, la faïence
la carrière	la pierre, le marbre
la forge	le fer
la raffinerie	le pétrole, le sucre
la brasserie	la bière
la scierie	le bois de menuiserie, le bois de charpente
la filature	le coton, le fil
l'imprimerie	les journaux, les livres

11.

être une vraie peau de vache	monter sur ses grands chevaux
être mouillé comme un canard	marcher comme un canard
être gros comme un porc	être fort comme un taureau
ménager la chèvre et le chou	être comme un coq en pâte
être le dindon de la farce	se lever avec les poules
mettre la charrue avant les boeufs	écrire comme une vache
tuer la poule aux oeufs d'or	être bête comme une oie

16.

1. Sa famille travaille la terre depuis plus de cent cinquante ans, mais il veut être pisciculteur.
2. Il a perdu la plupart de son matériel agricole dans l'incendie. De plus, la moissonneuse-batteuse et la trayeuse mécanique n'étaient pas assurées.
3. Ils ont eu une année affreuse: les plantes à racines ont été tuées par les gelées tardives/printanières/de printemps et ils ont perdu le blé et l'orge pendant la sécheresse.
4. L'élevage semi-industrialisé me répugne; dans la ferme de mon grand-père, les poules et les dindes avaient libre accès à la basse-cour et aux dépendances et les cochons étaient logés dans de grandes porcheries.
5. Les enfants adorent visiter la ferme. La dernière fois ils ont vu des poussins et des canardeaux qui venaient d'éclore. L'année dernière on leur a permis d'observer la naissance d'un veau.
6. La plupart des anciennes industries nationalisées ont été privatisées.
7. L'automatisation et la récession ont résulté en des licenciements dans beaucoup des industries de fabrication, y compris l'industrie automobile, le textile et l'alimentation.

8. La sidérurgie a été durement touchée/atteinte par le déclin de la construction navale.
9. Depuis la démolition des chantiers navals, l'informatique et le tourisme ont été les seuls secteurs à offrir des débouchés aux jeunes de la région.
10. Il travaille dans l'atelier de montage d'une usine d'automobiles, mais son ambition est de trouver un emploi dans l'imprimerie.

Level 2

9.

1. L'industrie laitière a beaucoup souffert à la suite des avertissements contre/concernant les aliments gras. Grand nombre/Beaucoup de gens ont arrêté de manger les produits laitiers/les laitages.
2. La ferme a de bons pâturages, mais il vous faudra renouveler les clôtures et creuser des fosses d'irrigation.
3. La ferme qu'ils ont achetée est charmante. Ils ont l'intention d'aménager le grenier à foin en studio. Le bûcher a déjà été aménagé en atelier.
4. Ce qui caractérise la région, c'est la grande variété de ses activités agricoles, dont l'aviculture, la culture fruitière, la culture biologique et la culture maraîchère.
5. La vieille auge en pierre et le puits sont très pittoresques, mais les silos à céréales et à fourrage, bien que pratiques, sont hideux.
6. Bien que la plupart des grandes aciéries aient été fermées, l'industrie de précision se porte bien.
7. Son père aurait voulu qu'il devienne monteur, mais il a toujours voulu être ingénieur électronicien. Même enfant, il était fasciné par l'électricité et aimait jouer avec des commutateurs, des fiches et des câbles.
8. Vous devriez lubrifier la machine chaque semaine et la faire réviser tous les six mois.
9. J'ai dû changer les ampoules trois fois cette semaine; je pense qu'il doit y avoir un court-circuit dans le système.
10. Lorsque je l'ai démonté, j'ai découvert que certains des composants étaient incompatibles.

Level 3

6.

Locution

avoir du foin dans ses bottes	trier sur volet
voler en rase-mottes	trouver le filon
faire du battage autour de quelque chose	avoir un coup de pompe
faire un tonneau	serrer la vis à quelqu'un
passer au crible	reprendre ses billes
faire du foin	

9.

1. La faucille appartient au passé; elle a été remplacée par la faucheuse.
2. Mon père avait un grand troupeau de boeufs de boucherie. Je ne supportais pas qu'on les abatte. C'est la raison pour laquelle j'ai abandonné l'agriculture. Je n'avais pas le choix, parce que je ne comprenais rien aux cultures.

3. Bien qu'elle ait vendu la ferme après la mort de son oncle, elle a gardé quelques souvenirs de son enfance: deux fers à cheval qui sont suspendus au-dessus de la porte et une baratte qui sert de seau à charbon.
4. Nous avons beaucoup d'ensilage, mais je dois commander des tourteaux avant que l'hiver s'installe.
5. Avant de vous servir de la tronçonneuse vous devriez vérifier que le coupe-circuit marche bien.
6. Les écrous, les boulons, les vis et les rondelles sont sur l'établi, mais je n'ai pas pu trouver le tournevis ou la clé de serrage lorsque je suis arrivé ce matin.
7. La puce électronique a transformé les industries de fabrication. L'inventaire informatisé allège le travail et les modèles informatiques ont rendu la conception du produit bien plus précise.
8. Avant de mettre en marche la machine à tisser, il vous faudra desserrer/défaire/faire jouer le cran de sûreté.
9. Vous n'arriverez pas à soulever la poutre sans une poulie ou un vérin hydraulique.
10. Il aurait dû faire breveter son invention. La maquette qu'il m'a montrée était très impressionnante. Je suis sûr qu'il aurait fait beaucoup d'argent.

Unit 16 Business, commerce and employment

Level 1

13.

1. Depuis la privatisation de la compagnie, on ferme à peu près trois succursales par mois.
2. Lorsqu'on lance un produit, il faut essayer de créer une image de marque qui va assurer la fidélité des consommateurs.
3. L'étude de marché qu'on a faite l'année dernière montre que notre gamme de produits est trop étroite et que nous aurions du mal à pénétrer les marchés étrangers.
4. S'il cherche un poste il devrait consulter la rubrique 'offres d'emploi'. Ou bien il pourrait prendre rendez-vous au service d'orientation professionnelle.
5. La description de poste ne correspond pas au contrat qu'elle a dû signer lorsqu'elle a été nommée.
6. Le directeur de formation est en congé de maternité. Le programme de formation commencera dans deux mois lorsqu'elle sera revenue.
7. Il va se faire renvoyer s'il continue comme cela. Il a déjà perdu sa prime de Noël.
8. Bien qu'elle soit stagiaire, son salaire net répond à ses besoins.

Level 2

5.

Commerçants	le marchand de couleurs, le ferrailleur, le fripier, le peintre-décorateur, l'antiquaire, le chiffonnier, le brocanteur, le libraire, le buraliste
Ouvriers qualifiés	le couvreur, le maçon, le plâtrier, le menuisier, le gazier, l'électricien, le soudeur
Ouvriers non-qualifiés	le balayeur municipal, le manoeuvre, le garçon de ferme, l'éboueur
Professions libérales	l'enseignant, le généraliste, le notaire, l'oculiste, le pharmacien, le journaliste, l'instituteur, l'avocat, le bibliothécaire, le juriconsulte

10.

1. A la suite de la crise de l'emploi, il a été obligé de prendre la préretraite. Cependant, la prime de départ a été assez élevée.
2. Ma fille aime son nouveau poste/emploi; quoique le salaire de base soit bas, les avantages sociaux sont généreux et elle a droit à huit semaines de congé annuel.
3. Il a choisi le départ volontaire plutôt que la rétrogradation ou le recyclage.
4. Son père est assistant social et sa mère est conseillère professionnelle. Il insiste sur l'importance de la satisfaction professionnelle, mais sa mère veut qu'elle obtienne un emploi qui ait de bonnes perspectives.
5. La société mère a été rachetée par un conglomérat, qui a imposé un nouveau programme de fabrication.
6. Selon le directeur/la directrice commercial(e), le comportement du consommateur moyen suggère que le produit fabriqué sur demande n'ait pas d'avenir.
7. A mon avis on devrait interdire la vente porte-à-porte et les ventes par téléphone.
8. Le magasinier a dit que le livreur n'est pas arrivé à temps et qu'il a dû attendre une demi-heure dans l'aire de chargement.

Level 3

1.

1. le vannier, le potier, **le fournisseur**, l'ébéniste, le menuisier, le sellier
2. l'assureur, l'aide-comptable, le percepteur, **l'orthophoniste**, l'agent de change
3. la pointeuse, **le lecteur de codes barres**, la fiche de présence, la feuille d'heures, la sirène
4. des soldes, une remise, des dégriffés, un rabais, une ristourne, un escompte, **une offre de lancement**

4.

le pâtissier	les sablés, les beignets, les cakes, les flans, les génoises, les millefeuilles, les chaussons aux pommes
le quincaillier	les limes, les fusibles, les boulons, les perceuses, les écrous, les pinces, le papier de verre
le marchand des quatre saisons	les citrouilles, les reines-claudes, les piments doux, les fèves, les grenades, les poireaux, les flageolets, les panais, les épinards les pastèques, les airelles, les brugnons
le droguiste	les pommades, les blaireaux, les gargarismes, les pastilles, les préservatifs, les fortifiants, l'eau de toilette
le bijoutier	les pendants d'oreille, les broches, les épingles de cravate, les alliances, les bagues, les chevalières, les gourmettes, les pendentifs, les boutons de manchette

5.

Produit	Artisan
la dentelle	la dentellière
les meubles	l'ébéniste
les paniers	le vannier
les cadres	l'encadreur
les fers à cheval	le forgeron
les couteaux	le coutellier
la poterie	le potier
le tissu	le tisserand
le cuir	le tanneur
les chaussures	le cordonnier
les selles	le sellier
les montres	l'horloger

7.

1. Pendant son entretien d'évaluation, son chef de rayon lui a demandé si elle aimerait participer au programme de formation en entreprise pour améliorer ses compétences en informatique.
2. Il travaille à son compte depuis deux ans; il en avait assez de contrats de durée déterminée.

3. Elle n'a pas obtenu le poste pour lequel elle avait posé sa candidature; à cause de la récession le dirigeant a décidé de faire une mutation interne.
4. Grand nombre de métiers sont en train de disparaître; de nos jours, il est rare qu'on voit un forgeron ou un sellier. Il est presque impossible de trouver un ramoneur.
5. C'était lui qui a présidé la réunion où l'on a décidé de dissoudre la société. Il a dit qu'il en avait assez du brainstorming, de la gestion des crises, des marchés à la baisse et des marchés à la hausse. Il voulait tout simplement prendre la retraite.
6. Elle achète tous ses vêtements chez un magasin de dégriffés. Moi, je préfère les braderies ou le marché aux puces.
7. Le prix du catalogue est bien trop haut. D'habitude le chef de vente me fait une remise de dix pour cent sur les articles que j'achète.
8. Le code barres se trouve sur le côté de la boîte. La date limite de vente est imprimée sur le couvercle.

Unit 17 The office and computing, post and telecommunications

Level 1

9.
1. la tonalité, le standard, l'annuaire, **la cartouche**, le combiné, le dérangement
2. le taille-crayon, le stylo-feutre, le marqueur, le surligneur, **le visiophone**, le liquide correcteur
3. la fenêtre, le moniteur, le réseau, l'imprimante, la copie papier, la mémoire, **l'accolade**

10.
1. Le courrier électronique est bien plus rapide et plus efficace que la télécopie, à moins que le réseau ne tombe pas en panne.
2. Je cherche une secrétaire bilingue qui s'exprime bien au téléphone.
3. Ce dossier est plein de fautes de frappe. Vous devrez demander à un/une des dactylos de le retaper.
4. Le bureau paysager permet au chef de bureau de surveiller le personnel du bureau.
5. Les nouveaux locaux seront situés dans un immeuble de bureaux au centre-ville et auront une salle d'exposition, deux salles de conférence et une grande salle de conseil.
6. Mettez les feutres, les surligneurs et le liquide correcteur dans le tiroir du haut. Les ciseaux, la colle, les gommes et l'encre se rangent dans l'armoire.
7. Puisque je fais la navette entre Londres et Manchester, un ordinateur portatif est plus utile qu'un ordinateur de bureau.
8. Le titre devrait être frappé en caractères gras et le sous-titre devrait être frappé en caractères italiques.
9. Envoyez les lettres par avion. Vous pouvez envoyer le paquet à tarif réduit.
10. Je ne lui demanderai pas de le contresigner – sa signature est illisible.
11. Il a un téléphone de voiture et un radiophone. Il n'a pas d'excuse pour ne pas rappeler.
12. Le/la standardiste m'a dit que la ligne était occupée. Je crois qu'il a dû oublier de raccrocher.

Level 2

4.

la chemise	couverture dans laquelle on peut mettre des documents
le classeur	meuble où on peut ranger des documents
la fiche	feuille de papier ou morceau de carton sur lequel on note des renseignements
le dossier	ensemble des documents concernant une affaire
la note de service	brève communication dans laquelle on attire l'attention de ses collègues à certaines informations
le clavier	ensemble des touches d'un instrument de musique, d'une machine à écrire, d'un ordinateur
le logiciel	programme informatique
l'organigramme	tableau qui montre les services et les sections d'une entreprise ou d'une administration
l'imprimante	machine qui reproduit sur papier les textes mises en mémoire par un ordinateur
le listing	document produit par un ordinateur

6.

1. la souris, le clavier, le logiciel, **le perforateur**, l'imprimante
2. la chemise, le carton de classement, le classeur, **la petite caisse**, la boîte à archive, le dossier
3. le papier avion, le papier d'emballage, le papier à en-tête, le papier carbone, **le papier absorbant**
4. le claviste, **le répondeur**, le programmeur, l'analyste, l'opérateur

11.

1. L'intérimaire peut réorganiser et mettre à jour les dossiers. La correspondance doit être classée par ordre alphabétique; les factures doivent être classées par client.
2. L'archivage électronique est plus efficace que les cartons de classement ou les fichiers.
3. Mettez l'agrafeuse dans l'armoire de fournitures et apportez-moi le perforateur.
4. Les enveloppes et les étiquettes d'adresse autocollantes sont pratiques, mais le publipostage fait gagner encore plus de temps.
5. Nous sommes à court de papier à en-tête et de papier avion.
6. Mettez la copie originale de la lettre dans le bac à correspondance du PDG et mettez la photocopie dans le dossier. Vous pouvez jeter le brouillon.
7. Je passe de moins en moins de temps dans mon bureau. J'ai un modem/modulateur chez moi qui me permet de lire et de répondre à mon courrier électronique, tandis que mon bloc-notes électronique me permet de travailler dans le train.
8. Le didacticiel qui accompagne l'agenda électronique est très convivial.
9. Si vous renvoyez la carte-réponse par retour du courrier, vous éviterez les frais de port et d'emballage.
10. Le cachet de la poste avait rendu illisible l'adresse de l'expéditeur.
11. Le message enregistré vous donnera son numéro de poste. Si elle n'est pas là, laissez un message sur son répondeur automatique.

12. Si vous appelez à l'étranger il faudra prendre en compte le décalage horaire. Vous trouverez des renseignements sur les fuseaux horaires dans l'annuaire.

Level 3

4.

1. le visiophone, la friture, la liste rouge, l'avertisseur de poche, **la pointeuse**
2. le presse-papiers, le crayon lumineux, la police des caractères, l'icône, **le massicot**, le camembert, un octet
3. le publipostage, le faire-part, **l'intercalaire**, l'en-tête, la pièce jointe, la pochette matelassé
4. l'envoi recommandé, le cachet de la poste, l'affranchisseuse, le timbre dateur, **un organigramme**, les frais de port et d'emballage, l'enveloppe à fenêtre

8.

1. La mémoire de l'ordinateur ne suffit pas aux tâches que vous voulez lui faire faire. Vous devriez contacter le technicien de maintenance.
2. Mettez les disquettes et la copie papier dans une pochette matelassée et donnez-les au garde.
3. Si vous ne trouvez pas le tampon encreur, vous ne pourrez pas utiliser la griffe.
4. J'ai besoin d'un manuel qui puisse m'expliquer comment me servir de l'analyseur syntaxique.
5. Si vous aviez mis la sauvegarde automatique, vous n'auriez pas perdu le document.
6. Je sais comment me servir du tri alphabétique, mais je n'arrive pas à comprendre comment créer une feuille de calcul.
7. Lorsque vous faites défiler votre texte, vous verrez qu'il n'est pas centré et que l'interlignage est irrégulier.
8. J'ai dû transformer les notes en bas de page en notes de fin de document. Les marges du bas étaient trop étroites.
9. Une fois que vous aurez appris à vous servir de la table des symboles et de l'ombrage, vous pourrez mettre en relief les points essentiels du document.
10. S'il avait répondu à la lettre de rappel, je n'aurais pas été obligé d'écrire la lettre de réclamation.
11. Le formulaire est très simple. Vous n'avez qu'à cocher les cases appropriées et y ajouter votre signature.
12. Je n'ai pas le temps d'écrire une lettre explicative. Une fiche de transmission/un papillon présentant les compliments de la société suffira.

Unit 18 Law and finance

Level 1

10.

1. avoir un joli capital
2. connaître la coupure
3. rentrer dans ses frais
4. rendre à quelqu'un la monnaie de sa pièce
5. avoir des difficultés de trésorerie
6. être monnaie courante

7. en être pour ses frais
8. se mettre en frais
9. être en fonds
10. avoir le sens de l'économie
11. faire quelque chose de bonne grâce
12. démontrer preuve en main
13. croire une chose jusqu'à preuve du contraire
14. faire preuve de
15. plaider le faux pour savour le vrai
16. faire les frais
17. payer sa dette à la justice
18. prendre quelqu'un en flagrant délit
19. porter le coup de grâce à quelqu'un
20. donner la grâce à quelqu'un
21. se payer la tête de quelqu'un
22. boucler son budget
23. passer une chose aux profits et pertes
24. s'en payer une tranche
25. rentrer en grâce auprès de quelqu'un

13.

1. C'est sa femme qui fait la loi.
2. Ma fille fait des études de droit.
3. Il a la loi pour soi.
4. Personne ne devrait être au-dessus des lois.
5. Elle ne connaît d'autre loi que la sienne.
6. La caissière a refusé de me laisser retirer de l'argent; elle m'a dit que j'avais un découvert de trois cents livres.
7. Au rythme auquel il dépense de l'argent, il n'aura jamais d'économies.
8. Il me dira s'il a les moyens de l'acheter, lorsqu'il aura reçu son relevé de compte.
9. J'attends une carte de retrait depuis trois semaines.
10. Si vous aviez payé au comptant, on vous aurait fait un escompte.

Level 2

5.

1. être complice de quelque chose
2. jouir d'une cote élevée
3. faire prix d'ami à quelqu'un
4. avoir un portefeuille bien garni
5. faire recette
6. jouir d'un grand crédit auprès de quelqu'un
7. avoir bonne cote
8. se porter garant de quelque chose
9. être hors de prix
10. avoir le coeur à gauche et le portefeuille à droite
11. donner du prix à quelque chose
12. mener une vie de rentier

10.

1. Bien que son complice eût un casier vierge, il avait déjà été condamné pour vol à l'étalage et vol avec effraction.
2. L'industrie principale de la région est le trafic des armes et la contrebande. La plupart des adultes ressemblent à des fuyards ou à des gangsters.
3. La rafle a été un fiasco, parce que la police n'avait pas obtenu un permis de réquisition.
4. L'indicateur avait dit au commissaire que l'évadé avait pris une fausse identité et qu'il avait commis un vol à main armée depuis son évasion.

5. Si son beau-frère ne s'était pas porté caution pour elle, elle aurait été mise en détention provisoire.

6. Après le krach, il a eu des difficultés de trésorerie et il n'a pas pu rassembler les capitaux dont il avait besoin. Par conséquent, il a dû liquider la compagnie/la société.

7. Même après qu'elle a purgé ses dettes, elle a trouvé difficile d'obtenir une carte de clientèle et on lui a refusé un crédit auto.

8. Mon conseiller financier m'a dit qu'il serait impossible de trouver un investissement à haut rendement qui soit garanti. Un compte sur livret serait sûr, mais le taux d'intérêt était bas. Une SICAV serait plus hasardeux/risquée, mais le rendement à long terme serait meilleur.

9. Les frais de dossier/d'administration sont prélevés avant que le capital soit investi. Donc, si vous voulez le retirer avant la fin de la première année, il est probable que votre relevé de compte enregistrera une perte.

10. Il me prend des heures de remplir ma déclaration d'impôts. Si j'en avais les moyens, je la ferais remplir par un conseiller fiscal.

Level 3

12.

1. C'est un récidiviste. Il a été condamné pour détournement de fonds, fraude du fisc et délit d'initié.

2. Elle a été surveillée pendant des mois par un rôdeur. Il a même laissé ses empreintes digitales sur la fenêtre de sa chambre. Après son arrestation, la police lui a dit qu'elle avait eu de la chance: il avait déjà des condamnations pour viol, violences sur enfances et attentats à la pudeur.

3. Dès qu'on m'aura mis en liberté conditionnelle, je vais régler son compte à mon cousin. C'était lui qui m'a balancé. La police est arrivée au moment où j'allais crocheter la serrure.

4. Il fait partie du milieu. Tous ses amis sont des voyous, des gangsters et des tueurs à gage. Le quartier où il habite est une zone interdite à cause des braquages et des fusillades qui s'y produisent chaque week-end.

5. Aucun des témoins à décharge n'était digne de confiance. Ils avaient tous des casiers judiciaires et la plupart de leurs témoignages étaient irrecevables.

6. Il vous faudra trouver quelqu'un qui soit disposé/prêt à vous prêter le capital de départ.

7. Un portefeuille diversifié vous permettra de boursicoter sans courir trop de risques.

8. Parce qu'il était un failli réhabilité, il n'a pas pu obtenir un prêt relais lorsqu'il achetait sa maison.

9. Bien que l'abattement personnel ait augmenté, la réduction du dégrèvement hypothécaire et l'augmentation de l'imposition indirecte fait que je suis toujours dans la gêne.

10. Mon beau-frère est placier d'assurances. Il ne parle que de l'assurance: l'assurance à capital différé, l'assurance immobilière, l'assurance invalidité-vieillesse. La semaine dernière, il a essayé de me faire contracter une police d'assurance-crédit.

Unit 19 Geography, history and war

Level 1

10.

en	Ulster	dans	le Yorkshire	en	Norvège
aux	Philippines	au	Danemark	en	Pologne
en	Belgique	en	Russie	en	Iran
aux	Etats-Unis	au	Maroc	à	la Jamaïque
au	Mozambique	en	Hongroie	en	Corse
au/à	Koweït	à	Cuba	au	Viêt-nam
au	Pérou	en	Malasie	au	Brésil

13.

1. être bon pour le combat
2. vivre en guerre avec tout le monde
3. fuir les responsabilités
4. être sur son déclin
5. atteindre son apogée
6. être au bord de la ruine
7. faire ses premières armes
8. livrer bataille contre
9. être hors de service
10. laisser son nom dans l'histoire
11. porter son chapeau en bataille
12. passer quelqu'un par les armes
13. être sur le pied de guerre
14. être d'attaque
15. s'armer de courage
16. avoir les cheveux en bataille
17. arriver comme une bombe
18. fusiller du regard
19. avoir toute liberté de manoeuvre
20. prendre d'assaut

15.

1. Les archéologues ont trouvé des armes qui suggèrent que le village ait été bâti sur un champ de bataille.
2. La décennie suivante a été marquée par le renversement du gouvernement, le déclin de l'Empire et par la perte de la plupart des colonies.
3. La guerre civile fut suivie d'une guerre mondiale.
4. Le bombardement a détruit la cité médiévale.
5. Je suis surpris que le cessez-le-feu ait duré quinze jours.
6. Le couvre-feu a été imposé à cause des émeutes.
7. Après la capitulation, tous les prisonniers de guerre ont été relâchés.
8. Si cette stratégie ne marche pas, il sera très difficile de remporter la victoire.
9. Le soldat était en train de recharger son arme, lorsqu'il a été tué.
10. L'ancien combattant a été accusé de crimes contre l'humanité.

Level 2

9.

1. être garé en bataille
2. faire époque
3. poursuivre quelqu'un jusque dans ses derniers retranchements

4. arriver comme les carabineiiers
5. boire comme un grenadier
6. tomber comme une bombe
7. être de son époque
8. se faire un rempart de quelque chose

9. passer l'arme à gauche
10. entrer comme une bombe
11. être soumis à un bombardement de critiques
12. poignarder quelqu'un dans le dos

10.

12.

1. L'archéologue cherche des documents rapportant au siège.
2. Le télégraphiste a été tué pendant un accrochage avec un peloton ennemi.
3. Son mari est démineur et son fils veut devenir artilleur.
4. Si les forces de maintien de la paix/les casques bleus ne s'étaient pas retiré(e)s, elles/ils auraient été assaillies/assaillis par la milice.
5. On a dû cantonner l'escadron dans le village, parce que la caserne était pleine.
6. Les guérilleros ont forcé les otages à supplier le gouvernement d'accorder plus de temps.
7. Le sous–lieutenant a découvert un engin au plastic dans la garnison.
8. Il y aura une revue de détail avant le défilé.

Level 3

4.

l'embuscade	le guet–apens	la trêve	le cessez le feu
l'escarmouche	l'échauffourée	le repli	la retraite
le guettier	la garde	le bleu	la recrue
le galon	la ficelle	l'estafette	le courrier
le mirador	la poste d'observation	le factionnaire	la sentinelle
le bidon	le jerrycan	le pourvoyeur	le servant

11.

1. changer son arme d'épaule
2. faire trêve à des querelles
3. porter la médaille
4. être couché en chien de fusil

5. ramasser une gamelle
6. faire un massacre

7. brûler ses dernières cartouches
8. sortir la grosse artillerie
9. prendre du galon
10. mettre au rang de quelqu'un/quelque chose
11. faire des ravages
12. envoyer quelqu'un en éclaireur

12.

1. Le dépouillement des documents a révélé que l'officier d'état-major avait discuté le massacre avec l'aumônier.
2. Le peloton d'exécution est composé de tireurs d'élite.
3. Si les fusils antichars n'arrivent pas avant la tombée de la nuit, nous serons obligés de nous retirer.
4. L'éclaireur a rapporté que le brancardier et l'aide-soignant(e)/l'ordonnance avaient été tués par un tireur embusqué.
5. La caserne a été détruite pendant la nuit par des avions furtifs.
6. La recrue est partie sans permission après qu'il a vu des photographies des blessés de guerre dans le journal.
7. J'espère que vous portez un gilet pare-balles, même lorsque vous êtes de corvée.
8. J'ai laissé ma gamelle, mon bidon et mes jumelles dans le bunker/le blockhaus.

Unit 20 Politics and international relations, public services, social and environmental issues

Level 1

7.

1. la carte de séjour, le permis de travail, le visa d'entrée, des faux papiers, **le pacte**
2. le sondage, le scrutin, l'urne, l'isoloir, **le délégué**, le démarchage électoral
3. le clivage, le schisme, la scission, **le partage**, la rupture

11.

ONU	Organisation des Nations Unies	UN
AELE	Association européenne de libre échange	EFTA
ALENA	Accord de libre-échange nord-américain	NAFTA
OCDE	Organisation de coopération et de développement économiques	OECD
OTAN	Organisation du traité de l'Atlantique Nord	NATO
OECE	Organisation européenne de coopération économique	OEEC
OLP	Organisation de libération de la Palestine	PLO
OMS	Organisation mondiale de santé	WHO
OPEP	Organisation des pays producteurs de pétrole	OPEC

13.

1. Les militants ont désobéi au chef de parti et ont donné une conférence de presse.
2. Les sondages suggèrent que l'électorat soit désenchanté/désabusé/désillusionné et apathique.
3. Le nombre de téléspectateurs/le taux d'écoute pour le débat télévisé a été très bas et beaucoup d'électeurs ont été hostiles aux agents électoraux.
4. Le porte-parole du consulat a dit qu'il serait impossible de rétablir les relations diplomatiques avec le régime.
5. Le premier ministre a refusé de signer le traité avant qu'un programme de réformes n'ait été accepté.
6. La visite officielle a été annulée après la publication d'un article de journal qui accusait le parti au pouvoir de corruption.
7. Le juré a appris que les travailleurs immigrés ne parlaient pas français et qu'ils avaient été amenés par la ruse à acheter de fausses cartes de séjour et des permis de travail périmés.
8. Après sa mort, on a découvert qu'il avait été espion pendant la Guerre froide.

Level 2

11.

1. Le communiqué commun fait par les porte-parole des deux partis indique qu'ils allaient reprendre les négociations dès que l'occasion se présenterait/à la première occasion.
2. Son discours récent suggère qu'il eût adouci sa position sur la question d'apaisement.
3. Je lui ai déconseillé de se porter candidat. Etant donné que son fils a été accusé de fraude électorale pendant les élections municipales, l'opposition va certainement monter une campagne négative qui nuirait à sa réputation et à son standing dans la communauté locale.
4. Je comprends parfaitement sa défection. Le conseil est plein de gens qui passent leur temps à comploter et à machiner. J'ai l'intention de me désister aux prochaines élections.
5. Les militants des droits de l'homme ont organisé une manifestation contre la censure de la presse, la répression des dissidents et le dur traitement affligé aux prisonniers politiques. Plusieurs manifestants ont été blessés par la police et le défilé s'est transformé en émeute.
6. Ils ont constitué une commission interparlementaire pour discuter un nombre de questions controversées, dont le partage du pouvoir, la représentation proportionnelle, la décentralisation et la date de l'élection partielle.
7. Le chef du parti a informé les membres de l'état-major que quoique la ville ait été un siège sûr aux dernières élections, les sondages indiquaient qu'elle était devenue un siège disputé.
8. Jusqu'à présent le Parlement a refusé d'accorder la reconnaissance diplomatique au gouvernement dissident. Cependant, le ministre des Affaires étrangères a dit que le chargé de mission espère conclure un accord avant la fin de la semaine.

Level 3

12.

1. Le cabinet a accusé le Premier ministre de diriger par décrets, de ne pas respecter les principes du manifeste et d'éviter les questions épineuses.
2. Le rassemblement s'est transformé en fiasco: bien que les chahuteurs se soient bornés à haranguer les orateurs, de violents incidents ont éclaté lorsque les militants sont arrivés.

3. Le remaniement ministériel a donné au député disgracié l'occasion de démissionner. Autrement, il aurait été révoqué.
4. En adoptant une stratégie attentiste, le gouvernement a laissé la situation se détériorer en impasse.
5. Ceux qui plaident pour/défendent le rapatriement des réfugiés et des transfuges doivent assumer la responsabilité des résultats d'une telle politique.
6. Le succès d'une mission de bons offices dépend en grande partie du choix des représentants et de leur familiarité avec le protocole.
7. Les mesures de sécurité pour le bain de foule ont été très strictes. La découverte de deux lettres piégées et d'une voiture piégée avait inquiété les autorités locales.
8. Bien que la taupe l'eût mise sur table d'écoute, il n'a pas pu déchiffrer les messages codés.